政黨與選舉

理論與實踐

吳重禮 著

三民書局

Politics

國家圖書館出版品預行編目資料

政黨與選舉：理論與實踐／吳重禮著.－－初版一刷.
－－臺北市：三民，2008
面；　公分
參考書目：面
ISBN 978-957-14-4974-6　（平裝）
1.政黨政治 2.選舉制度

571.66　　　　　　　　　　　　　　96024923

© 　政黨與選舉：理論與實踐

著 作 人	吳重禮
發 行 人	劉振強
著作財產權人	三民書局股份有限公司
發 行 所	三民書局股份有限公司
	地址　臺北市復興北路386號
	電話　(02)25006600
	郵撥帳號　0009998-5
門 市 部	(復北店) 臺北市復興北路386號
	(重南店) 臺北市重慶南路一段61號
出版日期	初版一刷　2008年3月
編　　號	S 571320
定　　價	新臺幣420元

行政院新聞局登記證局版臺業字第○二○○號

有著作權‧不准侵害

ISBN　978-957-14-4974-6　（平裝）

http://www.sanmin.com.tw　三民網路書店
※本書如有缺頁、破損或裝訂錯誤，請寄回本公司更換。

半畝方塘一鑑開，天光雲影共徘徊，
問渠哪得清如許，為有源頭活水來。
朱熹

書序

　　過去數年間，我將研究重心挹注於政黨與選舉等學術領域，除了嘗試由不同的視角重新闡釋若干議題之外，也期望透過實證研究對於既有議題提出論證。這些議題包括派系政治研究的爭議、候選人提名制度的分析與評估、政黨認同研究的探討、政黨政治與分立政府、一致投票與分裂投票，以及選舉制度改革的省思等。總體觀之，儘管從事的研究議題看似多元，然而貫穿其中的脈絡主軸，乃聚焦於西方理論架構與我國經驗政治的結合，尤其試圖引介美歐政治學界之「研究前沿」(research frontier)，期待為國內實證研究略盡棉薄之力。因此，在三民書局編輯部誠摯邀約之下，我嘗試擷取若干研究心得，希望以深入淺出的筆觸、結合學術理論和實證經驗，激發國內學子對於政黨與選舉研究的興趣和思考。

　　關於本書內容，有幾點必須說明。其一，關於外國政治人物和學者的姓名，為了方便閱讀和辨識，多以音譯方式呈現，再標示原文，除非有些人名已有其固定中文姓名，如黎安友 (Andrew J. Nathan)、家博 (J. Bruce Jacobs) 等。此外，有些人名在不同篇章出現，為了避免讀者浪費時間前後翻閱比對，每章的人名首次出現均標示原文。其二，國家名稱、世界各大城市及美國各州，普遍為人所熟知者，直接以中文呈現，惟其餘規模較小的地區和城鎮則音譯為中文，並標示原文。其三，在數目和時間方面，除了章節之外，一律使用阿拉伯數字。其四，在第五章第參節和第七章第伍節中，論及統計模型進行實證分析，

原本預計刪除或者移至附錄，但因為內文銜接落差過大，幾經思考之後仍然保留；對於計量方法較不熟悉或者缺乏興趣的讀者可以略過，應無礙於章節的完整性。其五，在第六章第貳節中，筆者花費甚多篇幅詳述美國政黨提名制度沿革的四個時期。之所以如此，美國政黨研究文獻經常以「政黨改革」一詞來描述民主黨和共和黨的組織革新措施，尤其著重在候選人提名程序的改變，對於意圖深入瞭解美國政黨研究者應頗有助益。

本拙著能如期完成，必須感謝我慈愛和藹的父親吳錫陽先生、母親吳李秀霞女士的支持與鼓勵，我將這本書獻給他們。中央研究院政治學研究所籌備處提供最為優渥的研究資源和環境，以及多位政治學界頂尖秀異同儕給予的心得交換、彼此的相互切磋，都對於本書之撰寫助益甚多。邱銘哲先生與蘇脩惠小姐處理書籍校閱工作，王智樺同學協助文字繕打，沒有他們的輔佐，斷然無法完成這項工作，在此表示誠摯謝意。三民書局編輯部熱誠地邀約和聯繫，解決許多行政瑣務，在此一併誌謝。惟作者才疏學淺，囿於所知有限，罅漏與謬誤之處必多，尚祈各界先進賜予教正，不勝企幸感激之至。

吳重禮 謹識

於中央研究院政治學研究所籌備處 613 室

2008 年 3 月

政黨與選舉：理論與實踐

目次

第六章　美國政黨提名制度的沿革與探討

第七章　選民的政黨認同

第八章　政黨政治與分立政府

表目次

圖目次

第一章
政黨的基本概念

壹、前 言

對於不同的人來說，「政黨」(political party) 該詞彙可能蘊含著不同的意涵和評價；甚者，這些意涵和評價不僅截然不同，而且可能南轅北轍。就一般民眾而言，政黨一詞似乎代表某種負面意義，猶如對於「政治」(politics)、「政客」(politician) 和「派系」(faction) 的觀感一般，因為其往往令人聯想到「結黨營私」、「黨同伐異」、「拉幫結派」、「政黨分贓」、「政客組織」、「黨派利益」、「牟取私利」、「騙取選票」、「政治關說」，或者是「金權政治」等批評字句。然而，若干人士，尤其是多數的政治學者，對於政黨則抱持正面評價。其認為，民主政治強調責任政治，而責任政治則體現於政黨政治；詳言之，依據民主國家運作之常軌，朝野政黨遵循公平的選舉規則與程序，爭取多數選民的認同和支持，以獲得政權「正當性」(legitimacy)，因此民主政治的實踐有賴於政黨政治的落實。

儘管前述兩種論點似乎均言之成理，而且也能夠以若干實際案例支撐這些觀點，但是假若我們嘗試瞭解實際的政治運作過程，就絕不能忽略政黨的角色。基本上，在多元民主社會中，影響政治運作者主要包括「政府角色」(governmental role) 與「非政府角色」(non-governmental role)，前者包括行政部門、立法部門，以及司法部門，後者則包括政黨、「利益團體」(interest group；或稱之為「壓力團體」[pressure group])、大眾傳播媒體，以及社會民眾。由於政黨在政治過程中經常扮演舉足輕重的角色，其相關研究議題早已獲得國內外

政治學界的關切與重視，無論是理論建構、實證研究、模型分析，或者是比較研究的學術著作，已經累積豐碩的學術成果，直可謂卷帙浩繁。

本章擬對政黨的性質進行說明，使讀者得以透過宏觀面向瞭解政黨政治的全貌。首先，本章將探討政黨的正負評價及其定義。其次，闡明政黨的起源，著重在簡要探討英國、美國，以及西歐國家的政黨發展歷史。再者，分別陳述政黨所履行的功能。在瞭解政黨的定義、起源與功能之後，本章將探討一項頗受爭論的議題，亦即政黨與民主政治的關係，並分別提出政黨政治的負面批評和正面評價。在結論中，筆者回顧本章的討論重心，以利讀者迅速瞭解要點。

貳、政黨的定義

在科學研究過程中，特定概念的定義甚為重要，因為定義本身決定了研究對象的範圍。在社會科學研究領域中，特定名詞的概念界定較為困難，這是因為研究者主觀認知的差異，使得名詞定義經常眾說紛紜，而「政黨」的意涵也不例外。就語意來說，"party" 這個英文字是從 "part" 轉化而來，此意味著政黨是整體政治社群中的一個團體 (Epstein, 1975: 229–230)。❶至於政黨更確切的定義，則各有說法，迄今難有定見。

如前曾述，對於政黨抱持負面評價的人士甚多，尤其將「政黨」等同於「派系」，古今中外不乏明顯的例證。回顧中國歷史，宋朝時有元祐黨和新黨、明朝時有東林黨，由於黨同伐異造成政局紛擾，甚至國家衰敗。鑑此，有些學儒極力主張「君子群而不黨」、「無偏無黨，

---

❶ 關於「政黨」在語源學和語意學的意涵，薩托利 (Giovanni Sartori) 的著作提供了甚為精闢的分析，頗具參考價值，由於並非本章討論重點，故在此不加多述 (有興趣的讀者可參閱，雷飛龍譯，2000: 3–5)。

王道蕩蕩」，並且視黨派為小人狼狽為奸的利害結合（雷飛龍，2002: 1–6）；惟歐陽修提出不同看法，其認為小人會有暫時性的利益組合，而君子則會有永久性的朋黨組織（鄒文海，1984: 224）。同樣地，法國啟蒙時代思想家伏爾泰（Voltaire 為筆名，本名為 François-Marie Arouet）在著作中提及「政黨是一個派系，在追求利益或權力時，彼此敵對；其例子有：義大利曾在教宗黨與反教宗黨之間，分崩離析了幾百年」（雷飛龍譯，2000: 3），顯示出他對於政黨的嫌惡。

　　無獨有偶地，英國哲學家休姆（David Hume）、美國建國先賢華盛頓（George Washington）與麥迪遜（James Madison）也對黨派組織沒有好感，其認為政黨僅關切和競逐所屬成員的利益，這往往形成黨派紛爭，不利於整體國家社會的發展。華盛頓在其離職告別演說中，提及「讓我以最嚴肅的態度警告你們，要反對政黨意識的有害影響」，諄諄告誡朝野政治人物和美國民眾切勿組成政黨（Wasserman, 1997: 217）。在《聯邦論》(*The Federalist Papers*) 第 10 篇中，麥迪遜指出「所謂黨派是指一群基於共同感情或利益而團結在一起的公民，無論其為全體中的多數或少數，他們的利益與其他公民的權利或整個社會的永久利益總是互相衝突的」（謝淑斐譯，2000: 42）。基本上，儘管華盛頓和麥迪遜皆反對黨派組織，認為其將導致當時新成立的美利堅合眾國分崩離析，不過兩人的看法仍有差別。對於當時美國政府內部的「聯邦派」(Federalist) 和「反聯邦派」(Anti-Federalist) 之爭，華盛頓堅決主張不應該進一步組成政黨，然而麥迪遜則認為無法避免黨派傾軋之弊，因此充其量只能控制其影響。至於如何控制政黨的影響，麥迪遜提出若干建議，主要的做法是，如果黨爭的原因無法消弭，那麼政黨的數目愈多愈好，這樣足以避免任何一個政黨形成絕對優勢而壓迫其他的團體，並且維繫聯邦體制的運作。有趣的是，這種主張與今日諸多政治學者所鼓吹的兩黨政治之觀點恰巧背道而馳。無論如何，即使伏爾泰、華盛頓，以及麥迪遜等人對於政黨的定義可能過於偏狹，對於政黨政

治的批評，亦不免有失公允，甚至流於苛刻，但是抱持類似負面看法者，時至今日，仍大有人在。

　　無論是喜好或厭惡政黨，政黨的存在和組織化發展，確實與近代民主政治的發展息息相關。關於政黨的正面評價和定義，較早可以追溯到 18 世紀英國政治家博克 (Edmund Burke)，其認為「政黨乃是基於共同認知的某些特定原則，以促進國家利益而結合的人民團體」(引自 Beck, 1997: 8)。其他西方學者進一步詮釋政黨的意涵，例如薛斯耐德 (E. E. Schattschneider) 特別強調政黨的目的性，界定政黨為「一個意圖掌握權力的組織」(1942: 35)。相對地，唐斯 (Anthony Downs) 偏重政黨組織的程序性，認為「以廣義來說，政黨即是一群人民的結合以透過合法程序掌握統治工具。所謂的結合，我們意指一個團體的個別成員具備共同的目標，藉由和他人合作以達此目的。所謂的統治工具，我們意指政府得以使用的實體、法律，以及制度工具，依據分工原則履行其特定角色。所謂的合法程序，我們意指既定的選舉或者是正當的影響」(1957: 4)。此外，愛普斯坦 (Leon D. Epstein) 對於政黨的定義是較為寬鬆的，其指出「任何類型的團體只要能夠給予候選人在共同標籤之下，參選角逐公職便可稱之為政黨」(1975: 230)；基本上，愛普斯坦這種定義似乎較能適用於美國政黨，但顯然無法套用於歐洲國家的政黨或者是社會主義國家的政黨。

　　再者，若干學者以組織層次和功能面向來界定政黨的意涵。舉例來說，詹伯斯 (William Nisbet Chambers) 認為「以現代意義的觀點看來，政黨可以被視為是具有相當持久性的社會組合，其追求政府的職位或權力，展現連結政府中的領袖者與政治領域和地方範圍內大量追隨者的結構或組織，並且產生團體內部觀點或者至少是認同或忠誠的象徵」(1967: 5)。薩托利 (Giovanni Sartori) 以三個特徵詮釋政黨的意義，指出「(1)政黨不是派系。(2)政黨是一個全體中的部分。(3)政黨是表達要求的管道」(雷飛龍譯，2000: 40)，並逐項論述各個特徵；薩托

利的觀點頗能顧及政黨的各個面向，深具學術說服力，影響後續研究甚遠。對於政黨的意涵，另一個不能遺漏的重要政治學者是基氏 (V. O. Key, Jr.)，其指出「在界定政黨時，最基本的困難是該詞彙的使用可能會忽略掉其他類型的團體或者類似的團體。……如果將所有選民視為一個整體來看，那麼政黨是黨員所組成的團體。從另一個觀點來說，政黨一詞指涉的是職業政治工作者所組成的團體。……有時候政黨是政府內部的團體。……通常它是一個實體，在黨員組織、職業政治團體、立法黨團，以及政黨政府之間隨時轉換。……事實上，如此無所不包的詞彙得以套用在各種類型的團體，稱之為政黨」(1964: 180–182)。顯然地，基氏並不認為能夠對於政黨提出簡單明瞭的定義，不過他對政黨的組織和功能確實提出了較為清晰的描述。

總體來說，對於政黨的意涵，早期的政黨學者較強調政治菁英透過選舉及其他手段以掌握政治權力的目的。近期的政黨研究者提出的政黨定義，其包含的面向更為完整。舉例來說，歐德理區 (John H. Aldrich) 雖然強調政治菁英的領導角色，卻也同時著重組織活動和基層選民的重要性，其指出「政黨可以被視為是意圖掌握和運用政治職位的菁英結合。然而，這種結合可能只是具有相同利益者的暫時的、權宜的群聚。……因此，政黨不只是一種結合而已。重要的政黨應該是一個採行章程、規範、程序之制度化結合」(1995: 283–284)。再者，威爾 (Alan Ware) 強調集體利益的必要性，認為政黨是整合社會利益的有效工具，其表示「政黨是嘗試藉由取得政府職位以尋求其影響力，代表社會上超過一個以上的利益，而且某種程度上是代表集體利益的團體」(1996: 2)。此外，貝克 (Paul Allen Beck) 對於政黨的定義雖然極為簡明扼要，但其概念卻相當完整，他認為「簡單地說，政黨就像是個龐大組合，包含政黨組織、政黨政府，以及黨員結構」(1997: 11)。

前述所言，係歐美政黨研究者所提出的定義。事實上，國內研究政黨的學者甚多，迄今已累積甚為豐富的研究成果，其對於政黨概念

的詮釋亦頗具參考價值。舉例來說，鄒文海 (1984: 223–224) 以目的和手段剖析政黨的意涵，其認為「政黨是一種政治性的團體。它以推行某種特殊政策為目的，而以爭取政治地位為手段」。其次，呂亞力 (2004: 231) 綜合各家學說之後，提出政黨的三種實證特徵，分別是「(1)它是社會集團；(2)其主要功能是爭取並運用政治權力，以維持或增進參與者的共同利益或政治理想；(3)政黨基本上具有層級組織，但這一層級組織在黨內權力的分配方面有無真正作用則隨政黨而不同」。再者，雷飛龍 (2002: 31) 對於政黨的定義甚為簡要卻相當精確，其認為「政黨是一部分人，為尋求政治權力，控制政府政策及人事，而組成之比較永久性的結合或組織」。另外，游清鑫 (2007: 476) 歸納各家之言，提出廣義和狹義的政黨概念及其交集之處，其指出「不論是廣義或是狹義的政黨內涵，兩者均包含取得權力的核心意義，換言之，政黨在不同國家所具有的社會地位與組織型態可能不同，但其主要目的是為了取得權力」。

　　綜合國內外學者的觀點，對於政黨的定義，顯然各有所長，但眾說紛紜、仍無定見。歸納而言，吾人以為，政黨乃是一個持久性政治組織，其藉由合法方式（例如定期選舉和憲政程序）或者非法手段（諸如暴力和革命），以取得政治權力和影響政府決策為目標。誠然，這樣的定義或許仍有不足之處，但應能盡量包含民主國家和非民主國家的政黨基本特徵。如前曾述，概念的界定甚為重要，因為定義本身決定了研究的範疇，本書對於政黨的探討範圍，亦以此定義為基準。由前述可知，對於政黨的意涵，迄今仍然沒有明確的定義，之所以如此，這可能和歷來許多團體組織以「黨」稱之有關，因此接續將介紹政黨的歷史起源。

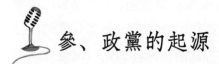

參、政黨的起源

環顧世界各國的情形，政黨之所以迅速發展，與人口數的增加、選舉權的擴張，以及基層群眾的政治參與息息相關。在以往封建傳統社會，少數政治菁英幾乎主宰政治體制，由他們來規劃主導絕大多數的政府決策，此時政黨的規模就類似於派系組織。在歐洲地區，尤其是西歐諸國，主要的轉變時期在 19 世紀中葉，許多國家從早期的封建農業經濟體系，逐漸發展為工業化的資本主義經濟體系 (Ethridge and Handelman, 1998: 119–120)。快速的都市化和經濟發展培養了許多新興的重要政治角色，包括中產階級和勞工階級，間接促使現代化政黨的蓬勃發展。這種因為社會經濟的發展而促成政黨組織的健全，在 20 世紀後期的第三波民主化國家也經歷了類似的情形 (Huntington, 1991)。

總體來說，目前普遍為人所熟悉的政黨組織，係從 19 世紀之後逐漸演變而來，主要是為了動員選民所形成的政治團體。在此之前，歐洲和拉丁美洲國家的政黨組織，較類似相互較勁的貴族團體，或者是中上階層的國會派系。之後，隨著選舉權逐漸擴張，儘管在總人口數中具有投票資格的選民人數仍然相當有限，但是為了有效地動員選民，開始有了政黨組織的雛形。這些選民從中產階級擴展到中下階層的勞工階級，在拉丁美洲則是擴大到農民階級。以英國為例，在 1688 年光榮革命前後，當時主要的社會分歧在於王權和議會權力之爭，這兩股勢力逐漸演變為「托里」(Tory) 和「輝格」(Whig) 兩派，前者代表的是封建時期貴族和地主階級的利益，後者反映的是新興工業團體的意見，分別成為保守黨和自由黨的前身。隨著 18 世紀英國國會的成立，若干政治菁英為了爭取權力和職位，號召抱持相同理念的追隨者採取集體行動，開始具有政黨的雛形。在 1832 年和 1867 年「改革法案」

(Reform Act) 的推波助瀾之下，公民選舉權更為普遍，保守黨和自由黨也在此時擴展各自的民意基礎，政黨運作更趨成熟。無獨有偶地，拉丁美洲國家政黨的發展模式，和英國政黨的情形甚為類似，保守派與民主派政黨原本代表的是社會中少數的地主勢力和企業團體，隨著選舉權擴張至一般民眾之後，這些黨派逐漸吸收農民和工人成員，建立起緊密的地方黨部，使得政黨組織益形完備。

　　隨著 20 世紀參政權的普遍化發展，一種迥異於以往的政黨組織型態在西歐國家陸續出現 (Epstein, 1967: 130–166)。相對於偏重議會菁英為核心的「幹部黨」(cadre party)，若干政黨的產生主要源自於議會之外的社會團體。這些社會團體的領導人物往往並非議會菁英，他們對於當時的政治運作不滿，因此嘗試爭取一般民眾支持，挑戰既存的政治規範。這些政黨的形成經常反映當時社會需求，抱持特定的意識型態或者是政策訴求，並且擁有相當數量的成員作為政治活動的依據。在選舉權普及的過程中，這些社會團體也逐漸進入政治體系，透過選舉贏得席次進入議會。必須說明的是，這類政黨所追求的不僅是贏得選舉，還鼓勵團體成員積極從事政黨活動，散播特定的意識型態與政策理念（游清鑫，2007: 477–478）。英國的工黨、法國的社會黨、德國的社會民主黨和工會組織的密切關係，以及歐陸國家的天主教政黨與基督教政黨具有濃厚的教會色彩，都是這類「群眾黨」(mass party) 的具體例證。

　　隨著這種群眾性政黨的政治影響力逐漸提升，許多以往歐陸國家的菁英政黨也開始仿效採取類似的組織策略。這種方式成為許多非洲、亞洲，以及拉丁美洲國家新興政黨的組織典範；這類新興政黨，部分屬於社會主義的宣揚者，其餘則是共產主義、民族主義，或者是宗教性團體。它們的共同目標在於吸納動員民眾，訓練成為積極從事政黨活動的分子，並且向這些成員灌輸政黨理念與行動綱領。舉例來說，前蘇聯、中國、北韓、古巴等國家的共產黨嘗試勾勒社會藍圖，灌輸

黨員建立理想國度的思想，並且要求他們為了社會革命而願意犧牲奉獻。另一個例子是智利的基督教民主黨，其極力要求黨員善盡社會責任，以宣揚天主教理念為宗旨。不過，我們也可以發現，許多非洲和中東國家的執政集團雖然也強調群眾性政黨的路線，但是經常缺乏特定的意識型態和有效的組織策略，充其量不過是少數政治菁英的政治工具罷了，其性質類似於早期歐洲的菁英政黨。

至於美國政黨的起源與歐洲的菁英政黨有異曲同工之處。如前曾述，在美國建國初期，各界人士對於 1789 年聯邦憲法的內容抱持不同看法，尤其是為了聯邦政府權限之爭，逐漸形成聯邦派與反聯邦派兩股勢力。聯邦派主張建立強而有力的中央政府且抱持聯邦權至上的原則，主要支持者為沿海各州的銀行家和工商業者。相對地，反聯邦派強調維持地方分權和州權至上的重要性，其支持對象主要是內陸的農民團體（李明，1990: 7）。華盛頓總統在位期間，同時安撫雙方人馬，儘管仍有嫌隙，但彼此尚能和平共處。在 1797 年，華盛頓於離職告別演說時，諄諄告誡結黨之弊。儘管如此，肇始於政策意見的分歧與總統候選人選的爭議，以漢彌爾頓 (Alexander Hamilton) 和亞當斯 (John Adams) 為首的「聯邦黨」(the Federalists)，與以傑佛遜 (Thomas Jefferson) 為首的「共和黨」(the Republicans [或稱之為 the Democratic-Republican Party]) 遂應運而生。

1800 年，共和黨推舉傑佛遜與聯邦黨抗衡，並且在大選中一舉擊潰對手亞當斯，奠定共和黨之後長達 24 年一黨優勢的政治型態 (Crotty and Jackson, 1985: 10)。1824 年總統大選，聯邦黨式微而無法推出人選角逐，因此形成共和黨內各派領袖爭相表態出馬，包括亞當斯 (John Quincy Adams)、克萊 (Henry Clay)、傑克遜 (Andrew Jackson)，以及克勞福 (William H. Crawford) 等四組人馬。選舉結果揭曉，無人獲得總統選舉人團過半數的支持，其中，傑克遜拔得頭籌，亞當斯居次，克勞福第三，而克萊則敬陪末座。依憲法規定，由眾議院於候選人中

得票的前兩名投票決定總統歸屬，與國會關係良好的亞當斯有效結合各方勢力的支持以致獲勝。傑克遜雖獲得總統選舉人團相對多數選票，卻在眾議院選舉時慘遭失敗。傑克遜心有不甘，四年之後，集結各方，東山再起，導致共和黨內分裂成以亞當斯為首的「國家共和黨」(the National Republicans) 和由傑克遜領軍的「民主共和黨」(the Democratic Republicans)。1828 年，傑克遜在反亞當斯政府勢力的支持下，在大選中擊敗亞當斯 (Goodman, 1980: 25; Kolbe, 1985: 38; LeBlanc, 1982: 189-190)。

　　在美國政黨歷史中，傑克遜的獲勝具有幾項重要政治意涵。如前所述，聯邦黨在 19 世紀初期已經式微，政壇上只剩下共和黨獨大的情形，傑克遜集結支持者與亞當斯掌控的勢力頡頏，傑克遜訴諸群眾動員，以廣大的社會階層參與取代政黨黨團壟斷控制，建立群眾性政黨的雛形。再者，在聲望日隆的有利條件下，傑克遜於 1832 年將民主共和黨改組為「民主黨」(the Democratic Party)，並且開始以「全國代表大會」(the national convention) 作為政黨提名的機制 (Aldrich, 1995: 114-118; Busch and Ceaser, 1996: 334)（關於美國政黨提名制度的沿革及其初選制度相關問題之探討，在第六章中有詳細說明）。另外，在 1836 年，國家共和黨改組為「輝格黨」(the Whigs)，之後在 1856 年從輝格黨再度改組為「共和黨」(the Republican Party)(Epstein, 1986: 89-90; Gitelson, Conway, and Feigert, 1984: 29-30)。從 1840 年代開始，民主黨和輝格黨（和之後的共和黨）輪流執政，使得美國政黨政治漸趨成形。

　　如前所述，世界各國政黨之所以蓬勃發展，這和選舉權擴張及民眾政治參與程度升高等因素密切相關。因此，在簡略概述西方國家政黨的源起和發展之後，本章將討論焦點著重於政黨所履行的功能，藉以瞭解政黨在政治運作中所扮演的角色。

肆、政黨的功能

在現代政治體系中，政黨履行甚為重要的功能，因此占據著不可取代的關鍵地位。藉由對政黨功能的認識，將有助於我們瞭解其在實際政治運作中的角色。無疑地，取得政治權力或推動其主張乃是政黨主要目的，但就前述政黨的內涵和發展歷程來看，政黨同時也必須擔負其他的社會與政治功能。大體而言，吾人可將政黨功能區分為七類，包括利益表達、利益集結、政治甄補、政治社會化、提名候選人、從事競選活動，以及組織政府或監督政府，試分述如下。

一、利益表達

在多元社會中，「利益表達」(interest articulation) 是政黨的功能之一，亦即反映不同的意見和期望，表達某些特定民眾的聲音和利益。尤其對某些小黨來說，傳達某些弱勢團體的社會需求，或者提出被社會主流價值所忽略的新興議題，諸如環境保護、性別平等、勞工權益、文化重建、公益推動、道德重整、禁止核子試爆等，更是它們主要的政治訴求。無疑地，每個人都是理性的，嘗試極大化個人的利益與效用。然而，在現實社會中，絕大多數的單一個人，其力量微薄，極難成事。為了解決基本生活需求、追求社會特定價值，或者獲致更高的人生目標，人們必須攜手合作，從事某種交往互動關係，因而遂結合成為各種類型的政治組織。

猶如在本章第貳節所提到的定義，政黨乃是一個持久性政治組織；在政治運作過程中，所屬黨員抱持著共同的政治目標或者政治信念，並藉著彼此的互動，有組織地從事政治活動，取得政治權力和影響政府決策，以達成這些目標或信念。當然，政黨並非利益表達的唯一組織，政府部門、利益團體、大眾傳播媒體，以及一般民眾也能發揮類

似的功能。不過，政黨和其他政治媒介主要的區別在於，政黨在「利益集結」(interest aggregation) 方面扮演著更為關鍵的角色。

二、利益集結

　　政黨的功能不僅在於利益表達而已，更重要的是，它們往往必須匯集形形色色的社會利益，經由各方溝通、妥協、議價、談判等過程，將大量彼此相互衝突的政治意見彙整成為黨綱政策，作為選舉訴求或是政府施政參考的依據。在選舉政治盛行的今日，朝野政黨往往挹注許多資源在規劃黨綱政見方面，藉以彰顯該政黨在某些特定議題所抱持的理念。相當程度來說，黨綱的擬定反映出政黨將民眾與利益團體的需求轉化成為實質的政策選項，其中某些重要議題甚至可能成為朝野政黨候選人辯論的焦點。

　　我們可以從兩個美國政黨的實際案例，說明利益集結所發揮的功能與作用 (Ethridge and Handelman, 1998: 118–119)。第一個例子是，1948 年民主黨全國代表大會決議將種族融合的政策納入黨綱內容時，引起黨內主張種族分離主義者的不滿，這些以南卡羅萊納州參議員舍爾蒙 (Storm Thurmond) 為首的人士主動求去，陸續離開民主黨。自從1950 年代迄今，由於民主黨數次在黨綱中強調其對保障少數種族公民權利的主張，使得若干美國南方原本堅定支持民主黨的選民，也紛紛轉而支持共和黨。另一個例子是，在 1996 年共和黨全國代表大會中，黨內成員對於是否支持墮胎合法化議題出現尖銳爭辯。面臨即將到來的總統大選，共和黨總統候選人杜爾 (Bob Dole) 對這個棘手議題甚為困擾，處於進退失據的窘境。因為如果共和黨修改過去一貫反對墮胎的黨綱政策，那麼將會失去部分堅決反對墮胎的選民之支持。相反地，倘若共和黨仍然堅持在此議題上採取強硬路線，堅決反對墮胎合法化，那麼勢必會失去抱持另一種看法者的支持。這些支持墮胎合法化的民眾，包括政治立場較為溫和的選民、部分中產階級，以及女性選民等

(Jackson and Crotty, 2001: 144–148)。儘管無法確切得知墮胎合法化議題在該年總統選戰的實際影響，但是杜爾在此議題最終決定維持既有一貫反對立場，被認為在政策立場過於保守，應是導致其落敗的原因之一。

關於政黨的類別，美國民主黨和共和黨經常被視為是典型的「囊括性政黨」(catchall party) 或者是「掮客型政黨」(broker party)，亦即它們盡其可能地吸納多元社會中各個階層、各種利益和意識型態，因此其黨綱政策內容較為模糊或彈性，可以做不同的解釋 (Ranney, 1990: 232–233) (關於政黨的詳盡分類，請參閱第二章第貳節)。之所以如此，這是因為相較於西歐國家的社會結構，美國選民結構的差異性較小，社會分歧的情況較低，意識型態的落差較為薄弱，因此政黨較少提出立場鮮明的政策主張。雖然近年來若干西歐國家政黨也有朝向囊括性和掮客型政黨發展的趨勢，但是相較於美國的政黨而言，它們仍然傾向擬定清晰的政策綱領。這是肇因於在西歐國家內閣制政治體制中，一旦某個政黨掌握議會多數席次，則該政黨的支持者便會期待執政黨實踐其競選承諾，而選民也往往依據其施政表現給予評斷，倘若施政表現不如預期，就可能在下次選舉中付出政治代價。

在非民主國家，政黨履行利益集結形成黨綱，對於政策制訂往往扮演更為重要的角色。以中國大陸和前蘇聯為例，共產黨幾乎決定所有國家大政方針，至於人民代表大會、最高蘇維埃，或者其他政府機關的影響力相當有限。無獨有偶地，在若干非洲、中南美洲和中東地區單一政黨體制的國家，執政黨匯集社會利益形成黨綱，指導政府制訂決策，這種以黨領政的政治運作型態也是屢見不鮮的情形。

三、政治甄補

除了利益表達和利益集結之外，政黨另一項重要的功能在於「政治甄補」(political recruitment)；簡單地說，就是拔擢、培養和訓練政

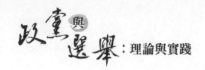

治人才。如前曾述，政黨既然以取得政治權力和影響政府決策為目標，那麼提供民眾參與政治的機會與管道，藉此甄選吸納人才、培養成為政治菁英，成為政黨必要的作為。無疑地，任何政治制度均存在著某種類型的政治甄補機制。在以往傳統的封建或部落社會中，統治菁英多是經由繼承方式掌握政治權力。在政治參與逐漸擴大之後，政治甄補的途徑也產生實質的變化。基本上，藉由政黨組織進行菁英拔擢的制度化過程，已成為了現代化政治制度的重要特徵。反過來說，倘若缺乏這種制度化的菁英甄補機制，一旦現任政治領導者缺位、遭罷免或者因故無法視事時，政府運作將面臨政治危機。

在政黨政治運作成熟的政府體制之下，政治人物之所以能夠在立法或者行政部門擔任重要職位，往往必須經歷政黨長期的磨練和培訓。從另一個觀點來說，在西方民主體制之下，政治甄補對於政黨發展甚為關鍵。隨著民主化的發展，社會利益愈趨多元，任何政黨欲求長存賡續發展，必須建立有效的政治甄補機制；因為唯有經由補充新進人才的過程，才得以增強政黨的社會代表性、促進組織內部的新陳代謝。對於非民主體制國家而言，政黨對於政治菁英甄選更具有舉足輕重的影響。以共產主義國家為例，由於政黨是取得政治權力的唯一途徑，因此任何意圖掌握權力的政治人物都必須具備共產黨內部完整的經歷，才有資格競逐國家領導人的地位。在以往威權統治時期的國民黨政權，以及墨西哥長期執政的「革命制度黨」(Institutional Revolutionary Party [西班牙語：Partido Revolucionario Institucional；簡稱為 PRI])，也有類似的情形，領導菁英幾乎都必須先經過政黨的政治甄補。

四、政治社會化

在現代政治體系中，諸多社會團體皆會履行「政治社會化」(political socialization) 的功能；所謂政治社會化意指個人獲取政治態度與行為模式的發展過程 (Almond and Powell, 1988: 34)。這些團體，包

括家庭、學校、「同儕團體」(peer groups)、「次級團體」(secondary groups；
諸如職業團體、工會組織、軍隊、宗教團體)，以及大眾傳播媒體等，
不一而足。其中，政黨也扮演著不可或缺的角色。

　　基本上，在民主社會中，政黨形塑政治社會化的管道甚為多元，
舉例來說，設立青年黨部以甄選年輕黨員和培訓政治人才，對那些積
極參與組織活動的成員發揮社會化的作用，或者由地方黨部舉辦各類
政治活動吸引民眾參加，藉此灌輸其核心理念與價值，甚至進行政治
動員。另外，有些政黨發行報紙及其他出版品、透過電視或廣播等新
聞媒體，傳達政治訊息和施政理念，企圖影響或塑造民意趨勢，以利
於取得政治權力和影響政府決策 (Ranney, 1990: 231)。在中國、古巴和
北韓等共產國家，以政治教育灌輸黨員特定意識型態、動員群眾，更
是政黨活動的重要項目。總體來說，無論是在民主體制或者是極權制
度之下，政黨都會藉由若干途徑，以協助其參與成員瞭解政治運作的
基本規則。

五、提名候選人

　　前述提及的政黨功能，包括利益表達、利益集結、政治社會化等，
許多利益團體和大眾傳播媒體也會發揮類似的作用。儘管如此，與這
些利益團體和大眾傳播媒體最主要的差異在於，政黨會為了達成其政
治目的而進行「候選人選擇」(candidate selection) 角逐公職，嘗試贏得
選舉，掌握政府的決策權力，從事政府高層人事的安排。❷猶如前文

---

❷　習慣用語上，「候選人提名」(candidate nomination) 和「候選人選擇」
　　(candidate selection) 這兩個名詞可以交替使用，儘管彼此代表著不同的意
　　義。就嚴謹的意涵而言，「候選人提名」乃是一項著重在「法律」(legal) 層
　　面的程序。經此，選務機關認可意圖參選者成為合格的公職候選人，並
　　將其姓名刊載在選票上。而「候選人選擇」乃是一項著重在「超越法律」
　　(extralegal) 層面的程序，經此，政黨決定何者適合擔任某公職，並且將

曾述，依據民主國家運作之常軌，朝野政黨遵循公平的選舉規則與程序，爭取多數選民的認同和支持。選舉既然攸關執政與否，政黨審慎籌劃如何贏得選舉自然非常重要。其間，提名候選人角逐公職是競選活動的首要關卡，而且往往是影響選戰結果的關鍵布局。

在多數政治體系中，拔擢候選人參選公職乃是政黨的特權。關於這點，杜弗傑 (Maurice Duverger) 的剖析是相當貼切的：一位選舉獲勝者必須贏得雙重的認可，即分別來自於政黨與選民的認可。這兩者的重要性隨著國家和政黨的不同而異；概言之，政黨認可的重要性往往超過選民認可的重要性 (1954: 353)。相同地，愛普斯坦強調，在民主國家中，選民的投票對象非常有限，此乃因為政黨「建構選舉」(structure the vote) 之故——亦即政黨經由提名候選人而提供選民有限的投票選擇 (Epstein, 1967: 77)。

就組織面向而言，至少有三項理由可說明，政黨提名經常在政治過程中扮演著舉足輕重的角色：第一，它是政治甄補過程的重要階段；第二，它可用以檢驗政黨凝聚力；第三，它是黨內衝突的主要競技場。關於第一項特徵，蓋勒格 (Michael Gallagher) 指出政黨提名集權化的重要性，此乃涉及在提名過程中，黨員和選民的參與程度 (1988b: 2)。克拉提 (William J. Crotty) 認為候選人的甄選乃是選民與決策者之間的重要聯結 (1968: 260)。針對此分析，克拉提和傑克遜 (John S. Jackson III) 補充說明，「在提名系統之內，他們（按：指政黨）挑選候選人，這些候選人便成為其選民的代表，並且負有向選民解釋其所作所為的責任」(1985: 131)。

其姓名刊載在選票與選舉公報上，成為該黨所推薦或支持的候選人 (Epstein, 1967: 201–203; Ranney, 1981: 75)。明顯地，後者含有顯著的政治性，因為候選人的挑選工作，基本上涉及到政黨如何由有意參選者中，決定其候選人選以角逐公職。為利於表達，在此雖不嚴格區分「候選人提名」與「候選人選擇」，但實際意義著重於後者。

其次，就政黨凝聚力而言，候選人提名過程與結果可能產生深遠的影響。根據蓋勒格的見解，「政黨若無法控制提名，將無法提供黨員充分的誘因以維持組織運作，亦無法控制該黨的國會議員」(Gallagher, 1988a: 275)。以美國國會為例，多數議員必須在其黨內初選的選區中，爭取選民的支持才能獲得提名，而非透過黨部組織的徵召。一般說來，議員尋求連任的機會幾乎不受制於政黨的支持與否。因此，對於國會議員違背政黨立場的投票，民主黨與共和黨僅能以有限的權力加以制裁。顯然地，其結果便是弱化了國會中政黨組織的凝結力 (Aldrich, 1995: 87–95; Herrnson, 1995: 5–6; Hurley, 1989: 114–116)。進而推之，一旦政黨不再能掌控其候選人提名，其選舉動員的影響力將大幅降低 (Epstein, 1981: 66–68; Fiorina, 1989: 24–25; Wattenberg, 1991b: 158)。

再者，候選人的甄拔亦為政黨內部權力鬥爭的主要場域。威爾指出，政黨領導者欠缺權力來克服提名候選人的阻礙，往往源自於政黨內部的紛爭 (Ware, 1988: 157–158)。對此觀點，若干學者認為候選人提名是政黨內部權力鬥爭的主軸 (Aldrich, 1995; Crotty and Jackson, 1985; Bartels, 1988; Panebiance, 1982; Wattenberg, 1991b)。在黨內衝突過程中，可以確定的是，對於任何政黨而言，控制候選人提名乃是權力的主要來源。因此，誠如薛斯耐德所言，「藉由選舉競逐權力有另一項效應：提名成為政黨最重要的活動。……提名已成為現代政黨最顯著的特徵；假如一個政黨無法從事提名，它就不再是一個政黨。……提名過程因而成為政黨運作中重要的一環。它決定一個政黨的本質；誰能控制提名就能控制整個政黨。因此，瞭解提名過程，正是觀察黨內權力分配的最佳切入口」(Schattschneider, 1942: 64)。無疑地，由於拔擢候選人參選公職是民主政黨最重要的功能，因此探討政黨提名制度，對於瞭解一個政治體制的運作過程，具有相當的意義（關於我國朝野政黨初選制度和提名制度相關問題之探討，請參閱第四章和第五章）。

六、從事競選活動

在選舉過程中，政黨提名候選人角逐公職係首要關卡；一旦確定披掛上陣的人選之後，接踵而來的競選活動，諸如擬定競選議題、籌募競選經費、選舉宣傳造勢、選民動員配票等，均是左右選戰結果的關鍵因素。正由於掌握政權、推動政策是政黨最重要的目標，因此瞭解政黨如何運用選舉策略、從事競選活動、贏得勝選，對於瞭解政黨的活動與功能，甚為重要。總體來說，對於候選人的競選給予必要的協助，並提供民眾相關的選舉資訊，這些必須仰仗政黨的全力支持。

必須說明的是，若干研究指出，由於現代競選技術漸趨複雜，大眾傳播媒體（尤其是電視的影響無遠弗屆）和利益團體的蓬勃發展，再加上政黨組織日漸鬆弛，因此政黨在競選活動中的重要性已大為降低；取而代之的是以候選人為中心的選舉政治 (Wattenberg, 1991b)。詳言之，在科技發達的今日，新興的選戰技術如民意調查、媒體廣告文宣等大幅度地運用，候選人要想打贏一場選戰勢必嘗試開拓各種資金管道，尤其必須向其支持的利益團體籌募經費，透過專業的選舉公關公司、民意調查公司、大眾傳播媒體的包裝與管道，才能在選戰中脫穎而出。

儘管如此，政黨的組織動員依然重要，更值得說明的是，諸多選民仍然依循政黨標籤而決定投票對象。舉例來說，英國曾經有一個非常著名的個案，某位選民發表公開聲明表示，就算他支持的政黨決定提名一隻動物作為國會議員候選人，他還是願意把票投給「牠」，因為這位選民認為候選人的政黨屬性較個人的資格條件更為重要 (Ethridge and Handelman, 1998: 117)。在許多國家其實亦有類似的情形；倘若詢問一般民眾的投票抉擇因素，多數選民傾向表示是「選人不選黨」，然而如果細究其歷來的投票對象，可能會發現其投票模式相當穩定，亦即支持的候選人均屬於相同政黨。因此，諸多歐美實證研

究指出,「政黨認同」(party identification) 不僅對於選民投票決定具有重大的影響,而且亦為左右個人政治態度與其他選舉議題的關鍵因素,甚至是最重要的因素 (Campbell et al., 1960; Campbell, Gurin, and Miller, 1954; Converse, 1964; Milbrath and Goel, 1977; Rosenstone and Hansen, 1993; Stone and Schaffner, 1988)。❸

七、組織政府或監督政府

如前曾述,近代民主政府之運作莫不以政黨政治為基礎,而責任政治之體現更與政黨政治有著密切的關係。在民主國家,政黨依據正當憲政程序,主要藉由選舉競爭或者議會不信任投票程序,以取得政權。經由健全的政黨競爭,執政黨組織政府,負責政府人事和政策的制訂與執行,而反對黨則扮演監督執政黨的角色,成為政府施政的警鐘。在內閣制政府體制下,唯有國會議員經由人民普選產生,贏得過半數議席的政黨成為執政黨,其黨魁經由國會同意,提請國家元首認可而膺任總理(或謂首相),進而組織內閣。倘若沒有任何政黨囊括多數議會席次,則由各政黨折衝妥協推舉閣揆,籌組聯合內閣。因此,政黨成為行政部門(內閣)與立法部門(國會)的樞紐,內閣提出之政策有賴國會的多數黨為之呼應,由是產生連結行政與立法的橋樑功能。

---

❸ 在各類的政治態度面向中,政黨認同是一項重要的心理成分,它是個人整體的價值觀念與信仰系統中關鍵的一環,具有長期穩定的性質;就整體效應而言,政黨認同對於政黨體系的穩定與否影響甚鉅。這種對於特定政黨的歸屬感或者忠誠感,被視為是政治行為者其自我認同在政治世界的一種延展與擴張。一般說來,透過政治社會化的學習歷程,個人從家庭、學校、職場、同儕團體以及傳播媒體,獲得對於政黨偏好與認同的訊息,逐漸形成政黨認同,並隨著成長過程與歷次傾向投票給同一政黨的政治經驗,增強這種政黨的心理認同。關於政黨認同及其相關議題之探討,在第七章中將有詳細說明。

相對於內閣制國家，諸如美國之類的總統制或者法國的「雙首長制」(two-headed executive system) 的國家，政黨所扮演組織政府的情況較為複雜。簡單地說，在這些政府體制之下，行政首長和國會議員分別由選民投票產生，因此可能產生兩種情形：行政部門與立法部門皆由同一政黨所控制，或者兩者分屬不同政黨所掌握。就學理而言，前者稱之為「一致政府」(unified government)，而後者則稱之為「分立政府」(divided government)。若干研究指出，在分立政府之下，行政部門與立法部門彼此分歧矛盾，將使得政黨政治的運作原則遭到嚴重的削弱，而所謂負責任、重效能的政府已不可得。由於分立政府議題牽涉層面甚廣，因此將在第八章和第九章中另行闡述。

伍、政黨與民主政治

在瞭解政黨的概念、緣起與功能之後，吾人或許應探討一項頗受爭論的議題，亦即政黨與民主政治的關係。簡單地說，政黨究竟是好還是壞？政黨政治是否符合民主政治的原則，或者政黨運作扭曲了民主政治的真諦？

一、負面批評

對於政黨政治抱持否定態度的人士認為，民主政治講求幾項原則，包括主權在民、多數統治、責任政治，以及「權力分立」(separation of powers) 與「制衡」(checks and balances) 等，然而政黨政治的實際運作將之破壞無遺。首先，人民主權原則強調的是制訂國家政策、決定公共事務的最終權力應該是歸屬於全體人民所有，而非部分人民或者是少數政治菁英掌握。然而，政黨政治具有寡頭統治的傾向，幾乎所有政黨內部決策都非依據民主程序，亦即決策程序是由上而下貫穿，而非由下而上形成。黨的領導幹部多數由遴選任命產生，即使有些政黨

幹部以選舉形式產生，通常也並非公開性、民主化的選舉。因此，政治事務不僅是政黨寡頭統治，甚至是集中在單一領導者身上；這種情形顯然和人民主權原則相互衝突。

其次，民主政治經常體現在選舉政治。然而，環顧世界各國，政黨的候選人提名制度多數為徵召或者指派，而較少採取黨員初選方式。政黨所謂擴大政治參與管道，往往僅流於口號。因此，政黨甄選候選人並非在於民意的表達與匯集，反而是影響了民意的走向。尤有甚者，在選舉時，選民的選擇對象只被限定在少數具有政黨標籤的人選；一旦選舉勝出，當選者仍然必須受到黨紀、黨鞭的約束，以期望能在下屆選舉中再度獲得提名。因此，這些民選的政治人物，無論是行政首長或者是民意代表，不再直接向選民負責，而僅是聽命於政黨的領導指揮。在議會中，政黨透過控制政策議案和國家預算為手段，以追求私利和取得政權為目標。這種罔顧公共利益與全民福祉的情形，明顯違背了多數統治的原則。

再者，民主政治強調權力分立與制衡和責任政治的觀點。更具體地說，政府組織之建構必須避免政府濫權的情形發生，因此將政府的基本權力分別授予相互分立且各自獨立的機構，以避免任何部門無所限制地獨攬政府權力，此即所謂分權。此外，分別賦予每一部門對其他部門具有若干牽制，並使每一部門能夠與另外兩部門間保持適當的平衡，此即所謂制衡。為體現責任政治的精神，行政部門必須向立法部門負責，包括審核行政部門所提出的預算案、討論議案、高級官員的任命同意權、與條約締結的批准權，甚至提出彈劾等。然而，在政黨政治的運作影響之下，這些重要的民主原則幾乎成為幻影。在一黨專制國家，權力完全集中在執政黨手中，不僅缺乏權力分立與制衡，立法部門甚至成為橡皮圖章，配合行政部門的決策。在兩黨制體制中，英國為議會政治、內閣制的典範，政黨紀律嚴明，政治制度沒有分權制衡的設計，而是立法和行政合而為一；在類似美國總統制之下，若

同一政黨贏得總統和國會多數席次，亦缺乏實質的權力制衡，唯有總統和國會分屬不同政黨掌握時，分權與制衡才勉強成立。在多黨制之下，議會中數個政黨掌握過半席次籌組聯合政府，分配內閣席位，此情況下通常只是政治領導者利益考量的折衝妥協，而立法與行政的分立與制衡往往並不存在。

綜觀而言，無論在任何憲政體制之下，政黨僅是私人謀利的結合，政黨政治的本質必然流於少數特權、金權政治、結黨營私之弊，這使得民主政治的精神破壞殆盡。為一黨之私，制訂偏頗的決策，以公共資源圖利特定政黨成員和支持者，違反社會公平正義原則，極不可取。事實上，這種質疑政黨政治玷污民主政治的觀點，迄今猶存。

二、正面評價

儘管抨擊政黨政治的看法甚為普遍，然而若干政黨研究學者強調，政黨僅是政治工具，其本身無所謂好壞之分。猶如在本章第參節所言，政黨之所以蓬勃發展，這和人口的增加、選舉權的擴張，以及民眾的政治參與密切相關。政黨成為政治發展的產物，而且在民主政治中扮演不可或缺的角色。不容否認地，缺乏政黨政治的國家，大多是經濟發展落後、教育程度低落的傳統國家或是部落社會，唯有在少數回教社會中仍維持君主制度，或者在若干非洲專制國家仍維持強人統治或軍事執政。

至於主權在民、多數統治、責任政治、權力分立與制衡等民主原則，由於政黨因素的加入而產生實質的變化。從政黨發展歷史來觀察，黨派初期以議會黨團為核心，陸續結合社會菁英、地主、貴族等，逐漸形成幹部黨與「內造政黨」(party of parliamentary origins)。隨著現代化社會的漸趨成熟，人民擁有普遍、直接的選舉權，有利於形成群眾黨與「外造政黨」(party of extra-parliamentary origins)(Duverger, 1954: xxiv–xxxvii)。政黨的出現象徵著政治參與的擴張，政治參與必須透過

管道才能落實，而政黨便是政治參與的第一步。在民主體制中，政治
菁英必須透過政黨組織展現其執政理念，經由贏得選舉取得政權的正
當性，搭建起政府與人民的溝通橋樑。換言之，藉由政黨政治運作體
現主權在民的理念。

其次，政黨是一項不可或缺的工具，它促成凝聚和團結，因而產
生效能，連結行政部門和立法部門以串連共同利益。更重要的是，朝
野政黨必須向選民負責；任何政黨獲得多數選民的信任即成為執政黨，
取得國會多數席次、贏得行政職位，而反對黨則扮演監督執政黨的角
色。這就是多數統治原則的展現。另外，從選民的角度來說，政黨政
治的本質乃是政黨將其政見主張呈現於選民之前，透過公平、公開的
規則，爭取人民支持，若是選民同意支持其理念，就投票支持該黨候
選人，而該黨在贏得政權之後，即可將選舉訴求付諸實現。若是民眾
滿意其施政作為，就會在下次選舉中繼續給予支持，反之則是將選票
投給其他政黨。基本上，由選民來決定執政黨的去留，這就是政黨政
府賴以維繫的機制，此即責任政治的精神。

再者，政治體系中並非僅由單一政黨來競爭，只要不同理念者得
以自由組成政黨表達其利益和意願，政治上各種不同聲音得以同時展
現，容許多元政黨體系存在，這就是權力分立的精髓。進一步來說，
制衡的真諦不在強調行政與立法的牽制，而是執政黨與在野黨之間的
競爭。只要允許有反對黨存在，各個政黨擁有公平機會參與競爭進行
折衝與妥協，這便是制衡作用的存在。

如是以觀，政黨政治並非扭曲民主政治的原則，而是透過政黨政
治實現民主政治。對於政黨政治與民主政治的關係，薛斯耐德之觀點
或許是最佳的詮釋：「政黨創造了民主政治，現代的民主政治藉著政黨
始可存在。……現代政治哲學最重要的區別，以及民主與獨裁之間的
差異，可以根據政黨政治來加以判定。因此，政黨不僅是現代政府的
附屬品；它們是現代政府的核心，而且在其間扮演著決定性和創造性

的角色」(Schattschneider, 1942: 1)。

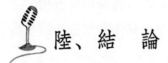 ## 陸、結　論

在民主社會中，政黨扮演著甚為關鍵的政治角色。儘管對於政黨的評價和定義，迄今各有說法、難有定論，但就意涵而言，吾人以為，政黨乃是一個持久性政治組織，其藉由合法方式（例如定期選舉和憲政程序）或者非法手段（諸如暴力和革命），以取得政治權力和影響政府決策為目標。當然，如此界定政黨的概念仍有其缺失，但應能盡量收納民主國家和非民主國家的政黨基本特徵。從發展歷程來看，現代政黨之所以蓬勃發展，這與人口增加、選舉權擴張，以及政治參與程度升高息息相關。快速的都市化和經濟發展培養許多新興的重要政治角色，包括中產階級和勞工階級，政黨為了動員選民而形成，促使組織結構益形完備。值得說明的是，有些政黨所追求的不僅是贏得選舉，而且鼓勵團體成員積極從事政黨活動，散播特定的意識型態與政策理念。

在政治發展過程中，政黨的出現乃是促進民主化的重要特徵。大體而言，政黨政治健全的社會，才能夠發展出成熟的民主政治。對於一個民主體制來說，政黨有著若干重要功能，包括利益表達、利益集結、政治甄補、政治社會化、提名候選人、從事競選活動，以及組織政府或監督政府等。在非民主國家，政黨功能容有差異，但是在利益表達、利益集結、政治甄補、政治社會化、組織政府等方面，執政黨往往扮演著更為重要的角色。

至於政黨與民主政治的關係，向來有兩種極端評價。對於政黨政治抱持負面看法的人士以為，主權在民、多數統治、責任政治、權力分立與制衡等民主政治原則，遭到政黨政治運作的扭曲，甚至破壞殆盡。畢竟政黨政治的本質就是菁英寡頭統治，不免流於結黨營私之弊，

企圖制訂政策圖利政黨成員，以公共資源犒賞特定支持者，在在違反社會公平正義原則，且與民主政治基本精神格格不入。然而，捍衛政黨政治的學者則指出，政黨乃是政治發展的產物，而且在多元民主政治中扮演不可或缺的角色。主權在民、多數統治、責任政治、權力分立與制衡等民主特徵，因為現代政黨的加入而改變其原有意涵；換言之，政黨政治並非破壞了民主政治的原則，而是透過政黨政治具體實踐民主政治。

第二章
政黨的分類與組織

 ## 壹、前　言

　　前一章主要探討政黨的意涵、起源、功能，以及正負評價。在瞭解政黨的基本概念之後，本章從團體組織的角度切入，探討政黨的類型與組織結構。如第一章曾述，在政治運作過程中，政黨係由一群成員所構成的持久性政治組織，抱持共同的社會目標或者政治信念，藉著彼此的互動，有組織地從事政治活動，以取得政治權力或影響政府決策為目標。既然如此，政黨組織的類別和政黨領導的性質對其目標的達成顯然深具影響，為政黨研究不可輕忽的一環。因此，本章將討論幾項彼此相關的議題。首先，依據不同學者提出的標準對於政黨進行分類。其次，陳述政黨基層組織的四種類別及其特徵。再者，依據黨務參與程度的差異區分四種黨員類型。另外，在政黨基層組織和黨員類別的討論之後，將著重在政黨領導階層的探討，說明政黨領導的本質和統治菁英的兩種產生方式。此外，就組織的觀點來說，政黨紀律是維持團體運作的核心要素，因此將說明政黨紀律的功能，並且簡略比較不同黨紀強弱之差異。在結論中，筆者扼要摘述本章內容，裨益讀者瞭解討論重點。

貳、政黨的分類

　　關於政黨的分類方式甚多，端賴於其不同的分類標準。一種普遍引用的分類指標，係由杜弗傑 (Maurice Duverger) 所創，其根據政黨的

組織方式和基本特徵提出四種分類方式 (1954: xxiv–xxxvii, 5–12, 61–65, 116–120)。其一，依據政黨的源起，區分為「內造政黨」(party of parliamentary origins) 與「外造政黨」(party of extra-parliamentary origins)。其二，依據政黨的結構，區分為「直接政黨」(direct party) 與「間接政黨」(indirect party)。其三，依據黨員的差異，區分為「幹部黨」(cadre party) 與「群眾黨」(mass party)。其四，依據黨員參與的程度，區分為「有限政黨」(restricted party) 與「極權政黨」(totalitarian party)。茲針對這些政黨類型的意義，說明如下。

一、政黨的源起

根據杜弗傑的觀點，以創黨菁英的源起是在議會內部或外部作為劃分的基礎，區分為內造政黨與外造政黨。所謂內造政黨意指政黨源起於國會議員基於共同政治理念或利益因素，並結合選民發展而成的組織。簡單地說，政黨的領導核心在於議會黨團之內。內造政黨的明顯例子是英國的保守黨。另外，美國的民主、共和兩黨，以及許多 19 世紀後期在歐洲出現的政黨，皆是因為選舉權擴張而逐漸形成的內造政黨。

反觀，外造政黨是由外力促成的政黨。該類政黨是由一個早已存在的團體所設立，而此團體的主要活動又在議會和選舉範圍之外。換言之，政黨源起於議會之外，先有中央組織，之後才有國會政黨組織。英國工黨是外造政黨的典型例證；在 1899 年的工會大會中，通過成立一個選舉和議會活動的組織，促成工黨的誕生。環顧世界各國情形，為數頗多的政黨屬於外造政黨；這類政黨的出現，往往和參與危機、正當性危機密切相關，亦有部分為建國政黨。

在實際運作方面，內造政黨和外造政黨經常有著明顯差異。內造政黨是由基層開始形成，藉著早已成立、各自分散的委員會組成政黨領導組織以協調各種活動，各個委員會保持相對的自主性，因此政黨

組織較為分權化。相對地，由於外造政黨是由上而下所建立的，透過最先成立的外力團體推動地方委員會的成立工作，擔任指揮監督的作用，因此較偏向中央集權。至於集權化程度，受到外力團體性質的影響，例如共產主義政黨就比工黨更為集權，而工黨又比由資產階級團體促成的政黨更為集權。基於相同的理由，外造政黨也比內造政黨更有嚴格紀律和嚴密組織，因為外造政黨藉由外力團體指揮協調各個基層黨部的活動，而內造政黨最初僅是國會議員之間的鬆散組織，之後才逐漸形成協調聯繫的關係。另外，就議會黨團的影響力來說，內造政黨和外造政黨亦有顯著差別。對內造政黨來說，議會黨團甚為重要，往往擔任政黨核心領導的角色，具有主導地位。反之，議會黨團在外造政黨的影響力較為單薄，往往必須聽從黨中央領導組織的指揮。

二、政黨的結構

依據黨員和組織的關係，可區分為直接政黨與間接政黨。所謂直接政黨是指黨員以個人身分直接加入政黨，填寫表格，繳交黨費，並出席所屬黨部會議。所謂間接政黨本身並無黨員，是因為其他組織的成員身分而具備加入政黨的資格。直接政黨屬於常態，一般政黨屬於這類，間接政黨則為例外，英國工黨是這類政黨的典型代表。

一般而言，間接政黨又可以分成三種。第一種是社會主義政黨，其黨員來自工會、工人合作社、工人互助會等，以同質性社會階層作為政黨基礎；英國工黨和比利時勞動黨就屬於這種類型的政黨。第二種是天主教政黨；這種政黨是工會、工人合作社、農民團體、商人及工會聯合會的組合，因此是不同社會階層的聯盟，而各個階層又保持其本身組織；比利時天主教團和奧地利人民黨是這類政黨的例子。第三種是農民政黨；這種政黨由農民聯會和合作社所組成，類似於社會主義政黨由工會和工人合作社組成一般，只不過其緊密程度不如社會主義政黨；保加利亞農民黨和澳洲鄉村黨是這類政黨的例證。

三、黨員的差異

依據政黨領導菁英與支持者的連結關係，可區分為幹部黨與群眾黨，其主要差別在於結構的差異，以及社會與政治基礎的不同。幹部黨由社會上層領導分子所組成，目標是競選公職，訴求少數政治菁英以準備參加選舉。黨員甄補以「質」為考量重點，對象約略分為三種。第一，具有廣泛影響力的人物，其知名度、威望、勢力範圍足以提升政黨選舉優勢。第二，具有專業技術的人才，擅長與選民互動和組織競選工作的方法。第三，財力雄厚的資助者，足以提供競選經費所需。幹部黨的成員經過挑選而來，其加入政黨純粹屬於個人行為，是基於個人的才能或特殊地位。

幹部黨的入黨條件甚為嚴格，其過程嚴密且經過篩選。迥異於群眾黨的做法，幹部黨成員無須簽署入黨承諾書，不必定期繳納黨費。政黨運作具有高度個人色彩，經費來自於財力雄厚成員的資助，議會菁英掌握政黨主導權。基層組織採取「黨團制」(caucus)，權力甚為分散，政黨組織協調能力較為單薄。西方早期政治動員的程度尚低，政黨多為國會議員或社會名流之聚合，他們各有自己的地位與資源，不需也不願建立普遍的政黨組織。在 19 世紀選舉權尚未擴張之前，對於投票權的限制主要基於財產收入，當時的政黨明顯是幹部黨，因為吸納和組織民眾並非政黨所關切，民眾在政治上也沒有實際影響力。直到 20 世紀選舉權較為普及，歐洲社會主義和共產主義政黨陸續誕生，勞工團體為了和資產階級分庭抗禮，必須集體合作籌募資金和進行宣傳活動，這才使得群眾黨逐漸出現。一般而言，迄今歐洲各國的自由黨與保守黨，其型態仍類似於幹部黨。

群眾黨則代表另一種概念，它是由一般民眾所組成，政黨組織直達地方或工作場所的基層，是選舉參與普及化之後的政治產物，主要特徵是高度的層級組織。從政治觀點來說，基層黨員的招募甚為重要；

因為早期的群眾黨致力於對工人階級進行政治教育，然後從中甄選出具有領導潛力的黨員，經過培養訓練，以負起組織政府和治理國家的工作。群眾黨基層組織採取「分部制」(branch)，權力較為集中，具有高度協調能力。就財政角度而言，群眾黨從事政治教育、日常活動、資助候選人競選的經費，主要依賴黨員繳納黨費，而黨分部的首要任務在於定期收取黨費。這種財政經費和政治工作的結合非常重要，因為競選活動所費不貲，群眾黨要求廣大黨員繳付小額款項，而不是仰仗少數私人捐贈者的奧援。簡單地說，群眾黨的特徵在於訴諸關切時事和積極活躍的黨員，藉由政黨教育學習參與國家政治治理。

四、黨員參與的程度

依據黨員參與決策的程度，可區分為有限政黨與極權政黨。對於有限政黨的黨員來說，政黨只是生活的一部分，參加政黨活動僅屬於政治生活的範圍，其餘的職業工作、消遣、家庭娛樂、感情生活並不會因為政黨而受到影響。個人和政黨的維繫程度較為薄弱。反觀，極權政黨的情形就截然不同，其黨員的生活和政黨事務息息相關，工作、運動、休閒娛樂、文化、家庭生活、感情等皆被羅織在政黨的規劃之中。私人生活和公開生活之間並無分野，僅剩下黨員生活，這是極權政黨的特徵。在個人參與的各種群體中，極權政黨居於首位，其約束和指導程度凌駕於其他團體之上，個人和政黨的維繫程度相當強烈。進一步來說，極權政黨對於黨員的支配包括物質層面和精神層面。一方面，透過各種附屬機構竭力將黨員活動組織起來，確保所有物質生活必須依據政黨的規劃和控制。另一方面，這種對於個人物質生活的滲透，配合著對於黨員精神思想的控制，成為名副其實的極權政黨。

當然，政黨的極權性質，隨著不同黨員而有所差異。有些有限政黨的積極黨員全心全力地投入政治活動，對於這些熱衷分子來說，有限政黨已具有極權政黨的性質。相反地，若干極權政黨的溫和黨員不

願全面受到政黨的滲透控制，因此保持在政黨之外的私人生活，對於這些黨員來說，極權政黨具備有限政黨的特徵。就實際例子來說，共產黨和法西斯政黨是極權政黨的典型代表，而歐洲各國的自由黨與保守黨屬於有限政黨。

除了杜弗傑所提出的政黨類型之外，尚有學者發展其他分類標準。舉例來說，紐曼 (Sigmund Neumann) 根據政黨功能將其區分為「代表性政黨」(party of representation) 與「整合性政黨」(party of integration)（呂亞力，2004: 235）。前者是指以代表社會中的個別利益為主要功能的政黨，而後者則是以「整合」社會的各種利益為職志的政黨，這類政黨常以代表國家或全民的共同利益自居。

另外，按照意識型態的本質與角色，可將政黨區分為「使命型政黨」(missionary party) 與「掮客型政黨」(broker party)（Ranney, 1990: 232–233）。使命型政黨的主要目標在於致力宣揚某種主張，使人們信奉其意識型態，而非增加其選票以贏得選舉。黨員往往具有強烈的政治信仰，將政治視為實踐神聖信念的途徑。美國的社會勞工黨與若干歐洲社會民主黨、社會主義政黨、基督教民主黨，其政黨性質就類似於使命型政黨。掮客型政黨則屬於另一種類型，它意指政黨的主要目的在於贏得選舉，因此盡其所能地吸納各種社會利益和意識型態成為其訴求重點。該政黨的活動在於利益的爭取與保護，訴諸各種社會團體的選舉支持，其無所不包的黨綱在於吸納廣大民眾的票源。美國的民主黨與共和黨就是掮客型政黨的代表。

就性質來說，使命型政黨與掮客型政黨的區分，相當類似於克許漢默 (Otto Kirchheimer) 的分類方式，其依據政黨社會基礎的廣狹提出「囊括性政黨」(catchall party) 與「非囊括性政黨」(non-catchall party)（摘述自 Ethridge and Handelman, 1998: 118–119）。前者意指政黨在構成成分和組織內涵，竭力包含所有社會階層，企圖對各種次級團體給予肯定，因此其黨綱政策較為模糊抽象。其明顯例子是，美國民主黨

與共和黨在政治立場方面雖有差異，但競選時均以全民為爭取對象，企圖囊括多數選票。非囊括性政黨係指在政黨構成與信念上僅認同社會某種階級或團體，而將其餘排除在外。近代歐洲較為明顯的例子是階級政黨，以代表並爭取社會階級利益為職志的政黨；當然，非囊括性政黨代表的次級利益，也可能是宗教、語言、文化，或者是種族團體。

參、政黨的基層組織

儘管所有政黨都會為了達成特定政治目標而從事各種活動，然而有些政黨的活動確實較為有效，部分政黨則往往徒勞無功。即使屬於相同類型的政黨，為什麼有些政黨較具政治影響力，而有些政黨則無法發揮預期的作用？其中，政黨基層組織的性質可能是關鍵因素之一。依據杜弗傑的觀點，每個政黨會依據其政治目標發展出特定的基層組織，而各個政黨的基層結構均具有其獨特形式；儘管如此，吾人仍然可以將政黨組織區分為四種類別，其分別是「黨團」(caucus)、「分部」(branch)、「小組」(cell)，以及「民兵組織」(militia)（Duverger, 1954: 17–40）。茲對此四種類型，分述如下。

一、黨　團

黨團的首要特徵是狹隘性和封閉性。它主要在於維繫數量有限的黨員，並不積極尋求增加人數，也不進行宣傳招募黨員。此外，它亦沒有嚴格定義的會員；由於組織吸納成員的狹隘性，因此黨團內部乃成為一種封閉性組織，並非有意願者均可參加，入黨通常是經過秘密的內部遴選或者提名程序。雖然成員數量不多，但是黨團本身擁有很大的權力，它的力量並非來自成員數目，而是因為成員本身的社會地位。黨團是菁英分子的組合，這些領導人物是因為他們具有的顯赫影

響力而進入黨團核心。

各個黨團具有高度自主性，彼此之間的層級關係相當鬆散。黨團的活動主要環繞在議會和選舉事務，活動範圍往往限定在選區之內。黨團活動時程是間歇性的，在選舉期間，活動頻繁程度達到顛峰，而在非競選期間，政黨活動頻率明顯下降。總體而言，黨團組織屬於間歇性質，它不是因應某次競選工作而存在的暫時性團體，但也不是持續進行宣傳和政治動員的永久性組織。

黨團為基層組織的政黨，以美國的民主、共和兩黨與歐陸的自由主義政黨為代表。黨團屬於政黨的一種傳統結構；在早期選舉權受到財產限制，或者在選舉權甫普及之初，黨團是政黨普遍的基層組織。在 19 世紀末期的歐洲，大致可以分為兩種黨團。第一種是保守政黨，成員包括貴族、工業家、銀行家，甚至是具有影響力的神職人員。第二種則類似於自由主義政黨或是立場鮮明的政黨，組成人員包括中產階級商人和實業家、公務員、教授、律師、新聞工作者、作家等。美國政黨和歐陸政黨有其共通之處，均建立在黨團的基礎之上。在 19 世紀中期至 20 世紀初期，美國政黨有兩類黨團。第一類是正式的、層級嚴明的、從地方至全國的黨團組織；第二類則是非正式、地域性的「黨頭目」(party boss) 及其「政治機器」(political machine) 在都會地區嚴密掌控的黨團組織（關於美國政治機器和黨頭目的說明，請參閱第三章和第六章第貳節）。兩種黨團都是由社會顯赫人士所組成，經過內部遴選方式吸收進入黨團。

二、分　部

相較於黨團，分部是較為集權化的基層組織。分部的獨特性在於組織，而不是在於分部和分部之間的關係。分部的組織規模較為龐大，在黨員的甄補方面，力謀吸收會員，增加黨員數目。分部並不會忽略黨員的素質，但更為重要的是，組織成員的數量。分部是因應選舉權

擴大而建立，採取的是開放式群眾路線而非封閉式菁英路線。基本上，有意願加入組織者皆予以吸收。雖然多數政黨會設立推薦入黨的制度，並且規定各種入黨的條件，希望確保成員的素質，然而這些規定大多僅屬於原則性程序，實際上並無嚴格的限制。

分部為了吸收選舉權擴大後的選民支持，盡力保持和群眾有頻繁的接觸。因為如此，分部的活動範圍較黨團來得小，以市鎮等行政區域為單位。迴異於黨團的間歇性質，分部屬於持續性組織，不僅限於選舉期間的助選活動，即使在非選舉期間，亦從事宣傳、人才培育、政治教育的工作。在結構安排方面，分部具有較為完善的內部組織。分部的行政分工與層級組織較為清楚明確，各地區設有辦事處以負責黨務活動，與政府的文官體系結構類似。歐陸的社會主義政黨普遍以分部為基層組織。之所以如此，因為這些社會主義政黨志在組織群眾，對於民眾灌輸政治教育，並且從中甄選黨務領導人才，分部的組織結構符合這三項要求。

三、小　組

小組和分部在兩方面有所差異，即組織基礎和黨員數目。原則上，小組以職業為基礎，以職業類別吸收黨員，將相同工作的成員組織起來，因此不同職業場域有其所屬小組組織。在某些特殊情形下，小組亦會基於地域性考量，但是地域性小組是較為次要的，將同一工作地點的黨員聚集而成的基層單位才是小組的組織真諦。

由於小組並非以行政區域作為劃分基層組織的依據，所以組織範圍較黨團或分部要小了許多。相對來說，每個小組所管轄或吸收的成員也較少，小組成員的理想人數約為 15 到 20 人。小組的性質和有限的人數，使得政黨能夠充分掌握控制成員的動向。由於小組成員歸屬相同的工作地點，如此是一個非常穩定的團體，除了黨的正式集會之外，成員之間的接觸是經常性的，小組書記可以輕易地傳達指令、分

配工作，以及掌握每個黨員的情形。因為如此，小組人數愈少，愈有利於任務的徹底執行，政黨與黨員的關係愈為密切，黨性也就愈強。

小組以工作地點為編組原則，不僅有助於團結性，而且完全適合地下活動，因為可以在任何時間進行接觸，小組秘密會商可以在上班或下班之際進行。事實上，小組正是因應地下活動而生。每個小組皆設有小組長或書記，負責成員的訓練，控制所有活動並傳達上級的命令。政黨和黨員的關係較為密切，具有嚴格的從屬關係，黨的指令也較容易貫徹。

對於政黨的概念來說，小組成為組織的基本單位是一項重大發展，亦即政黨成為進行鼓動、宣傳、組織，甚至秘密地下活動的工具，而不再是以爭取選票、聯繫議員，以及建立選民與議員之間互動管道為目標的機構。這類政黨即使採取選舉和議會路線，也只不過是進行政治活動的手段之一。在政治目標方面，此類政黨具有強烈的排他性，以建立嶄新的社會、政治、經濟結構為目的。如果說分部是社會主義政黨的產物，那麼小組便是共產主義政黨的產物；更確切地說，是俄國共產黨的產物，而且將之強行移植到其他國家的共產政黨。

四、民兵組織

以民兵組織為基層單位的政黨，與選舉和議會活動的距離就更遠了，甚至志在推翻民主政治。其組織方式類似軍隊模式，黨員必須遵守與軍隊一樣的紀律，接受與軍隊相同的密集訓練，穿著制服，配戴徽章，具有相當濃厚的極權色彩，甚至動用武裝和暴力來攻擊敵人。必須說明的是，民兵組織成員仍然保持平民身分，並不會經常處於動員狀態，只不過參加密集的集會和訓練，隨時待命以接受黨的任務和指揮。

民兵組織的軍事性質不僅表現在組成方面，而且也彰顯在結構方面。它建立在一些很小的團體之上，這些團體以金字塔形式組織而成，

形成愈來愈大的單位。例如，德國國家社會黨的民兵組織，初級單位為班，之後再向上形成排、連、營、團、旅、師。值得說明的是，沒有任何政黨單獨由民兵組織組成；以民兵組織為基礎的政黨，亦會有分部和小組的組織。如果說小組是共產政黨的產物，那麼民兵組織便是法西斯政黨的產物，而納粹黨也是這類政黨的代表。

研究者指出，杜弗傑所提出的政黨基層組織分類，受到 20 世紀中葉社會主義政黨蓬勃發展的影響甚為深遠（游清鑫，2007: 479）。儘管現今各國政黨組織未必能夠完全符合上述分類，然而依據這些基層單位的要素，仍可在現存的政黨中找到相同特質的組織，只是名稱有所不同；舉例來說，民兵組織在那些強調以顛覆既有政權為目的的反體制組織，或者是威權體制國家的非正規武力團體仍然可見。

 肆、黨員的類型

對於不同政黨來說，「成員」(membership) 的意涵有所差異 (Duverger, 1954: 61–62)。英國工黨與美國民主黨和共和黨所稱的「黨員」並不相同。前者必須具備工會會員資格，依據正式的入黨程序，填寫相關資料，經過審核，宣誓入黨，定期繳交黨費等，因此黨員身分容易區辨。相較於英國的情形，美國兩大黨沒有正式入黨程序規定，也沒有清楚界定的黨員身分；以廣義概念來說，熱衷投入黨務活動的積極分子、在競選期間出錢出力的人士、投票參與政黨初選的選民，以及在大選中支持該政黨候選人的公民等，皆可以視之為美國政黨的黨員。

對於沒有正式入黨程序的政黨來說，依據成員的參與程度，可以分為三種黨員，分別是「選民」(elector)、「支持者」(supporter)，以及「積極活動者」(militant)。如以圖形來表示，這三種成員猶如同心圓，由外而內排列，愈靠近圓心，表示「黨性」(party solidarity) 愈強。至

於有正式黨員制度的政黨，「黨員」(party member) 的概念就構成第四圈，其介於支持者和積極活動者之間，它的人數較支持者更少但比積極活動者更多，參與程度較支持者更為深入但又不及積極活動者。茲針對這四種政黨成員類別，分述如下 (Duverger, 1954: 71–79, 90–116)。

一、選 民

所謂選民乃是指在全國性和地方性的選舉中投票支持該黨候選人的民眾，他們屬於該政黨最外圍的參與者且是最大的參與群體。就人數統計而言，這個參與群體比較容易估算，可藉由正式官方選舉統計結果中得到準確數據；相對而言，支持者、黨員、積極活動者的數目有時並不易計算。一般說來，研究者可以從選民數目來判斷政黨的強弱，也可以從歷次選民人數的波動來瞭解政黨的興衰，甚至可以從選民構成情形來分析黨內民主程度。

從政黨研究的觀點而言，剖析選民與黨員之間的關係甚為重要，因為這會牽涉到政黨領導和民主政治本質的問題。倘若黨員結構可以確實反映選民結構，則政黨領導決策尚能符合民主政治運作的原則。然而，一旦兩者呈現顯著差異，那麼就會產生「不協調定律」(the law of disparity) 的弊病 (Duverger, 1954: 101)。亦即，黨員團體既然無法反映選民結構，而人數較少的黨員所產生的政黨領導卻控制由人數較多的選民所選出的議會黨團，這種情形使得多數統治的民主原則遭受破壞，政黨政治寡頭統治的傾向更為嚴重。

二、支持者

選民的意義是簡單和明確的，而支持者的概念是模糊和複雜的。就參與程度來說，支持者介於選民和黨員之間。他們除了和選民一樣在選舉中投票給政黨之外，還會公開表明其政治偏好，承諾支持特定政黨，為政黨辯護，並且還會透過其他方式，給予政黨更多的支持，

如金錢上或人力上的資助，甚至參加黨的附屬團體。是否願意從事公開表態的行為，是區別選民和支持者的重要特徵。一位選民公開表態支持特定政黨，就意味著成為該黨的宣傳分子，該舉動使得他和其餘相同立場者結合起來，支持者團體的雛形關係於焉產生。

公開表達政治偏好，或者表示支持某個特定政黨，可能有不同的程度和情形。如果僅在某一次選舉中投票支持某個政黨的候選人，卻又宣稱是因為特殊理由而且未必會繼續支持該黨，那麼這不足以成為支持者；一般說來，如此投票行為的動機並非基於認同，而更可能是因為憎恨或者其他短期因素導致 (Duverger, 1954: 102)。因此，投票支持政黨成為一種持續性、習慣性現象，是成為支持者的重要條件。更進一步的是，對於某個政黨的政治立場，不再限於消極的認同，而是採取積極的行為，例如定期閱讀政黨刊物、參加政黨公開集會和造勢活動、捐贈資金，以及參與政黨宣傳工作等。

必須說明的是，支持者和黨員仍有不同。對於政黨的歸屬感，支持者還未達簽署入黨申請、按期繳納黨費的地步。至於不願意正式加入政黨的原因甚多，舉凡公職資格限制、社會壓力、個人主義、本身缺乏足夠政治興趣，以及並非完全贊同所有的黨綱政策等，不一而足。為了有效拓展和鞏固支持者，有些政黨發展出細膩的組織技巧，成立附屬團體或外圍組織以吸納擴大社會基礎。這些附屬機構的面貌非常多元，諸如青年團體、校園組織、婦女聯會、合作社、互助會、工商協進會、榮民聯誼會、國際友誼聯誼組織、休憩及娛樂團體等。

三、黨　員

如前曾述，在 19 世紀選舉權尚未擴大之前，當時的政黨是幹部黨，僅由少數菁英所組成的封閉性組織，只要依賴若干黨務幹部和一些積極活動者就可維持政黨運作，因此吸納和組織民眾並非政黨關注的議題。直到 20 世紀選舉權逐漸普及之後，歐洲社會主義和共產主義政黨

陸續誕生，工人階級為了與資產階級對抗，必須共同籌募政治資本和從事宣傳工作，這才促成群眾黨的出現，黨員的吸收便益形重要。

簡言之，唯有群眾性政黨才有清楚定義的黨員概念。成為正式黨員的通常必須通過入黨程序和履行固定義務，例如填寫黨員資料卡、個人資料審核、宣誓、按期繳納黨費、定期參加黨務會議、接受政治教育、參與選舉宣傳造勢活動等。儘管對於不同政黨而言，入黨的意義並不完全相同，但是對於現代政黨而言，黨員人數的多寡確實是辨別政黨勢力的重要指標。在其他條件均相等的情形之下，一個黨員眾多的政黨較一個人數稀少的政黨，其政治影響力更為顯著。之所以如此，其理甚明。一般說來，黨員眾多的政黨得以動員的選票數目較多，政治資源較為豐沛，經費能力亦較為雄厚。從另一個角度來說，人數較多的政黨所提出的黨綱政策，經常意味著反映更為廣泛的社會議題，不若黨員人數稀少的團體其訴求可能較為狹隘。

四、積極活動者

對於群眾黨而言，積極活動者乃是指特別積極的黨員；對於幹部黨來說，積極活動者和黨員的概念是一致的。積極活動者構成每個基層組織的核心，例如在政黨分部中，經常有一小群人士實際投入黨務工作、頻繁參加集會、宣傳政黨訴求，以及籌備競選造勢活動組織等。這群積極活動者形成核心組織，忠實地執行政黨領導者交付的任務，使政黨組織發揮功能，達到預期追求的目標。如果沒有這群積極活動者，許多黨務無法真正落實。其餘黨員只是登記名冊和定時繳交黨費而已，但是積極活動者卻實際為黨工作。

相較於黨員人數，積極活動者的數目是相當有限的。沒有任何政黨的積極活動者人數可以超過黨員總數的一半，如果這個比例可以達到三分之一或者四分之一，這個政黨就可以算是非常活躍的政治團體。積極活動者是黨員中自發形成的分子，由他們驅策多數黨員，定期出

席黨務會議，推選政黨領袖菁英，甚至甄補成為政黨領導者。

整體而言，政黨的運作邏輯可以歸納為，積極活動者領導黨員，黨員領導支持者，支持者領導選民。換言之，政黨成員並非單一性、扁平化、同質性團體，而是複雜性、層級化、異質性的群體。政黨也是一個多樣性社群，成員參與政黨事務的程度並不相同。在探討政黨基層組織和黨員類型之後，下一節將著重在政黨領導階層的分析和統治菁英的產生方式。

 # 伍、政黨領導的產生方式

對任何團體而言，領導者是維繫其發展的關鍵，亦是決定成敗的重要條件。幾乎所有的社會團體具有的共同特徵是，民主的外表與寡頭統治的本質，而政黨也是如此；唯有法西斯政黨毫不掩飾地表示以專制統治取代選舉程序。❶一般說來，政黨領導菁英幾乎皆是透過民主程序由黨員選舉產生，而且具有固定任期。然而實際上，人事安排早已透過徵召、指派，或者提名而內定，民主選舉僅是表面程序 (Duverger, 1954: 135)。尤有甚者，如果政黨有兩種領導者，實質領導者和形式領導者，更凸顯民主程序問題的嚴重性。

關於黨內權力結構，不論政黨如何標榜民主原則，在黨章中強調民主程序的重要性，然而實際上必然具有寡頭統治的本質。換言之，絕大多數成員並未掌握權力，這些決策權力僅為少數菁英所獨占。這種情形猶如米契爾斯 (Robert Michels) 所提出的「寡頭統治鐵律」(iron law of oligarchy)(1966 [1911])；其在研究德國社會民主黨之後，結論指出任何型態的政治團體，無論如何強調開放與民主化，然而終將淪為

---

❶ 法西斯政黨公開表示拒絕遵循民主選舉程序，而是採用由上而下的指派，亦即黨內各級幹部由黨魁選任，黨魁則是自我委任而且是終身制，至於黨魁接任者則是藉由徵召方式產生。

少數領導菁英所掌控，其所宣稱的組織民主程序僅是粉飾而已。之所以如此，一方面是因為領導菁英希望保持並增加其權力基礎，另一方面，一般成員對於專業組織事務抱持冷漠心態，因此不但不會抗拒這種現象，甚至委由領導菁英全權負責，或者藉由領袖崇拜，更加強化寡頭統治的現象（相關說明，亦可參閱第三章第參節）。

既然少數菁英掌握政治權力是無可避免的趨勢，如何促使黨務領導菁英與基層黨員產生緊密互動，盡量減少寡頭統治而增加民主程序的成分，成為一項重要課題。一般說來，政黨領導者的產生方式愈符合程序正義，就愈有利於取得黨內決策的正當性和代表性、號召廣大選民支持，並且鼓勵黨員積極參與。透過政黨領導的政治甄補，將可使政治菁英產生流動，盡量減低專制寡頭的色彩，鼓勵黨員參與黨內決策。

必須強調的是，政治甄補雖然能夠強化政黨的民主色彩，然而其甄補方式未必是透過民主程序，因為政黨決策既然為少數領導者所掌控，在甄補過程亦難免產生內定、指派或操縱的情形。因此，雖然政治甄補促進黨務組織、強化決策的正當性，但是多數情形下，黨內領導成員的甄補方式並非透過民主程序。不同政黨類型對於領導者產生方式有所差別，歸納而言，可分為指派原則與選舉原則（Duverger, 1954: 133–146; 吳文程, 1996: 33–36）。茲針對這兩種類別，分述如下。

一、指派原則

在此原則下，政黨最高領導權掌握在一位至高無上的領袖之手，由於本身具有「神格領袖」(charisma) 特質或者政治形勢使然，自行委任為政黨最高領導者。❷基本上，該政黨領袖根據自身偏好來指派任

---

❷　「神格領袖」此詞彙源自於希臘字，原意為「上帝的禮物」(divine gift)。衍生其意，係指創造性或革命性領袖所具有的特殊性格，其追隨者相信他具有宗教或超乎常人的魅力。諸多社會科學研究者普遍相信，有些人

命各級領導幹部。有時為了吸納民眾的支持，採取指派原則的政黨也會在形式上增添若干民主機制，在地方性或較低層級的政黨組織中引用選舉方式，由黨員直接選舉黨務幹部。儘管如此，中央層級幹部的任命仍然維持政黨領袖的指派原則。

二、選舉原則

由於一般民眾將民主程序的正當性奉為圭臬，因此環顧各國政黨大多採行選舉原則作為領導幹部的產生方式。然而實際上，政黨領導的甄補具有鮮明的專制性質，選舉原則只不過是政黨掩飾專制本質的外衣，因為政黨會利用各種手段操縱選舉，使選舉選出預先規劃的結果。一般而言，政黨可以使用四種方法操縱民主程序和選舉結果，其

物由於其個人特質的關係，使得他們較具有影響力。這些神格領袖的產生，係由於人民信仰他們擁有與生俱來、近乎超自然，以及超脫世俗的特質或天賦，所以順從於他們的統治權威。追隨者對於神格領袖遵從無疑，甚至可以為其犧牲性命。這些神格領袖的興起，往往因為傳統權威的式微，起而代之的是那些自恃為超凡入聖者，他們以「救世主」的姿態君臨天下。由於神格領袖必須經歷一番奮鬥始取得領導地位，故與傳統權威係由世襲而來是大相逕庭的。另外，這種神格領袖亦非基於行政首長合法理性的權威。由於強調個人特質的重要性，因此神格領袖的意志和行為往往不易受到法規或慣例的約束。諸多實例顯示，神格領袖的產生是因為獨立革命所引發的英雄主義，或者是因為戰爭或者其他危機時期，這些人物能夠帶領群眾進行反抗，或者鼓動民眾積極投入某些運動。在歷史上，這種背景出身的行政首長，有些成為殘忍、恐怖的暴君，也有些因為追求某些崇高理想而成為舉世景仰的人物。另外，有些行政首長則是毀譽參半。希特勒 (Adolf Hitler) 和墨索里尼 (Benito Mussolini) 都具有神格領袖的特質，正如羅斯福 (Franklin D. Roosevelt)、邱吉爾 (Winston Churchill)、戴高樂 (Charles de Gaulle)、曼得拉 (Nelson Mandela)、阿根廷的貝隆 (Juan Perón)，以及埃及的納塞 (Gamal Abdel Nasser) 亦具有這類特徵 (吳重禮，2007c: 222–223)。

分別是「間接代表」(indirect representation)、「候選人提名」(candidate nomination)、「投票操作」(manipulation of the ballot)，以及「形式領導者和實際領導者的差別」(distinction between titular leader and real leader)。

第一種操控方式是間接代表，亦即除了基層幹部由黨員直接選舉之外，其餘各級與中央黨部的領導階層並非透過黨員投票，而是透過選舉產生的黨代表推選產生。這種間接選舉分成幾個層級，類似於金字塔形的選舉結構。這種間接代表方式徒具民主之名，卻是抑制民主的巧妙手段。由於政黨領導是逐級推選而來，間接性愈高，距離基層黨員的共同意願愈遠。尤有甚者，黨代表可能是透過指派方式決定，黨員的選舉權遭到剝奪，造成黨務菁英的正當性和代表性不足的問題。

第二種手法是政黨幹部在政治甄補過程中，透過提名候選人來達到操控選舉的目的。有些政黨在黨章中規定提名辦法，限制黨員的選舉自由和權利。若干政黨採取中央集權的提名方式，亦即地方黨部幹部選舉是由中央黨部推派人選。部分政黨在各級幹部選舉採取同額選舉，亦即候選人數等同當選人數，限制了基層黨員的選擇自由，使得選舉過程徒具形式，缺乏實質意義，至多僅為認可程序而已。

第三種方式是投票操作。在投票方面，政黨有兩種不同的操縱手法，包括控制選舉代表與非秘密投票。所謂控制選舉代表是指透過各種手段阻撓不願意支持特定候選人的黨員進行投票，或者增加其投票的困難度；另一種方式是代為繳費，大量引進臨時黨員支持政黨屬意的候選人。非秘密投票則是以公開舉手、起立、歡呼，或者掌聲來表示同意政黨所推薦的候選人；民主原則所強調的不記名投票，在黨內選舉經常遭到蓄意忽略，而類似於強迫認可的表決。相對於這兩種制度性的選舉操縱，另一種更為常見且細膩的手法是對投票者的心理控制。這種方式是藉由頗具社會威望和政治地位的人士，前往地方黨部為政黨推薦的候選人進行宣傳，以爭取黨員支持，這種政治遊說方式

的影響力往往不容小覷。

最為諷刺的是第四種方式,亦即區分為形式領導者和實際領導者。有些政黨設有兩種領導階層,一種是定期改選、具有固定任期、但無實際決策權力的形式黨務幹部,另一種是隱身幕後、無須改選、長期壟斷決策權威的實際領導成員。換言之,黨員選舉產生的對象為前者,而後者是自行遴選、上級指派、派系鬥爭,或者繼承而來。

瞭解政黨領導的實際產生方式,或許會讓我們對於政黨抱持保留態度。儘管如此,若干研究者指出,政黨幹部的甄補並不必然傾向由少數菁英所操控的方式進行(吳文程, 1996: 36; 吳重禮, 1998c, 1999a; Wu and Fell, 2001)。在民主政治運作日趨成熟的今日,隨著社會利益愈趨多元,黨員政治效能與政治參與程度的提升,任何政黨欲求長存賡續發展,必須開放黨內決策過程,建立更為公允的政治甄補途徑。藉由黨員直接參與管道決定領導菁英,不僅有助於提升黨內民主程度,維繫政黨的凝聚力與向心力,建立黨內領導者的正當性,而且促使黨綱政策制訂更具代表性與包容性。

陸、政黨紀律

政黨組織和紀律是一體之兩面,如同經緯一般。政黨必須保有組織和紀律,始能貫徹其行動與目的。紀律嚴格的政黨強化成員行動的一致性,而缺乏黨紀的政黨無異於一盤散沙,極難成事。若干政黨的黨員人數雖少,但是依賴其嚴密的黨紀與高度的凝聚力,往往能夠發揮不容小覷的政治影響力。反觀,儘管有些政黨的黨員人數龐大,然而假如黨紀不彰、內部組織鬆散,則其影響力必然大打折扣。組織用以連結黨員和政黨之間的關係,紀律則是政黨用以約束黨員的行為規範。組織要發揮力量必須維持成員的向心力和凝聚力,而紀律就是維繫政黨內部團結的必要手段。

　　黨紀意指政黨透過懲罰和獎勵的實施，約束組織成員的行為。黨員違反黨紀，輕則遭受警告，重則面臨開除；若干極權政黨和法西斯政黨的黨章甚至規定，黨員從事嚴重違反黨紀的行為將受到嚴厲的制裁。當然，政黨也會利用物質回饋、候選人提名、政治拔擢、甄選入閣等各種誘因，獎賞遵守黨紀的黨員。環顧各國政黨情形，其黨紀寬鬆程度不一，大體而言，就政黨類型來說，社會主義政黨、法西斯政黨、使命型政黨、非囊括性政黨，以及群眾性政黨的黨紀較為嚴厲，而自由主義政黨、民主社會政黨、掮客型政黨、囊括性政黨，以及幹部型政黨的黨紀則較為寬鬆。其次，國家體制的不同也會影響黨紀的強弱程度，一般說來，極權國家的政黨紀律最為嚴苛，威權國家次之，而民主國家的黨紀則較為寬鬆。再者，憲政體制的安排使得政黨的黨紀表現亦有不同，內閣制國家的黨紀較為嚴格，而總統制國家的黨紀則較為鬆弛；前者以英國的保守黨和工黨為代表，而後者以美國民主黨和共和黨為例證。

　　對於政黨領導者而言，如何維繫黨紀和組織的向心力與認同感確實是個重要課題。整體而言，提供組織成員充足的動機與誘因，係維持黨紀運作的必要作為，這些誘因包括「物質誘因」(material incentive)、「社會關係誘因」 (solidary incentive)，以及 「理念誘因」 (purposive incentive) 等三種 (Wilson, 1995)。所謂物質誘因意指有形的報酬，可用金錢或價格折抵的實物。社會關係誘因意指無形的報酬，這種誘因主要來自於人際關係的社會互動，所屬成員藉由彼此縝密的社交生活以建立團體認同意識。理念誘因也是一種無形的報酬，然而這類報酬並非衍生自社會關係的建構，而是因為個人抱持的特定理念、意識型態能夠獲得認同或實踐。從政黨領導的觀點來看，若干黨員可能因為物質誘因而願意遵守政黨紀律並積極參與組織事務，與此同時，部分黨員則會因為人際關係與政治理念的契合，增強團體認同感和凝聚力。

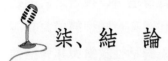 柒、結　論

　　假如仔細觀察各國政黨組織，我們可以發現，儘管所有政黨均呈現階層化結構和寡頭統治模式，然而實際的運作狀況仍然有著明顯差異。從比較政治的觀點來說，瞭解政黨組織的特性和異同，對於研究政黨運作甚為關鍵。鑑此，本章從團體組織的角度切入，探討政黨的類型與組織結構的多元面向，包括政黨分類、基層組織、黨員類別、政黨領導階層的本質和產生方式，以及政黨紀律的維持。

　　關於政黨的分類方式甚多，端賴於不同的衡量標準。依據政黨的源起，可區分為內造政黨與外造政黨。內造政黨意指政黨源起於國會議員基於共同政治理念或利益因素，並結合選民發展而成的組織；外造政黨則源起於議會之外，由一個早已存在的團體所設立，而此團體的主要活動又在議會和選舉範圍之外。依據黨員和組織的關係，區分為直接政黨與間接政黨。直接政黨是指黨員以個人身分直接加入政黨，而間接政黨本身並無黨員，是因為其他組織的成員身分而具備加入政黨的資格。依據黨員的差異，區分為幹部黨與群眾黨。幹部黨由社會上層領導分子所組成，目標是競選公職，訴求少數政治菁英以準備參加選舉；群眾黨則由一般民眾所組成，政黨組織直達地方或工作場所的基層，是選舉參與普及化之後的政治產物，主要特徵是高度的層級組織。依據黨員參與的程度，區分為有限政黨與極權政黨。有限政黨的黨員參與政黨活動僅屬於政治生活的範圍，而極權政黨對於黨員的支配包括物質和精神層面，尤其著重於黨員精神思想的控制。

　　再者，根據政黨所履行的功能，可區分為代表性政黨與整合性政黨。前者代表社會個別利益，而後者則是以整合各種社會利益為職志的政黨，經常以代表全民共同利益自居。按照意識型態的本質與角色，可區分為使命型政黨與掮客型政黨。前者的目標在於宣揚某種主張，

使人們信奉其意識型態，而非增加其選票以贏得選舉；後者之目的在於贏得選舉，因此盡其所能地吸納各種社會利益和意識型態成為其訴求重點。依據政黨社會基礎的差異，可區分為囊括性政黨與非囊括性政黨。前者意指在政黨構成和組織內涵，竭力包含所有社會階層，因此其黨綱政策較為模糊抽象；後者意指以代表並爭取特定社會階級利益為職志的政黨。

在政黨基層組織方面，可區分為黨團、分部、小組，以及民兵組織。黨團的特徵是狹隘性和封閉性；由於組織吸納成員的狹隘性，因此乃成為一種封閉性組織，成員數量不多，各個黨團具有高度自主性，彼此之間的層級關係較為鬆散。分部是較為集權化的基層組織；分部的組織規模較為龐大，在黨員甄補方面，力謀吸收會員，活動範圍以市鎮等行政區域為單位，持續地從事宣傳、人才培育、政治教育的組織工作。小組以工作地點為編組原則，以職業類別吸收黨員，管轄或吸收的成員也較少，成員之間的接觸是經常性的，政黨和黨員的關係較為密切，具有嚴格的從屬關係。民兵組織類似軍隊模式，接受密集訓練，軍事性質不僅表現在組成方面，而且也彰顯在金字塔形式組織結構，具有相當濃厚的極權色彩。

就黨員類型來說，依據黨務參與程度，可區分為選民、支持者、黨員，以及積極活動者；這四種成員猶如同心圓關係，由外而內排列，愈靠近圓心，表示黨性愈強。選民是指在全國性和地方性的選舉中投票支持該黨候選人的民眾，他們屬於該政黨最外圍的參與者且是最大的參與群體。支持者在選舉中投票給政黨之外，還會公開表明其政治偏好，承諾支持特定政黨，為政黨辯護，並且還會透過其他方式給予更多的支持，如金錢上或人力上的資助，甚至參加政黨附屬團體。黨員介於支持者和積極活動者之間，它的人數較支持者更少但比積極活動者更多，參與程度較支持者更為深入但又不及積極活動者。積極活動者構成每個基層組織的核心，實際投入黨務工作、頻繁參加集會、

宣傳政黨訴求，以及籌備競選造勢活動等。

領導者是決定任何團體成敗的重要條件。嫻熟政治運作、具備溝通能力的領導者往往對於政黨發展助益甚大，包括組織強固的凝聚力、政治行動的效率，以及贏得社會廣泛的認同與奧援等。反觀，統御才能欠缺的領導者往往是政黨運作的致命傷。對任何團體而言，實際的組織領導必然具有寡頭統治的本質。至於政黨領導者產生方式可分為指派原則與選舉原則。指派原則意指政黨最高領導權掌握在一位至高無上的領袖之手，根據自身偏好來指派任命各級領導幹部。選舉原則為多數政黨所採行作為領導幹部的產生方式，然而實際上領導甄補仍具有鮮明的專制色彩，選舉原則只不過是政黨掩飾的工具而已。一般而言，政黨可以使用四種方法操縱民主程序和選舉結果，其分別是間接代表、候選人提名、投票操作，以及形式領導者和實際領導者的差別。

就組織觀點來說，黨紀是維持團體運作的核心要素。政黨必須保有組織和紀律，組織用以連結黨員和政黨之間的關係，紀律則是政黨用以約束黨員的行為規範。各國政黨的黨紀強弱程度並不相同，社會主義政黨、法西斯政黨、使命型政黨、極權國家政黨、內閣制國家政黨的黨紀較為嚴明，而自由主義政黨、民主社會政黨、掮客型政黨、民主國家政黨、總統制國家政黨的黨紀則顯得較為寬鬆。對於領導者而言，如何維繫黨紀和組織向心力甚為關鍵，提供物質誘因、社會關係誘因，以及理念誘因，是維持黨紀運作的必要作為。

第三章
派系政治研究的爭議

壹、前　言

　　在第一章曾經提及，對於政黨抱持負面評價的人士甚多，尤其將政黨視之為派系，古今中外不乏明顯的例證。就政黨的發展歷程來看，在政黨尚未建立起制度化組織之前，相當程度來說，政黨和派系之間的界線確實非常模糊。在早期歐洲封建社會，少數政治菁英主導絕大多數的政府決策，當時的政黨就類似於派系組織。然而，隨著人口增加、選舉權擴張，以及政治參與程度升高，促使現代政黨組織蓬勃發展。因此，薩托利在詮釋政黨的意涵時，首先強調「政黨不是派系」（雷飛龍譯，2000: 40）。儘管如此，派系作為政黨內部的次級團體，有時對於政治運作仍然有著不可忽視的影響。

　　本章將討論重點置於派系政治，尤其集中在我國地方派系之研究。在此，擬探究數項相關議題。❶首先，針對臺灣派系政治研究的三項面向的爭議，論述各家學說的觀點及其差異。其次，扼要引述葛林素 (William J. Grimshaw) 對於美國「機器政治」(machine politics) 不同研究途徑的歸類及其意涵，其分別為經濟學研究途徑、社會學研究途徑，以及政治學研究途徑。儘管「政治機器」(political machine) 與我國地方派系的形成與背景容有不同，但是兩者的基本特徵及其運作有諸多相似之處，因此葛林素所提出的歸類方式與相關概念，對於我國派系政治的研究應頗具啟發意義。在結論中，作者嘗試透過該歸類，藉以分析臺灣派系政治研究文獻的觀點與異同。倘若藉由此歸類架構檢視

---

❶　本章架構來自於吳重禮 (2002b)，並在內容上加以增刪。

臺灣派系政治的研究文獻，吾人可以發現，迄今研究者多以經濟學研究途徑與社會學研究途徑為切入點。建議研究者應多考量以政治學研究途徑剖析地方派系政治，將研究焦點置於地方派系的組織利益與領導菁英的個人利益，並且分析這兩者之間的落差，相信這是值得關注的課題。

 ## 貳、「派系政治」研究文獻之評析

近十餘年來，地方派系研究似乎蔚為國內社會科學研究的顯學之一。❷在政治與經濟資源分配方面，由於地方派系經常扮演著舉足輕重的角色，因此早已成為社會各界和媒體廣泛探討的對象，當然亦引發諸多社會科學研究者的關切，且迄今累積了豐碩的研究成果。細究這些文獻，若干研究者係著重在以一個或數個縣市的派系政治運作為研究對象。然而，值得說明的是，在若干研究著作中，派系政治並非其探討的主軸，而是附屬在其他相關議題之中，這些議題諸如政黨威權統治模式、社會網絡、組織動員、政治民主化、選舉制度、提名制度、選民投票行為、地方政府與政治、決策模式與立法行為、社會資源分配過程，以及政黨運作與競爭等，不一而足。假若我們說，派系政治研究的蓬勃發展，使得該領域成為臺灣社會科學研究的熱門主題，

❷ 本章所論及的「派系」與「派系政治」，主要著重於臺灣縣市層級或鄉鎮市層級的地方派系。至於中央層級的派系（或稱為派閥）、立法院次級團體、國民黨內部路線之爭（如早期的 CC 系、軍統、孔宋集團、政學及團派等五大系，以及新近的主流派 vs. 非主流派、本土派 vs. 非本土派），以及民進黨內部意識型態與路線之爭（如新潮流系、美麗島系、台獨聯盟、福利國連線、正義連線等），儘管這些「派系」在政治經濟資源分配方面經常扮演重要的角色，但並非本章探究的主題。由於這方面議題牽涉範圍甚廣，不易詳述，為避免掛一漏萬，且並非本章研究主題，故在此不加多述。

似乎並不為過。

　　儘管探討臺灣派系政治的學術著作甚多，但是研究者對於若干議題往往抱持迥異的立場。大體而言，可歸納為三個面向，分別是派系的定義、派系的起源，以及派系的運作與目的；相關說明，茲摘述如表 3-1 所示。必須強調的是，這些面向所衍生的問題往往相互糾葛，互為牽連，並不宜截然劃分。某一項面向所蘊含的意涵，往往與其他面向有若干重疊之處。在此，為清楚地呈現討論議題，始將其區分為三種面向。茲針對這些面向分述如後。

表 3-1　臺灣派系政治的經濟學與社會學研究途徑之比較

	經濟學研究途徑	社會學研究途徑
派系定義	垂直性二元非正式組織群體，或稱為侍從主義，其係基於酬庸者與隨從者的利益交換，主要緣起於兩造之間的權力、政治地位、財富、社會影響力之差距	血緣（如宗親）、姻緣、語緣、地緣（如鄉誼）、宗教祭祀（如廟會慶典）、教育背景（如同學），或者職業關係（如同事）等，各種社會人際網絡為基礎的結合
派系起源	執政者為了政權鞏固之故，而「由上而下」蓄意創造，如雙派系主義，其主要透過兩項手段：在政治上，透過候選人提名防止派系的坐大；在經濟上，藉由壟斷性經濟特權操縱派系	「由下而上」自然形成，亦即派系的存在與發展模式有其自發性因素，諸如地方鄉紳勢力的延伸、宗教慶典鄉民人情關係的延續、個人經濟生活缺乏安全感故尋求集體交易、私人械鬥與地方菁英恩怨糾葛、自我族群認定的對立與衝突等
派系運作與目的	派系以政治忠誠交換與鞏固壟斷性經濟特權	主要藉以建構與維繫社會網絡，獲致政治利益與經濟特權則為其附屬目標

一、派系的定義

　　一般而言，「派系」(faction) 指涉的是一個組織中的次級團體。至於更為嚴謹的學術定義，主要呈現兩種觀點的論辯。一方面，若干學者嘗試發展一種得以放諸四海而皆準、運用於不同政治社會體系、抽

象程度較高的定義。另一方面，部分研究者則試圖依據特定政治生態與文化背景，設立得以套用本土性質、實際適用程度較高的定義。

在抽象程度較高的定義方面，部分學者偏好援引蘭帝 (Carl H. Landé) 的論點，其認為派系乃是以主從關係為基礎的「二元非正式組織群體」(dyadic non-corporate group)(1977: xiii) （引述蘭帝的定義運用於臺灣派系政治的主要著作，建議參見陳明通，1995: 13–19；陳東升，1995: 137–138；Tien, 1989: 164)。此二元關係的建立是基於「兩者之間『利益』(favors) 交換，以及提供即時『需求』(need) 的自願性協議」(Landé, 1977: xiv)。基本上，此主從關係所呈現的是一種垂直性的二元結盟，其中「結盟雙方的社會地位、權力，或是資源等並不均等……，因而彼此在結盟關係中亦有上下之分」(Landé, 1977: xx)。在二元結盟關係中，居於上位者稱之為「酬庸者」(patron)，居於弱勢的一方則為「隨從者」(client)；此種垂直二元結盟關係可簡稱為「侍從主義」(clientelism)。

依據侍從主義的邏輯，利益交換是凝聚二元結盟關係的基礎。主從關係的建立往往源於兩造之間在權力、政治地位、財富，抑或社會影響力差距所形成的結果 (Landé, 1977: xxvii; Powell, 1970: 412; Scott, 1972: 93)。因此，掌握較豐厚社會資源的酬庸者能施予隨從者實質利益。相對而言，隨從者所回饋的大部分是非實質性的利益，其中最普遍的情況，乃是隨從者認同酬庸者「擁有決定兩造如何『互動』(interact)與『合作』(collaborate) 的支配性權力」(Landé, 1977: xxviii)。簡言之，隨從者賦予酬庸者領導的地位，並且自願地服從酬庸者。與蘭帝持相似的觀點，黎安友 (Andrew J. Nathan) 以上下從屬交換關係作為詮釋派系的主要標準──「透過領導者與隨從者網絡關係所獲得的特定報酬，用以收買選票的群眾政治組織」(1978: 390)。

相關研究文獻指出，在傳統社會或部落中，此二元結盟派系中的領導者經常得以有效組織與動員其追隨者 (Belloni and Beller, 1978;

Huntington and Dominiquez, 1975; Nicholson, 1972; Powell, 1970; Scott, 1969, 1972)。❸就政治面向而言，酬庸者掌握或擁有途徑以獲得社會資源和物質利益，譬如公共財源、謀職、社區設施、政治權力、解決個人困難，或者官方溝通管道等。針對選舉目的，酬庸者分配社會資源給予隨從者以換取他們的結盟忠誠、支持、選票、拉票，以及競選活動的需要 (Huntington and Dominiquez, 1975: 44; Lerman, 1978: 136; Nicholson, 1972: 299)。

　　顯然，以垂直二元結盟關係來界定派系的意涵具有多項的優點。首先，此項定義相當明顯易懂，符合理論架構的「簡單性」(parsimonious) 與「直接性」(straightforward) 之基本條件，而且具備相當程度的說服力。其次，二元結盟關係的定義結合若干重要的政治概念（包括菁英策略、群眾心理取向與行為模式，以及利益交換的理性行為），為派系政治研究領域提供了一個頗具價值的思考方向，奠定比較研究的基礎。舉例而言，黎安友嘗試以此界定中國的派系政治，並分析早期北洋軍閥與中共統治時期的政治運作，同時亦將此派系模型套用於其他政治體系 (Nathan, 1973, 1976)。

---

❸　派系政治或稱為「派系主義」(factionalism)（其意指兩個或兩個以上的派系爭奪特定利益）是許多發展中國家的共同特徵。實際上，派系主義在美國政治發展過程中曾占有不可忽視的地位，尤其在南部各州更甚 (Key, 1949; Price, 1970; Sindler, 1955)。即使在民主制度已臻成熟的日本，派系政治依然在自由民主黨 (Liberal Democratic Party) 和社會黨 (Japan Socialist Party) 這兩個主要政黨中，扮演著關鍵性角色 (McNelly, 1982; Shiratori, 1988)。根據福井春廣 (Fukui, 1978: 56) 的觀察，全國性派閥之間的結盟模式建構了日本政治的基本生態，「對兩個政黨（按：自民黨與社會黨）而言，派閥政治成為分贓高階黨職和政府公職的主要機制。總的來說，派閥傾軋和競爭決定黨內高層領導的甄補」。黨魁不僅是某派閥的領袖，同時亦是派閥聯盟的龍頭。每一派閥各自擁有資源和能力吸納支持的群眾，在選舉期間動員選民，以及在勝選後致力於攫取政經利益。

　　儘管如此，此項派系定義仍然存有若干的限制與不足之處，亟待進一步研究加以補強。或許，最為人所批判之處在於，此種定義不免有流於狹隘之虞。基本上，垂直二元結盟關係的派系定義係屬於「演繹途徑」(deductive approach)。其先設定派系意涵，而後推導出描繪派系政治的基本特點，再以此檢證實際政治社會中的非正式團體組織，凡與此意涵和基本特點吻合者即稱為「派系」，否則即排除在此類型之外。在一項臺灣長期田野調查研究中，家博 (J. Bruce Jacobs) 就直言批評黎安友對於中國派系模式的研究，認為其較能適用於官僚政治與議會政治，而較無法應用於區域政治的範疇 (1980: 69)。家博認為，二元結盟關係僅強調垂直對應關係，但是卻忽略相同層級之中，組織成員間平行對等的連結；其指出，這種垂直隸屬與平行對等關係，均為臺灣地方派系的重要特徵 (1980: 81)。

　　再者，蘭帝曾將垂直二元結盟關係套用於東南亞政治社會，並提出形成侍從主義的四項條件：其一，與直系血緣體系相較之下，雙邊或者同族血緣體系是雙向的，因此，在非血緣關係中，雙邊血緣體系比直系血緣體系更有可能發展出雙向互動模式；其二，「與可利用的土地資源相較之下，缺乏人力資源」往往有利於形成垂直二元結盟關係；其三，「私人暴力行為盛行……使用暴力來為個人遭受的屈辱與傷害進行報復的概念」；其四，「在有限的社會資源分配中，一方得利必然引起另一方相對損失的觀點」是凝聚結盟關係的基礎 (Landé, 1973: 119)。針對蘭帝所提出的四項條件，家博認為，除了第四項條件較為貼近於中國社會實際情形之外，前三項條件在中國並不存在 (Jacobs, 1980: 52)。其一，中國人的血緣關係相當重視直系血統，所以不能期待中國人的血緣關係會使得中國人經常利用雙向模式。其二，在中國大部分區域是人口勞動力過剩，但是土地資源明顯不足。其三，崇尚暴力行為並不契合中國傳統社會價值；基本上，中國民眾經常試圖以和平方式解決爭端，而非訴諸私人武力制裁。歸納而言，以垂直二元結盟關

係界定派系，儘管抽象程度較高，但是套用不同實際案例時，可能產生相當程度的落差。

有別於前述這類抽象程度較高的定義，若干研究者則參酌特定地方政治的特質，設定實際適用程度較高的定義。舉例來說，以臺灣基層為範圍的地方派系具有若干特徵。這些派系早期係以血緣(如宗親)、姻緣、語緣、地緣 (如鄉誼)、宗教祭祀 (如廟會慶典)、教育背景 (如同學)，或者職業關係(如同事)等各種社會人際網絡為基礎的結合(陳明通、朱雲漢，1992: 96；趙永茂，1997b: 238)。一般說來，隨著工業化、都市化，以及伴隨而至的社經結構變遷，地方派系的發展亦逐漸導入功利性結合的型態 (趙永茂，1996)。綜合而言，臺灣地方派系乃是依循個人關係所建構的社會實體，其運作過程經常借助於象徵利益 (包含情感性、文化性與社會性的結合)、政治和經濟誘因的補強。所謂象徵利益意指「藉由情感宣洩或理念貫徹而得到的精神上成就，包含恩怨的平衡、kimogi 的爽快、地緣與血緣的認同及政治理念的契合」(陳介玄，1994: 5)。

因之，從政治、經濟與象徵利益等多元價值的整合之下，建立起臺灣地方派系的架構與脈絡。基本上，派系網絡的運作取決於兩位或兩位以上的個人是否具有私人情誼關係，或者擁有重要的認同基礎，進而結合成為特定派系成員 (Bosco, 1994: 126–127; Jacobs, 1979: 239; Lerman, 1978: 108–109)。依據一項田野觀察，臺灣地方派系涵蓋了派系網絡、椿腳網絡，以及俗民網絡；此三個結構的網絡層級使得派系行動者 (在實際名位上，其大多擁有正式組織的頭銜，譬如立法委員、國大代表、省議員、縣市長或議員、鄉鎮長或代表、鄉鎮農會理事長、總幹事或水利會理事長) 得以有效地動員派系成員與基層選民 (陳介玄，1994: 2–4)。

藉由觀察特定案例所發展實際適用程度較高的定義，詮釋派系政治的意涵，確實相當具有解釋力。即令如此，這種看法亦有罅隙之處。

首先，以個人關係為基礎界定派系研究係屬於「歸納途徑」(inductive approach)(Jacobs, 1980: 69)。其先觀察各種「派系」的真實社會現象，然後再界定派系特質、派系組織、派系行為，以及實際政治運作。然而，這種強調以觀察為研究基礎的立論可能只是一種「局部解釋」(partial explanation)，而它的解釋力只能適用於某些特定環境之下的派系組織。換句話說，吾人除了以關係取向作為瞭解臺灣派系政治之外，倘若嘗試進行跨國性比較研究，則亦須考量其餘可能形成派系的變數，譬如菁英領導、文化背景、群眾結構、族群（或種族）議題等結構性因素。

再者，以關係網絡界定派系的範疇，其所衍生的若干命題遭到相當的質疑。或許，最為人所關注的議題在於經濟成長與派系發展之間的關係。依據派系為傳統地區「人情」、「面子」、「地方團結」等非正式結構的定義，吾人可以假定，隨著社會結構快速轉型，地方派系的基礎將由嚴密與穩定，逐漸走向鬆動與解構（黃德福，1994: 88-89；Tien, 1989: 166-167）。之所以如此，其邏輯甚為清楚：隨著社會環境迅速轉型，派系生態亦產生相當的質變。舉凡教育水準提升、都市化發展、傳播資訊大量繁衍、人口流動迅速，以及新興社區的蓬勃設立等，使得人民獲悉政治訊息的管道多樣化，經此培養較強的「政治功效意識」(sense of political efficacy)，擁有更高的政治知識與自主性，這種發展趨勢在在與傳統農業社會講究「面對面」人際互動的方式南轅北轍。❹

---

❹ 所謂政治功效意識乃是一項重要的心理成分，它是個人整體的價值觀念與信仰系統中關鍵的一環，意指「個人認為其政治行為對於政治過程必定有或者能夠有所影響的感覺，亦即個人認為履行『公民責任』(civic duties) 是值得的。它是一種感覺，認為政治與社會的改變是有可能的，而身為一公民可以扮演相當的角色來促成這樣的改變」(Campbell, Gurin, and Miller, 1954: 187)。大體而言，政治功效意識愈高者，個人政治參與

　　然而，若干研究者發現，前項命題與實際情形存有落差。一項研究指出，在極為偏僻或者都市發展程度最為低落的地區，反而缺少形成派系政治的基本利益條件。在現代化與都市化程度最為發達的地區，民眾自主性甚高且人際網絡淡薄，故缺乏派系得以動員傳統社會關係的條件，因此派系政治也不易發生。相形之下，在現代化與都市化發展中期的區域，一方面已經具備足夠的利益基礎，另一方面仍存在傳統社會的關係基礎，因此派系政治最為發達。以 1998 年臺北縣議員與鄉鎮市長選舉為案例的實證分析，其結論認為，都市化程度愈高的地區，派系影響力亦愈強（高永光，2000: 57, 74）。換言之，一般所認知，基於都市居民較具自主意識，而且人際關係的互動較鄉村地區更為冷漠與疏離，所以派系影響力在都市地區應低於鄉村地區；事實上，這種命題並不必然為真。

　　前述所言，係摘述「派系」一詞的兩種定義。值得說明的是，部分研究文獻嘗試兼容並蓄，同時採納這兩種定義。但是，平心而論，這些兼採兩種學說的研究著作均未能有成。之所以如此，肇因於此兩種定義的性質與區別甚大，故勉強結合將頗為生澀。甚者，依循不同的派系定義，往往對於其他面向產生相當程度的影響；舉例來說，對於派系的起源、派系的運作目的之爭議，似乎就與派系定義的差異有所關聯。

二、派系的起源及其運作目的

　　臺灣派系政治研究的另外兩項主要爭議，是關於地方派系起源及

　　的程度愈高；再者，多數公民的政治功效意識愈高，則遵守當權者所制訂和實施法規的意願愈高，因此政治體系統治基礎的「正當性」(legitimacy) 將益形穩固。基本上，政治功效意識的意涵與「政治疏離感」(political alienation) 則恰成反向關係 (Milbrath and Goel, 1977; Rosenstone and Hansen, 1993; Schwartz, 1973; Wu, 2003)。

其運作的問題。針對派系起源的議題，研究者所提供的解釋約略可區分為「蓄意創造」與「自然形成」兩類。在運作目的方面，持「蓄意創造」論點者傾向認為地方派系旨在爭取「經濟特權」，藉以鞏固國民黨的政權基礎；反觀，持「自然形成」觀點者則傾向認為地方派系著重於「人際關係」，主要藉以建構與維繫社會網絡，獲致政治利益與經濟利益則為其附屬。

部分學者以侍從主義為切入點，其認為這種「酬庸者」與「隨從者」的垂直二元結盟關係，不僅得以解釋派系內部成員之結構，而且足以擴大適用於國民黨威權政權與地方派系之間互利、互惠的模式，故派系政治係國民黨為了政權鞏固之故，「蓄意創造」而產生（Wu, 1987; 朱雲漢，1992；陳明通，1995；若林正丈，1994）。依據這些研究者的觀點，當國民黨在接收臺灣重建政權時，本土菁英在二二八事件後多已潰散，對其政權並不構成威脅。然而，在缺乏與本土社會的草根性連結，且為取得基層民眾信任的情況之下，國民黨必須籠絡地方領導人物。故此，國民黨除了對部分順服的本省世家給予象徵性禮遇之外，可以在一個全新的體制基礎上網羅本土社會菁英。地方選舉即為一個重要機制，藉此與本土菁英分享政治權力。此機制至少蘊含三項意義。其一，在地方上，造成菁英之間的競爭與派系之間的牽制，而由國民黨扮演「平衡者」(balancer) 的角色。其二，透過選舉提名的關卡，有效地將多數地方菁英及其社會關係都吸納至黨務組織。其三，就統治「正當性」(legitimacy) 而言，至少在形式上，有所裨益，中央領導階層無須歷經選戰，卻可坐享選舉的整體戰果（朱雲漢，1992: 143–144）。

過去幾十年來，臺灣長期處在國民黨中央威權統治的環境之下，大部分地方派系領袖均依附於國民黨庇蔭之下（高雄縣黑派、嘉義市許家班為例外）。為確保統治的正當性，執政的國民黨結合地方派系以維持其選舉優勢。作為國民黨選舉夥伴的地方派系，則以選舉動員交

換政治酬庸與經濟利益。確切地說，國民黨與地方派系結合的侍從關係，一方面以政治民主化為代價來鞏固國民黨的政權基礎，另一方面，以互賴互惠、共榮共生關係犧牲公共資源，來保障地方派系壟斷性的經濟特權。

儘管扶植培養地方派系的形成，這種互賴互惠的關係有助於政權的穩定，但是，另一方面，國民黨卻又必須處心積慮地遏阻派系勢力過度膨脹。其中，「雙派系主義」(bifactionalism) 或許是最為人所論及「以派系制衡派系」之策略（Wu, 1987: 301-334; 若林正丈，1994: 139-146）。雙派系主義的維持，主要仰賴兩項工具：在政治上，透過候選人提名防止派系的坐大；在經濟上，藉由壟斷性經濟特權操縱派系。❺

---

❺　部分學者指出，國民黨蓄意形塑派系政治的一項證據，係臺灣派系政治主要侷限在縣、市、鄉鎮等地方層級。研究指出，此種情況與公職人員選舉選區的劃分有密切關連。國民黨在戰後接收臺灣初期即舉辦鄉鎮（市）民代表選舉。從 1950 年和 1954 年起，分別開放鄉鎮（市）長、縣市議員暨縣市長，以及省議員的公民直接選舉。這些省、縣市與地方階層公職人員選舉，皆以縣市、鄉鎮（市）等行政區域為界限。在 1959 年中央增額民意代表選舉跨越縣市行政區域時，地方派系網絡已深根廣植地盤據在各地 (Tien, 1989: 165)。再者，直到 1994 年省長及 1996 年總統普選之前，全國性的政府首長若非由中央派任即是國民大會間接選出；因之，地方派系缺乏選舉機制串連成全島性的派閥。此外，派系囿於地方層級的主要因素，乃是源於國民黨刻意壓制任何串連派系的意圖，以避免全國性派閥威脅到國民黨的權威和整體利益。明顯例證是 1960 年雷震等人意圖籌組「中國民主黨」、1990 年以關中為首成立的「民主基金會」、1991 年邱創煥發起的「國家發展策進會」，以及宋楚瑜當選首屆省長之後，戮力部署「宋系」人馬以挑戰黨中央。這四波籌組全島性派閥的行動，皆有相當程度的派系領導人和成員參與（吳重禮，1998b: 180-181）。然而，面臨國民黨的全力肅清，這些組織運作紛紛瓦解。因之，在國民黨有限的容忍下，派系的結盟層級往往框限在地方行政區域。

首先，在候選人提名方面，國民黨必須衡量地方派系生態，輪流提名派系候選人。以縣市長選舉為例，黨部通常以兩屆為基準提名派系參選，同時輔佐敵對派系擔任縣市議長，而副議長人選又與議長分屬不同派系，使得雙方派系暗中較勁、相互制衡。假如輪流執政的模式遭受挑戰，派系衝突益發尖銳，黨部為不開罪任何一方，經常訴諸中央領導、地方碩望進行協調，避免黨內的鬩牆之爭，或者開放競選，准許派系人馬報備參選，較勁對決。假若某派系有凌駕其他派系之趨勢，黨部可能拔擢敵對派系成員，或者扶植新興派系，使其相互牽制，避免一派坐大獨霸地方政壇。至於在民意代表選舉方面，地方黨部以選票動員評估派系實力，依此決定候選人名額分配。在派系網絡與黨部組織嚴密的地區，黨部往往採取全額提名，或者局部提名，預留有限「報備參選」空間使各派系相互較勁。在少數反對勢力興盛的選區，國民黨經常以局部提名因應，輔選「黨友」（傾向支持國民黨的獨立人士），使黨外候選人腹背受敵。

其次，國民黨給予各個派系特定的壟斷性經濟特權，以確保其政治順從。根據分析，地方派系的壟斷性經濟特權可歸納為數類：其一，政府特許的區域性獨占經濟資源，包括銀行、信用合作社、非信用合作社（如生產事業合作社）、農漁會（信用部門）、汽車客運運輸公司、廣播電臺、觀光旅館業等；其二，省營行庫的特權貸款；其三，省政府及各級政府的公部門採購利益或佣金，尤其是公共工程的包攬；其四，以地方政府公權力所換取的經濟利益，其又可區分為兩類，一為表面上合法的假公濟私行為，譬如利用都市計畫或公共建設規劃進行土地投機炒作，另一為以公權力掩護寡占性的非法經濟活動，例如地下舞廳與賭場的經營。其中尤以第四類經濟特權對國民黨籠絡派系最為重要（朱雲漢，1992: 151–152；陳明通、朱雲漢，1992: 82, 89）。甚者，「地方派系的政治菁英在臺灣經濟發展過程中，逐漸成為地方資本。而政治轉型使得他們的勢力逐漸進入中央，形成利益聯盟或與全國性

財團形成聯盟，共同在決策體系影響政策」（王振寰，1996: 11）。總體而言，掠取經濟利益與物質資源即為派系運作的主要目的。地方派系隨著經濟利益分配多寡而興衰起落，在雨露無法均霑的情況下，派系為爭奪有限資源若非更加依恃買票賄選進行動員，即是運用暴力鞏固票源。如此，派系不免與財團金主、黑道人物掛鉤，頗受訾議的黑金政治於焉產生。

就相當程度而言，以「蓄意創造」解釋派系起源，以「經濟特權」說明派系運作，確實頗具啟發性。再者，對於研究派系政治的基本架構，提供重要的參考價值。儘管如此，若干學者卻對此觀點不以為然，其認為這種論點顯然是預設立場，過於主觀，與諸多臺灣派系發展的實際案例相去甚遠（陳介玄，1994；王輝煌、黃懷德，2001）。這些研究者主張，研究派系政治應該走入基層，進行深度訪談與長期觀察。誠如一項研究直陳，「大部分的研究由於缺乏一個比較長時期的研究視野，對於地方派系的動態變化，包括它們的源起問題，因而都傾向一種『結構功能性』的解釋，也就是傾向從臺灣的政治結構出發，如『外來威權政體』，從這裡來看地方派系所扮演的功能。……但是我們都知道功能式的解釋是不能代替歷史性的解釋。地方派系對立在系統中所提供的功能，固然和它對促進系統穩定的貢獻有關，但是卻不一定足以解釋它們的起源，因為起源的問題必須回到歷史過程中才能理解」（蔡明惠、張茂桂，1994: 127）。

相對於前述「蓄意創造」、「經濟利益」之觀點，部分學者進行深度訪談與從事田野調查，其認為，國民黨在臺灣重建政權之前，部分區域早就已存在著地方派系。之所以形成派系，有些是因為傳統地方鄉紳勢力的延伸，有些是因為宗教慶典鄉民人情關係的延續，有些是因為個人經濟生活缺乏安全感故尋求集體交易，有些則是因為私人械鬥、地方菁英恩怨糾葛，或者是因為自我族群認定（諸如閩客、漳泉之分）的對立與衝突等，不一而足。換言之，地方派系係「自然形成」，

其主要基於血緣、姻緣、語緣、地緣、宗教祭祀、教育背景，或者職業關係等「人際關係」，社會網絡的建構與維持，則為派系運作的主要目的（陳介玄，1994；蔡明惠、張茂桂，1994；王輝煌、黃懷德，2001；Bosco, 1994; Jacobs, 1979, 1980; Lerman, 1978）。簡言之，地方派系的存在與發展模式有其自發性因素，威權式侍從主義至多是影響派系生態的原因之一。

當然，獲得經濟利益可能是地方派系爭取的重要目的，但是絕非唯一動機，因為派系所界定「利益」需求的構成是多元化，亦包括文化利益、象徵利益，以及政治利益等。一項田野研究就特別強調「團結」(solidarity) 與「面子」(face) 對於地方派系的重要性；其指出，「促使媽祖鄉（虛擬地名）政治領導人結盟的最根本動機主要有兩項。一是追求社區內共同的目標——地方團結；二是為達到私人的目的——爭得個人面子。其他的目的，例如贏得選舉謀得公職或建造新教室，都僅僅是達到上述兩個最終目的的手段」(Jacobs, 1980: 61)。基本上，地方派系是特定群眾為了「團結」與「面子」的目標，由人群關係將他們連結在一起的政治聯盟。

無獨有偶地，另一份調查研究亦提出類似看法，「派系與樁腳之間，除了普遍性的經濟利益連結之外，採用最廣的要算是象徵利益的連帶了。選舉所累積下來的個人恩怨，對派系而言，雖是兩面刀，卻是不能不善用的一個資源……在此，我們強調的是血緣與地緣在派系網絡的連結上，會轉化成象徵利益在起作用」(陳介玄，1994: 6)。再者，在一項屏東縣萬丹鄉地方派系的研究中，鮑思高 (Joseph Bosco) 主要探討國民黨威權政權如何透過地方黨部人事與選舉制度安排，藉以影響派系生態 (1994)。文中，關於賄選買票現象著墨甚多，其亦特別強調派系組織私人情誼、人際關係的重要性，而經濟利益為較為其次的。誠如其所言，買票可以區分為兩類：一種為禮物餽贈性質，用以建立或鞏固選民與候選人之間的情誼關係；另一種則是「真正的」買票，

經由發放金錢以增加選舉得票數。概言之，前者是較為普遍使用的方式 (Bosco, 1994: 128–130)。

儘管以「自然形成」與「人際網絡」解釋派系的發展與運作目的，確實與若干實際案例相當契合，然而，這種論點亦有其不足之處。首先，「衝突」與「對立」係所有政治社會的基本特徵，因此，為何有些地區較易產生派系政治，有些則不然？為何有些特定群眾嘗試形成派系，訴諸集體行動，而有些則不然？在其他條件均相同的情況之下，為何有些派系組織得以賡續長存，而有些則不然？其次，對於不同派系領導菁英而言，「人際關係」、「面子」、「團結」的意涵可能皆不相同，其優先順序的決策選擇亦有別。更確切地說，一旦這些因素相互衝突的時候，派系領導人物的處理方式，究竟以何者為重，殊無定論。再者，派系團體的利益與領導菁英的利益，這兩者之間可能形成落差。換言之，符合派系整體利益者，未必契合菁英的利益；或者，反過來說，符合派系領導的利益，未必契合集體利益。這種情形在諸多縣市層級派系中，是屢見不鮮的，其結果往往是派系內部的分裂與重組。

綜言之，本節扼要摘述派系政治研究文獻對於「定義」、「起源」與「運作目的」的各種論點。針對這些議題，學者嘗試提出不同解釋，但仍是眾說紛紜，尚未有周全的解釋足以為多數學者所接受。之所以如此，個人以為，這些爭議主要肇因於不同的研究途徑所致。為廓清此論點，作者引介美國學界研究「機器政治」的三種研究途徑。畢竟，派系政治的盛行並非臺灣地方政壇的特殊現象，在美國都會地區的政治機器曾經縱橫政治生態甚久。必須強調的是，作者絕非認為他國學者觀點必然更具創見，只不過「他山之石，可以攻錯」，經由探討機器政治的形成原因與運作情形，應可裨益我國學者引進相關概念與分析架構，檢證前述之議題。

參、美國「機器政治」的研究途徑

自 19 世紀中葉至 20 世紀中葉,機器政治在美國諸多都會政治中,經常扮演著關鍵的角色。其主要起源於自 1860 年代南北戰爭結束之後,工業化的迅速成長,使得擔任州、地方政府職位成為擄獲經濟分配特權的捷徑。政治腐化貪污、購買官職、「分贓制度」(spoils system) 的惡風猖獗,政府官員習以犧牲公共資源造福大型企業與利益團體 (Gitelson, Conway, and Feigert, 1984: 104, 111–114; Scott, 1969: 1142–1158; Ranney, 1975: 122)。在分贓制度之下,政治忠誠與否成為指派公職的唯一標準,而因為地方黨部掌握基層票源,使得有意參選公職、黨代表的候選人,必須臣服在地方黨部之下。這些候選人在競選成功之後,則由地方黨部控制與分配各種恩惠的官職。分贓制度的另一效應是政治機器及其「黨頭目」(party boss) 勢力的興起。

美國都會地區的政治機器宛如傳統社會中的派系組織。根據基氏 (V. O. Key, Jr.) 的看法,「在某些州,強而有力的政治機器使得黨務組織和派系之間的區隔變得相當薄弱。但就事實看來,派系本身乃建立在獨立的基礎上,而擔任政黨職務只是支配運作過程中的附帶情況而已……其間,『酬庸管道』(channeling of patronage) 成為派系權勢的基礎」(1949: 389)。就選舉的角度而言,掌控地方黨部的政治機器,即等於掌握或擁有獲得社會資源和物質利益的重要「途徑」(access),譬如公共財源、謀求官職、社區設施、政治權力、解決個人困難,或者官方溝通管道等。事實上,政治機器便是利用這些資源換取選民選票,以及競選活動的種種需要 (Crotty and Jackson, 1985: 11–12; Wu, 2001a: 57–62)。進而,黨頭目得以扶植所屬黨羽當選,任免人事,亦趁公職之便攫取資源,例如承攬公共工程等 (關於政治機器和黨頭目的影響,建議參閱第六章第貳節)。誠如愛普斯坦 (Leon D. Epstein) 所述,黨頭

目搖身成為「正式政府架構之外掌握統治權力者」(1986: 159)。❻

　　誠如前述，美國機器政治的運作與臺灣派系政治有諸多雷同相仿特點，當然兩者之間亦有其差異。大體說來，其差異之處有二。其一，就形成地域而言，我國地方派系主要在於鄉土人情色彩濃厚的舊有社區、現代化程度較低的傳統農業地區，而美國政治機器卻是在工業發展較為集中的大都會地區，其屬於人口流動頻繁的選區。其二，就其選舉動員對象而言，地方派系經常訴求特定民眾，諸如基層農、漁、水利會等成員，而政治機器主要訴諸少數族裔選民與移民人口。除此之外，政治機器與地方派系之間擁有相當的共通性，後文將有詳細說明。

　　迄今，美國政治學與社會學界探討機器政治的文獻甚多，葛林素嘗試回顧這些著作，並彙整歸納成為三種分析面向，其分別為經濟學研究途徑、社會學研究途徑，以及政治學研究途徑 (Grimshaw, 1992: 3–13)。當然，藉由不同分析途徑剖析機器政治的選舉與組織意涵，往往有其不同的研究焦點。依據葛林素的觀點，經濟學研究途徑偏重的目標為經濟利益的「極大化」(maximizing) 與「交換」(exchange)；社會學研究途徑著重的焦點在於次級團體的「聯盟建構」(coalition-building) 與「代表」(representation)；政治學研究途徑探討的重心為「菁英自利動機」(elite self-interest) 與「權力取得」(empowerment)。個人淺見以為，由於機器政治與派系政治的特徵及其

---

❻　興起於 19 世紀末期的「進步運動」(the Progressive Movement，或稱為 the Progressives）即是意圖打擊政治機器的社會改革運動。進步運動主要致力於建立廉能有效的政府，希冀運用公權力以革新積弊，反對私人企業獨占政治、經濟與社會利益。再者，進步運動也促成了政府公職制度的改革，以公職人員「功績制度」(merit system) 來取代分贓制度，藉此削弱政治機器的箝制力，並且阻絕金權徇私的管道。換言之，該運動主要著眼於破除腐化的分贓制度，減弱大型企業和政治機器的影響力，從而重建經濟個人主義與追求政治民主發展 (Ladd and Hadley, 1975: 33–34)。

運作有相似之處，因此葛林素所提出的相關論點，對於臺灣派系政治的研究應頗具啟發價值。茲將此三種研究途徑的特點及其差異，依其定義、選舉動員，以及運作與目的等三個面向，摘錄於表 3-2，並分述如下。

表 3-2　美國機器政治的經濟學、社會學與政治學研究途徑之比較

	經濟學研究途徑	社會學研究途徑	政治學研究途徑
政治機器之定義	受到單一利益所主導的結構體系，以贏得選舉勝利為手段，藉由該政治職位攫取公共資源和經濟財富	政治機器內部若干具有自主性的次級單位，且這些單位各有立場、利益互異、彼此爭執、對立、牽制與妥協	領導菁英考量自身的權力鞏固，包括獲得、維持，以及強化其組織內部的掌控地位
政治機器選舉動員	政治機器與社會低層貧窮民眾結合的主從關係，政治機器提供各種選擇性物質誘因以交換民眾的選票	除了提供物質利益之外，政治機器也因為建立友誼感情而取得基層選民的信任與支持，其涉及共同的文化價值、社會認同，或者是象徵性立場	個人政治權力與目標的取得凌駕於組織整體利益目標之上，而組織內部次級單位亦以擄獲政治權力為標的
政治機器運作與目的	經濟利益的極大化與交換	次級團體的聯盟建構與代表	菁英自利動機與權力取得

一、經濟學研究途徑：利益極大化與交換

　　諸多學者分析機器政治的基本架構，係依循經濟學觀點。其立論以為，政治機器被視為是受到單一利益所主導的「結構體系」(structural monolith)。此單一利益即是以贏得選舉勝利，並藉由該政治職位攫取公共資源和經濟財富。故此，若干研究者認為，與其將政治機器視為類似政黨的政治組織，還不如將其視為是個嘗試極大化經濟利益的企業團體。一項研究就指出，「在特定的商業領域之中，政治機器為一個商業組織——獲得選票與勝選……對於經營政治機器和為政治機器工作的人士而言，只對賺取所得和分配所得會深感興趣——尤其是金錢」

(Banfield and Wilson, 1963: 115)。

　　就選舉動員的角度觀之，研究者亦大多以經濟學觀點分析機器政治。一般而言，教育程度較低、政治功效意識較低，以及自主性較弱的選民（尤其是大部分的少數族裔與移民），被認為是政治機器偏好進行面對面交換的對象。確切地說，政治機器與這些低層民眾結合的主從關係，一方面政治機器提供各種選擇性誘因，另一方面這些民眾以其選票交換經濟利益。在大都會地區，此種互賴互惠的關係以犧牲公共資源來保障政治機器的經濟特權，這形同於「有組織的賄賂體系」(Banfield and Wilson, 1963: 125)。根據此項論述，社會經濟階級底層的選民較易與政治機器進行交換，形成經濟互惠的夥伴關係，這源自於這些民眾對於物質與社會資源的匱乏，同時也欠缺足夠的政治意識。因此，「漠視議題、原則和候選人的選民不太重視或根本不重視自己的選票，相對而言，容易受到引誘，任由機器的支配」(Banfield and Wilson, 1963: 117)。

　　基本上，這種經濟學的立論相當嚴謹，且頗具有說服力。以團體組織的角度來看，政治機器較類似於試圖極大化利益的民間企業團體，而迥異於政黨之類的政治組織。以選舉動員的觀點視之，政治機器的支持者較類似為了私利而交換選票的消費者，而不同於積極參與政治活動的公民。對於政治機器的領導人而言，「它視為一種童叟無欺的購物經驗。基本上，政治是一個議價的場所，我們能夠以最便宜的價格換得商品、完成交易」(Osofsky, 1963: 173–174)。針對 1950 年代的都會地區，貧窮且缺乏政治經驗的黑人移民與提供物質誘因的政治機器，威爾遜 (James Q. Wilson) 如此描述兩者之間的交換關係，「政治機器可以在黑人族群之中繁榮壯大，大部分是因為黑人的地位和需求之故。機器所提供的誘因仍然吸引了很多黑人，然而，這些誘因對於其他的種族團體而言，大多已經失去吸引力」(1960: 54)。

　　總體而言，選民動員能力正是政治機器足以介入選舉政治——包

括候選人挑選、競選活動、爭取選票，以及選舉之後的利益攫取和分配等——的主要資產。因此，選舉動員為評估政治機器實力的準繩。更直接的說法是，政治機器的強弱取決於政治機器所支持的候選人所能囊括「選票」的多少。在選舉過程中，政治機器透過長期經營的網絡結構，以交換方式動員社會低層選民，在勝選的合法性基礎上，轉化為分贓組織，掠取社會公共資源。

二、社會學研究途徑：聯盟結構與代表

儘管以經濟學觀點解釋機器政治的形成與運作，確實具有啟發性與解釋力，儼然成為主流學派。然而，這種論點並未獲致學界普遍的認同。對此，部分研究者提出不同的看法，舉例來說，賈斯諾 (Harold F. Gosnell) 在早期的著作中，頗為詳盡地描述芝加哥地區機器政治與黑人族群的生態，彙整出分類架構，並且對於經濟學研究途徑提出質疑 (1935, 1937)。甚者，近期的研究亦提出類似的疑義，尤其在於經濟學觀點抽象的「演繹途徑」——亦即先假設特定意涵，之後描繪機器政治的特徵，再以此檢證實際情形。基本上，這些研究奠基於「歸納途徑」的邏輯基礎，透過實證觀察具體的社會現象，然後再界定機器政治的特質與行為 (Bridges, 1984; Erie, 1988; Guterbock, 1980; Shefter, 1976)。

迥異於經濟學的立論，葛林素將此派學說定位於社會學研究途徑。由組織的觀點看來，社會學觀點強調政治機器內部若干具有自主性的次級單位，探討這些次級團體的功能與角色。從另一個角度觀之，社會學研究途徑質疑經濟學研究途徑的核心假設，亦即政治機器是受到單一利益所主導，進行物質交換的政治組織 (Grimshaw, 1992: 6-9)。根據社會學觀點，任何組織均由各個次級單位所構成，且這些次級單位往往各有立場、利益互異，彼此爭執、對立、牽制、妥協，實屬常態。依此角度觀之，社會學觀點認為，政治機器的首要功能並非如經濟學

觀點所主張的利益極大化，而是在於建立組織聯盟。就某種程度而言，這種社會學觀點是相當貼近現實的。

在組織理論領域中，經常呈現「理性模式」(rational model；或稱為「目標導向模式」[goal directed model]) 與「自然制度模式」(natural system model) 兩派之間的論辯 (Etzioni, 1960; Gouldner, 1959; Wilson, 1995)。在都市發展研究領域中，也存在著類似的爭論。一方面，若干學者以為，城市政治非常類似政治機器與企業公司，皆受到單一的經濟利益所主導 (Castells, 1977; Peterson, 1981)。然而，另一方面，部分學者則認為在都市治理的過程中，具有多層且交互重疊的社會、政治、經濟、文化利益，而非僅依循利益交換與極大化的經濟規則 (Elkins, 1987; Smith, 1988; Stone, 1989; Stone and Sanders, 1987)。

在選舉動員的面向，社會學觀點亦迥異於經濟學所提出的單一動機，亦即政治機器提供「利益」(favors) 交換選票的說法；其認為，除了物質的饋贈、服務，或者賄賂之外，政治機器也因為提供「友誼」(friendship) 而取得基層選民的信任與支持。對此，可稱之為是一種「感情交換」(affectual exchange)(Guterbock, 1980: 7–8, 206–207)。這種個人情感的建立，與個別經濟利益截然不同，因為它所牽涉到的是一種共同的文化價值、社會認同，或者是象徵性立場。基本上，政治機器與低層民眾係因為私人情誼而緊密結合；儘管這種人情關係可能被過度渲染，但是它確實是個頗為關鍵的因素 (Banfield and Wilson, 1963; Andersen, 1979)。畢竟，政治機器與選民之間深植明確的感情交換基礎，民眾可能會將政治機器的成員視為夥伴關係。如是以觀，並非政治機器提供物質「利用」了選民，而是因為政治機器以友誼作為象徵性訴求，並「服務」這些基層民眾。換個角度來說，社會學觀點認為，選民投票的目的是為了獲得代表某個團體立場，舉凡族群、種族、區域、階級、語言、意識型態，以及宗教信仰等，不一而足。

三、政治學研究途徑：菁英自利動機與權力取得

除了經濟學觀點與社會學觀點，葛林素指出，政治學研究途徑較未引起研究者的關切。其認為，倘若綜合政治學觀點與前述兩種立論，將裨益吾人對於機器政治進行更為完整的瞭解 (Grimshaw, 1992: 9–13)。就團體組織的面向看來，實有必要衡量政治機器領導菁英的自利動機，而菁英個人動機往往有別於組織利益。換言之，除了追求選舉勝利極大化利益，以及促進次級團體的合作與穩定而建立聯盟之外，領導菁英必然考量自身的權益。其關鍵之處在於，對於組織有利的決定，未必對於所有菁英皆有益。對於菁英而言，核心的利益在於權力取得，亦即「獲得」(gaining)、「維持」(maintaining)，以及「強化」(enhancing) 他們在組織內部的掌控地位。基本上，政治機器領導菁英不能仰仗選舉勝利來滿足權力需求，他們必須藉由控制組織內部的決策而達成。

這種觀點與米契爾斯 (Robert Michels) 所提出的「寡頭統治鐵律」(iron law of oligarchy) 不謀而合 (1966 [1911])。寡頭統治鐵律的要義為，任何型態的社會團體或者政治組織，無論在初始時是如何強調開放與民主化，然而終將淪為少數領導成員所操縱，而失去其原有的民主性質與精神。這是因為領袖角色的專門化，這些領導菁英不但期望繼續保持領袖地位，而且必然會利用個人優勢，藉以控制組織結構的重要部分，諸如決策規則、組織資源、議事程序、專業知識，以及溝通管道等。依此邏輯，組織利益與菁英利益，這兩者之間往往有所區隔；換言之，最符合組織利益者，未必最符合菁英利益，反之亦然。儘管仍有部分學者對於米契爾斯的法則提出質疑，然而，這些批判者亦不得不承認，在現實社會中，極難舉證反面案例 (Lipset, Trow, and Coleman, 1962: 404; Lipset, 1966: 32; Prewitt and Stone, 1973: 20; Harmel, 1989: 160–188)。

　　米契爾斯論點的張力，來自於他推翻了從經濟學觀點所提出的假設，亦即任何組織是為了達到特定目標而理性地建構而成。相反地，米契爾斯詳盡地佐證菁英如何處心積慮地重新調整組織結構，使得組織結構能夠契合菁英本身的利益。雖然史東 (Clarence N. Stone) 以社會學研究途徑切入，認為領導菁英的首要目標在於建立次級團體聯盟，但是他仍引用米契爾斯的政治學觀點，並推演出「權威的雙重角色」(the dual character of authority) 概念 (1987: 10)。正如史東所說，菁英經常使用他們的權威「促進共同行動，代表共同利益」；然而，與此同時，「當權者擁有某種程度的裁量權，這些裁量權也許會用來增強他們所擁有的權力，甚至會擴張他們與其所屬成員所享有的特權。因此，政治權威得以促進個人與派系的目標；這是權威的第二個面向」。

　　若干研究都會地區政治機器的文獻指出，個人與派系的目標可能凌駕於組織的目標，而政治機器內部冗長的菁英鬥爭和派系衝突是屢見不鮮的 (Browning, Marshall, and Tabb, 1984; Erie, 1988; Rakove, 1975; Shefter, 1976)。在這些案例中，吾人可以發現，經濟學觀點所強調的組織整體利益，往往是難以達成的。再者，縱使原先敵對的菁英與派系得以勉強整合成為結盟團體，也不能夠確保領導菁英會為了組織的共同目標，而捐棄個人利益。

　　以選舉動員的面向觀之，政治學觀點同樣著重於權力的取得。選民可能類似於個別消費者，和政治機器從事面對面的交易。然而，與此同時，部分民眾也會透過選舉過程推選政治代表，藉以尋求集體權力。一項研究剖析少數族裔參與治理聯盟，他們以「政治團結」(political incorporation) 該項詞彙，描述少數族裔參與治理聯盟的可能性：「在剛開始的時候，根本沒有少數族裔的代表；之後，在執政聯盟所主導的議會中，為了排拒少數族裔的利益，會有部分少數族裔的代表；最後，是最強勢的合作形式，以強調少數族裔利益作為訴求所組成的執政聯盟，少數族裔代表則擔任重要或者領導的角色。政治合作的程度愈高，

愈有可能影響或者決定政策」(Browning, Marshall, and Tabb, 1990: 9)。儘管在爭取集體權力的同時，可能遭遇諸多挫折甚至壓制，然而，基層民眾對於集體授權的呼聲往往持續不墜。隨著社會環境的轉型與選民的訴求，機器政治生態亦產生相當程度的質變，領導菁英必須回應特定次級團體的政治期待。

肆、結　論

　　在社會科學領域之中，研究者遭遇的最大困難，往往不是在於發覺既存的事實現象，而是在於如何解釋這些現象。顯然地，研究者對於派系政治此一課題的探討亦面臨相同的處境。近年來，國內派系政治相關文獻已累積豐碩研究成果，然而，學者對於若干議題仍然抱持迥異的觀點。綜言之，如表 3-1 所示，其可歸納為三個面向，分別是派系的定義、派系的起源，以及派系的運作與目的。針對這些面向，主要呈現兩個學派的論辯。若干研究者嘗試以「二元非正式組織群體」、「侍從主義」界定派系的意涵，認為派系的形成係「由上而下」，國民黨為了鞏固政權基礎而「蓄意創造」，派系的運作目的乃是攫取「壟斷性經濟利益」。反觀，部分學者試圖以「個人感情認同」、「關係脈絡」界定派系的意涵，認為派系的發展係「由下而上」，因為特定群體需求而「自然形成」，派系的運作目的乃是建構與維繫「社會網絡」，至於獲致政治利益與經濟特權只是達到此目的之手段而已。

　　假若吾人藉由葛林素所提出的歸類架構，檢視臺灣派系政治的研究文獻，應可發現，前述兩種學派相當類似於「經濟學研究途徑」與「社會學研究途徑」。猶如表 3-2 所示，依據其觀點，經濟學研究途徑偏重的目標為「經濟利益」的「極大化」與「交換」，特定利益的互惠關係是重要成分；至於社會學研究途徑著重的焦點在於「次級團體」的「聯盟建構」與「代表」，個人關係情誼的建立與維持是關鍵因素。

筆者以為，由於研究者以不同的研究途徑為切入點，因此剖析的論點往往相去甚遠，論辯於焉產生。值得說明的是，似乎各種研究途徑均有其優劣良窳。換言之，沒有任何一種研究途徑是完善的，每一種研究途徑有其特點，亦有其不足之處。

個人以為，在派系政治的研究畛域中，除了經濟學研究途徑與社會學研究途徑之外，國內學界或許應多考量運用政治學研究途徑，這將裨益吾人對於臺灣地方派系進行更為完整的瞭解。猶如前述所言，就組織的面向看來，實有必要衡量領導菁英的自利動機，而菁英個人動機往往有別於組織利益。換句話說，除了追求選舉勝利與建立次級團體聯盟之外，領導菁英必然考量本身的權益。其關鍵之處在於，派系團體的利益與領導菁英的利益之間可能存有落差。換言之，符合團體利益者，未必契合菁英的利益；或者，反過來說，符合菁英的利益，未必與團體利益吻合。對於領導菁英而言，最核心的利益在於權力取得，亦即控制組織內部的決策地位。顯然，米契爾斯所提出的「寡頭統治鐵律」，以及史東所論及的「權威的雙重角色」，均頗具相當啟發意義。

簡言之，對於菁英而言，派系並非利益、立場完全一致的組織。領導菁英個人和所屬次級團體的利益凌駕於組織整體的利益，在諸多縣市層級的地方派系中，是頗為常見的，其結果往往是冗長不斷的權力鬥爭與衝突，造成組織的分裂與重組。派系內部次級團體既聯合又鬥爭的互動關係，在候選人提名過程中益發彰顯。以此角度觀察派系政治，吾人即不難理解，為何派系領導菁英經常刻意壓制某一勝選機會較大的角逐者，反而屬意勝選機會較小的候選人出線。這也不難瞭解，在雙派系主義盛行的縣市，輪流提名派系候選人的策略，始終遭受派系成員的強力抵制。這也可以說明，兩個或三個派系聯合輔選特定候選人的想法，似乎極難實現。就相當程度而言，我們得將此情形，推論至國內朝野政黨提名候選人的困境。

　　筆者認為，藉由政治學研究途徑切入探究近來我國若干縣市派系生態變遷的情形，分析派系領導成員的自利動機與權力鞏固目的，應是頗為適切的研究方向。相關例證，諸如嘉義縣派系（黃派、林派、蕭家班）的勢力消長與朝野政黨結盟型態的演化情勢、臺中縣派系組織（紅派 [大紅、小紅]、黑派、第三勢力）其次級團體不斷的分裂與整合、高雄縣三股派系勢力（黑派、白派、紅派）內部的分化與合作，以及高雄市在地派系（陳家、王家、朱家）與臺南縣地方派系（北門海派、山派、高派）的激烈政治競逐以致幾近於分崩離析等。礙於篇幅考量，難免掛一漏萬，故本章在此不擬詳述。就研究方法而言，研究者應可採取不同的研究途徑，透過參與觀察、內容分析、深入訪談，以及歷史文獻等各種分析途徑，探究派系領袖滿足權力控制的心理動機、瞭解派系的組織利益與領導菁英的個人利益，並且分析這兩者之間的落差，相信這是值得關注的課題。

第四章
我國政黨初選制度的效應評估

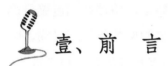

壹、前 言

　　誠如第一章所述，依據民主國家運作之常軌，朝野政黨遵循公平的選舉規則與程序，爭取多數選民的認同和支持，以取得政權的正當性。選舉既然攸關執政與否，政黨審慎籌劃如何贏得選舉自然非常重要。其間，提名候選人角逐公職是競選活動的首要關卡，而且是影響選戰結果的關鍵因素。正由於拔擢候選人參選公職是民主國家政黨最重要的活動與功能之一，因此探討政黨的提名制度，對於瞭解一個政治體制的運作，是饒富意義的。❶

　　在過去數年間，我國朝野幾個政黨皆曾採行過初選制度，以此作為提名候選人的依據。國民黨與民進黨在 1989 年推動黨員初選制度，均採限定必須具備黨員資格，始可參與投票的「封閉式初選」(closed party primary)，在國、民兩黨內皆引起相當的爭議。新黨亦於 1998 年採行「公民初選」——或有人稱之為「開放式初選」(open party primary)，就美國初選制度的類型進行區分,應歸類為「半開放式初選」(semi-open party primary) ❷ ——以決定提名人選，希冀藉此增強日漸式微的競選

---

❶　本章架構來自於吳重禮 (1999a)，並在內容上加以增刪。必須說明的是，本章研究對象僅限於國民黨、民進黨和新黨；至於親民黨和台灣團結聯盟由於成立較晚，且兩者的提名制度之權力集中化程度偏高，因此不在本章討論範圍。

❷　初選制度的類型詳述於第六章第參節。

動員能力，然而，其實施過程爆發賄選、不當動員等情事，引起社會各界物議。

近來，初選制度的實施與否，已成為國內政黨關切的重要議題。本章旨在探討我國政黨採用初選制度的實際運作情況，以及其所衍生的相關問題。職是，本章不擬系列式陳述國內政黨的提名制度，亦不探討我國政黨採行初選制度的歷史性背景及規範性問題。❸在此，探究下列相關議題。首先，以多面向的綜合性觀點，將提名制度區分為集權化與分權化類型，以此作為評估政黨提名制度的指標。其次，除了討論初選所引發的爭議之外，將檢證反對初選制度的觀點是否成立。再者，列舉民進黨改革初選制度的各項芻議，並進而評析這些改革方案能否防範初選制度的問題。此外，將探討開放式初選可能遭致「跨黨投票」(crossing over) 的問題。在結論中，探討的問題是，初選真的是造成提名過程中種種問題的主要因素嗎？如果不是，那麼初選制度運作的問題癥結究竟為何？作者以為，隨著民主化發展，社會利益愈趨多元，任何政黨欲求長存賡續發展，必須建立公允的提名制度。

貳、候選人提名制度的集權化與分權化分類模型

以比較政治的觀點看來，不同國家的政黨，或是在一個國家中的不同政黨，甚至一個政黨在不同時期，候選人提名制度的差異可能相當大。就政黨成員「直接或間接參與」(direct or indirect participation) 程

---

❸ 關於候選人提名制度之探究，我國研究著作雖仍無法與西方國家相提並論，然而這項研究領域確實已引起國內學術界的重視，尤其偏重於國內朝野政黨歷居提名制度的變革（相關文獻，建議參閱王業立，1995a, 2006: 123–174; 吳文程，1990; 周祖誠，1993; 郝玉梅，1981; 黃德福等，1991; 葛永光，1995; 謝相慶，1992; Huang, 1996; Wu, 2001b; Wu and Fell, 2001）。

度為衡量的指標，蘭尼 (Austin Ranney) 將候選人提名作業區分為兩種極端類型 (1981: 88–89; 1990: 230)。一種極端封閉式的提名制度乃是由黨務菁英自行決定，一般的基層黨員對於提名過程沒有任何影響的機會。另一種極端開放式的提名制度，則是將提名作業徹底地開放給所有黨員參與，以黨員投票方式決定候選人的甄選。與蘭尼的概念相當類似，克拉提 (William J. Crotty) 和傑克遜 (John S. Jackson III) 亦將提名制度歸納出兩類基本模型：「菁英主導模型」(elite-dominant measures) 與 「大眾參與模型」 (mass participation measures)(1985: 216–220)。菁英主導模型強調的是，在提名過程中，黨務幹部憑藉著本身專業的政治知識，評量提名人選的背景、條件與能力。相反地，大眾參與模型所著重的則是基層黨員的參與，經由一般民眾的常識與判斷力來選擇政黨候選人，藉此培養大眾對於公共政策的關心與政治事務的關懷。

另外，蘭尼依據權力「集中化」(centralization) 程度的不同，將政黨提名制度歸納為下列七種：⑴由政黨全國性機構掌理提名候選人的工作，偶爾採納地方性機構的建議；⑵雖由全國性機構掌理提名候選人的工作，但須謹慎考量地方性機構的建議；⑶由地方性機構掌理提名候選人的工作，但須受全國性機構的監督；⑷由地方性機構掌理提名候選人的工作，不受全國性機構的監督；⑸由選民挑選候選人，但須受全國性機構的監督；⑹由選民挑選候選人，但須受地方性機構的監督；⑺由選民挑選候選人，不受地方性機構或全國性機構的監督 (1981: 82)。明顯地，第一種類型的提名制度是最為集權化的方式，而第七種的提名制度最為分權化，其餘五種類型則是介於此兩項極端之間。

與蘭尼的概念相當接近，蓋勒格 (Michael Gallagher) 亦依據權力的集中化程度——亦即掌控候選人提名的權力所在——為分析架構，將民主國家政黨的候選人選擇制度區分為七種類型：⑴政黨選民

(party voters)；⑵政黨初選 (party primaries)；⑶選區政黨幹部 (subset of constituency party members)；⑷政黨全國性主管機構 (national executive)；⑸利益團體 (interest groups)；⑹全國性派閥領袖 (national faction leaders)；⑺政黨領袖 (party leader)(1988a, 1988b)。根據蓋勒格的跨國比較性研究結果發現，現今民主國家政黨提名制度有相當大的差異，多數介於集權化與分權化兩極之間；總體而言，以選區政黨幹部主導提名過程的方式最為普遍，政黨全國性主管機構掌控提名過程的類型則次之。

　　綜合各家論述，本研究嘗試提出多面向指標的歸類標準，將提名制度區分為集權化與分權化等兩種類型。如表 4–1 所示，集權化提名制度著重於黨務菁英的主導權，候選人名單由國會黨團、少數黨務領導幹部來決定，甚至由黨魁自行裁決。正由於極度有限的政治參與，一般的基層黨員對於提名過程幾乎沒有任何實質的影響機會。基本上，集權化類型的特色是將政黨本身視為一種「私人社團」(private association) 性質的組織，認為政黨領導架構所管轄的事務，僅及於所屬黨員的利益，因此，只要不違背法律所禁絕的範疇，政黨的決策模式與領導風格並不受社會所制約。這種觀念反映在黨務組織方面，往往傾向建立起嚴密的層級化組織，以維繫黨內的高度紀律，而候選人提名決策亦不例外。再者，集權化提名制度強調黨務菁英主導提名的必要性，認為黨內菁英分子代表社會多元價值利益，憑藉著本身在政治方面的專業知識與經驗來考量提名人選的適當性。至於候選人提名過程中的重要資訊主要來自於黨務組織，所需競選經費來源則為與黨務組織有密切關係的大額私人捐款。

表 4-1　提名制度的集權化與分權化制度之比較

集權化提名制度	分權化提名制度
黨務菁英主導提名過程	選民主導提名過程
政黨領袖、政黨全國性機構，或者國會黨團協議提名人選	選民直接（開放式）初選決定提名人選
低度政治參與程度	高度政治參與程度
維繫高度黨務組織的層級化，重視政黨紀律的維持	強調政黨內部民主程序的必要性
政黨為屬於「私人社團」(private association) 性質的政治組織	政黨為具有「公器」(public utility) 特性的政治組織
專職黨務菁英憑藉專業政治智識評量候選人條件	選民憑藉普通常識判斷候選人的背景與才能
黨務菁英間接代表社會多元利益，決定政黨提名人選	選民直接代表社會多元利益，決定政黨提名人選
社會多元利益的象徵性政策代表，間接反映在提名人選與競選議題	社會多元利益的實質性政策代表，直接反映在提名人選與競選議題
黨務組織系統為候選人提名過程中相關資訊的主要來源	大眾傳播媒介成為候選人提名過程中相關資訊的主要來源
候選人提名過程中所需經費來自於私人籌措，偏重在私人捐獻的大額款項	候選人提名過程中所需經費來自於政府所提供的公費，以及著重在小額款項的私人捐獻

　　相對於集權化提名制度，分權化提名制度則是將提名作業徹底地開放給所有選民參與，經由政府相關部門所辦理的公民投票方式來決定政黨候選人。當然，因為民眾對於提名人選擁有最終的決定權，而且社會中每一個成年公民都有平等的參與機會，因此，這種提名方式的特徵是，候選人提名過程中具有高度的大眾政治參與。就政黨的定位而言，分權化模型的基本前提以為，在多元社會之中，儘管政黨組織型態與其他私人團體殊無二致，然而，政黨所執行的政治功能卻有別於一般的社團組織。政黨執行的政治功能，包括表達與匯集社會利益、制訂黨綱政策、提名候選人、募集選舉經費、擬定競選策略，以贏得選舉取得政權，而這些政治功能遠非一般的社團所能達成。政黨

既然以取得政權為正鵠，勢必與廣大社會階層利益產生縝密互動，因此政黨實為具有「公器」(public utility) 性質的政治組織，是故黨內民主與體制民主之間遂存在著密不可分的關係 (Epstein, 1975, 1986)。這種觀念反映在黨務組織方面，往往強調政黨內部民主程序的必要性，提名過程與結果必須著重選民的參與，以反映社會多元的利益。至於在提名過程中的資訊與經費方面，大眾傳播媒體成為提供各候選人以及其他相關訊息的主要來源，而初選所需的經費支出，則來自於政府所提供的公費及小額的私人捐款。

關於前述的提名制度類型，有兩點值得加以說明。第一，集權化與分權化類型皆屬「理想型態」(ideal types)。實際的政黨提名制度無法完全符合某一種特定的模型，而是採取混合兼容的型態，只是適用的程度有輕重之分。第二，本文所提出的類型只是意圖建構歸類提名制度的指標，並無涉及價值判斷的意涵。換言之，集權化與分權化制度並無優劣好壞之分；每一種類型的提名制度有其特點，亦有其不足之處。猶如許多研究憲政制度、政府體制，以及選舉制度的學者所指出，沒有任何的政治制度安排是完善的。同樣地，筆者以為，也沒有任何一種提名制度是完善的，可以同時滿足各方面的需求，杜絕所有可能問題的發生。

在簡述提名制度相關的理論架構之後，以下各節將分別討論我國朝野政黨實施初選所引發之爭議及相關議題，結論則試圖引證提名制度的分類概念，檢視我國政黨初選制度運作的意涵。

參、我國朝野政黨實施初選制度的概述

1988 年 7 月，國民黨召開第十三屆全國黨員代表大會，通過「中國國民黨現階段黨務革新綱領案」，以健全政黨體質結構，爭取黨員認同感與向心力，強化選舉動員能力，因應解嚴之後競爭性政黨政治的

新局勢。其中，實施黨員初選成為黨務革新的關鍵步驟。以關中（時任國民黨中央委員會副秘書長兼組工會主任）為首的若干高層黨務人員鼓吹由下而上的黨員初選制，取代傳統由上而下的中央支配式提名制度。關中 (1992a: 107–108; 1992b: 26–27; 1992c: 255–259) 在黨務工作會議及演說中，多次直陳實施黨員初選的四項目的：⑴爭取黨員對政黨認同與向心，增加動員能量；⑵爭取民眾支持，維護政黨形象；⑶改善政黨的體質，使政黨具有更強的競爭力，鼓勵參選者、幹部重視基層，重視黨員；⑷建立公平的參與制度，鞏固政黨內部團結。身為國民黨要員總綰選務成敗之責，關中並無批判地方派系之處。然而，熟悉黨務運作者普遍認為，採行初選的隱藏動機乃是意圖削弱甚或摧毀派系的勢力，收編其政治資源，擺脫地方派系在提名過程中的掣肘。❹根據「國民黨輔導黨員參加七十八年增額立法委員、省市議員及縣市長選舉提名辦法」之規定，儘管黨中央掌握最終提名大權，但

---

❹　譬如，曾經擔任國民黨中央提名「七人小組」成員的郝柏村便談及，「國民黨不擺脫金權和派系的掛鉤，國家就無法有健全的政黨政治」；「黨提名的目的，是貫徹黨的政策，而不是黨替派系做背書」；因此，「黨要和金權、臺獨畫清界線；黨內不能因派系妥協而取消初選，黨內初選是抑制派系的重要方法，黨絕不能容忍賄選；黃復興黨部都是忠黨愛國的，不要怕也不應該怕他們」（吳重禮，1998c: 150）。值得說明的是，雖然郝以「黨內民主」、「反黑金」與「反派系」抨擊國民黨提名政策，但是他支持黨員初選的原因並非如此單純。在蔣經國過世之後，候選人提名成為國民黨內主流與非主流派爭議的焦點。歷經 1989 年初選實際運作之後，非主流者發覺初選結果裨益其成員（尤其是非主流派在立法院的「代理人」——新國民黨連線）的提名與當選。嗣後，非主流派轉而極力維護初選制度。明顯例證為林洋港對初選態度的轉變；他曾於 1989 年 3 月在國民黨中常會中，針對初選施行辦法提出強烈質疑，然而卻在 1995 年 8 月表示，國民黨有必要透過黨內初選方式決定總統候選人，否則將自行參選，尋求公民連署（相關細節，參閱 Wu, 1997: 327–339）。

黨員初選投票結果仍為最主要的提名依據。總體而言，黨中央的提名名單與初選結果大致相符；花蓮縣和澎湖縣縣長提名是較特殊的例子，詳細情形留待第肆節再行探討。

當國民黨在決定採行初選之後，亦鼓勵其他政黨仿效之，民進黨旋即宣布採取相同的提名方式。儘管較之美國民主、共和兩黨初選制度之規模與方式，國、民兩黨推動的初選制度尚有不足之處，然各方仍予以相當的肯定，認為此舉神益我國政黨政治與黨內民主的發展。惟初選制度的實際運作與構思初衷似乎存有相當的差距，國、民兩黨內部對於是否取消初選也引發相當爭議。國民黨雖然在 1991 與 1992年選舉，改採所謂的「修正式黨員初選制度」，但仍於 1993 年第十四屆全國黨員代表大會中決議停止辦理初選。之後，每逢選舉，國民黨提名作業經常面臨的一項難題，即是有意爭取黨內提名者要求黨部以初選決定黨籍候選人，在要求不果下，未獲提名者違紀、脫黨參選的情況時有所聞。之後，有鑑於選舉挫敗與黨員認同的低落，若干人士倡議恢復初選制度，主張經由黨員投票參與候選人的甄選，培養黨員對於黨務的關懷與向心力，建立民主、公正、公開的提名程序與制度。舉例來說，2000 年總統選舉結果揭曉，國民黨候選人連戰、蕭萬長僅獲得 23.1% 的選票，黯然交出長達半世紀的中央執政權。針對選戰落敗結果，黨內批評之聲日隆，主要在於抨擊提名制度過度集權化，無法反映基層黨員與選民的意見，並要求在政黨改造中，更加重視由下而上的提名程序。然而，反對者指出，黨員初選的運作存有弊端，而殷鑑不遠的即是 1989 年施行初選的經驗。

在民進黨方面，1989 年首次舉辦黨員初選亦遭致不少的問題。儘管之後民進黨曾經多次修改其提名政策，但是初選方式仍然續沿用；目前主要採取的是「黨員投票」和「民意調查」的混合提名制度，前者占 30%，而後者占 70%（王業立，2006: 156–167）。事實上，民進黨初選制度存在著一項根本性的問題，亦即正式黨員人數依然不足，

遠低於該黨在大選中獲得選民支持的比例（筆者為文時，依據民進黨在 2007 年所公布的數據，截至 2006 年黨員總計為 544,515 人）。這種情形，加之派系山頭的分歧，使得各候選人為競逐黨內公職和爭取初選提名，衍生出「人頭黨員」或謂「口袋黨員」的弊端。這種豢養人頭黨員以及派系間配票和換票的問題，在近年來的初選更形嚴重，引起社會多方的批評，民進黨內對於是否取消初選產生爭議。針對初選制度的問題，黨內紛紛提出各項改革芻議，然而迄今民進黨提名改革方式仍未成定局。

除國、民兩黨的黨員初選制度之外，新黨的公民初選也備受社會關注。新黨自成立以降，每逢選舉，未獲提名的黨員經常嚴厲批判少數黨務幹部把持「全國競選暨發展委員會」（簡稱為全委會），進行高度集權型態的提名作業。至 1998 年 4 月間，全委會通過立委、直轄市議員選舉辦法，決議在黨內競爭激烈的選區，以公民初選決定提名人選。自該年 7 月下旬起，在各選區進行約 80 場的初選投票，鼓勵有選舉權之公民在戶籍所在地參與初選，希冀藉此增強新黨日漸式微的競選動員能力。8 月底，新黨初選活動結束，累計共約有 205,000 人參與初選投票。然而，新黨內鬨的戲碼並未隨著初選的結束而告落幕。初選過程中，新黨一直面臨擾攘不休的同室操戈，國民黨介入初選以支持特定候選人的傳聞，以及候選人賄選不斷的窘境。若干黨務幹部以為，在經歷風波不斷的初選之後，黨內鬩牆已使得新黨遍體鱗傷，此證明初選制度為不可行的方式，將來不宜繼續施行。

綜觀國內三個主要政黨實施初選的經驗，反對初選所持之理由可歸納為數點。❺第一，初選引發地方派系嚴重反彈，初選落敗的派系

---

❺ 反對續用初選的理由甚多，在文中所列舉的數項理由，係經由筆者參閱相關書籍、期刊、研究著述、報紙雜誌報導等文件資料，並且於 1997 年 2 月至 5 月及 7 月至 9 月期間，與數十位國、民兩黨黨務幹部（包括中央、省（市）級、地方層級幹部），針對提名制度與初選相關議題，進行二波

往往在大選中不僅拒絕為黨籍提名候選人輔選動員，甚或轉而支持他黨候選人。第二，初選選民結構與大選選民結構的差異，使得初選獲勝的候選人，不盡然在大選中具備強勢的競爭能力。第三，初選競爭破壞黨內團結，候選人對立益形尖銳，加深同志的齟齬，黨內和諧的構思猶如空中閣樓。第四，黑金政治介入初選過程，使得選舉風氣更加惡化。不少候選人藉由期約賄選、暴力、惡意攻訐其他參選人等不正當手段爭取選票。國、民兩黨的黨員初選因而充斥著人頭黨員，而新黨的公民初選亦處處可見不當的選民動員。第五，在競選經費的支出方面，初選的實施被批評為「一隻牛剝兩層皮」，意即參選人須經初選與大選兩次競爭，尤其雙重耗用「買票」經費，未戰先竭，增加人力、物力負擔。第六，我國各級民意代表選舉所採行的多名額選舉區，並不適合初選制度的實施，因為提名額度具有彈性，使得究竟應該提名幾席，造成黨內嚴重爭議。第七，反對採行初選的另一項理由是基於國情不同的考量；美國初選制度已實行百餘年，其高度「制度化」的提名方式並不適用於我國。對於上述初選制度的批判，本文在下一節中以國民黨實施初選情形為討論對象，檢視這些立論是否能夠成立。

肆、國民黨初選制度的爭議及其評估

一、「黨內衝突擴大」、「地方派系反彈」的批判

過去幾十年來，臺灣長期在國民黨威權統治的環境之下，多數地方派系領袖均屬國民黨籍。為確保統治的合法性，國民黨以壟斷性政治酬庸與經濟利益籠絡地方派系，藉以維持選舉優勢，確保其政權統治的合法性。雖然以選舉動員與經濟特權結合的「主從關係」

の深入訪談所得。至於新黨初選的問題，係參閱新黨初選辦法和新聞雜誌報導，綜合歸納而得。

(patron-client relationship) 符合雙方利益，此互賴互惠結盟並非固實穩定。國民黨嘗試採取各類策略抑制派系在選舉政治中的重要性。反之，地方派系亦運用各式辦法以強化或者維繫本身的影響力，與國民黨進行抗爭。這種亦敵亦友，既合作又競爭的錯綜複雜結盟型態，在候選人提名過程中益發凸顯（吳重禮，1998b；Wu, 2001a, 2001b）。就國民黨與地方派系互動關係而言，初選制度是否導致地方派系嚴重反彈，以及黨內矛盾衝突擴大等問題？

在檢視該問題之前，本文先簡略地敘述 1989 年選舉之後，國民黨提名制度的演變情形。國民黨在 1991 年第二屆國大代表選舉中，改採所謂的「修正式黨員初選制度」——黨員投票（占 60%）與幹部評鑑（占 40%）。此種修正式初選制度亦運用於 1992 年第二屆立法委員選舉，惟黨員投票與幹部評鑑的比重修訂為各占 50%；甚者，依據國民黨 1992 年提名辦法規定，直轄市或縣市黨部為適應當地選情態勢，或個別選舉區參加提名同志未超過應選名額，經各該黨部委員會之決議，呈報中央常務委員會核定者，得不辦理黨員投票與幹部評鑑。由於這項「因地制宜」的彈性措施，使得在 29 個選區中，只有 11 個選區舉辦初選。為因應 1993 年縣市長選舉，國民黨改採「意見徵詢」的提名方式，由縣市黨部在黨員意見反映、黨員投票、幹部評鑑等三種方式中，擇一辦理。此意見徵詢方式在 1994 年所制訂的提名辦法中，另加入「民意調查」一項。之後，意見徵詢遂成為國民黨中央民代、省市議員，以及縣市長候選人提名的主要依據。值得說明的是，儘管黨員投票亦是意見徵詢的方式之一，然而在 1992 年至 2000 年期間黨員投票方式未曾實施過。直至 2001 年縣市長及第五屆立法委員選舉起迄今，國民黨採取類似民進黨的「黨員投票」和「民意調查」混合式提名制度。

讓我們回過頭來探討初選制度的後續效應。假若初選易導致地方派系反彈，引發黨籍候選人相互攻訐的情況，那麼，一項合理的推論

是，國民黨在停止舉辦黨員初選之後，這些內訌的問題即便不是完全解決，至少應該減少至較小的程度。然而，實際情況顯示，國民黨在改採修正式黨員初選及意見徵詢方式之後，不僅無法消弭地方派系對峙，甚至使得派系紛爭更為嚴重，黨內衝突更為擴大。

當然，此問題涉及到如何測量「黨內衝突」這項概念。就政黨的提名作業而言，黨內衝突最嚴重的後果，莫過於黨員不滿提名結果而決定違紀參選，其次是在各方堅持參選的情形下，黨部無法協調推薦人選，而允許有意參選者以報准參選的方式，相互較勁對決。因此，「違紀參選人數」與「報准參選人數」應是衡量黨內衝突的兩項有效指標。表4-2以1989年至2005年國民黨縣市長選舉為例。在1989年選舉過程中，儘管有所謂派系與候選人反彈之說，然而並沒有違紀參選的情形發生，僅在花蓮縣開放競選，報准吳國棟（初選名列第一）與陳清水（現任縣長，初選排名第二）參選。除花蓮縣之外，澎湖縣是另一較特殊的例子。在澎湖縣，現任縣長歐堅壯初選名列第一，而且黨員投票率達60.15%，依據規定黨部應予以提名，然而國民黨卻提名初選名列第二的王乾同。❻儘管提名結果與初選結果相違背，但是歐堅壯並未違紀參選。

相對於1989年的選舉情形，1993與1997年的選情則更為複雜，黨內同志齟齬、候選人對立的程度顯著增加。在1993年選舉中，違紀參選人數計有9人，報准參選人數為5人；在1997年，違紀參選人數高達10人，報准參選者則有4人；在2001年，違紀參選人數計有5人，報准參選人數為2人。❼相對來說，在2001年選舉中，雖然黨內

---

❻ 依據「國民黨輔導黨員參加七十八年增額立法委員、省市議員及縣市長選舉提名辦法」之規定，「本黨提名候選人，採由下而上方式，以黨員初選結果作為提名之主要參據。惟黨員初選投票率未達各該選舉區（含職業團體）內實際建檔黨員總數百分之五十時，其投票結果僅作為提名之重要參考」（關中，1992b: 260）。

表 4-2　1989 年至 2005 年國民黨縣市長選舉參選統計

選舉年	提名方式	應選名額	參選人數			
			提名參選	報准參選	違紀參選	總計
1989	黨員初選	21	20	2	0	22
1993	意見徵詢	23	20	5	9	34
1997	意見徵詢	23	21	4	10	35
2001	黨員投票與民意調查	23	20	2	5	27
2005	黨員投票與民意調查	23	20	0	0	20

資料來源：崔曉倩、吳重禮 (2007: 123)。

違紀參選人數似乎有下降趨勢，但取而代之的是親民黨和新黨候選人
爭奪泛藍選民的票源，諸如彰化縣的鄭秀珠、南投縣的陳振盛、花蓮
縣的賴政雄、臺東縣的徐慶元、金門縣的李炷烽和蔡是民，以及連江
縣的陳雪生。類似的情形亦發生在 2005 年的百里侯選舉，諸如苗栗縣
的徐耀昌、南投縣的林明溱、花蓮縣的傅崐萁、基隆市的劉文雄，以
及臺中市的沈智慧等。除此之外，2006 年的臺北市長選舉，宋楚瑜的
執意參選，和國民黨籍候選人郝龍斌爭奪相同票源，也是兄弟鬩牆的
例證。

　　值得一提的是，國民黨在 1993 年和 1997 年停辦初選制度之後，

---

❼ 在 1993 年選舉中，國民黨違紀參選者分別為臺北縣的張馥堂與石瓊文、
桃園縣的黃木添與周細滿、苗栗縣的何智輝、彰化縣的洪英花、臺南縣
的黃丁全、臺東縣的陳益南，以及新竹市的任富勇；報准參選者分別是
雲林縣的廖泉裕與陳錫章，嘉義縣的陳適庸與李雅景，以及宜蘭縣的張
軍堂。在 1997 年選舉中，違紀參選者分別是臺北縣的林志嘉、新竹縣的
邱鏡淳、苗栗縣的傅學鵬、臺中縣的劉銓忠、雲林縣的歐明憲和張榮味、
臺東縣的徐慶元、基隆市的許財利，以及臺南市的方金海和林壽宏；報
准參選者包括臺中縣的郭榮振和徐中雄，以及臺南市的林南生和陳榮盛。
在 2001 年選舉中，違紀參選者分別是臺中縣的林敏霖、嘉義縣的陳勝三、
高雄縣的黃八野、嘉義市的張榮藏，以及臺南市的蘇南成；報准參選者
為南投縣的張明雄和林明溱。

經常運用徵召的策略，甄選無派系背景的候選人參選（俗稱為「空降」部隊）。事實上，此種徵召方式並非首創，而是肇始於 1970 年代蔣經國決定拔擢臺籍菁英參選，以擺脫地方派系的糾葛紛爭（或被戲稱為「崔苔菁」政策，音同為會「吹」的「臺」籍「青」年）。然而，此種徵召無派系色彩候選人參選的策略，經常引起地方派系的嚴重反彈，使得派系在大選中拒絕為提名候選人輔選。以 1997 年臺中縣長選舉為例，國民黨長期以來在臺中縣政壇保持一黨優勢，憑藉著紅（林）、黑（陳）兩派縝密的動員網絡，使得非派系候選人根本無法與之抗衡。然而，早在 1997 年初，紅黑兩派爭奪縣長提名的態勢已呈現白熱化，加上第三勢力楊天生的動向未定，導致提名過程並不順遂，故傳聞黨部可能以徵召方式協商人選，提名非派系人物參選，但卻引起紅黑兩派一致的反對，聯名表態「反空降」。之後，亦因為派系整合失利，迫使國民黨採取開放策略，先後報准郭榮振（黑派）和徐中雄（屬紅派，與現任縣長廖了以和第三勢力關係密切）參選，之後劉銓忠（紅派）不滿徐中雄以新人資格代表紅派出征，同時為取得紅派主導權，宣布脫黨違紀參選。❽

綜觀之，國民黨停止辦理初選，改採其他的提名辦法之後，不僅無法消弭地方派系的對峙，相反地，派系紛爭、黨內鬩牆的情況更形嚴重，而黨內候選人的對立也益形尖銳，違紀參選的情形更是層出不窮。

二、「黨員結構與選民結構之間存有差距」的批判

其次，反對初選者以為，在初選投票率不高的情況下，黨員結構與大選選民結構的差異，使得初選獲勝的候選人，不盡然在大選中具備強勢的競爭能力。其中，國民黨固有的鐵票系統——黃復興黨部——

---

❽ 關於 1997 年臺中縣長選情，作者在該年 9 月至 11 月，針對臺中縣市選舉進行四波觀察，參考相關新聞報導，並與熟悉地方政情的黨務人士與候選人進行訪談，分析綜合所得。

以高度族群凝聚力，積極動員支持外省籍參選人，但是這些初選出線的候選人，未必能在大選中獲得選民支持。為檢證此項觀點，本研究以三個面向——初選投票率，黨員結構與選民結構，以及提名人選的省籍——加以分析。首先，如表4–3所示，1989年三項公職選舉，國民黨初選投票率平均約為46%，其中以省議員的46.76%最高，高雄市議員的36.94%最低，如此的投票率與歷來美國兩黨各州初選投票率約20%至25% (Hadley and Stanley, 1996: 176–177; Ranney, 1972) 相較之下，初選投票的參與程度不可謂不高。❾1991年與1992年二屆國大代表與立法委員選舉，國民黨改採修正式黨員初選制度，如前所述，黨員投票結果僅占提名決定權的60%及50%。無疑地，這種提名辦法授與黨職幹部相當的主導權，且黨中央保留提名的核示權，而基層黨員的影響力則明顯減弱。或許，由於提名影響力的減弱，導致黨員投票意願低落，因此初選投票率顯著下降，其分別為29.06%及29.55%。

---

❾ 據聞，1989年國民黨初選投票中，曾發生「人頭黨員」、「冒領投票」的情事。針對此問題，筆者於1998年2月份與一位曾經在1989年辦理國民黨初選的選務人員（其擔任內政部某司的高階主管）訪談，這位不願具名的人士表示，該年國民黨初選投票確實發生作票的情形，至於其影響投票率的程度，無法確實加以評估。因此，本章所陳述的數據，應該略高於實際的投票率。

表 4-3　　1989 年至 1992 年國民黨初選黨員暨幹部投票統計

選舉年	選舉類別	提名方式	合格黨員投票數	幹部投票比例	黨員投票比例
1989	增額立法委員[1]	黨員初選	1,977,249	n.a.	45.10
	省議員[2]	黨員初選	1,581,921	n.a.	46.76
	臺北市議員	黨員初選	237,551	n.a.	45.56
	高雄市議員	黨員初選	149,481	n.a.	36.94
	縣市長	黨員初選	1,581,707	n.a.	46.42
1991	第二屆國民大會代表	修正式黨員初選	1,950,000	67.36	29.06
1992	第二屆立法委員	修正式黨員初選	809,000	68.99	29.55

1. 含臺灣省各縣市、臺北市、高雄市、福建省，以及臺灣省山胞黨員。
2. 含臺灣省各縣市與臺灣省山胞黨員。
資料來源：1989 年初選資料摘錄自關中 (1992b: 276–311, [表三])，相關數據由筆者計算之。
　　　　　1991 及 1992 年初選資料摘錄自 Robinson and Baum (1994: 84)。

　　就選民結構而言，本省籍族群（在此包括閩南人、客家人及原住民）約占臺閩地區總人口數的 85.6%，外省籍為 14.4%。就外省族群人口分布情形而言，以居住在臺北市的比例 (28.5%) 最高，高雄市則為 16.2%，臺灣省各縣市平均為 11.9% (Wu, 1989: 391)。就黨員結構而言，1989 年國民黨的本省籍黨員比例為 67.57%，外省籍黨員為 32.43% (Huang, 1996: 115)。相較之下，選民結構與國民黨黨員結構之間，似乎確實存有差距。然而，就臺灣民眾的居住型態而言，交通運輸系統日益發達、眷村社區改建、人口移動頻繁，以及省籍間通婚的諸多因素影響之下，特定族群社區的藩籬已經逐漸打破，因此族群分布並沒有明顯的地理區隔問題。換言之，國民黨黨員結構與一般選民結構的差異性並不大，這種情形在國民黨提名人選的省籍比例上亦可清楚呈現。

　　關於黨員結構與選民結構的差距，經常被引述的例子，乃是 1989 年臺北市第一選區立委初選前 6 名（趙少康、趙振鵬、田文仲、丁守中、周荃、馬愛珍）均為外省籍（王業立，1995a: 12；謝相慶，1992:

10)。事實上，在 1989 年立委初選中，黃復興黨部所規劃的人選共有 9 位外省籍的參選人，且得票排行大多均名列前茅，其分別是臺北縣排名第一的周書府、桃園縣排名第一的朱鳳芝、高雄縣排名第一的蕭金蘭、屏東縣排名第一的王素筠、臺中市排名第一的沈智慧、臺北市北區排名第二的趙振鵬、臺北市南區排名第一的郁慕明、高雄市北區排名第一的蕭楚喬，以及高雄市南區排名第二的王天競（陳陸輝，1994：67）。這九位初選出線的候選人中，除了蕭楚喬之外，皆在大選中以高票當選。由於高度同質性以及強烈的「團體意識」(group consciousness)，使得黃復興黨部得以在初選中，積極動員支持外省籍參選人，而且這些候選人也多能在大選中獲勝。

就整體初選參選情形而言，1989 年三項公職人員選舉應選名額為 293 人，國民黨初選參選的人數共有 645 位，外省籍參選的有 118 人，而在初選名次領先的有 22 人，比例並不高（關中，1992b：92）。在增額立委選舉方面，如表 4–4 所示，區域立委應選名額為 79 人，國民黨籍參選人數為 103 人，其中，由國民黨「推薦」的候選人數為 55 人，報准參選為 48 人。在推薦名單中，臺灣籍候選人有 41 位，外省籍者占 14 人。外省籍候選人在各選區提名的比例，除在臺北市與高雄市選區較高之外，其餘選區則普遍偏低。以此看來，初選未必導致外省籍參選人較易出線。況且，1993 年新黨成立後，陸續地吸納部分外省籍選民，黃復興黨部選票大幅流失（陳陸輝，1994），亦縮減國民黨黨員結構與選民選票的差距。

表 4-4　1989 年增額立法委員選舉國民黨候選人參選統計

選　區	應選名額	候選人數	國民黨籍候選人數	國民黨推薦候選人			國民黨報准參選
				人數	臺灣省[1]	外省籍	
臺北縣	11	29	15	6	4	2	9
宜蘭縣	2	4	2	1	1	0	1
桃園縣	5	8	5	3	2	1	2
新竹縣	1	3	2	0	0	0	2
苗栗縣	2	4	2	1	1	0	1
臺中縣	4	12	6	3	3	0	3
彰化縣	4	13	4	2	2	0	2
南投縣	2	7	4	1	1	0	3
雲林縣	3	7	3	3	3	0	0
嘉義縣	2	6	2	2	2	0	0
臺南縣	4	10	5	3	3	0	2
高雄縣	4	8	4	3	2	1	1
屏東縣	3	6	3	2	1	1	1
臺東縣	1	6	2	1	1	0	1
花蓮縣	1	4	2	1	1	0	1
澎湖縣	1	2	2	1	1	0	1
基隆市	1	2	1	1	1	0	0
新竹市	1	6	1	1	1	0	0
臺中市	3	12	4	2	1	1	2
嘉義市	1	3	2	0	0	0	2
臺南市	2	9	3	2	2	0	1
臺北市第一選區	6	20	10	5	2	3	5
臺北市第二選區	6	17	8	5	3	2	3
高雄市第一選區	4	13	5	3	1	2	2
高雄市第二選區	4	11	3	2	1	1	1
福建省[2]	1	4	3	1	1	0	2
總計	79	226	103	55	41	14	48

1. 含福建省金門縣與連江縣。

2. 金門縣與連江縣。

資料來源：中央選舉委員會編印之《七十八年動員戡亂時期地區增額立法委員選舉選舉實錄》
　　　　　(1989)。

關於黨員結構與選民結構不符的例證，另一經常被引述的個案為
1989 年南投縣省議員的初選，因為得票前兩名的鄭文鍵與馬榮吉均為
埔里人，有違區域均衡原則。然而，此看法亦有待商榷。首先，初選
結果本來就不必然會達到「區域均衡」的效果。其次，選舉統計資料
顯示，1989 年南投縣 13 個鄉鎮市的總選舉人數為 330,032，而埔里鎮
的選舉人數為 53,509，排名第二，僅次於南投市的 59,709；雖然缺乏
精確資料加以佐證，但可合理推斷，南投縣國民黨員的分配情形應有
相似的比例 (吳重禮，1998c: 140)。或許由於具有相當比例的黨員數，
加上有效的初選動員，使得鄭文鍵以明顯差距 (31.50%) 領先其他五位
角逐者，而位居第二的馬榮吉得票率為 19.83%，與簡金卿 (14.62%)、
白弘輝 (13.39%)、熊俊平 (12.96%)，以及許民衡 (7.71%) 的差距並不大
(關中，1992b: 293)。

就國民黨整體初選結果評量之，前述所列舉的例證應可謂是特例。
就方法論觀點而言，以「特殊個案」(deviant case) 的情形推論全體現
象極易造成「整體謬誤」(ecological fallacy)。因此，對於黨員結構與選
民結構不相符合的說法，筆者持保留的態度。

三、「兩次選舉」、「選風敗壞」的批判

質疑初選制度的另一項理由是，初選的過程曠日費時，致使候選
人必須經歷初選與大選兩次選舉，為了支應龐大的競選經費，勢必疲
於籌募財源，未戰先竭，增加人力、財力、物力的負擔。尤其在我國
賄選風氣盛行的環境下，實施初選無異於「一隻牛剝兩層皮」，亦即候
選人必須挹注雙重買票經費。

關於候選人競選經費支出部分，由於缺乏實證資料，本文無法驗
證初選制度是否增加候選人競選經費。之所以缺乏實證數據，主要有
兩項原因：其一，初選候選人的經費支出無須向地方或者中央黨部進
行申報，因此欠缺初選經費支出資料；其二，即使中央、省（市）及

各縣市選舉委員會所編印之選舉實錄，訂定有候選人競選經費最高限額，以及記錄候選人所申報的競選支出。然而，熟悉臺灣選舉政治者皆知，絕大多數候選人實際的競選花費，遠超過其所申報的競選支出，因此本文不擬比較這些缺乏可信度的競選經費數據。

就競選經費的支出方面，本文以為，除了挹注龐大經費賄選之外，候選人兩次競爭的花費未必較多，因為經由初選的淘汰程序，會使得正式選舉的選情將較為單純，形成各政黨候選人間的對壘抗衡。反之，在參選爆炸的情況下，假若未經初選的篩選過程，則黨籍候選人不僅必須面對其他政黨候選人的挑戰，而且亦須遭逢同黨候選人與違紀參選者爭奪相同票源的壓力，在這種情形下，可能使得候選人在競選活動中所付出的人力、財力負擔，反而更為沈重。進一步來說，即使初選的運作的確導致「一隻牛剝兩層皮」，候選人須投注雙重買票經費，惟買票賄選的行為本屬不當且違法，故不應以此作為反對初選制度的藉口。

不僅兩次選舉、未戰先竭的立論無法成立，初選導致或助長選風敗壞之說，亦令人質疑。臺灣有五十餘年的選舉經驗，其選舉規範與選舉文化仍未臻成熟，若干選舉弊端迄今猶存，其中尤以買票賄選最為普遍，也最為人所詬病，而暴力脅迫以求當選的情事，亦時有所聞。無疑地，這種惡質化的選風並非肇始於初選制度的使用，因為在 1989 年國、民兩黨實施黨員初選制度之前，即已存在這種現象。再者，執政的國民黨在 1993 年決議廢止初選制度之後，賄選問題並未能夠消弭，黨籍候選人以黑金作為競選手段的現象仍然普遍存在，甚至呈現出每下愈況之勢。以此看來，認定初選是導致或助長選風敗壞的說法，顯然過於武斷。

四、「初選制度導致選舉失利」的批判

從現實政治層面而言，任何政黨改變提名制度的主要目的無非是希望加強該黨的勝選能力，以增加取得政權的機會，或者維持黨的既存優勢，以賡續執政的地位 (Bartels, 1988; Busch and Ceaser, 1996: 341–342; Hadley and Stanley, 1996: 158)。當然，國民黨舉辦黨員初選的動機亦不例外。批評初選制度者指出，即使國民黨在 1989 年大選中仍然囊括相對多數選票，但是得票率與席次比例皆明顯下滑，並將此挫敗歸咎於初選制度的實施。換言之，初選不僅無法增強政黨的選舉競爭力，反而容易導致選舉失利。

然而，比較歷屆選舉結果可知，這種論調恐言過其實。如表 4–5 所示，1989 年增額立委選舉中，國民黨在得票率與席次比例皆下跌將近 10%，然而，1992 年二屆立委選舉在席次比例 (–13.7%) 下降的幅度更大。在省議員選舉方面，如表 4–6 所示，國民黨在 1989 年選舉席次獲得比例 (–6.5%) 的下降程度，尚低於 1977 年與 1994 年的選舉（分別為 –6.8% 和 –9.3%）。類似的情形在縣市長選舉中益形顯著，如表 4–7 所示，在國民黨得票率與席次率的下降程度方面，1989 年的選舉結果並非最為顯著；1977 年與 1997 年席次比例（–20.0% 和 –30.4%），均低於 1989 年 (–14.4%)；而 1981 年選舉的得票率減少程度 (–11.0%)，亦超過於 1989 年的情況 (–9.9%)。

表 4-5　1969 年至 1998 年國民黨立法委員提名方式、選舉得票率與席次分配率統計[1]

選舉年	提名方式	應選名額	得票率	與前次選舉得票率之差	席次分配比例	與前次選舉席次分配比例之差
1969	小組意見反映	11	76.0		72.7	
1972	黨員意見反映	36	70.2	−5.8	83.3	10.6
1975	黨員意見反映	37	78.7	8.5	81.1	−2.2
1980	黨員意見反映與幹部評鑑	70	72.1	−6.6	80.0	−1.1
1983	黨員意見反映與幹部評鑑	71	70.7	−1.4	87.2	7.2
1986	黨員意見反映與幹部評鑑	73	69.9	−0.8	80.8	−6.4
1989	黨員初選	101	60.1	−9.8	71.3	−9.5
1992	修正式黨員初選	125	52.7	−7.4	57.6	−13.7
1995	意見徵詢	128	46.1	−6.6	52.3	−5.3
1998	意見徵詢	168	46.4	0.3	57.1	4.8

1. 不含 1989 年前之遴選僑選增額立法委員，以及 1992 年後施行之僑居國外國民及全國不分區立法委員。

資料來源：國民黨組織工作會編印之「國民黨歷屆選舉提名辦法及其施行細則」；1987 年之前選舉資料摘自中央選舉委員會編印之《中華民國選舉統計提要》(1988)，其餘數據取自中央選舉委員會編印之選舉實錄。

表 4-6　1954 年至 1994 年國民黨省議員提名方式、選舉得票率與席次分配率統計[1]

選舉年	提名方式	應選名額	得票率	與前次選舉得票率之差	席次分配比例	與前次選舉席次分配比例之差
1954	黨員直接投票（不公開黨員投票結果）	57	68.8		84.2	
1957	黨員直接投票（不公開黨員投票結果）	66	67.8	−1.0	80.3	−3.9
1960	黨員意見反映	73	65.4	−2.4	79.5	−0.8
1963	黨員意見反映	74	68.0	2.6	82.4	2.9
1968	黨員意見反映	71	75.5	7.5	84.5	2.1
1972	黨員意見反映	73	68.9	−6.6	79.5	−5.0
1977	黨員意見反映	77	64.1	−4.8	72.7	−6.8
1981	黨員意見反映與幹部評鑑	77	70.3	6.2	76.6	3.9
1985	黨員意見反映與幹部評鑑	77	69.8	−0.5	76.6	0.0
1989	黨員初選	77	62.1	−7.7	70.1	−6.5
1994	意見徵詢	79	51.0	−11.1	60.8	−9.3

1.含臺灣省各縣市，以及平地與山地山胞省議員。

資料來源：國民黨組織工作會編印之「國民黨歷屆選舉提名辦法及其施行細則」；1987 年之前選舉資料摘自中央選舉委員會編印之《中華民國選舉統計提要》(1988)，其餘數據取自臺灣省政府民政廳暨臺灣省選舉委員會所編印之選舉實錄。

表 4-7　1951 年至 1997 年國民黨縣市長提名方式、選舉得票率與席次分配率統計

選舉年	提名方式	應選名額	得票率	與前次選舉得票率之差	席次分配比例	與前次選舉席次分配比例之差
1951	擇優支持	21	n.a.		85.9	
1954	黨員直接投票（不公開黨員投票結果）	21	71.8		90.5	4.6
1957	黨員意見反映	21	65.0	−6.8	95.2	4.7
1960	黨員意見反映	21	72.0	7.0	90.5	−4.7
1964	黨員意見反映	21	73.1	1.1	81.0	−9.5
1968	黨員意見反映	20	72.4	−0.7	85.0	4.0
1972	黨員意見反映	20	78.6	6.2	100.0	15.0
1977	黨員意見反映	20	70.4	−8.2	80.0	−20.0
1981	黨員意見反映與幹部評鑑	19	59.4	−11.0	78.9	−1.1
1985	黨員意見反映與幹部評鑑	21	62.6	3.2	81.0	2.1
1989	黨員初選	21	52.7	−9.9	66.6	−14.4
1993	意見徵詢	23	47.5	−5.2	65.2	−1.4
1997	意見徵詢	23	42.1	−5.4	34.8	−30.4

資料來源：國民黨組織工作會編印之「國民黨歷屆選舉提名辦法及其施行細則」；1951 年選舉國民黨提名辦法與選舉資料摘自臺灣省地方自治誌要編輯委員會編印之《台灣省地方自治誌要》(1965)；1954 至 1987 年間選舉資料摘自中央選舉委員會編印之《中華民國選舉統計提要》(1988)，其餘數據取自臺灣省政府民政廳暨臺灣省選舉委員會所編印之選舉實錄。

　　綜觀之，在以往列寧式黨國架構中，國民黨長期壟斷社會政經資源，壓縮政治反對勢力的發展空間，因此執政黨候選人在選舉過程中所遭逢的挑戰較小，而所謂「提名即當選」的情形相當普遍。隨著社會環境迅速轉型，國民黨威權統治基礎亦呈現鬆動的現象。舉凡教育水準提升、工業化及都市化發展、傳播資訊繁衍、政治訊息的多樣化、人口流動迅速，以及新興社區的蓬勃設立等因素，在在有利於在野政治勢力的發展，而且在各級公職選舉中的得票率與席次分配率亦不斷的成長（吳重禮，1998b；Chao and Myers, 1998; Huang, 1996; Wu,

1995)。總體而言，組織性反對黨的興起，政黨競爭的制度化，大眾政治參與程度的提升，都是弱化國民黨威權統治的要素，而其得票率遞減即是社會變遷對威權政體衝擊的跡象。職是，在漸趨成形的競爭性政治局勢下，1989 年國民黨選舉失利應是民主化發展的結果，未必與初選制度的實施有必然關係。

再者，儘管提名制度是影響選戰成果的重要因素，但亦不應忽略其餘的因素，譬如候選人提名的適量與否、競選經費、選區劃分、文宣造勢、選民動員策略、政黨輔選措施、其他政黨候選人的條件等等。尤其在「複數選舉區單記非讓渡投票制」（multi-member district with single non-transferable vote system；簡稱為 SNTV）下，政黨「過度提名」(over-nomination) 造成同黨候選人爭奪相同票源的情形，往往是選戰的致命傷。如表 4-4 所示，1989 年區域增額立委的應選名額為 79 名，而國民黨籍候選人數（含推薦與報准）卻高達 103 人，此種超過應選名額的提名策略，無異於鼓勵同黨操戈。其次，假若初選制度的實施會減弱政黨的選舉競爭力，那麼這種論點並無法解釋為什麼同樣採行初選制度的民進黨，儘管同樣面對黨內派系、菁英內訌的尖銳對立，卻能夠逐漸爭取愈來愈多選民的支持。此外，假定國民黨因為實施初選制度而導致選舉失利，但是停辦初選之後，卻使得國民黨經歷更大的選舉失利。基於上述之理由，本文以為，初選弱化政黨競爭力的論點仍有不足之處。

五、「複數選舉區制度不適用於初選」的批判

批評初選的另一項理由認為，就選舉制度與初選制度的關係而言，在複數選舉區下不宜採行初選制度。其立論以為，美國的初選制度乃是在單一選舉區制度下實施，初選規則相當清楚；有意角逐黨內提名者參與初選，而黨部在各選區至多只提名一人，因此只要取得相對多數的初選票數，即取得政黨提名資格。然而，在我國複數選舉區下，

因為提名額度仍具有彈性，所以黨部仍然保留相當的權威以決定候選人提名的數額，或者容易造成初選排名在提名邊緣者，以退黨為由要脅黨部應予提名。

筆者認為，我國複數選舉區下的初選制度與美國單一選舉區制度的初選確實並不相同，尤其牽涉到提名名額多寡的問題。然而，以此作為反對初選的理由則有待商榷。因為，相關研究文獻證實，選舉經驗愈趨成熟豐富的政黨，對於能夠獲取的選票、當選的席次，以及本身的「配票」(vote equalization) 能力，有更精確的掌控（王業立，1995b；Cox and Niou, 1994; Hsieh, 1996; Taagepera and Shugart, 1989）。故此，政黨可依據先前選舉結果預設提名額度，而非在初選結果揭曉之後才決定。基本上，政黨估算得票數與選票分布，是相當普遍的情形。國民黨曾依據臺北市各地區 1995 年第三屆立委選舉和 1996 年第三屆國大選舉得票數，推算 1998 年立委選舉預估的得票數與得票率，以及實際的得票情形。數據顯示，事前的預估與實際得票情形雖有出入，但總體而言大致相仿。❿ 由此看來，既然政黨可以在事前進行估票，當然亦可根據整體估票情形預設提名數額，再行辦理初選。

六、「國情不同」、「美式初選不適於臺灣」的批判

國情的差異、政治環境的不同，因此初選制度無法適應於臺灣政

❿ 1998 年第四屆立委選舉臺北市分為兩選區，在第一選區（北投、士林、內湖、南港、松山、信義），國民黨的得票數為 238,513, 得票率為 31.54%，在第二選區（中山、大同、中正、萬華、大安、文山），國民黨的得票數為 277,943, 得票率為 38.48%。比較表 4–8 所列的數值，國民黨在多數選區實際得票情形略高於選前所預估的數值。解釋此一現象的可能因素是國民黨臺北市長候選人馬英九「衣帶效應」(coattail effects) 的作用。所謂衣帶效應亦即，擁有高度聲望的候選人憑藉著競選活動帶動選戰風潮，裨益同黨其他公職候選人得票的情形。當然，這項命題是否成立，仍須進一步檢證。

黨的論點，時有所聞。然而，「民主」的概念、「選舉」的實施、「政黨政治」的運作皆孕育起源於西方國家，如今卻普遍為世界各國所遵循採行。如是觀之，外來的制度是否因環境的差異而必然不可實施，不無疑問。

再者，認為美國民主、共和兩黨的初選運作，早已高度制度化的論調更與實情不合。❶美國獨立初期，建國諸賢期望總統的產生方式，是經由人民與選舉人團審慎考量角逐總統職位者其個人品行、操守及威望等條件。雖然此方式制訂在聯邦憲法與各州法律條文中，但是隨著政黨的興起，其運作卻產生實質的變化。19 世紀初，政黨以「國會黨團」(congressional caucus) 密議的方式薦舉候選人，其過程有著高度菁英掌控的色彩 (Busch and Ceaser, 1996: 332–333)。1824 年，傑克遜 (Andrew Jackson) 及其改革支持者強烈抨擊國會黨團的弊端，倡議以「全國代表大會」(national convention) 的方式，吸納廣大的社會階層參與，反映各界利益，達成集體協商選擇候選人。形式上，代表大會似乎是邁向民主發展的里程碑，然而，實際運作卻導致「政治機器」(political machine) 與「黨頭目」(party boss) 勢力的猖獗。在腐化的分贓制度 (spoils system) 下，政治機器不僅操縱政府人事，亦左右兩黨全國代表大會黨代表及總統候選人人選。

19 世紀末期，拉法葉 (Robert M. La Follette) 領導的「進步運動」

❶ 本章僅簡要探討美國政黨之總統候選人提名制度的沿革。必須說明的是，美國憲政設計上的聯邦分權制度，對於政黨組織及其候選人提名制度產生深遠的影響。在地方分權的憲法架構下，全國性政黨組織相當鬆散，而州、地方黨部則擁有高度自主權。因此，各項公職候選人的提名方式往往因地制宜，缺乏一致的規定 (Epstein, 1967: 32)。即使是提名方式相同，執行的辦法亦由各州自訂。在所有的選舉公職中，總統一職無疑地具有政治、社會的重要性。況且，總統候選人提名制度經常成為各級公職（包括聯邦、州、地方政府的行政、立法、司法公職）候選人提名仿效的典範。故此，礙於篇幅，本章討論的焦點僅著重在總統候選人提名方式。

(the Progressive Movement) 致力推動「直接初選制度」(the direct primary)，希冀剷除政治機器的箝制力，阻絕金權徇私的管道。**⑫** 1900 年，當拉法葉贏得威斯康辛州長選舉後，立即將全州性初選列為主要政綱，三年後，該州議會通過初選法案。初選制度蔚成風潮，迅速席捲各州。1910 年，奧勒岡州議會經由公民提議，制訂「公民直選」法案──登記的合格選民同時投票選出總統、副總統候選人，及該州全國黨代表大會人選。未幾，各州群起效法此制 (Crotty and Jackson, 1985: 14; Key, 1964: 375)。

民主、共和兩黨舉行初選的州數與經初選產生的黨代表比例在 1916 與 1920 年達到高峰。然而，進步運動所推動的初選制度在 1920 年代之後漸趨平息，許多州捨棄初選方式，重回黨團或州代表大會控制的老路。在 1972 年之前，經由初選產生的黨代表比例約占總數的五分之二，使得初選結果僅成為提名的參考 (Crotty and Jackson, 1985: 21–24; Ranney, 1981: 203–204)。在兩黨的全國代表大會中，黨內主流派系與其領導者壟斷候選人提名的現象屢見不鮮。雖然進步運動鼓吹黨員直選的理想與實際施行的結果相去甚遠，但是它的精神確實對於美國社會產生深遠的影響 (Aldrich, 1995: 99, 114–118; Epstein, 1986: 170; Ranney, 1981: 19)。首先，初選形式簡單易懂，普遍為人接受。再者，初選結果雖僅為候選人提名參考依據，但是卻成為基層意見上達、政治溝通的重要管道。這些影響加之 1960 年代中期美國政治、社會環境急遽變遷，促使兩黨進行大規模的變革。1968 年之後，一系列的改革將政治權力由領導菁英轉移到基層選民，始確立初選在候選人提名

---

⑫ 初選制度的運用，最早可追溯至 1842 年民主黨在賓夕法尼亞州克勞福郡 (Crawford County) 所實施的黨員秘密投票，選舉黨籍總統候選人 (Epstein, 1986: 168)。嗣後，雖說民主、共和兩黨的若干地方黨部亦採行此方式提名公職候選人，然而地區黨部可自由裁量是否採行，且施行辦法亦不一。

中的主導地位。

扼要地剖析美國初選制度的發展歷程後，可以瞭解到，美國初選制度在 20 世紀初始普遍採行，然而初選真正成為候選人提名的主要依據，僅有約 40 年的經驗，而且兩大黨初選程序迄今仍在不斷修改中（關於美國政黨提名制度的沿革及其初選制度相關問題之探討，在第六章中有詳細說明）。基於上述之分析，以國情不同，認為美國初選早已制度化，而我國並不適用初選制度的觀點，實有待商榷。

基於上述之分析，對於初選制度的種種批判，筆者皆抱持保留的態度。假若初選制度並不必然會造成前述的各項弊病，那麼實施黨員初選真正的問題癥結為何？這項問題將留待討論民、新兩黨初選的相關議題之後，在結論中再行探討。

伍、民進黨初選制度的爭議、改革芻議及其評估

民進黨自從實施初選制度以來，亦遭逢若干質疑，舉凡派系對立加深❸、候選人衝突益形尖銳、兄弟鬩牆以至於破壞黨內團結❹、黨

---

❸ 民進黨在 1989 年實施黨員初選引發派系對立的一個顯著例子，就是朱高正和黃爾璇在雲林縣的立委初選之爭。朱高正所屬的美麗島系，被稱為「無組織的多數」，多是現任公職人員，而黃爾璇所屬的新潮流系被稱為「有組織的少數」，多是黨內積極分子，掌握地方黨部。由於黨部奧援黃爾璇，使得朱高正雖然普遍受到選民的支持，但卻在初選中落敗，朱高正在獲得美麗島系的支援下，抨擊黨部在初選中有失立場，決意違紀參選 (Chao and Myers, 1998: 164–165)。

❹ 同志鬩牆導致違紀參選的戲碼，如前曾述，不僅在泛藍陣營發生，亦經常在民進黨和台灣團結聯盟等泛綠陣營內部上演。以 2001 年縣市長選舉為例，包括臺中市的蔡明憲和張溫鷹之爭、南投縣的林宗南和彭百顯、臺南縣的蘇煥智和魏耀乾，以及臺南市的許添財和張燦鍙等。在 2005 年

員結構與選民結構的落差使得初選獲勝者不盡然具備競爭力、兩次選舉未戰先竭、選風敗壞、國情不同、美式初選不適用於臺灣政黨等。種種對於民進黨初選的批評與上述國民黨所面臨的批評極為相似，在此不再贅言重複。同樣地，基於上一節所提出之理由，對於民進黨初選的批判，筆者亦抱持保留的態度。在此部分，將著重在民進黨最為人所詬病的人頭黨員問題以及相關改革方案。

如前所述，民進黨本身正式黨員數目不足的根本性問題，使得有意參選者有機可乘，發生代繳黨費、豢養人頭黨員的情事，甚至進行配票、換票與賣票。種種弊端，在 1998 年 3 月舉行立委及北高兩市議員初選時更形嚴重，引起社會物議，民進黨內對於是否取消初選產生爭議。4 月間，為改革初選的種種問題，黨內提出各項芻議。❶⑤其一，針對各界強烈批評民進黨以人頭黨員決勝負的黨內初選制度，若干人士提議廢除或者降低黨費，以杜絕人頭黨員及防範初選賄選。此外，為了顧及地方黨部的財務與運作問題，中央黨部可以撥發半數政黨補助金給予地方黨部，至於中央黨部經費不足的部分，則由中央黨部對外募款，藉此裨益民進黨瞭解社會脈動。其二，主張廢除或大幅減少初選的比重，而完全採用民調或加重民調比例以決定公職提名人選。其三，認為初選問題應該從兩方面著手解決，一是從嚴審核入黨，假若有許多黨員在同一戶口內，可以藉由入黨審查避免之。另外大量鼓勵自主性成員入黨，沖淡人頭黨員的效用。其四，部分人士認為，政

選舉中，諸如南投縣的蔡煌瑯和林宗南，以及臺南市的許添財和錢林慧君（台聯候選人）之爭。在 2006 年北高市長選舉，台聯參選人周玉蔻和羅志明對於民進黨候選人謝長廷和陳菊的嚴厲抨擊等，這些均是內訌的顯著案例（崔曉倩、吳重禮，2007: 123–124）。

❶⑤ 本章所列舉的六項民進黨初選改革芻議，係筆者參考 1998 年 4 月民進黨中央五人研修小組所提出的改革方案，加以黨內成員對於初選改革的建議綜合歸納而得。這些芻議與討論，在 1998 年 4 月中旬各新聞雜誌媒體中有廣泛的報導。

黨初選應受選罷法規範。立論以為，政黨之初選活動，倘若涉及賄選情事，因已違反公序良俗，自應受到國家法律之監督與規範。其五，保留現行初選制度，改革現行民意代表選舉制度的複數選舉區單記非讓渡投票制為「單一選區相對多數當選制」(single-member district with plurality system)，以便對臺灣選舉惡質化做徹底的改善。其六，臺灣並不具備美式民主的文化與政治環境，因此必須揚棄「初選等於民主」的教條，遵循歐洲政黨提名模式，偏重黨務派系的妥協，甚或組成提名小組由黨內菁英主導，憑藉其專業智識以評量人選的條件。

對於上述諸多建議是否能夠達到預期效果，是值得商榷的。首先，廢除或者降低黨費以解決人頭黨員的問題，應是一項過於浪漫的推論。因為，此舉正可使有心者將原有人頭黨員繳交的費用轉移他用，以擴大招募初選黨員與賄選範圍。再者，中央黨部對外募款，補足政黨補助金差額的構想亦有待斟酌。熟知民進黨財務運作情況者應知，許多政治獻金的捐款對象是針對某些特定強勢的候選人，而非民進黨中央黨部，此種「個人富，黨部窮」的窘境正是該黨在 1997 年 9 月極力爭取政黨補助金的肇因。以此觀之，所謂中央黨部對外募集資金，實非易事。

其二，主張初選問題應該從兩方面解決——一方面從嚴審核入黨，另一方面增加自主性黨員——的構思，不僅在邏輯上是矛盾的，其運作方式亦有缺漏。因為，既然要求嚴格審查入黨資格，則各級黨部必然會提高相關條件以阻絕人頭黨員的加入，但如此一來，亦極可能影響自主性黨員的申請入黨，減緩黨員總數增加的比例。再者，只要分散黨員登記的地區，避免集中在少數戶口，即可規避入黨審查的阻礙。

其三，所謂政黨初選應受選罷法規範的芻議也尚待商榷。在「政黨法」未完成之前，現行適用政黨的法令為「人民團體法」與「人民團體選舉罷免辦法」，這些法令能否規範政黨初選活動是有爭議的。即便政黨為具有「公器」特性的政治組織，與廣大社會階層利益產生縝

密互動，惟是否應該將法條「擴充解釋」，含括政黨候選人提名過程所涉及的情事，則未有定見。吾人以為，法律為道德的最低標準，在法律不備的情形下，對於政黨內部決策違反公序良俗的事務，僅可施以輿論道德的譴責。

其四，至於以單一選區相對多數當選制根除臺灣惡質選風的主張，仍須進一步檢證。選舉制度研究者咸以為，選舉制度確實具有特定的「機械化效應」(mechanical effect)(Duverger, 1954; Grofman and Lijphart, 1986b; Rae, 1971; Taagepera and Shugart, 1989)。然而，其絕非影響選舉競爭與結果的單一變數。這項「改變選舉制度以糾正選舉風氣」的假設，不僅必須證明複數選舉區單記非讓渡投票制導致選舉賄選陋習與其他的弊端（王業立，2006: 89–122；Hsieh, 1996），更重要的是，亦須證實單一選舉區多數當選制（如各級政府行政首長選舉）必然可避免黑金介入選舉。事實上，選風之好壞，主要關鍵為選舉文化的良窳，整體社會教育和政治文化無法提升，任何選舉制度的變革亦是枉然。

其五，臺灣並不具備美式民主的生態與環境，因此必須揚棄「初選等於民主」的教條，改以遵循歐洲各國政黨提名模式，倚重黨務菁英的專業能力組成提名小組，以審慎評量人選。這種論點儘管具有相當的說服力，然而卻未必周全。對於這項看法，本文以政黨體質和政府結構對於提名制度的影響加以說明。首先，美國政黨施行初選制度，而歐洲諸國政黨並未採行初選，但皆無礙其民主之發展；基本上，這涉及到美國與歐洲政黨體質和政黨運作的差異。就政黨本質而言，學者曾指出，不同型態的政黨在其組織架構和決策過程有著顯著的差異(Epstein, 1967, 1975, 1986; Gallagher, 1988b; Ladd, 1970; Wright, 1971)。諸多歐洲政黨將本身定位為民間社團組織，認為政黨所管轄的事務僅涉及所屬成員，因此，只要不違背法律所禁止的事項，內部決策方式並不受外界所制約。這種觀念反映在黨務組織方面，往往建構起層層節制的權威性組織，加上意識型態高度的凝聚力，以維繫黨內紀律，

所以提名的決策權自然為中央或地方黨務領導所掌握。反觀，美國兩大黨的運作模式，較注重實際政治問題的解決，強調選舉路線的重要性，而意識型態的宣揚並非政黨的主要功能。民主、共和兩黨為爭取多數中間選民的支持，以取得政權為正鵠，勢必隨時修正立場以便契合社會的變遷，因此，政黨與社會存在著縝密的互動關係。這種情形反映在黨務組織方面，往往強調政黨內部民主程序的必要性，提名過程與結果必須著重選民的參與，以反映社會多元利益。

其次，若干學者認為，一個國家的政府結構往往會影響該國的政黨結構，進而影響政黨的提名制度(何思因，1993；Epstein, 1967: 31-34; Gallagher, 1988b)。在實行內閣制的民主國家，朝野政黨的凝聚力強，凡非政黨所提名的候選人，難望於競選中獲勝，黨籍議員為確保下次選舉得以再獲提名，必然遵守黨紀約束，因此，黨中央或地方黨部能夠提供黨員充分的誘因以維持組織運作，主導提名決策。反之，在美國總統制憲政體制下，將政府的基本權力分別賦予行政、立法、司法等三部門，此即所謂「權力分立」；並使每一部門能夠與另外兩部門間保持適當的牽制與平衡，此即所謂「制衡」。行政首長和議員分別由選民投票產生，因此議員未必遵循行政部門的政策，議員尋求連任未必依憑著政黨的支持與否。換言之，意圖參選者必須在其初選選區中，爭取選民的支持才能獲得提名。

由政黨體質與政府結構這兩項原因應可以說明，為何諸多歐洲政黨雖未採行美式初選制度，但無礙其民主政治之發展。個人以為，我國政黨體質的轉型及政府體制的變革趨勢，與美國運作型態漸趨類似，尤其偏重實際政治問題的解決，強調選舉路線的重要性，因此採行初選制度遂成為結合民意與黨意的有效途徑。如果上述各項改革芻議皆有不足之處，應該如何改革現行初選方式以獲致完善的提名制度？這項問題將留待結論中再行討論。

 陸、新黨初選制度的爭議及其評估

　　新黨自 1993 年 8 月成立以來，經歷了數次選舉，在 1994 年至 1996 年中央及地方議會選舉中頗有斬獲，然而接連的勝利卻也埋下新黨的隱憂。1997 年底縣市長選舉與 1998 年初縣市議員及鄉鎮縣轄市長選舉中，新黨的得票率快速下降。針對選舉的挫敗，黨內檢討之聲紛紛歸咎於提名制度之不當，批判少數黨務幹部掌握全委會，進行高度集權的提名作業。1998 年 4 月間，全委會確定立委、直轄市議員的提名額度，並且通過黨內提名辦法，決議在黨內競爭激烈的選區，以公民初選決定提名人選。4 月下旬起，在各選區進行約 80 場的投票，鼓勵積極參與初選，藉此增強新黨日漸式微的競選動員能力。8 月底，新黨初選活動結束，總計有 128 人登記投入初選，20 萬餘人參與投票。

　　對於新黨的公民初選，引起若干質疑，其批判的理由包括候選人相互攻訐、派系益形對立、破壞黨內團結、不當動員、選風敗壞、兩次競選未戰先竭等等。這些問題與國、民兩黨實施初選所遭致的批評相同。本文在前兩節中，檢證相關資料，認為批判國、民兩黨初選的理由皆無法成立。基於相同的觀點，筆者認為，這些反對新黨初選的立論亦無法成立。惟相對於封閉式初選制度，新黨的公民初選似乎面臨一項較為特殊的問題，亦即傳聞國民黨介入初選，左右提名人選。本節探討重點在於開放式初選下「跨黨投票」的問題。

　　基本上，國民黨和民進黨所採行的黨員初選制度較類似於美式的封閉式初選，而新黨所採行公民初選制度則可歸類為半開放式初選。若干美國政黨學者指出，無論是在開放式或半開放式初選過程中，皆有可能發生「跨黨投票」或稱「侵入投票」(raiding) 的現象 (Adamany, 1976; Ranney, 1972; Wekkin, 1988)。所謂跨黨投票，意指某一特定政黨的支持者，蓄意地在初選中參與另一個政黨的投票，左右初選提名結

果，而且往往是支持對方實力較弱的候選人，使得這些初選出線的候
選人無法在大選中獲勝。

　　儘管在開放式或半開放式初選中可能存在著跨黨投票的問題，然
而，筆者以為，在新黨首度舉辦的公民初選活動中，所謂國民黨介入
操縱提名結果的可能性並不大。蓋在政黨政治漸趨成熟、教育程度提
升以及大傳資訊發達之今日，任何政黨意圖鼓動所屬成員介入他黨開
放式初選，支持弱勢候選人的舉措，極易為他黨與社會大眾所知，尤
其動員的規模愈大，愈易為人所知。果若真有如此行為，一經揭露，
該黨恐怕為人抨擊尚且不及，何能在正式選舉中獲得普遍支持，況且
遭跨黨動員的政黨之選民，反而可能加倍團結發揮實力。以此觀之，
國民黨或者其他政黨是否可能介入新黨初選，其理甚明。這也足以說
明，儘管新黨黨務幹部指控國民黨桃園縣黨部及個別黨員介入初選，
然而他們卻也同時表示，相信這些情事均非國民黨中央授意所為。❶

　　假若上述對於新黨初選的批判皆有所不足，究竟問題為何？筆者
以為，新黨實施公民初選所面臨的問題，儘管與國、民兩黨施行黨員
初選所遭遇的問題，容或有程度上的差異，然而真正的問題癥結卻是
相同的。本章將在結論中探討這項問題。

柒、結　論

　　在社會科學領域中，研究者經常面臨的挑戰，往往不是在於發現
問題，而是在於瞭解問題的真正原因。顯然地，對於我國政黨初選制

---

❶　在 1998 年 8 月底新黨競選總經理趙少康、全委會召集人陳癸淼及秘書長
　　郁慕明聯袂召開記者會，指控國民黨桃園縣黨部及國民黨中常委王又曾
　　所屬的力霸集團介入新黨初選活動，支持特定候選人。儘管如此，趙少
　　康和郁慕明卻也同時表示，「相信此事非國民黨中央授意，而是個人所為」
　　（吳重禮，1999a: 121）。

度的探討亦面臨相同的情形。自從 1989 年迄今，我國三個主要政黨皆曾經陸續實施過初選制度，卻也引起相當的爭議。針對各黨實施初選的情形，反對初選所持之理由可歸納為數點。第一，初選引發地方派系嚴重反彈。第二，黨員結構與選民結構的落差，扭曲了選民的代表性，使得初選出線的候選人不盡然具備強勢的競爭能力，導致選舉失利。第三，初選制度使得候選人的對立益形尖銳，黨內矛盾衝突擴大，有加速鬩牆分裂之虞。第四，初選鼓勵黑金充斥等惡質化選風。第五，實施初選無異於「一隻牛剝兩層皮」，因為參選人須經兩次競爭，尤其雙重耗用賄選經費，未戰先竭。第六，我國現行民意代表選舉制度，並不適合初選制度的實施。第七，公民初選易遭其他政黨跨黨動員，而影響初選結果。第八，臺灣並不具備美式民主的文化與政治條件，美國初選制度實行已久，其提名方式並不適用於我國政黨。

　　本文分析檢證相關資料指出，上述的批判皆無法成立。假若初選制度並不是造成提名過程中種種弊病的主要因素，那麼國內政黨初選制度運作真正的癥結為何？筆者以為，初選問題的癥結並不在於制度之缺漏，部分黨務幹部無法恪守「選務中立」的原則，意圖壟斷提名之權，拒絕將候選人提名的決定權交與基層黨員，才是造成初選弊端的主因。就選務中立的原則而言，選務行政的三項程序正義──公平、公正、公開──乃是選舉成敗之關鍵性因素，尤其必須杜絕負責選務的人員將個人好惡、權力鬥爭介入選務程序，更是選舉結果正當性的基礎。然而，某些黨務人員積極運作「規劃人選」，或者基於個人情誼偏袒特定候選人，黨部因而喪失公允的立場。即使查察初選賄選或其他不當情事，部分黨務人員對於舉報案件採行的「雙重標準」及「選擇性辦案」，使得黨務系統的公正性備受質疑。在「規劃人選」與「選擇性查察」風聲頻傳之際，導致初選落敗者往往攻訐黨部違反「程序公正」與「機會均等」的原則，而拒絕接受初選結果。甚者，部分黨部幹部在初選結果揭曉之後，拒絕依循初選結果進行提名，卻以「彈

性提名」、「徵召」、「協調」，或修改黨內提名規則的方式，確保若干未在初選出線的候選人，或者未參與初選者，仍可獲得正式提名。這種情形在國、民、新三黨中皆曾發生，且時有所聞，黨務要員壟斷提名優勢可見一斑。

另外，為改革初選制度，民進黨內提出各項芻議如下。其一，廢除或者降低黨費，以遏阻人頭黨員及初選賄選。其二，提議廢除初選或者大幅減少初選的比重，而完全採用民調或加重民調的比例。其三，從嚴審核入黨，同時鼓勵自主性成員入黨，沖淡人頭黨員的效用。其四，放棄「初選等於民主」的觀點，提名應偏重黨務菁英的妥協，經由熟諳政治運作的成員，憑藉其專業知識審慎評量人選的背景與才能。其五，政黨初選的實施應受選罷法規範。其六，保留現行初選制度，改革現行選舉制度，以便改善臺灣惡質化的選風。

對於上述諸多建議，筆者持保留的態度。假若這些芻議皆有不足之處，應如何改革初選以獲致「完美的」提名制度？事實上，根本沒有任何一種提名制度是完善的，可以同時滿足各方的需求，並且杜絕所有缺漏的發生。如果政治人物不尊重制度的規範性，只是一味地鑽制度設計之漏洞，那麼再絜然大備的制度安排亦是徒然無功。同樣地，民進黨初選問題的癥結並不在於制度之缺漏，而是在黨務菁英與派系大老的默許下，初選角逐者不願遵守遊戲規則罷了。雖然我國朝野三個主要政黨皆曾陸續採行過初選制度，但是部分黨務幹部仍然意圖掌控候選人提名大權，拒絕將提名決定權賦予基層黨員或選民，才是造成初選問題的主因。

事實上，負責初選選務的人員拒絕恪守中立的原則，積極介入提名過程的情事，不獨在我國政黨中發生，美國初選制度在過去的施行經驗中所面臨的問題更為嚴重。誠如本文在第肆節所簡述，從 19 世紀中葉至 20 世紀初期，美國政黨雖然在部分選區施行初選，然而身為黨職幹部的黨頭目自行制訂初選規則與選務流程，包括選舉日期、投票

流程、投票資格認定、選票印製、分發、投票、監票、開票、當選公告等等作業程序皆由黨部負責。這些黨頭目運用本身所掌握的政治機器動員群眾在初選中支持特定候選人，左右提名結果，然後在候選人取得公職之後再進行政治分贓。這種選務立場不公的情形直到進步運動致力推動強制式直接初選，採行「澳大利亞式選票」(Australian ballot)制度之後，才真正的改善 (Epstein, 1986: 162–167)。所謂澳大利亞式選票，也就是由政府來負責選票的印製、分發、監票、開票等選舉作業流程。這種公辦的初選制度才使得「秘密投票」(secret ballot) 得以保障，因為只有在秘密投票的情形下，選民才能夠免卻政治機器的威脅恫嚇，而以自由意志真正表達個人意見；與此同時，由政府辦理初選選務，才得以避免黨務不中立的弊端。美國初選制度歷經長期的運作，不斷地修改其程序與規則，始達到今日成熟的規模。我國朝野政黨實施初選至今尚處於實驗階段，諸多初選規範未臻完善，尤其在黨務人員蓄意操縱下，更遑論達到制度化的地步。

誠如所知，任何政治制度的設計與運作，其精髓在於考量多方的得失，然後在各種不同的選項中進行挑選，以期獲致最大的利益。候選人提名制度的採行亦無法脫離這個典範。本文以多面向的綜合性觀點，將提名制度區分為集權化與分權化兩種極端類型，並以這兩種類型作為評估我國政黨提名制度的指標。整體而言，相對於少數菁英主導的集權化提名決策模式，分權化提名制度強調「由下而上」的開放式決策過程，鼓勵黨部與參選者爭取黨員與選民的認同，使基層意見得以充分反映，此種參與式提名制度裨益政黨體系與黨內民主化的發展。瞭解提名制度的相關模型以及我國政黨初選制度的爭議，本文認為，隨著臺灣民主化發展，社會利益愈趨多元，任何政黨欲求長存賡續發展，必須建立更為公允的提名制度。

第五章
民意調查與提名制度

壹、前　言

　　以民意調查結果作為政黨提名候選人的主要依據，是否為一種可行的做法？過去幾年來，民進黨與國民黨為解決以往提名制度可能產生的弊病，遂決定採行民意調查與黨員投票的混合式初選制度。就技術層面看來，儘管這兩個政黨實施的初選制度仍存有些許差距，譬如民意調查與黨員投票的比重並不相同（各占 50%，或者為初選民調 70% 與黨員投票 30%）；但是，整體而言，兩黨採行初選制度的方向與精神是一致的。基本上，鼓吹這種初選制度旨在藉由結合黨意與民意，建立「由下而上」的分權化提名機制，嘗試擺脫以往「由上而下」的集權化壟斷方式。透過黨員與民眾表達意見，促使各個參選人必須重視基層，爭取廣大群眾支持，藉以解決參選者的齟齬與對立，使得政黨具有更強的競爭力，增加政黨候選人勝選的機會。甚者，相較於黨員投票的部分，民意調查似乎更強調由下而上的提名程序，反映基層社會民眾的觀點與立場。因此，以民意調查作為篩選整合參選者的依據，似乎逐漸成為國內各政黨與政治人物所接受的提名機制。

　　然而，近年來若干人士質疑初選民調的可行性。❶摒除那些未獲

---

❶　反對初選民調的理由甚多，文中所列舉的數項理由，係經由筆者參閱相關研究著述及報紙雜誌報導等資料，綜合歸納而得，尤其摘自王業立、楊瑞芬 (2001)、吳芳銘 (2001)、李慶雄 (2001)、辛雯 (2001)、林昱奇 (2001)、林照真 (2001a, 2001b)、洪耀福 (2001a, 2001b, 2001c, 2001d)、張婉琳 (2001)、陶令瑜 (2001)、黃提源 (1999)、劉義周 (2001)，以及鄭光甫 (1999) 的論述。

提名者的抨擊論點之外，反對初選民調的主要理由認為，初選民調獲勝的候選人在大選中未必具備強勢的競爭能力，因此民意調查數據的高低並不能與選舉結果劃上等號。之所以如此，其可能的肇因甚多，包括：非該黨認同者亦可參與初選民調，但這些民眾在大選中不必然支持該黨候選人；民眾對於民意調查的態度與實際投票的考量並不相同；舉行初選民調的時間過早，影響選民投票的變數仍多，無法確切地預測實際選舉的情況；角逐提名者在民意調查舉辦之前，刻意掀起爭論議題，引發社會矚目，提高知名度，造成民調逆轉的結果；由於樣本與實際選民結構的落差，或者因為樣本的代表性不足，使得民調領先者在選舉中不必然占有優勢；以民調決定候選人排序高低，往往未考量「抽樣誤差」(sampling error) 的問題；無具體反應者比例偏高，嚴重影響初選民調結果的準確性；初選民調的可信度，可能因為執行過程的疏失而大打折扣。簡單地說，初選民調無法預測選舉結果，因此政黨不宜憑藉民意調查的結果作為提名候選人的依據。

除了候選人勝選機會的批評之外，其餘質疑初選民調的立論可歸納為五點：其一，環顧各國政黨提名制度，唯有我國政黨施行初選民調；其二，政黨喪失「選才」的重要權力；其三，黑金政治介入初選過程，使得選風更加惡化；其四，採用初選民調將使得在職者與頗具聲望者占盡優勢，反觀新人或不善造勢者極難出線；其五，初選民調增加提名成本，破壞黨內團結，因為初選落敗者，仍可能執意參選到底。關於我國政黨初選民調的評價，有兩點值得加以說明。首先，初選民調所衍生的問題往往相互糾葛，某一項問題所蘊含的意涵，與其他問題有若干重疊之處。在此，為清楚地呈現討論議題，始將其區分為數個面向。其次，儘管鼓吹與批判初選民調的看法存有相當的差距，然而彼此之間並非完全互斥，其差異在於「方法」(means) 的不同，但是「目的」(end) 卻是一致的，亦即嘗試建立一套公平可行的提名制度。

綜言之，以民意調查結果作為提名制度的重要依據，已成為一項

爭論議題。本研究的出發點在於，民意調查是否得以適用於政黨的初選提名，藉以縮短黨意與民意可能存在的差距？更精確地說，初選民調的結果究竟是否得以預測候選人的得票率？職是之故，本章不擬探討我國政黨採行混合式初選制度的歷史性背景及規範性問題，而旨在探究下列相關議題。❷首先，作者歸納列舉批評初選民調的各種立論，以此作為評估初選民調準確度的依據。其次，以 1998 年第四屆立委選舉民進黨候選人的初選與大選資料為分析對象，檢證初選民調與選舉結果的關係。再者，將列舉其他初選民調所引發的爭議，並探討這些觀點是否得以成立。在結論中，作者摘述本章要點及研究限制，進而提出未來實施初選民調的可能改進之道。

貳、民意調查作為選舉預測的爭議

隨著民主化的進程，「瞭解民意」不僅逐漸成為政府施政關注的焦點，更與選舉動員息息相關。因為選舉勝負影響重大，甚至攸關執政與否，因此，在競選過程中，必須設法取得若干資訊，瞭解民意動向，作為選舉動員的依據。由於民意調查是探測民意的重要方法之一，因此民調資料普遍作為選前預測的工具，不僅政黨與候選人希望藉此預測選情發展，基層選民也可根據民調資訊作為投票決定的參考。❸

所謂民意調查係採取科學方法探測「民意」的工具，其運用的範疇除了常見的市場調查之外，也經常運用在選舉預測。在臺灣，使用

---

❷ 本章架構來自於吳重禮 (2002c)，並在內容上加以增刪。關於我國政黨採行混合式初選制度的歷史性背景說明，建議參閱王業立 (2006: 123–174)。

❸ 關於民意調查作為選舉預測的分析，洪永泰 (1994: 93–94) 將選舉預測方式因使用工具不同，區分為四種：其一，利用整體資料從趨勢的角度作籠統的預估；其二，專家判斷；其三，從候選人屬性方面來預測選舉結果；其四，民意調查結果，提出精確數字的預測。

民意調查作為選舉預測的工具，迄今僅約莫十餘年的光景。隨著社會逐步走向開放、選舉熱潮不斷，以及國外民調技術的引進，掀起候選人、政黨，以及大眾傳播媒體對於民調的關注與重視。為了因應市場需求，民調機構如兩後春筍般成立，除了蓬勃發展的民調公司之外，諸多大學暨研究單位、傳播媒體、政黨皆設有民調單位。

對於學術研究者、新聞媒體、候選人、政黨，以及基層選民而言，以民意調查作為選舉預測的主要理由，係希冀藉由民意調查迅速且精確地瞭解各個參選人的支持度（吳重禮、曹家鳳、蔡宜寧，2002: 19–21, 22–24）。至於獲悉選情資訊的目的，可能有其顯著差異。大體而言，學術研究者較傾向嘗試探求民意流動的過程。大眾傳播媒體透過民意調查提供競選活動新聞報導的素材，或者供給選民獲取選情的資訊。候選人與政黨則依據這些民調資訊作為輔選動員的依據，擬定各種文宣或造勢活動影響選民的投票行為，甚至當作有效「配票」的基礎以鞏固票源，促使政黨候選人具備強勢的競爭能力。對於一般民眾來說，得以仰賴這些民調數據瞭解選舉戰況，進而作為投票決定的參考。簡言之，對於政黨與候選人來說，在選舉過程中，瞭解「民意」需求，掌握「民意」動向，進而影響「民意」走勢，都是不可疏忽的課題。

以民意調查作為提名候選人的依據，係由民進黨在 1997 年針對縣市長選舉首開先河，且迄今仍沿用之。在國民黨方面，首度實施民意調查作為其提名主要依據，則是在 2001 年針對縣市長與第五屆立法委員選舉。❹猶有甚者，不僅民、國兩黨內部開始倚重民意調查作為其

---

❹ 筆者以為，國民黨之所以決定將民調納入提名機制，應與 2000 年第十屆總統大選有相當程度的關係。在競爭者激烈的角逐之下，國民黨候選人連戰、蕭萬長僅獲得 23.1% 的選票，黯然交出長達半世紀的中央執政權。針對選戰落敗結果，黨內批評之聲日隆，主要在於抨擊提名制度過度集權化，無法反映基層黨員與選民的意見，並要求在政黨改造中，更加重視由下而上的提名程序。鑑此，國民黨進行組織改造的首要做法是將黨

提名機制，甚至在 2001 年縣市長選舉中，所謂的「泛綠」陣營（如嘉義縣）與「泛藍」陣營（如臺北縣、高雄縣）亦嘗試以民調作為政黨整合提名的方式。鼓吹採用初選民調的主要理由在於縮短民意與黨意的落差，擴大社會民眾積極參與政黨候選人的甄選，以建立民主、公正、公開的提名程序與制度。質言之，藉由民意調查瞭解各參選人的支持度，使得政黨候選人具備強勢的競爭能力。

儘管如此，質疑初選民調者認為，在選前民調領先的候選人並不必然能在選舉中獲得選民的青睞，因此候選人民調數據的高低不能與得票結果劃上等號。如前曾述，之所以如此，其可能原因甚多，摒除那些「民調為有心人士所操弄」的抨擊論點之外，主要理由有八點。❺

主席產生方式改由黨員直選。其次，縣市長及立法委員選舉提名制度也進行變革；提名作業先由黨中央協調，在協調不果之下，透過黨員直選及民意調查，兩者各占 50%，相加之後的結果，產生提名人選。基本上，由於國民黨提名方式仍以黨中央協調為先，因此 2001 年縣市長候選人提名，只在 7 個縣市辦理黨員投票與民意調查，而立法委員提名作業也只在 10 個縣市 12 個選區辦理（王業立、楊瑞芬，2001: 22）。

❺ 以民意調查作為選舉預測的工具，最為人所詬病的，莫過於遭到特定人士的操控與利用，甚至偽造訊息以混淆視聽。換言之，舉凡從黨內初選民調之運作，候選人的支持度排名，政黨與參選者為了取勝，無所不用其極地「根據自己的需求設計、操控民意，主事者實際並不在乎是否合乎技術要求，只要得出資料對拉抬他的競選聲勢或壓制對手的競選聲勢有利，他就發表其民調結果；如果得不出他想要的資料，甚至不惜製造假資料」（摘述自黃嘉樹、程瑞，2001: 209）。類似觀點與案例，亦可參閱鄭光甫 (1999) 與鍾起惠 (1999)。儘管民調可能為有心人士所利用，然而本章並不考量這項問題，其理由有二。其一，操縱民意有利於特定對象，蓄意捏造「假民調」宣稱自身遙遙領先，本即違背專業原則與學術良知，著實無討論之必要。其二，任何民調數據的公布，必然決定參選者支持度的高低，而落敗者反彈攻訐所慣用的理由即是民調為人所操控。本研究旨在探討民意調查與選舉結果的關係，而對於捏造民調數據或者「濫加罪名」的情事，皆不在討論範圍之內。

其一，在民進黨與國民黨的初選民調中，並未詢問受訪者的政黨認同（民進黨與國民黨的初選民調問卷內容請參閱附錄 5-1、5-2、5-3）。換言之，非該黨認同者亦可參與民調，然而這些民眾在大選中並不必然支持該黨候選人。其二，民眾對於民意調查的態度與實際投票的考量並不相同。民眾接受民意調查只需花費數分鐘回答，但是影響投票的因素甚多，例如在「單一選區相對多數當選制」(single-member district with plurality system) 與在「複數選舉區單記非讓渡投票制」(multi-member district with single non-transferable vote system；簡稱為 SNTV) 之下，選民投票考量就可能不同，使得實際投票行為更為複雜，譬如採取「誠實投票」(sincere voting) 與「策略性投票」(strategic voting) 的可能落差。❻

其三，初選民調的舉行時間過早，影響選民投票的變數仍多。舉辦初選民調通常約在選前的六個月，距離實際投票日尚遠，因此民調

❻ 相對地，在單一選區相對多數當選制之下，由於「機械性因素」(mechanical factor) 與「心理性因素」(psychological factor) 使然，有利於兩大政黨，傾向形塑兩黨制度。依據杜弗傑 (Maurice Duverger) 對於選舉制度與政黨體制的觀點，單一選區相對多數當選制本身就會機械性地對於小黨產生「超額損失代表席次」(under-representation) 的現象，亦即小黨所分配的席次比例會較其所得到的選票比例來得低 (1954: 216-228)。另外，就心理性因素看來，選民在面對選舉環境時，經過其理性計算，在不願意浪費選票的考量下，將選票投給心目中次佳的候選人；尤其是在單一選區相對多數當選制之下，選民覺得投票給小黨的候選人，其當選的機率不大，形同浪費選票，因此將選票轉投給其他政黨中，原本不支持但是感到較不討厭的一方，以防止最不喜歡的一方當選。這種心理性因素反映在投票行為方面，諸多研究者將其稱之為「策略性投票」或「複雜投票」(sophisticated voting)。總體而言，因為小黨不易在一對一的選舉中獲勝，也會鼓勵有心參選者選擇加入既存的兩大政黨，而其結果將進一步遏止新政黨的成立 (相關論述，建議參閱王業立，2006; Cox, 1994; Riker, 1982, 1986)。

結果無法確切地預測實際選舉的情況。其四，角逐提名者在民意調查舉辦之前，刻意掀起爭論議題，引發社會矚目，提高知名度，造成民調逆轉的結果。諸多候選人往往透過反宣傳、放耳語、搞黑函、組織動員等負面操作影響民調。這也可以解釋為何在初選民調時期，常見候選人在檯面上耗費鉅資進行文宣造勢與大幅廣告，檯面下也是動作不斷，如此動員有相當程度是為了影響民調結果。

其五，電訪抽樣的樣本平均遍布在選區之中，民調數據呈現的參選人支持度係反映選區母體意見。然而，在 SNTV 制度之下，候選人只需贏得少數比例選票即可當選，這些選票的組成可能來自同質性的政治理念，或者來自於某些特定地理區域。換言之，由於樣本與實際選民結構的落差，使得初選民調出線者並不必然在大選中占有優勢。反觀，初選民調落敗者，仍然可以訴諸意識型態與特定政治主張，或者強化「選區服務」(constituency service) 以爭取選民的支持，而擁有當選實力。

其六，無具體反應者比例偏高，嚴重影響初選民調結果的準確性。以選舉民調而言，大約只有四成五受訪者具體表態；換言之，一千餘個有效樣本中，約僅有 500 人明確表達支持對象。在 SNTV 制度之下，競爭者眾，平均每人獲得的比例相當有限。因此，少數幾人的差異，就可能影響民調結果。況且，目前民調大都根據中華電信公司所提供的住宅電話簿或者住宅電話用戶資料庫，進行抽樣之後，以電話號碼尾數一碼或二碼加以隨機處理，以達到涵蓋所有住宅電話戶的目的。然而，現今城鄉人口移動的比例甚高，諸多設籍在鄉村地區的青壯族群，並未居住在原戶籍地，這些不在籍選民即使採用戶中抽樣也無法成為受訪者，這也成為初選民調的盲點。

其七，以初選民調決定人選，往往並未考量到「抽樣誤差」的問題。在 95% 的信賴水準下，1,067 個有效樣本的估計抽樣誤差為 ±3%。然而，以民調決定輸贏的人選爭議差距本來就甚小，甚至可能在 ±1%

之內。換言之，進行初選民調的候選人差距可能非常接近，如果以統計推論的概念看來，彼此是無分軒輊的。假若各角逐者事先達成協議排除抽樣誤差，則民調只是另一種遊戲規則的確立。在此情況之下，初選民調的政治協定已遠大於民調的理論解釋。

其八，對於初選民調的批評，除了抽樣造成的誤差，部分質疑係針對於非抽樣誤差，舉凡題目設計的不客觀或者不清楚、調查時間距離投票當日太遠、訪員訓練不足，或者受訪者不實的回答等問題，導致民調數值與實際選舉結果有所偏差。誠如一項研究指出，在調查研究中，除了理論建構的錯誤之外，研究者可能產生的誤差主要在四類，包括抽樣誤差、問卷設計誤差、訪員造成的誤差，以及資料處理分析的誤差（劉義周，1996）。由此可知，在訪問過程之中，訪員自行改變題目順序、問卷措辭、自行解讀、引導受訪者思考方向的錯誤，以及受訪者誤解或者無法瞭解題意而回答、揣摩甚至配合訪員的意見、因為抗拒或者不耐煩而作假回答等問題，都會嚴重影響民調數值本身的準確度，然而這些偏差卻又無法在數據中確切顯示出來。因此，民意調查的可信度，可能因為執行過程的疏失而大打折扣。

綜上所言，以初選民調作為提名制度的依據已成為一項爭論議題。部分人士以為民調得以縮短黨意與民意的差距，持保留態度者則認為初選民調與選舉結果相去甚遠。為了瞭解此項爭議究竟孰是孰非，筆者認為較適切的方式係檢證初選民調的結果究竟，是否得以預測候選人的得票率，甚至是否得以預測候選人的當選機會。

參、民意調查與選舉結果的實證分析

本研究以 1998 年第四屆立委選舉民進黨候選人的初選結果與大選資料為分析對象。之所以選定立委選舉為分析對象，主要考量有三。第一，分析樣本數量較多。第二，在 1997 年縣市長選舉中，民進黨在

臺灣省 21 個縣市中,共提名 20 位候選人(除雲林縣之外)。選舉結果揭曉,民進黨首度贏得相對多數選民支持,囊括 12 個縣市的百里侯席位,確立地方政權的優勢。因此,若以該次縣市長初選民調與選舉結果進行分析,恐有高估初選民調效用之虞。第三,相對於縣市長選舉的「單一選區相對多數當選制」,在立法委員選舉 SNTV 制度,更是多數批評初選民調的焦點所在。因此,以立委選舉作為分析對象,應更能清晰地檢證初選民調與選舉結果的關係。

如附錄 5-4 資料所示,針對第四屆區域立委選舉,民進黨共在 15 個選區進行兩階段初選。第一階段黨員投票,總共有 68 位競爭者參與;參加第二階段民意調查者則有 67 位(雲林縣蘇治洋未參與初選民調)。從這 67 位角逐者中,民進黨提名 50 位候選人披掛上陣,並且另以「徵召」方式提名兩位候選人(分別是屏東縣的邱彰與臺南市的唐碧娥)。假若吾人詳細審視附錄 5-4 所呈現的資料,可以發現,在臺南市、屏東縣、高雄縣、雲林縣、嘉義縣等 5 個選區,其初選民調數據與實際選舉結果之間存在著落差;一項研究就曾針對這些選區的情形提出詳細分析,藉以說明初選民調無法達到預期的功能(王業立、楊瑞芬,2001)。

然而,為了更全面性瞭解民調數據是否能夠確切地反映候選人的得票率與當選機會,本章嘗試以 15 個選區 50 位候選人為分析對象。❼必須說明的是,邱彰與唐碧娥這兩位民進黨徵召的候選人沒有兩階段

---

❼　針對 1998 年第四屆立法委員選舉,參與民進黨第二階段民意調查的競爭者有 67 位,從這些角逐者之中,民進黨總共提名 50 位成為正式候選人。換言之,有 17 位人士並沒有選舉得票數可供實證分析。從另一個觀點而言,本研究的分析模型僅包含部分案例,而不是所有參與競爭提名的人士。誠然,以民進黨認同者高度支持政黨候選人的情形看來,在初選民調得票率較低的人士假若正式獲得提名,可能在選舉中仍會有優異的表現。儘管如此,由於這些人士並未參與正式選舉,缺乏實際選舉得票數據,故無法納入實證模型進行分析。

初選資料，因此將不納入分析範圍。資料來源為民進黨民調中心所提供的初選數據，以及中央選舉委員會與國立政治大學選舉研究中心「歷屆公職人員選舉資料庫」提供之第四屆立委選舉資料。

為分析之便，本章設定兩個分析模型。依變數為民進黨候選人的選舉得票比例，計算方式為以該候選人的實際得票數除以該選區中所有候選人的得票總數，其屬於「連續變數」(continuous variable)。第一個模型的自變數僅包括「民意支持度」(測量指標為民意調查比例)與「黨員支持度」(測量指標為黨員得票比例)，以檢視初選民調與黨員投票對於選舉得票的影響程度。由於各選區中的黨員與選民人數不一，因此上述這三個變數不宜以實際的人數或票數作為依據，其理甚明。第二個模型的自變數，除了民意支持度與黨員支持度之外，另外納入「性別」與「是否為現任立委」等兩個候選人基本背景資料。由於後兩個自變數屬於「質變數」(qualitative variable)，故須以虛擬變數登錄之。在性別方面，若候選人為男性設定為 1，女性設定為 0。再者，若候選人為現任立委設定為 1，非現任立委則設定為 0。

表 5-1 所示為影響民進黨候選人得票率的「一般最小平方估計法」(ordinary least square estimation；簡稱為 OLS) 迴歸分析結果。資料顯示，兩個模型的「決定係數」(coefficient of determination, R^2) 總共解釋約五成的變異量，而「修正決定係數」(adjusted R^2) 亦分別達 0.480 與 0.459。❽依筆者之見，模型中所含括的自變數群對於依變數而言，

---

❽　在模型所設定的自變數中，並無存在著「共線」(multicollinearity) 的問題。吾人檢視這些自變數的「相關係數」(correlation coefficient)，皆未達一般判別共線的程度 ($r > 0.85$)，其中「民調支持度」與「現任立委」的係數最高，為 0.507；其餘依序為「黨員支持度」與「性別」(0.438)、「民調支持度」與「黨員支持度」(0.382)、「現任立委」與「性別」(−0.074)、「民調支持度」與「性別」(0.049)，以及「黨員支持度」與「現任立委」(−0.005)。

具有相當的解釋能力。其中，民意支持度與黨員支持度對於候選人得票率均具有顯著的影響。換言之，這兩個變數皆是預測候選人得票率的有效指標；甚者，民意支持度較黨員支持度對於選舉得票的預測能力更高。反觀，候選人的性別、現任與否的「在職者優勢」(incumbency advantage) 等變數均未達統計顯著水準。

表 5-1　1998 年民進黨立法委員候選人得票率之線型迴歸分析

自變數	模型 1		模型 2	
	迴歸係數	標準誤	迴歸係數	標準誤
常數	1.373E−02	.015	1.794E−02	.019
民意支持度	.145*** (.534)	.030	.148*** (.544)	.037
黨員支持度	.179** (.304)	.066	.186* (.316)	.077
現任立法委員			−2.858E−03 (−.025)	.014
性別（男性）			−5.960E−03 (−.036)	.019
R^2	.501		.503	
Adjusted R^2	.480		.459	
樣本數	50		50	

1. 表中所列數值為各變數未經標準化之迴歸係數 (unstandardized regression coefficient；係數估計值 $\hat{\beta}$)，其標準化迴歸係數 (standardized regression coefficient；或稱為 Beta weight) 則置於括弧內。

2. *$p < .05$; **$p < .01$; ***$p < .001$；顯著水準係採雙側檢定 (level of significance for two-tailed test)。

　　除了候選人選舉得票比例之外，本研究進一步以候選人當選與否作為依變數，至於分析模型則依循前述方式。由於候選人當選與否屬於「質變數」，故統計方法採取「勝算對數模型」(logit model)。在依變數的編碼方面，若候選人勝選設定為 1，而落敗者則設定為 0。表 5−2 所示為影響民進黨立法委員候選人當選與否的分析結果。第一個模型的數據顯示，在 10% 顯著水準下，民意支持度對於候選人當選與否的

影響達到統計顯著水準；易言之，相較於黨員支持度，民意支持度為預測候選人能否當選的有效指標。不過，當第二個模型納入候選人的性別、現任與否等自變數之後，可能因為變數之間的相互影響，使得所有自變數的統計值均未達顯著水準。

表 5-2　1998 年民進黨立法委員候選人當選之勝算對數模型分析

自變數	模型 1		模型 2	
	迴歸係數	標準誤	迴歸係數	標準誤
常數	1.134	.858	.956	1.064
民意支持度	3.340* (28.227)	1.886	3.380 (29.379)	2.202
黨員支持度	−5.615 (.004)	4.154	−6.085 (.002)	4.551
現任立法委員			.005 (1.005)	.749
性別（男性）			.309 (1.363)	1.033
Log-likelihood	58.640		58.552	
樣本數	50		50	
χ^2	4.046 df = 2　　$p > .1$		4.135 df = 4　　$p > .1$	

1. 表中所列數值為各變數未經標準化之迴歸係數（unstandardized regression coefficient；係數估計值 $\hat{\beta}$），其勝算比 $\exp(\hat{\beta})$ 則置於括弧內。
2. *$p < .10$；顯著水準係採雙側檢定 (level of significance for two-tailed test)。

　　綜合前述的分析結果，可以發現，黨員得票與民調數據確實得以反映在候選人的得票率方面。再者，候選人的民調支持程度與是否當選，兩者具有正向關係。據此，吾人推論，民意調查具有縮短黨意與民意的功能，亦即在初選民調中獲得較高支持度的候選人，似乎在正式選舉中也會有較為突出的表現。如前曾述，質疑初選民調的主要理由在於初選民調獲勝的候選人，並不必然在大選中具備強勢的競爭能力。然而，實證資料顯示，這種論點顯然有其不足之處。除了該項批

評之外，尚有其他反對初選民調的立論，本章將在下節中逐一檢視這些觀點是否能夠成立。

 ## 肆、民意調查運用於提名制度的其他爭議

一、「唯有我國政黨施行初選民調」的批判

另一項批評初選民調的理由認為，環顧各國政黨提名制度，唯獨我國政黨施行初選民調。假如初選民調強調黨內「由下而上」民主化程序，得以結合民意與黨意，為何其他西方國家的政黨，尤其是歐洲各國政黨，皆未採用之？

誠如所知，制度是環境的產物，當然，提名制度亦不例外。在特定的環境之下，衍生出特定的政治制度。每個政治體系由於基本環境的差異，其所產生的制度，亦不盡相同。事實上，每個國家的政治制度也沒有一個是完全相同的，吾人似乎沒有必要認為西方國家政黨提名制度必然是幾近完美的，所以必須從現有制度中選擇其一，否則就是錯誤。前文曾述，沒有任何一種提名制度是完善的，可以同時滿足各方面的需求，杜絕所有可能問題的發生。在政治學研究領域之中，「制度」與「人」是兩大研究核心；深究其間，「制度」的建立，無非在於規範或解決「人」的衝突。吾人以為，只要該「制度」適用於該政治環境，得以適當地規範或解決「人」的衝突，這就是一個適切的制度。

其次，美國民主、共和兩黨係以「公辦初選」方式進行候選人提名，其實質的運作精神在於將政黨提名的權力委由基層選民決定。舉例而言，在夏威夷、愛達荷、密西根、明尼蘇達、蒙大拿、北達科他、南卡羅萊納、猶他、佛蒙特與威斯康辛等州所舉行的「開放式初選」(open primary)，以及在阿拉斯加和華盛頓等州所辦理的「地毯式初選」

(blanket primary)，儘管實際執行方式與我國情形並不相同，然而筆者
以為，其運作精神似乎相當接近於初選民調的本質。❾

　　再者，歐洲諸國政黨並未採行類似美國政黨初選制度，但無礙其
民主之發展。筆者以為，基本上，這涉及到美國與歐洲國家政黨性質
和政黨運作的差異。部分研究指出，諸多歐洲政黨將本身視為私人社
團組織，認為政黨領導所管轄的事務僅及所屬黨員，因此只要不違背
法律所禁絕的範疇，政黨的決策模式與領導風格並不受社會所制約。
這種觀念反映在黨務組織方面，往往建立起嚴密的層級化組織，而提
名過程亦不例外 (Epstein, 1975, 1986)。反觀，美國兩黨運作較注重實
際政治問題的解決，強調選舉路線的重要性。政黨既然以取得政權為
目的，勢必與廣大社會階層產生縝密互動。因此，政黨為具有公器性
質的政治組織。這種觀念反映在黨務組織方面，往往強調內部民主程
序的必要性。

　　從另一個觀點而言，一個國家的政府結構往往會影響該國的政黨
結構，進而影響政黨的提名制度（何思因，1993）。在內閣制盛行的歐
洲民主國家，朝野政黨的凝聚力強，凡非政黨所提名的候選人，難望
於競選中獲勝。黨籍議員為確保下次選舉得以再獲提名，必須遵守黨
紀約束，因此黨中央或地方黨部往往能夠主導著提名過程。反觀，在
採行總統制的國家中，行政與立法分立，黨紀約束較弱，提名制度亦
傾向於分權化發展。前述兩項原因應足以說明，為何諸多歐洲政黨雖
未採行初選制度，但無礙其民主政治之發展。個人淺見以為，我國政

---

❿　在開放式初選制度之下，選民欲參與投票，毋須進行黨員登記，而且可在
　　投票所中秘密地選擇參與某一政黨的初選投票。唯一的限制是，雖然選民
　　可以領到所有政黨的選票，但是僅能擇一政黨初選名單進行圈選。至於地
　　毯式初選的限制比開放式初選更少，選民可以同時參加兩黨的初選，任意
　　圈選，因此，可能在州長初選中支持民主黨候選人，而在參議員初選中圈
　　選共和黨人選。關於美國政黨初選類型，請詳見第六章第參節。

黨體質的轉型及政府體制的變革趨勢與美國運作型態愈趨類似，尤其偏重實際政治問題的解決，強調選舉路線的重要性，因此，採行分權化的提名制度遂成為結合民意與黨意的有效途徑。

此外，儘管歐洲國家政黨提名制度仍較為集權化，然而，如前曾述，近年來英國與德國幾個主要政黨提名制度，有逐漸將候選人提名的權力下放至基層黨員的趨勢，而且地方黨部主導提名結果的情形亦較以往式微 (Scarrow, 1996, 1997)。易言之，基層黨員在候選人提名過程中所發揮的影響力益形增加。

二、「政黨喪失選才權力」的批判

一種頗值得深思的立論指出，政黨提名候選人應以政治理念為基礎。然而，大規模使用民意調查決定提名人選，其實是將決定權交由不確定的民意來決定。這種做法表面上看似公正，實際上卻是不負責任的，明顯違反政黨政治、責任政治的原則。因此，當民意調查引發社會物議時，不僅讓人透視初選民調的脆弱性，而且更讓人目睹政黨政治的衰退。

無疑地，採取初選民調方式，政黨喪失選才的重要政治權力，確實是一個嚴肅的、且必須審慎面對的議題。政黨有其特定政治立場，爭取相同立場民眾的支持，代表社會特定民意訴求。如是以觀，假若政黨領導者能夠挑選足以代表政黨立場的候選人，在選舉中爭取選民的支持，的確有助於政黨政治的運作。然而，諸多實際經驗顯示，政黨領導者選擇候選人的主要原因，可能並非基於理念政策，而是因為個人好惡、私人情誼、權力鬥爭的考量。這種情形往往使得未獲提名者攻訐黨務菁英喪失公允立場、政黨理念，導致違紀競選、脫黨參選的情況時有所聞。有鑑於黨務領導的公正性備受質疑，因此若干人士倡議經由初選民調，建立民主、公正、公開的提名程序與制度。

究竟由誰掌握提名權力較為適宜，是政黨領導者還是基層民眾？

顯然，兩種論點均有其立論，亦有其非議之處。孰是孰非，實難論斷。筆者淺見以為，這項「誰來決定候選人」的議題，其實與當代民主理論息息相關。依據古典民主理論的觀點，在政治運作過程中，群眾必須積極參與決策事務，人民意志始得以伸張，進而培養公民責任感。針對這種規範性的論述，修正民主理論（或稱為菁英民主理論）提出批評，其主張民主政治的落實必須借助代議政治的程序才可能實踐。依據此派學說的看法，民主政治強調的是人民選擇決策者的程序。換言之，政治運作過程係經歷兩個階段：首先是由「多數民眾」選擇「少數菁英」，之後再由「少數菁英」決定「政治事務」。基本上，民眾的參政權僅限於透過公平、公開的機制選擇政治領導者。從另一個角度看來，期待「多數民眾」直接參與「政治事務」是不切實際的，可能也會對於民主政治產生相當程度的危害。

引用前述修正民主理論的觀點詮釋初選民調的意涵，吾人以為，當政黨將候選人提名大權交由基層選民，亦即由「多數民眾」選擇「政黨少數菁英」；此第一階段並不會影響「政黨少數菁英」決定「政治事務」的權力。如是以觀，採取初選民調的方式，儘管政黨必然會失去提名候選人的重要權力，但是在選舉過程中，諸如擬定競選議題、籌募競選經費、選舉宣傳造勢、選民動員等，政黨仍能發揮相當程度的影響力。進一步來說，政黨若能藉著「由下而上」的提名模式，縮短民意與黨意的落差，贏得選舉，甚至贏得執政大權，則政黨領袖仍擁有其他關鍵機制，譬如指派擔任閣員與接任重要政黨職位等，以影響黨籍成員。

三、「選風敗壞」的批判

針對民進黨而言，原本嘗試透過民意調查方式，根除黨內積習已久的人頭黨員、口袋黨員弊端，以及防範初選賄選情事。然而，質疑初選民調者認為，在初選民調過程中，若干競爭者往往訴諸負面競選

方式，以黑函、耳語攻訐對手，期望在短期內拉抬情勢。另一種常見的花招是在民調舉辦之前，候選人刻意掀起腥、羶、色議題，引發社會矚目，藉以增加知名度。尤有甚者，部分參選人為了扳回民調落後頹勢，遂在黨員投票方面挹注龐大經費，進行更加惡質的賄選、買票、綁樁等活動。如是以觀，嘗試以初選民調遏止不良選風的成效顯然不彰。

筆者淺見以為，初選民調導致或助長惡質化選風，這種論調恐過於武斷。首先，無論政黨採行任何提名制度，均可能發生黨籍候選人相互攻訐的情況。因此，初選民調儼然成為黨內衝突內訌問題的代罪羔羊。其次，儘管競爭者互揭瘡疤的情事確實時有所聞，然而假如這些醜聞屬實，與其在大選中為他黨對手所揭發，進而影響選情，不如在初選時即被角逐者所揭露，而裨益於提出形象作風較佳的黨籍候選人。

再者，依筆者之見，認為初選民調導致賄選歪風的看法，顯然這是探討焦點的錯誤。臺灣有五十餘年的選舉經驗，其選舉規範與選舉文化仍未臻成熟，若干選舉弊端迄今猶存，其中尤以買票賄選最為普遍，也最為人所詬病，而暴力脅迫以求當選的情事，亦時有所聞。無疑地，這種惡質化的選風並非肇始於初選民調制度的使用，因為在實施該制度之前，即已存在這種現象。此外，現行初選制度包含民意調查與黨員投票兩部分，賄選買票係發生在黨員投票階段，而非民意調查舉辦時期。進一步來說，假若民進黨決議完全以民調作為候選人提名依據，則代繳黨費、豢養人頭黨員的情事，甚至進行配票、換票與賣票等種種弊端，將無從發生。

四、「初選民調裨益在職者、知名度高者」的批判

質疑初選民調的另一種論點認為，以民調決定人選，使得在職者與頗具聲望者占盡優勢，而新人或不善造勢者極難出線，這種情形無

疑使得「選賢與能」培育專業政治人才的目標大打折扣。然而，依筆者淺見，這是一種過於浪漫的論述。首先，「選賢與能」本即是一種「規範性」(normative)、「應然面」(ought to be) 的論述。諸多實例證明，能夠經歷選舉鏖戰而出線者，往往並非賢聖之士；或者可以反過來說，賢能人士可能根本就不會歷經選戰洗禮。

其次，從「實然面」(what is) 的觀點看來，現任者與具有高度知名度者擁有相當程度的選戰優勢，這幾乎是無法避免的現象。在規劃採行何種提名制度時，政黨的首要考量或許應定位在如何篩選出具有勝算的候選人、如何降低提名成本、如何減緩黨內尖銳衝突等面向，而非培植新秀或廣尋專業人才。再者，果爾有任何政黨有意體現「選賢與能」的理念，則亦可反映在該黨不分區立法委員名單之中，或者在取得執政權之後再遴聘擔任政務官員。

五、「初選民調增加提名成本、擴大黨內衝突」的批判

批評初選民調的一項重要理由是，這種方式顯然增加提名成本，破壞黨內團結，因為落敗者，仍然可能執意參選到底。以 2001 年縣市長選舉而言，民調居下風的臺中市張溫鷹、嘉義縣何嘉榮、高雄縣黃八野等人，均是質疑民調的公正性，並拒絕接受民調結果的明顯例證。

然而，這種論調恐言過其實。依筆者淺見，歷來我國各主要政黨提名制度最為人所詬病之處，在於部分黨務幹部意圖壟斷提名之權(吳重禮，1998c, 1999a)。即使採行「由下而上」的初選制度，中央與地方黨部仍無法恪守中立原則，拒絕將候選人提名的決定權交與基層黨員與民眾。甚者，部分黨部幹部在初選結果揭曉之後，拒絕依循初選結果進行提名，卻以「彈性提名」、「徵召」、「協調」，或修改黨內提名規則的方式，確保若干未在初選出線的候選人，或者未參與初選者，仍可獲得正式提名。這種情形在國、民、新三黨中皆曾發生，且時有所聞，黨務要員壟斷提名優勢可見一斑。事實上，張溫鷹、何嘉榮、

黃八野等人主要質疑的重點在於中央或地方黨部介入民調過程，而非民調本身。

就參選者個人而言，張溫鷹藉口質疑民調時機和公正性，並決定違紀脫黨參選到底。一項相當合理的推測，假若是張溫鷹順利出線，這些抨擊皆不可能發生。或者，假如民進黨採取其他方式，而仍然未獲提名，張溫鷹亦會違紀參選。在嘉義縣的個案中，何嘉榮原已獲得黨部提名，但之後中央黨部全力介入要求整合何嘉榮與陳明文。民調結果揭曉，獲陳水扁奧援的陳明文領先，代表民進黨披掛上陣，導致何嘉榮反彈。或許，任何政治人物處於何嘉榮的情境，必然會有所不滿。在高雄縣的泛藍軍整合的例證中，其牽涉到問卷內容遭到更動、民調公司公開表示根本未曾執行過該項民調，甚至傳聞造假民調數據等情事，這些缺失始促成黃八野表態堅持參選到底（相關案例，建議參閱林照真，2001a）。由上述例證看來，種種弊端均非起因於民意調查。

再者，假若民調易導致落敗者反彈，引發黨內相互攻訐的情況，那麼，一項合理的推論是，在未採行初選民調之前，則這些內訌的問題即便不是完全消弭，至少應該減少至較小的程度。然而，實際情況顯示，各政黨在採行初選民調之前，有意角逐者紛爭對峙的局勢更為嚴重，黨內衝突更為擴大。筆者認為，初選民調的主要功能在於確保提名人選產生的正當性，使得落敗者無法將其失敗歸咎於政黨領導；倘若非經民意調查，內訌反彈將更為激烈。

 ## 伍、結論與建議

在第四章第貳節，筆者提出多面向指標的歸類標準，將提名制度區分為集權化與分權化模型等兩種類型。集權化提名制度著重於黨務菁英的主導權，由於極度有限的政治參與，一般的基層黨員與社會大

眾對於提名過程幾乎沒有任何實質的影響。相對於集權化提名制度，分權化提名制度則是具有高度的政治參與，將提名作業開放給所有選民參與來決定政黨候選人。作者嘗試以此提名制度的分類概念，檢視我國政黨初選民調的意涵。

近年來，民進黨和國民黨陸續實施初選民調制度，卻也引起相當的爭議。針對朝野政黨實施初選民調的情形，反對者所持之主要理由認為，初選民調獲勝的候選人並不必然在大選中具備強勢的競爭能力，因此民調數據的高低並不能與選舉結果劃上等號。本章旨在瞭解這項相當簡單但卻是極為重要的命題，亦即民意調查是否得以適用於政黨提名方式，藉以縮短黨意與民意可能存在的差距。更精確地說，民意調查的結果是否得以預測候選人的得票率與當選機會？本章以1998年第四屆區域立委選舉民進黨候選人的初選與大選資料為分析對象，實證資料顯示，民意調查結果與候選人實際得票率與當選機會具有顯著正向統計關係。換言之，相較於性別、在職者優勢、黨員支持度等變數，民意支持度足以預測候選人在大選中的得票率，以及預測勝選的機會。

除了前述的批判之外，反對初選民調者所持的理由可歸納為五點：其一，唯獨我國政黨施行初選民調；其二，政黨喪失選才的重要權力；其三，使得選風更加惡化；其四，初選民調將使得在職者與頗具聲望者占盡優勢；其五，增加提名成本，破壞黨內團結，落敗者仍可能執意參選到底。鑑此，本章一一檢證相關論述，認為這些論點似乎均有其不足之處。整體而言，相對於少數黨務菁英主導提名決策模式，吾人以為，初選民調制度強調「由下而上」的開放式決策過程，鼓勵參選者爭取選民的認同，使基層社會意見得以充分反映，此種參與式提名制度應裨益我國民主化發展。

儘管如此，筆者以為，現行初選民調仍存在若干技術性問題尚待克服。民進黨辦理的初選民調係在各參選人協議同意情形下，委託三

家民調執行單位，樣本總數不得少於 1,068 個，希望藉由不同民調機構，提高民意調查的準確度和公正性。基本上，國民黨初選民調的方式與民進黨相當類似，不同之處在於委託兩家民調執行單位；電話樣本則是委請中華電信公司進行各選區抽樣，並交予各縣市黨部轉送各民意調查機構執行。持平而論，國民黨所採取的初選民調，包括問卷題目與格式、抽樣、執行流程、以及調查結果呈現等，均勝過民進黨的初選模式。至於初選的比重，國民黨或許應考量民進黨所採行民調 70% 與黨員投票 30% 的方式。

此外，依筆者淺見，初選民調最值得關切的技術性問題為無具體反應者比例偏高。以實際經驗而言，大約只有四成五受訪者具體表態；換言之，一千餘個有效樣本中，約僅有 500 人明確表達支持對象。這種情形確實可能影響初選民調結果的準確性，以及推論統計的困難度。該問題的可能解決之道有二。其一是修改問卷內容，嘗試增加回答的機會，或者以間接方式推測受訪者的意向。舉例來說，在「支持度」題目中，若受訪者無具體表態，可以續問「那麼，您會投給哪一個政黨的候選人？」、「那麼，您最不可能把票投給誰？」，或者「在年底選戰當中，可能有【人名】等人幫候選人站臺助選，請問您會投給誰站臺的候選人？」。但是，平心而論，這方面能夠改善的空間相當有限。

針對具體反應比例偏低現象，或許最佳方式在於提高有效樣本數。譬如，將總樣本數增加至 2,400 個，則具體表態樣本數約在 1,067 個。當然，增加總樣本數將牽涉到時間與經費成本。以時間因素來說，依照目前民進黨與國民黨採行的題目長度，若民調機構設有「電腦輔助電話訪談系統」（Computer Assisted Telephone Interviewing System；簡稱為 CATIS），且裝設 25 條電話線路以上者，則預計每個場次（4 小時）應可完成約 600 個樣本。換言之，4 個場次即可完成 2,400 個。至於增加所需經費，當然由「使用者付費」，理應政黨自行吸納。筆者深信，相較於民意調查能夠達成的效應，這些成本相對而言是微不足道的。

附錄 5-1　1998 年民進黨初選民意調查問卷題本㈠

單一席次選區或多席次立法委員候選人在三人以下的問卷格式

> 您好！這裡是○○○○所進行的一項電話訪問。
> 我們想請教您一些有關立法委員選舉的看法。
> （問題不多，只要幾分鐘就好。）
> （您的電話號碼是電腦隨機抽出來的，您的意見是很有代表性的。）

1.請問這裡是住家電話，還是公司電話？

　(01) 住家電話（繼續訪問）

　(02) 住商合一（繼續訪問）

　(03) 以上皆非（終止訪問）

2.請問您住在這裡嗎？您在◎◎縣有投票權嗎？

3.請問您目前的戶籍在◎◎縣的哪一個行政區？

　(01) ○○鎮 (02) ××鎮 (03) ※※鎮 (04) ＊＊市 (05) ＃＃鎮

　(06) ◇◇鎮 (07)?? 市　（確定為◎◎縣民）

4.請問您知不知道目前有誰想要參選◎◎縣的立法委員？您知道他們

　的名字嗎？

　【說明：此題為暖身題，回答什麼並不重要。訪員複誦受訪者說出

　的名字即可，不必輸入】

5.目前民進黨裡面，打算要參選立法委員的有甲、乙、丙三個人。請

　問，在這三個人當中，您是最希望誰來做咱◎◎縣（市）的立法委

　員呢？

　（標準追加句：我們的意思是說，在甲、乙、丙三個人當中，您比

　較可能考慮支持哪一位候選人？）

　【說明：甲、乙、丙三個人的名字，要隨機調動順序】

　(01) 甲 (02) 乙 (03) 丙

　(94) 不選民進黨的候選人 (96) 無法選出任一候選人 (98) 拒答

6. 目前國民黨裡面，打算要參選立法委員的，有 A、B 兩個人。請問，在這兩個人當中，您最希望誰來做咱◎◎縣（市）的立法委員呢？

【說明：此題為障礙題，回答什麼並不重要。訪員複誦受訪者說出的名字即可，不必輸入】

【說明：第 5 題與第 6 題，要隨機調動訪問順序】

7. 請問您今年大約幾歲？（您的年齡大約是在哪一個年齡層）

(01) 20～24 歲 (02) 25～29 歲 (03) 30～34 歲 (04) 35～39 歲
(05) 40～44 歲 (06) 45～49 歲 (07) 50～54 歲 (08) 55～59 歲
(09) 60～64 歲 (10) 65～69 歲 (11) 70 歲以上 (98) 拒答

8. 性別 (01) 男性 (02) 女性

附錄 5-2　1998 年民進黨初選民意調查問卷題本㈡

多席次選區立法委員候選人超過四人以上的問卷格式

> 您好！這裡是○○○○所進行的一項電話訪問。
> 我們想請教您一些有關立法委員選舉的看法。
> （問題不多，只要幾分鐘就好。）
> （您的電話號碼是電腦隨機抽出來的，您的意見是很有代表性的。）

1. 請問這裡是住家電話，還是公司電話？

   (01) 住家電話（繼續訪問）

   (02) 住商合一（繼續訪問）

   (03) 以上皆非（終止訪問）

2. 請問您住在這裡嗎？您在◎◎縣有投票權嗎？

3. 請問您目前的戶籍在◎◎縣的哪一個行政區？

   (01) ○○鎮 (02) ××鎮 (03) ※※鎮 (04) ＊＊市 (05) ＃＃鎮

   (06) ◇◇鎮 (07)?? 市（確定為◎◎縣民）

4. 請問您知不知道目前有誰想要參選◎◎縣的立法委員？您知道他們的名字嗎？

   【說明：此題為暖身題，回答什麼並不重要。訪員複誦受訪者說出的名字即可，不必輸入】

5. 目前民進黨裡面，打算要參選立法委員的有甲、丁、乙、戊、己、丙、庚、辛八個人。請問，在這八個人當中，您是最希望誰來做咱◎◎縣（市）的立法委員呢？

   （標準追加句：我們的意思是說，在甲、丁、乙、戊、己、丙、庚、辛八個人當中，您比較可能考慮支持哪一位候選人?）

   【說明：甲、丁、乙、戊、己、丙、庚、辛八個人的名字，要隨機調動順序】

(01) 甲 (02) 乙 (03) 丙 (04) 丁 (05) 戊 (06) 己 (07) 庚 (08) 辛

(94) 不選民進黨的候選人 (96) 無法選出任一候選人 (98) 拒答

6.那麼，除了○○○（第一選擇）以外，在其他七個人裡面（丙、甲、戊、丁、己、庚、乙、辛）您還希望誰來做咱◎◎縣（市）的立法委員呢?【說明: 這是第二選擇】

（標準追加句: 我們的意思是說，除了○○○（第一選擇）以外，您認為在這七個人當中，誰也很適合來做我們的立法委員呢?）

【說明: 甲、丁、乙、戊、己、丙、庚、辛八個人的名字，要隨機調動順序】

(01) 甲 (02) 乙 (03) 丙 (04) 丁 (05) 戊 (06) 己 (07) 庚 (08) 辛

(94) 不選民進黨的候選人 (96) 無法選出任一候選人 (98) 拒答

7.目前國民黨裡面，打算要參選立法委員的，有A、B、C、D、E、F六個人。請問，在這六個人當中，您最希望誰來做咱◎◎縣（市）的立法委員呢?

那麼，除了○○○（第一選擇）以外，在其他五個人裡面 (B、C、A、F、D、E) 您還希望誰來做咱◎◎縣（市）的立法委員呢?

【說明: 國民黨這組題目是為障礙題，回答什麼並不重要。請訪員複誦受訪者說出的名字即可，不必輸入】

【說明: 第5,6題與第7題，要隨機調動順序】

8.請問您今年大約幾歲?（您的年齡大約是在哪一個年齡層）

(01) 20～24 歲 (02) 25～29 歲 (03) 30～34 歲 (04) 35～39 歲

(05) 40～44 歲 (06) 45～49 歲 (07) 50～54 歲 (08) 55～59 歲

(09) 60～64 歲 (10) 65～69 歲 (11) 70 歲以上 (98) 拒答

9.性別 (01) 男性 (02) 女性

附錄 5–3　　2001 年國民黨初選民意調查問卷題本

（臺北縣長版）
【戶中抽樣】

> 先生（小姐）您好，我是○○大學的學生，我姓＿＿＿＿＿，我們正在幫老師做一項研究，想要和您家裡的人做個簡單的訪問。
> 首先請問：您家的戶籍是不是設在○○縣／市？
> 【不是】→很抱歉，我們這次是要訪問○○縣／市的選民，下次有機會再訪問您。
> 【是】→請問住在您家中，戶籍設在臺北縣，20 歲以上的成年人有＿＿＿位？請問在這＿＿＿位之中，男性有＿＿＿位？能不能請您家裡面 20 歲以上的這＿＿＿位來接受我們的訪問？我們想請教他一些問題，謝謝。

【受訪者接電話】

> 先生（小姐）您好，我是○○大學的學生，我姓＿＿＿＿＿，想要和您做個簡單訪問，請教您幾個問題。

1. 請問您的戶籍是設在臺北縣的哪一個鄉鎮市區？

    【本題回答「拒答」、「不知道」者結束訪問】

    (01) ××鄉 (02) ××鄉 (03) ××鄉 (04) ××鄉 (05) ××鄉

    (98) 拒答／不知道

2. 根據新聞報導，目前民進黨裡面想要參選縣長的是蘇貞昌，請問您支不支持他做臺北縣長？

    (01) 不支持 (02) 支持

    (98) 無反應【包括「拒答」、「尚未決定」、「很難說」、「無意見」、「不知道」】

【3 至 4 題隨機輪序】

3. 根據新聞報導，目前國民黨裡面想要參選縣長的有丁、戊和己【人名隨機輪序】。在這三人當中，請問您會支持哪一位來做臺北縣長？

【回答二個人以上人選者請就所提人選追問一次】

(01) 丁 (02) 戊 (03) 己 (91) 二人以上 (92) 都不支持

(98) 無反應【包括「拒答」、「尚未決定」、「很難說」、「無意見」、「不知道」】

4. 根據新聞報導，目前親民黨裡面想要參選縣長的有庚、辛和壬【人名隨機輪序】。在這三人當中，請問您會支持哪一位來做臺北縣長？

【回答二個人以上人選者請就所提人選追問一次】

(01) 庚 (02) 辛 (03) 壬 (91) 二人以上 (92) 都不支持

(98) 無反應【包括「拒答」、「尚未決定」、「很難說」、「無意見」、「不知道」】

5. 請問您現在幾歲？【說不出的請改問：您是哪一年出生的？由訪員換算成年齡：即 90 − 出生年次＝年齡】

(01) 20～29 歲 (02) 30～39 歲 (03) 40～49 歲 (04) 50～59 歲

(92) 60 歲及以上

(98) 不知道／拒答

＊＊＊＊我們的訪問就到這裡為止，謝謝您接受我們的訪問＊＊＊＊

6. 受訪者性別：【訪員自行輸入】

(01) 男性 (02) 女性

＊若他黨的參選人只有一位，則題目改為：

2. 根據新聞報導，目前○○黨裡面想要參選縣長的是＿＿＿＿＿（人名），請問您支不支持他來做臺北縣長？

(01) 不支持 (02) 支持

(98) 無反應【包括「拒答」、「尚未決定」、「很難說」、「無意見」、「不知道」】

附錄 5-4　1998年民進黨立法委員黨內初選與選舉結果

地區	姓名	性別	出生年次	黨內初選				選舉結果			
				民調比例	黨員比例	總結果	提名或排序	得票數	得票率	當選與否	是否現任
高雄市南區	張俊雄	M	1938	0.5559	0.3061	0.4281	1	49,505	14.13%	Y	Y
高雄市南區	湯金全	M	1947	0.1808	0.2476	0.2142		43,188	12.33%	Y	N
高雄市南區	滕牧養	M	1951	0.2634	0.2390	0.2512	2	44,328	12.65%	Y	N
北市北區	卓榮泰	M	1959	0.0630	0.2128	0.1379	4	57,362	7.59%	Y	N
北市北區	林重謨	M	1947	0.0655	0.1963	0.1309	5	39,767	5.26%	Y	N
北市北區	施明德	M		0.3072	0.0697	0.1884	2	53,199	7.04%	Y	Y
北市北區	王雪峰	F	1964	0.3013	0.1640	0.2326	1	80,978	10.71%	Y	Y
北市北區	林濁水	M	1947	0.2318	0.1444	0.1881	3	54,260	7.18%	Y	Y
北市北區	許陽明	M		0.0312	0.2128	0.1220					
北市南區	洪奇昌	M	1951	0.0863	0.1764	0.1314	3	57,430	7.95%	Y	Y
北市南區	沈富雄	M	1939	0.5745	0.2019	0.3882	1	86,900	12.03%	Y	Y
北市南區	黃天福	M	1938	0.0279	0.1725	0.1002	4	28,179	3.90%	N	Y
北市南區	葉菊蘭	F	1949	0.2831	0.2723	0.2777	2	78,630	10.89%	Y	Y
北市南區	鄭麗文	F		0.0226	0.0450	0.0338	6				
北市南區	王銘源	M		0.0055	0.1319	0.0687	5				
宜蘭縣	陳金德	M	1961	0.1955	0.1658	0.1806	3	22,798	12.35%	N	N
宜蘭縣	張川田	M	1945	0.1230	0.3040	0.2135	2	25,098	13.60%	Y	N

縣市	姓名	性別	出生年					得票數	得票率		
宜蘭縣	陳定南	M	1943	0.5624	0.1097	0.3360	1	42,099	22.81%	Y	Y
宜蘭縣	黃玲娜	F		0.1191	0.1969	0.1580					N
桃園縣	鄭寶清	M	1955	0.1542	0.1350	0.1446	5	37,386	5.57%	N	Y
桃園縣	彭添富	M	1951	0.1156	0.1801	0.1478	3	28,895	4.31%	N	N
桃園縣	張慶惠	F	1942	0.0166	0.1142	0.0654	6	16,297	2.43%	N	N
桃園縣	彭紹瑾	M	1957	0.3471	0.1374	0.2423	1	46,331	6.90%	Y	Y
桃園縣	邱垂貞	M	1951	0.3100	0.1705	0.2402	2	45,855	6.83%	Y	Y
桃園縣	許鐘碧霞	F	1948	0.0190	0.1445	0.0818	4	41,752	6.22%	Y	N
桃園縣	黃德隆	M		0.0146	0.0716	0.0431					
桃園縣	林熹模	M		0.0228	0.0232	0.2300					
彰化縣	姚嘉文	M	1938	0.1203	0.2850	0.2026	2	25,938	3.92%	N	N
彰化縣	邱創進	M	1956	0.0240	0.2350	0.1295	4	29,391	4.44%	N	N
彰化縣	翁金珠	F	1947	0.7215	0.0375	0.3795	1	59,843	9.03%	Y	Y
彰化縣	謝聰敏	M	1934	0.1056	0.2792	0.1924	3	21,444	3.24%	N	Y
彰化縣	江昭儀	M		0.0286	0.0975	0.0630					
雲林縣	林國華	M	1935	0.28316	0.26145	0.2723	2	42,985	12.07%	Y	N
雲林縣	廖大林	M		0.63590	0.35178	0.4938	1	32,037	9.00%	N	Y
雲林縣	林樹山	M		0.08094	0.35051	0.2157	3				
雲林縣	蘇治洋	M			0.03626						
嘉義縣	蔡武溜	M	1949	0.5376	0.3259	0.4318	1	33,155	12.16%	N	Y
嘉義縣	何嘉榮	M	1946	0.3226	0.2850	0.3038	2	40,424	14.82%	Y	N

縣市	姓名	性別	出生年	0.1398	0.3891	0.2644	3				
臺南縣	王幸男	M	1939	0.0702	0.1701	0.1201	5	38,597	7.75%	Y	N
臺南縣	李俊毅	M	1959	0.1432	0.1209	0.1321	3	37,138	7.46%	Y	Y
臺南縣	謝宗霖	M	1966	0.0345	0.2779	0.1562	2	34,146	6.86%	N	N
臺南縣	蘇煥智	M	1956	0.4698	0.2545	0.3621	1	54,972	11.04%	Y	Y
臺南縣	葉宜津	F	1960	0.1029	0.0116	0.0572	4	36,013	7.23%	Y	N
臺南縣	謝錦川	M		0.1615	0.0726	0.1170					
臺南縣	陳進發	M		0.0178	0.0925	0.0552					
高雄縣	尤宏	M	1950	0.2846	0.1859	0.2353	1	24,537	4.19%	N	Y
高雄縣	楊秋興	M	1956	0.1484	0.2483	0.1984	2	54,204	9.26%	Y	N
高雄縣	余玲雅	F	1950	0.3216	0.0403	0.1809	3	33,320	5.69%	N	Y
高雄縣	徐志明	M	1957	0.4220	0.2185	0.1303	5	34,427	5.88%	Y	N
高雄縣	余政道	M	1963	0.1723	0.1599	0.1661	4	36,979	6.32%	Y	N
高雄縣	蘇培源	M		0.0308	0.0358	0.3310					
屏東縣	鄭朝明	M	1952	0.1773	0.2181	0.1977	3	35,007	8.57%	Y	Y
屏東縣	邱彰	F	1950				徵召	28,852	7.06%	N	N
屏東縣	邱茂男	M	1942	0.4887	0.3675	0.4281	1	28,532	6.98%	N	N
屏東縣	曹啟鴻	M	1948	0.2737	0.2688	0.2712	2	41,431	10.14%	Y	N
屏東縣	張盛吾	M		0.0603	0.0930	0.0767					
基隆市	王拓	M	1944	0.7387	0.4902	0.6144	1	35,884	25.97%	Y	Y
基隆市	王東暉	M		0.2613	0.5098	0.3856					

縣市	姓名	性別	出生年					得票數	得票率		
臺中市	蔡明憲	M	1941	0.6912	0.3641	0.5276	1	47,382	12.97%	Y	Y
臺中市	沈顯堂	M	1949	0.0280	0.2718	0.1499	3	15,585	4.26%	N	N
臺中市	王世勛	M	1951	0.2268	0.1758	0.2013	2	34,451	9.43%	Y	N
臺中市	曾坤柄	M		0.0540	0.1883	0.1212	4				
嘉義市	蔡同榮	M	1935	0.7462	0.4694	0.6078	1	35,349	33.90%	Y	Y
嘉義市	蔡啟芳	M		0.2538	0.5306	0.3922					
臺南市	邱文明	M	1953	0.1080	0.2541	0.1810	3	8,300	2.81%	N	N
臺南市	唐碧娥	F	1960				徵召	30,224	10.24%	Y	N
臺南市	黃昭凱	M	1942	0.4406	0.1793	0.3099	1	19,207	6.51%	N	N
臺南市	賴清德	M	1959	0.2589	0.1811	0.2200	2	31,296	10.60%	Y	N
臺南市	楊黃美幸	F		0.1926	0.1176	0.1551					

資料來源：民進黨初選資料為民進黨民調中心所提供；第四屆立委選舉資料係取自中央選舉委員會與政大選舉研究中心，歷屆公職人員選舉資料庫，網址為 http://vote.nccu.edu.tw/cec/cechead.asp。

第六章
美國政黨提名制度的沿革
與探討

壹、前　言

　　本章旨在闡述百餘年來，美國政黨提名制度的演變歷程，以及對於美國「初選制度」(direct primary system) 的運作與利弊進行評估。值得說明的是，美國憲政設計上的「聯邦分權制度」(federalism)，對於政黨組織及其提名制度產生深遠的影響 (何思因，1993；Epstein, 1967: 32)。在地方分權的憲法架構下，全國性政黨組織相當鬆散，而州、地方黨部則擁有高度自主權。因此，政黨各項公職候選人的甄選方式往往因地制宜，缺乏一致的規定；即使採行相同的提名方式，其執行的細節與辦法亦由各州自訂。在所有公職中，總統一職無疑地最具重要性，而且各級公職（包括聯邦、州、地方政府的行政、立法、司法公職）候選人提名方式多仿效總統候選人提名制度。因此，本章的討論焦點將著重在總統候選人的提名方式，輔以其他公職候選人提名制度。

　　就政治性意涵而言，至少有三項理由足以說明美國政黨提名制度與初選制度是值得關注的研究焦點。首先，美國政黨政治已成形運作逾百年，若干學者認為，民主、共和兩黨的共通特性在於組織體制的「多孔性」(porous) 與「滲透性」(permeable)，亦即具備足夠的能力順應持續變動的政治社會環境，契合社會脈動，調整政黨內部結構與決策過程，以賡續政黨本身的生存發展 (Epstein, 1986; Ladd, 1970)。其間，最足以說明政黨內部結構與決策過程轉變的明顯例證在於提名制度的

改變。因此，探討美國政黨提名制度的沿革，乃是瞭解其政黨政治發展過程的切入口。其次，由於社會組成結構不同，美國人民普遍缺乏社會階級與利益對立的觀念，這種情形反映在政治組織上，使得美國政黨與諸多歐洲政黨在運作精神方面有相當的差異。許多歐洲政黨偏重在理念與主張的推展，以宣揚主義為目的。反觀，美國兩黨則較為務實，強調選舉路線的重要性，爭取多數中性選民的支持，以達成掌握政權之目的。為此，美國政黨的主要任務就在於「政黨改革」(party reform)，提名候選人參選公職，以供選民抉擇。❶因此，瞭解美國政黨提名制度的演變，正是探究兩黨政黨改革的觀察點。再者，就比較政治的觀點看來，瞭解美國政黨初選制度的運作，對於我國政黨而言，應具有相當程度的參考作用。事實上，誠如第五章所述，自 1989 年迄今，國民黨、民進黨、新黨皆曾陸續採行過初選制度，然而其實施過程皆引起相當的爭議。或許，「他山之石，可以攻錯」，經由探討美國初選制度的實際運作情形，將有助於評估我國初選制度的實施。

在此，本章探究下列相關議題。❷首先，將美國政黨提名制度的演變區分為四個時期，分別是黨團會議時期、全國代表大會時期、初選萌芽時期，以及初選主導時期。除簡要勾勒出每一個時期的提名運作型態之外，本章以集權化與分權化類型（請參見第四章第貳節）作為評估不同時期提名制度的指標。其次，美國是實施初選最為制度化的國家，民主、共和兩黨初選的種類為何，則是本節所要探討的重點。再者，本章分析初選制度所引發的爭論，以及評估初選制度的優劣之處。在結論中，除概述美國政黨初選制度的沿革與相關議題之外，本

---

❶ 相關美國政黨資料與研究文獻經常以「政黨改革」一詞來描述民主黨和共和黨的組織革新措施。值得說明的是，該詞彙的實際意義僅限定在政黨修正或改變其黨務決策的程序與規則，其中尤其偏重在候選人提名程序的改變 (Ranney, 1975: 12)。

❷ 本章架構來自於吳重禮 (1999b)，並在內容上加以增刪。

章亦將提出美國初選的發展經驗對於我國政黨提名制度的啟示。

 ## 貳、美國政黨提名制度的沿革

一、黨團會議時期：1800 年至 1824 年

美國獨立初期，諸賢期望美國總統的產生方式，是經由人民與選舉人團審慎考量角逐總統職位者之品行、操守及威望等因素，逐級選舉產生。雖然這種選舉方式被制訂在聯邦憲法與各州法律條文之中，但隨著政黨的興起，其運作卻產生實質變化。事實上，美國建國領導者對於政黨甚無好感。1797 年，首任總統華盛頓 (George Washington)在離職告別演說時，諄諄告誡結黨之弊。此外，麥迪遜 (James Madison)在《聯邦論》第 10 篇中，明白指陳黨派爭奪之害；他認為，假若黨派的形成無法避免，那麼應該使黨派的數目愈多愈好，因為不同的黨派利益至少能夠產生一些互補效果。華盛頓與麥迪遜皆視政黨為派系，認為政黨成員結黨營私，阻礙國家團結，終將使得美國政治社會分崩離析。即便如此，肇始於政策意見的分歧與總統候選人選的爭議，以漢彌爾頓 (Alexander Hamilton) 和亞當斯 (John Adams) 為首的「聯邦黨」(the Federalists) 與以傑佛遜 (Thomas Jefferson) 為首的「共和黨」(the Republicans，或謂 the Democratic-Republican Party) 遂應運而生。

1800 年，聯邦黨首創以「國會黨團」(congressional caucus) 秘密會議的方式來推舉在職總統亞當斯成為總統候選人，參與協商的成員皆為政黨所屬的國會議員。初時，共和黨對聯邦黨的國會黨團提名方式表達譏諷之意，然而，共和黨旋即跟進採行相同的提名方式，推舉傑佛遜與聯邦黨抗衡，並且在大選中一舉擊潰對手亞當斯，奠定共和黨之後長達 24 年一黨優勢的政治型態 (Crotty and Jackson, 1985: 10)。以國會黨團會議來協商提名人選，具有高度的菁英壟斷色彩，以及封閉

式的決策過程。這些國會議員是由各選區選出的代議士，理論上代表選民及其利益，憑藉著本身專業的政治智識與經驗來決定候選人，而一般選民幾乎沒有直接參與提名決策的機會。至於在經費支出與人選資訊方面，則完全仰賴議會黨團的支應，以及議員對於提名人選的瞭解。顯然地，黨團會議形式的提名制度具有高度集權化特徵。

黨團會議除了衍生為人詬病的暗盤交易和為權謀私等弊端之外，另外一個重要的問題就是，這種形式的提名制度破壞了制憲原意中「權力分立」(separation of powers) 與「制衡」(checks and balances) 的原則 (Busch and Ceaser, 1996: 333)。依據美國立憲原意，為防止政府濫權的情形發生，制憲者將政府組織的基本權力分別授予立法、行政、司法等三個相互分立的機構，並且賦予每一部門對其他部門具有若干牽制的權力，使每一部門能夠與另外兩部門間保持適當的平衡，以避免任何部門無所限制地獨攬政府權力。然而，在黨團會議的提名制度下，總統候選人必須與國會議員建立良好的情誼，才可能獲得議員們的青睞。由於國會議員掌握了總統候選人的提名，使得行政部門過度地受制於立法部門，而無法確立權力分立。

基本上，只要黨務組織能夠維持相當程度的共識，提名決策能夠反映黨內各個派系的實力，而且提名的人選與社會大眾的期待未形成明顯的差距，國會黨團的提名運作方式堪稱順暢。1824 年總統大選，因為聯邦黨的式微而無法推出人選角逐，形成共和黨內各派領袖爭相表態出馬，包括亞當斯 (John Quincy Adams)、克萊 (Henry Clay)、傑克遜 (Andrew Jackson)，以及克勞福 (William H. Crawford) 等四組人馬。最後，共和黨國會黨團 (被傑克遜謔稱為「國王黨團」[King Caucus]) 堅持提名不為多數黨籍議員支持的克勞福 (該年的黨團會議，有高達三分之二的國會議員拒絕出席)，引起其他候選人強烈的不滿，質疑提名人選的代表性。選舉結果揭曉，無一人獲得總統選舉人團過半數的支持，其中，傑克遜拔得頭籌，亞當斯居次，克勞福第三，而克萊則

敬陪末座。依憲法規定，由眾議院於候選人中得票的前兩名投票決定總統歸屬，與國會關係良好的亞當斯有效結合各方勢力的支持而獲勝。傑克遜雖獲得選舉人團相對多數選票，但卻在眾議院選舉時慘遭失敗；傑克遜心有不甘，四年之後，集結各方，東山再起，導致共和黨內分裂成以亞當斯為首的「國家共和黨」(the National Republicans) 和由傑克遜領軍的「民主共和黨」(the Democratic Republicans)。1828 年，傑克遜在反亞當斯政府參議員范別倫 (Martin Van Buren) 的選戰獻策下，在大選中擊敗亞當斯 (Goodman, 1980: 25; Kolbe, 1985: 38; LeBlanc, 1982: 189–190)。

傑克遜的獲勝至少具有四項政治意涵。第一，來自田納西州的傑克遜打破前幾任總統若非出身維吉尼亞州即是麻薩諸塞州的傳統。第二，如前所述，聯邦黨在 19 世紀初期已經式微，政壇上只剩下共和黨獨大的情形，傑克遜集結支持者與亞當斯掌控的勢力頡頏，在范別倫的建議下，傑克遜訴諸群眾動員，建立「群眾政黨」(mass-based parties) 的雛形，亦使得美國政黨政治漸趨成形。第三，由於傑克遜善於動員社會群眾而贏得勝選，若干學者以為，「傑克遜式民主」(Jacksonian Democracy) 乃是美國民主與「平等主義」(egalitarianism) 的濫觴 (Aldrich, 1995: chap. 4; LeBlanc, 1982: 190)。第四，就政黨提名制度的演變而言，傑克遜的勝利象徵著國會黨團時期的結束，以及為時近一個世紀的全國代表大會時期的來臨。

二、全國代表大會時期：1832 年至 1900 年

1828 年，針對共和黨總統候選人選產生方式，傑克遜與其政黨改革支持者倡議，以廣大的社會階層參與取代政黨黨團壟斷控制。在傑克遜的主導下，該黨決議召集州議會黨團會議來提名人選，參與會議的成員包括各州州議員以及各州代表大會所遴選的代表，傑克遜輕易地獲得黨內提名，並在大選中獲勝 (Kolbe, 1985: 38)。在聲望日隆的有

利條件下，傑克遜接受范別倫的提議，進一步在 1832 年將共和黨改組為「民主黨」(the Democratic Party)，並且開始以「全國代表大會」(the national convention) 作為政黨提名的機制 (Aldrich, 1995: 99, 114–118)。經由制度化的運作，由 1830 年代至 20 世紀初，全國代表大會不僅成為民主黨提名方式，同時也為其他政黨所採行，這些政黨包括前述之國家共和黨、1836 年由國家共和黨所改組的「輝格黨」(the Whigs)，以及之後在 1856 年自輝格黨再度改組的「共和黨」(the Republican Party) 等 (Epstein, 1986: 89–90; Gitelson, Conway, and Feigert, 1984: 29–30)。從 1840 年代開始，民主黨和輝格黨（和之後的共和黨）輪流執政，美國政黨政治漸趨成形。

以全國代表大會為中心的總統候選人提名制度似乎是邁向民主發展的里程碑。參與全國代表大會的「黨代表」(delegate) 來自各州，包括「地方黨團」(local party caucus)、「區域代表大會」(district convention)、「州代表大會」(state convention)，以及「執行委員會」(executive committee) 等 (Ranney, 1975: 15–16)。形式上，黨代表的產生採取由下而上的民主方式，先舉行地方黨團會議，再經過地方代表大會和州代表大會，最後才能夠參加全國代表大會。此外，黨代表來自各州不同背景的團體，代表社會各界利益，藉由表達、交換意見凝聚共識，以達成集體的決議，協商提名黨籍候選人。

然而，理想與實際運作卻相去甚遠。地方黨部在黨代表產生過程中，趁著黨務組織之便，自行制訂規則，掌握黨代表名額，要脅交換種種官職以自肥的情形層出不窮，而這種為權謀私的情形在南北戰爭之後更加明顯 (Crotty and Jackson, 1985: 11–12)。自 1860 年代起，迅速成長的工業化使得擔任州、地方政府職位成為擄獲經濟分配特權的捷徑。政治腐化貪污、購買官職、「分贓制度」(spoils system) 的惡風猖獗，政府官員習以犧牲公共資源造福大型企業與利益團體 (Gitelson, Conway, and Feigert, 1984: 104, 111–114)。在分贓制度下，政治忠誠與

否成為選舉動員、指派公職的唯一標準，而且因為地方黨部掌握基層票源，使得有意參選公職、黨代表的候選人，必須臣服在地方黨部之下；在競選成功之後，則由地方黨部控制與分配各種恩惠的官職。職是，「政治機器」(political machine) 與其「黨頭目」(party boss) 於焉產生。誠如第三章第參節所述，就選舉動員而言，掌控地方黨部的政治機器，等於掌握獲得社會資源和物質利益的途徑。政治機器便利用這些資源換取選民選票，以及競選活動的種種需要。甚者，黨頭目得以扶植所屬黨羽當選，趁公職之便攫取資源，例如承攬公共工程等；因此，在諸多都會地區，黨頭目實質掌握統治權力 (Epstein, 1986: 159)。

政治機器不僅操縱政府人事，亦左右民主、共和兩黨全國大會黨代表及總統候選人人選的決定。這種情形一方面使基層選民的投票選擇大幅受限，另一方面，由於政治機器主導所有選舉的過程，使政黨政治徒具形式。誠然，並非所有地方黨團、州代表大會，以及每屆的全國代表大會皆受黨頭目把持。但是，在以地方黨部為重心的分權體制下，尤其是在大都會地區，黨頭目往往能夠影響黨代表人選的決定，進而操控該州黨代表在全國代表大會的投票。

至 1880 年代，以全國代表大會為中心的候選人提名制度迭遭各方猛烈抨擊，主要理由有四：(1)過於封閉，忽視公意；(2)專斷獨權，貪腐頻仍；(3)才能彥碩，不易出頭；(4)貶損個人主義，政黨領導式微。威爾遜 (Woodrow Wilson) 曾經描述，在全國代表大會制度之下，「沒有領導，沒有原則；沒有原則，沒有政黨」(摘錄於 Busch and Ceaser, 1996: 335)。面臨日益高漲的不滿與政黨改革呼聲，若干地方黨部遂決定，以選區黨員初選方式，產生黨團代表以及參與全國代表大會的黨代表。即便如此，政治機器壟斷地方黨務組織，進而左右提名人選的情形，並沒有因此而改善。問題的癥結在於，美國民主、共和兩黨皆沒有「繳交黨費」制度，導致黨員資格認定相當的鬆散，任何公民只要宣稱是該黨的選民，即成為黨員，並且取得初選投票的資格。無疑

地，政治機器經由分贓組織的運作，足以大量地動員「自我認定」的黨員，輕易地控制初選投票結果。形式上，地方黨部開放黨員參與決定組織事務，並且經由投票選舉黨代表來影響提名人選；實際上，黨務決策仍然不脫黨頭目的把持。對此，基氏 (V. O. Key, Jr.) 指出，「在基層選區黨員代表會議 (precinct convention) 和黨團決策階段，不當的運作時有所聞，『臨時決定』的黨員初選 ("snap" primary) 極易流為政治機器所操縱」(1964: 374)。興起於 19 世紀末期的「進步運動」(the Progressive Movement，或稱 the Progressives) 即是意圖打擊政治機器的社會改革運動。

自 1830 年代迄 20 世紀初期，美國政黨以全國代表大會作為總統候選人提名的主要方式，總體而言，儘管在這一段時期提名制度的運作要比 19 世紀初期國會黨團的決策型態來得分權化，但仍具有相當程度的集權化色彩，只不過主導提名的角色從國會議員轉移到地方黨部組織的領導者。在「傑克遜式民主」思維的鼓動下，總統候選人不再由少數國會議員密議決定，而是由來自全國各州的黨代表參與政黨全國代表大會，共同協商決定提名人選。形式上，黨代表的產生採取由下而上的方式，先舉行地方黨團會議，再經過地方代表大會和州代表大會，最後才能夠參加全國代表大會。然而，實際運作卻與理想大相逕庭。地方黨部與政治機器結合的黨務組織，自行制訂規則，掌握黨代表的產生，甚者，若干黨頭目彼此合縱連橫，掌握黨代表票源，決定總統候選人選，趁機要脅交換種種政治資源。即使黨代表的產生不是由地方黨部指派，而是由基層黨員選舉產生，但正因為所有的初選選務都是由地方黨部自行辦理，包括選舉日期、投票流程、投票資格認定、選票印製、分發、投票、監票、開票、當選公告等作業程序，皆由地方黨部負責，而提名人選的相關資訊以及競選經費的籌措，亦由黨務組織所提供，於是黨代表的產生仍然掌握在地區黨部的手中。

在全國代表大會時期，民主、共和兩黨的組織型態仍不脫私人組

織的色彩，至於美國政黨由「私人社團」(private association) 轉型為「公器」(public utility) 性質的政治團體，則肇始於 19 世紀末期「澳大利亞式選票」(Australian ballot) 制度的廣泛使用 (Epstein, 1986: 162–167)。澳大利亞式選票與前述的進步運動，對於 20 世紀初政黨初選制度的建立有著密切的關係，這是下一個部分要討論的重點。

三、初選萌芽時期：1904 年至 1968 年

由黨員直接投票來決定黨籍候選人的初選制度，可以追溯至 1842 年民主黨在賓夕法尼亞州的克勞福郡 (Crawford County) 所實施的黨員秘密投票。嗣後，雖說民主、共和兩黨的部分地方黨部，也曾經採行此種方式來甄選各類公職候選人，然而地區黨部得自由裁量是否採行，而且施行的辦法亦不一 (Epstein, 1986: 168)。值得說明的是，初時，此種開放黨員直接對提名人選表示意見的初選制度，只適用在郡、縣、市等地方公職的提名，至於以初選來提名州長、參眾議員、總統等較高公職的做法，則肇始於拉法葉 (Robert M. La Follette) 所領導的進步運動。

1896 年，拉法葉角逐共和黨威斯康辛州長候選人提名，但由於地方黨頭目偏好另一保守人選，拉法葉遭遇政治機器的蓄意打壓下，鎩羽而歸。次年，拉法葉在芝加哥大學發表「政治機器的戕害」(The Menace of the Political Machine) 演講中，極力抨擊政黨機器是腐敗組織、是政治勒索，並且對地方黨團和黨員代表大會的提名方式表示強烈不滿。因此，他極力鼓吹實施強制式黨員初選制度，以壓制黨頭目在地方黨團和黨員代表大會中的政治勢力 (Beck, 1997: 198–199; Bibby, 1992: 129; Ranney, 1975: 122)。

就該運動的精神而言，拉法葉領導的進步運動，致力於建立廉能有效的政府，希冀運用公權力以革新積弊，反對私人企業獨占政治、經濟與社會利益。再者，進步運動也促成了政府公職制度的改革，以

公職人員「功績制度」(merit system) 來取代分贓制度，藉此削弱政治機器的箝制力，並且阻絕金權徇私的管道。換言之，該運動主要著眼於破除腐化的分贓制度，減弱大型企業和政治機器的影響力，從而重建經濟個人主義與追求政治民主發展 (Ladd and Hadley, 1975: 33–34)。根據哈夫斯達特 (Richard Hofstadter) 的見解，基本上，打擊政治機器和反對經濟聯合企業，是進步運動一體兩面的做法；「除非剷除政治機器及其黨頭目的惡勢力，除非粉碎特殊利益與政治機器的貪腐勾結，否則進步運動就不能算是完成」(摘錄自 Epstein, 1986: 170)。

　　1900 年，拉法葉不負眾望，終於贏得共和黨威斯康辛州長提名，並且在隨後的大選中獲勝，他在當選之後，迅即將實施全州性黨內初選列為主要政綱。三年後，威斯康辛州議會通過實施初選法案。數年間，初選制度蔚成風潮，迅速席捲各州。1910 年，奧勒岡州議會經由公民提議制訂「公民直選」法案，規定登記的合格選民同時投票選出總統、副總統候選人，以及該州全國黨代表大會人選 (Crotty and Jackson, 1985: 14–15)。重要的是，競選黨代表的候選人必須在初選競選時，清楚表明自己在成為黨代表之後所要支持的候選人，而當選之後，黨代表也必須信守承諾，在全國代表大會中支持特定的人選，否則將喪失黨代表資格；這種黨代表亦稱為「承諾性代表」(pledged delegate)。在這種沿用至今的「奧勒岡規則」(the Oregon Rule) 或稱「總統選擇初選」(presidential preference primary) 制度中，選民主要考量是自己對於總統候選人的偏好，而不是黨代表個人的偏好。事實上，透過這種方式，民意得以直接反映在總統候選人的提名。未幾，許多州群起效法奧勒岡規則，至 1912 年，共有 15 個州採行該制 (Busch and Ceaser, 1996: 336; Key, 1964: 375)。

　　值得說明的是，在 1880 年代之前，因為選票格式與選舉事務等皆由各選區黨部負責，因此，選務立場不公，以及政治機器壟斷的情事時有所聞。這種情形直到澳大利亞式選票形式改革之後，才真正改善。

所謂澳大利亞式選票，也就是由州政府來負責選票的印製、分發、監票、開票等公職選舉作業流程，而選票上除候選人姓名外並加印其黨籍歸屬。事實上，這種選舉制度的改革使得「秘密投票」(secret ballot) 才得以保障，因為以往有些選民，譬如藍領階級的勞工，必須聽從所屬政黨或者雇主的指示來投票，而只有在秘密投票的條件下，選民才可以免卻威脅恫嚇 (Epstein, 1986: 163)。麻薩諸塞州在 1888 年首先實施澳大利亞式選票制度，印第安納州於隔年跟進，至 1892 年已有 31 個州採行此方式。

進步運動所推動的強制式黨員初選制度，是將澳大利亞式選票方式運用在初選制度。這種強制式初選制度可說是壓制政治機器的利器，因為黨員在秘密投票情形下，才能不受政治機器的要脅賄賂，以自由意志表達個人意見，參與政黨候選人的決定 (Rusk, 1970; 何思因, 1993: 4-5)。因此，若干學者指出，美國政黨由私人社團轉型為具備公器性質的政治團體，乃肇始於澳大利亞式選票制度的廣泛使用 (Epstein, 1986: chap. 6)。

總體而言，進步運動所推行的初選制度在 1910 年代和 1920 年代時期達到高峰，而在隨後的 1930 年代至 1960 年代末期，初選制度的熱潮逐漸地減退。如表 6-1 所示，在 1912 年，民主、共和兩黨總計有 25 個州採行初選，而經由初選產生全國代表大會黨代表的比例分別為 32.9% 和 41.7%。至 1916 和 1920 年，約有 40 個州採行此制，初選黨代表的比例約在 55.9% 左右。之後，舉行初選的州數以及初選黨代表呈現下降趨勢。明尼蘇達、愛荷華、佛蒙特、蒙大拿等州相繼放棄初選制度，重回以州代表大會方式來甄選黨代表 (Crotty and Jackson, 1985: 15)。

表 6-1　　1912 年至 1996 年美國政黨總統初選資料

選舉年	民主黨		共和黨	
	舉行初選的州數	經初選產生之黨代表比例 (%)	舉行初選的州數	經初選產生之黨代表比例 (%)
1912	12	32.9	13	41.7
1916	20	53.5	20	58.9
1920	16	44.6	20	57.8
1924	14	35.5	17	45.3
1928	17	42.2	16	44.9
1932	16	40.0	14	37.7
1936	14	36.5	12	37.5
1940	13	35.8	13	38.8
1944	14	36.7	13	38.7
1948	14	36.3	12	36.0
1952	15	38.7	13	39.0
1956	19	42.7	19	44.8
1960	16	38.3	15	38.6
1964	17	45.7	17	45.6
1968	15	40.2	15	38.1
1972	22	65.3	21	56.8
1976	30	76.0	30	71.0
1980	35	71.8	34	76.0
1984	25	62.1	30	71.0
1988	34	66.6	35	76.9
1992	36	69.6	39	79.1
1996	36	62.8	43	88.3

資料來源：Crotty and Jackson (1985: 16); Beck (1997: 222)。

　　為什麼初選制度的熱潮消退得如此之快？主要的癥結就在於初選制度的預期效應與其實際運作之間的落差。基本上，進步運動的支持者寄望透過初選制度達到五項目的：⑴破除黨頭目對候選人提名的操控；⑵增強民主、共和兩黨提名候選人的能力，促進政黨凝聚力；

(3)加強大眾對政治參與的興趣，大幅提升投票意願與投票率；(4)因為有意參選者不再依恃黨頭目的青睞而獲得提名，故可提升候選人的素質；(5)賦予選民提名的最終決定權，確保人民意願表達不致遭到扭曲 (Ranney, 1975: 124, 205)。然而，初選制度卻無法獲致預期的效果。首先，初選意圖削弱黨頭目的勢力，減少政治機器對提名人選的影響。惟實施初選不僅無法弱化政治機器的掌控，甚至裨益政治機器左右地方黨務，因為初選的施行細則全由地方黨部自行規劃。在某些州，雖採行封閉式初選，但對於選民政黨登記資格缺乏明確規定，此外，在南方數州，黑人與貧窮的白人在苛刻資格限制下被摒除在初選之外，初選過程完全操縱在中上階層白人與地方黨部手中。甚者，部分州政府違反澳大利亞式選票原則，容許地方黨部繼續辦理選務 (Epstein, 1986: 171–173; Key, 1964: 378–387)。因此在許多封閉式初選中，候選人仍有賴黨頭目支持爭取選票，使得政治機器運作如昔，貪污分贓的惡習依舊。

其次，初選希冀增強兩黨候選人提名的影響力，促進政黨團結，然事與願違，初選競爭造成派系傾軋，黨內和諧無異緣木求魚。原因很簡單，初選角逐者的勝選策略在於爭取大眾的支持，而非黨內少數碩望的協助，因此鋒芒展露、長於煽動群眾的候選人常能吸引大眾的關注，而且這些候選人也以挑戰政黨領導權威來吸收選票 (Aldrich, 1995: 252–253)。是以，不僅無助於提升黨內凝聚力，反而促使黨務、組織及紀律更加鬆散。

在加強民眾的政治興趣方面，顯然地，進步運動領導者高估人民對初選結果的關心程度，而低估大眾的政治冷漠感。如前所述，在南方數州，初選完全操縱在中上階層白人手中，而黑人與貧窮的白人往往被摒除在外，造成選民參與意願低落，初選投票情形並不如預期的踴躍。如表6–2所示，就實際初選投票情形而言，直到1970年代另一波的政黨改革之前，由1912年以降的黨內初選投票雖然有逐漸增加的

趨勢，然而，增加的幅度並不特別顯著；而即便在 1936 年有明顯增加，卻在 1940 年代呈現下降的情形。

表 6-2　1912 年至 1980 年美國總統初選投票

選舉年	民主黨	共和黨	總　計
1912	974,775	2,261,240	3,236,015
1916	1,187,691	1,923,374	3,111,065
1920	971,671	3,186,248	3,193,415
1924	763,858	3,525,185	4,289,043
1928	1,264,220	4,110,288	5,374,508
1932	2,952,933	2,346,996	5,299,929
1936	5,181,808	3,319,810	8,501,618
1940	4,468,631	3,227,875	7,696,506
1944	1,867,609	2,271,605	4,139,214
1948	2,151,865	2,635,255	4,787,120
1952	4,909,225	7,801,413	12,710,638
1956	5,832,592	5,828,272	11,660,854
1960	5,686,664	5,537,967	11,224,631
1964	6,247,435	5,935,339	12,182,774
1968	7,535,069	4,473,551	12,008,620
1972	15,993,965	6,188,281	22,182,246
1976	18,884,000	9,724,000	28,608,000
1980	19,538,438	12,785,184	32,323,622

以票為計算單位。
資料來源：Crotty and Jackson (1985: 16)。

不僅選民對初選投票參與興趣缺缺，進步運動希望提升候選人素質的構想亦無法實現。面對爭相逐鹿的初選參選人，一般選民缺乏管道獲取候選人相關資訊，以洞悉候選人的品格、智識與才能，因而無法做出適當的抉擇。此外，由 1912 年到 1968 年之間，經由初選產生的全國代表大會黨代表比例約占總數的 40% 左右（如表 6-1 所示），換言之，經由「州代表大會」(state convention) 和「州黨部委員會」(state

committee) 所指派的黨代表，其比例要高於初選所產生的黨代表比例。
這種情形使得初選結果僅能作為總統候選人提名的參考。在民主、共
和兩黨中，仍然是由黨內派系與領導幹部主導著提名的決策，這種情
形使得候選人素質呈現兩極化，人選若非卓越之輩，例如羅斯福
(Franklin D. Roosevelt) 與艾森豪 (Dwight D. Eisenhower)，即是平庸之
流，譬如波爾克 (James K. Polk)、皮爾斯 (Franklin Pierce)、帕克 (Alton
B. Parker)、哈定 (Warren G. Harding)，以及戴維斯 (John W. Davis) 等
(Ranney, 1975: 204)。

　　進步運動推動者以為，初選制度賦予選民提名的決定權，使民意
不至於遭受扭曲，然而，實際情形未必如此。首先，「贏者全得」
(winner-takes-all) 的初選規則，亦即初選候選人在全州初選中無須囊括
絕對多數票數，只要取得相對多數選票，就獲得該州所分配的全國代
表大會黨代表的全數名額。這種制度並不能確保初選候選人所獲得的
選票數，與其黨代表分配數呈相同比例 (Busch and Ceaser, 1996:
336–337; Key, 1964: 384)。甚者，贏者全得規則加以初選黨代表比例僅
占總數約 40%，使得初選結果無法真正反映民意歸屬，所謂的「民意
表達」徒具形式。此外，初選黨員結構與大選選民結構間的差距，更
加減弱「相對多數」(plurality) 初選制的代表性意義 (Ranney, 1975:
128–129)。由於初選投票資格頗受限制，尤其在南方各州，候選人勝
選策略乃是爭取黨員「集體選票」(bloc votes)，而無須獲取社會各個階
層的支持。如前所述，政治機器擁有攫取集體票源的機制（透過網絡
關係分配利益以有效地動員選民），因此候選人仍須仰賴黨頭目鼻息
(Crotty and Jackson, 1985: 18–19)。於是，「公意」的理想依舊無法實現。

　　雖然進步運動支持者所鼓吹的初選制度被認為是邁向開放性、民
主性、參與性提名過程的一大步，然而，初選制度的理想與實際施行
的結果相去甚遠。即便如此，進步運動還是對美國社會產生了深遠的
影響。首先，初選形式簡單易懂，普遍為一般民眾所接受。再者，初

選結果雖然僅為提名的參考依據，但是，卻成為民意上達的重要管道。這些影響加上 1960 年代中期起，美國政治、社會環境急遽變遷，選民結構的轉變，促成之後民主、共和兩黨提名制度的變革。1970 年代之後一連串的政黨改革，旨在將政治權力由黨務領導菁英轉移到基層選民的手中，此種發展正是進步運動真意的體現。

綜觀 20 世紀初期至 1960 年代美國政黨總統提名制度，這段時期的提名制度乃是一種混合型的提名制度，其結合了進步運動理念的初選制度，以及沿襲了 19 世紀舊有的政黨提名方式。換言之，這種提名制度是一種融合了集權化與分權化的妥協性產物。這段期間可謂是初選制度的萌芽時期，大眾政治參與程度逐漸擴大，且初選結果成為提名總統人選的影響因素之一。與此同時，在未施行初選的州，其州代表大會和州黨部委員會指派全國代表大會的黨代表，因此，這些地區黨部與黨務菁英仍然擁有相當的權力。必須強調的是，經由初選所產生的黨代表為「承諾性代表」，在全國代表大會必須依據選區多數選民意見支持特定的總統候選人，而經由州代表大會和州黨部委員會指派的黨代表為「非承諾性代表」(unpledged delegate)，其擁有自由裁量權來支持自己所偏好的人選。

再者，由州政府負責選務的強制性初選，減少以往各選區黨部選務立場不公的情形。另外，在初選過程中，因為候選人必須訴諸一般選民，因此，許多選民必須仰賴大眾傳播媒介來熟悉候選人的背景、聲望與相關資料。在競選經費方面，雖然有些候選人藉由私人小額捐款來募集經費，然而黨務組織的籌措，大企業主或謔稱「肥貓」(fat cat)的龐大捐款依舊是競選資金的大宗，這種情形直到 1970 年代修訂相關競選費用法規之後才得以改變。由上述分析可知，在美國初選制度的萌芽時期，政黨提名制度的集權化程度明顯地高於分權化程度，而自從 1970 年代之後，民主、共和兩黨一系列的政黨改革，使其提名制度轉變成為一種具有高度分權化特色的提名制度。

四、初選主導時期：1972年迄今

1920 年代之後，進步運動的各項改革風潮漸趨消沈，部分州黨部決議廢除初選制度，重回黨團掌控黨代表的模式。除了少數州（例如奧勒岡、威斯康辛）徹底施行初選制度之外，兩大黨全國代表大會黨代表的決定仍取決於地方黨部委員會與州代表大會的動向，亦即提名大權仍舊操縱在黨內大老與主流派系的手中，而基層黨員與支持民眾對於人選決定的影響力則較小。事實上，有些州實施初選，其策略性意義似乎要大於實質性意義，主要是博取「黨員參與」之美名，為大選鋪路爭取選票。基本上，這種具有濃厚集權化色彩的提名制度正與黨務菁英的領導型態相互吻合，只要黨內組織維持相當程度的共識，黨的決策能夠反映黨內主要派系的利益，並且與社會期待未形成巨大落差，該提名制度仍得以運作順暢。但至 1960 年代，快速的政治社會轉型導致黨內菁英決裂，刺激兩黨必須進行大規模的改革措施。

1960 年代中期起，美國社會結構經歷相當程度的變動，三波重要的全國性運動分別是：少數民族民權運動、反越戰運動，以及婦女平等權利運動。在全國電視媒體大肆推波助瀾下，這三波運動激化了反戰與社會正義意識，產生了民主黨中強調議題取向、繼承進步運動精神的「新左派」(New Left)，以及反傳統文化價值與生活方式、強調參與式民主的「新政治」(New Politics)(Ladd and Hadley, 1975; Scott and Hrebenar, 1984)。社會結構的轉變反映在政治上，即是傳統保守派與激進自由派的對壘；這種對立的情況在 1968 年民主黨全國代表大會中愈加明顯。該年春季，在新罕布夏州民主黨初選中，雖然在職總統詹森 (Lyndon B. Johnson) 獲得 48% 的選票，而以反戰為訴求的參議員麥卡錫 (Eugene J. McCarthy) 獲得 42% 的選票，但是此選舉結果普遍被認為是麥卡錫的勝利，詹森的大挫敗。面對即將來臨可能重蹈覆轍的威斯康辛州初選，詹森於是宣布退出總統初選與大選。4 月間，民權領

神金恩博士 (Martin Luther King, Jr.) 在田納西州曼斐斯市 (Memphis) 遭暗殺身亡，引起許多全國性黑人貧民區的暴動。6 月，參議員甘迺迪 (Robert Kennedy) 在加利福尼亞州民主黨總統初選獲勝當晚亦遭行刺而死。值得說明的是，麥卡錫與甘迺迪皆以反越戰作為參選的訴求，高舉反詹森政府的大纛，兩人在初選中頗受選民青睞。與此同時，被視為詹森越戰政策維護者的副總統韓福瑞 (Hubert H. Humphrey) 遲遲不肯表態參選與否，而為了迴避麥卡錫與甘迺迪在初選辯論中對於越戰政策的不利批判，韓福瑞等到所有初選登記日期截止之後才宣布參選，換言之，基層選民根本無法對於韓福瑞的參選表示可否。

1968 年 8 月，民主黨全國代表大會於芝加哥市召開，該市市長德利 (Richard J. Daley) 是長期掌控芝加哥地區政治機器的黨頭目。在全國代表大會會場內，黨代表們針對越戰爭議，引發支持與反對的激烈對立；而未經初選洗禮的韓福瑞因為掌握多數地方黨部所薦舉的黨代表支持，獲得 67% 黨代表選票，輕易地擊敗對手，取得民主黨正式提名資格。韓福瑞的提名引起譁然，眾多民主黨支持者質疑，為何初選選民的意見遭如此之忽略。代表大會會場外，反韓福瑞的示威群眾結合了反越戰與支持民權運動分子進行大規模的抗議活動，並與警察發生一連串嚴重的流血衝突。此事件透過電子媒體傳送至全國，廣泛引起社會各界物議，而韓福瑞的提名更是被譏諷為「沾滿血腥」(關於1968 年民主黨總統提名制度的改革過程及其相關問題，可參閱 Crotty and Jackson, 1985: chap. 2; Bartels, 1988: chap. 2; LeBlanc, 1982: chap. 7)。在民主黨內訌的情形下，韓福瑞無法獲得麥卡錫陣營的支持，加之原民主黨阿拉巴馬州長華勒斯 (George C. Wallace) 脫黨以「美國獨立黨」(American Independent Party) 候選人參選，瓜分民主黨部分南方的票源，使得共和黨尼克森 (Richard M. Nixon)(43.4%) 以些微差距領先韓福瑞 (42.7%)，入主白宮。

1968 年民主黨的分裂促使政黨改革之聲日隆，針對總統候選人提

名方式提出檢討，成立「政黨結構與黨代表挑選委員會」(Commission on Party Structure and Delegate Selection)，由參議員麥高文 (George McGovern) 與眾議員弗雷澤 (Donald Fraser) 先後擔任主席，故亦稱為「麥高文－弗雷澤委員會」(McGovern-Fraser Commission)。事實上，早在 1964 年民主黨全國委員會 (Democratic National Committee) 為了解決黨代表的種族代表性問題，就成立了「特別平等權利委員會」(Special Equal Rights Committee)，由紐澤西州長休斯 (Richard Hughes) 擔任主席。在 1968 年 1 月，休斯提出六項原則來解決民主黨內種族問題所引發的相關爭議 (Crotty, 1983: 55–56)。此外，1968 年 8 月，由愛荷華州長休斯 (Harold Hughes) 在全國代表大會組織的臨時委員會──「總統提名人選民主選擇委員會」(Commission on the Democratic Selection of Presidential Nominees)──針對總統提名方式提出若干改革建議 (Crotty, 1978: 17–18)。這兩個委員會所提出的建言，成為麥高文－弗雷澤委員會致力的改革方向（自 1968 年至 1996 年民主黨提名制度相關改革要點，參閱表 6–3）。

表 6-3　　1968 年至 1996 年民主黨總統候選人提名程序改革摘要

總統提名年度	擬定改革之委員會名稱	改革重點	主要建議	委員會特色
1968	特別平等權利委員會	保障弱勢團體（尤指黑人）權利	州內任何會議，不得因種族、膚色、信念與國籍而有所區分；各州黨部公告黨代表甄選程序，公開黨團會議與州代表大會	該委員會在 1968 年 1 月提出六項改革建議，旨在解決民主黨內種族歧視與公開提名作業
1968	總統提名人選民主選擇委員會	候選人提名程序的公平與公正	確保弱勢團體候選人可公平分配黨代表；取消統一投票規則；為避免黨部事先操縱選舉，黨代表不得在全國代表大會之前六個月選出	提出的建言承續特別平等權利委員會的改革觀點，成為爾後民主黨改革的重要基礎

1972	政黨結構與代表選舉委員會	建立公平總統候選人提名程序	對於弱勢團體（按：指黑人、女性、30歲以下之青年），確切採行「保障制度」達到「配額」效果；明文規定黨代表甄選程序，並且公開地方黨團會議與代表大會的召開程序；取消「統一投票規則」、「代理投票」；嚴禁強制性黨代表資格審查；州總額四分之三的黨代表須由國會選區選出；州委員會遴選黨代表不得高於總額的十分之一	政黨改革規模最大的委員會，企圖建立公開化提名選舉規則，且具有強制性，由全國執行委員會監督各州黨部執行；主要著眼於加強提名程序的民主化，以及參與提名過程的代表性
1976	黨代表挑選與政黨結構委員會	修正總統候選人提名規則	修正配額制度，改採保障行動；取消贏者全得的初選制，改採比例代表制；鼓勵封閉式初選；增加黨務幹部在全國代表大會的重要性；分配黨代表席次得票門檻為10%	旨在緩和改革派與反改革派間的齟齬，修正政黨結構與代表選舉委員會的規則爭議
1980	總統提名與政黨組織委員會	改革初選制度；調整政黨結構	停辦開放式初選；初選舉辦的時間縮短為三個月；各州男女黨代表名額應該相等；增加 10% 的黨代表席次分配給專職黨務幹部；分配黨代表席次得票門檻訂為 15% 至 20% 之間	確立初選在提名人選決定的主導地位；這些新設規則利於在職總統卡特取得連任提名
1984	總統提名委員會	強化黨務幹部在提名過程的影響	增加固定配額15%「超級黨代表」予從政黨員；黨代表分配無須硬性遵守比例分配原則，得恢復贏者全得的方式；縮短黨代表競選期限；分配黨代表席次得票門檻提高為20%	黨內保守勢力反撲，意圖減緩改革步伐；增加黨務幹部在決定提名人選的重要性
1988	公平委員會	加重黨部領導在提名過程的角色	擴大超級黨代表的適用；全國委員會主席與委員成為超級黨代表；降低分配黨代表得票門檻為15% 至 20%；允許重新舉行開放式初選	小幅度的更動提名程序，主要強化全國委員領導決定提名人選的重要性

| 1992 | 規則暨條例委員會 | 公平分配黨代表名額 | 廢除贏者全得的初選方式，以比例代表原則作為分配黨代表名額的標準，得票門檻訂為 15% | 旨在減緩傑克遜陣營的不滿；原預期廢除超級黨代表提議遭全國委員會反對而作罷 |
| 1996 | 民主黨全國委員會 | 競選時程先後順序的安排 | 順應加利福尼亞州、紐約州、威斯康辛州的要求重新調整初選或黨團會議舉行的日程，減少大州的代表性遭扭曲 | 安撫各州對於舉行初選日程的不同意見，該問題在 2000 年大選中再度成為爭議焦點 |

　　麥高文－弗雷澤委員會的首要之務，在於研商改進總統候選人提名制度，以符合黨內派系利益，建立菁英共識，並擴大選民參與的需求。在民主黨全國委員會的授權下，該委員會在全國各地舉行公聽會，彙整各方意見，針對 1972 年全國代表大會黨代表的產生方式提出九項改革方針 (Bibby, 1992: 178–179)。其要點分別為：(1)要求州黨部確切採行「保障制度」(affirmative steps) 達到「配額」(quota) 的效果，使少數團體（尤指黑人族群）、婦女與青年，在州黨代表團中所占的比例與這些團體在州的人口數比例相當；(2)要求各州黨部明文規定黨代表甄選程序，公開地方黨團會議與代表大會的召開程序；(3)規定州總額四分之三的黨代表必須經由國會選區選出；(4)嚴禁各州黨部進行強制性黨代表資格審查或者減免黨代表參選資格 (如連署登記規定)，避免州黨部操縱甄選程序；(5)取消「統一投票規則」(unit rule)，亦即全部州黨代表必須遵照多數黨代表的意向而採取一致性投票；(6)要求參選黨代表的候選人明確表態支持哪一位總統候選人，或者清楚表明不做任何承諾；(7)黨代表選舉過程，禁止「代理投票」(proxy voting) 的情形發生；(8)若州委員會得以遴選黨代表，但其名額不得高於州總額的十分之一；(9)於全國代表大會舉行的一年之前，禁止地方黨幹部的選定，防範黨團可能提前操縱黨代表選舉。由於這些改革議案具有強制性效

果，委由「執行監督委員會」(Compliance Review Commission) 監督各州黨部確切地執行，開啟民主黨之後一連串的政黨改革。

受到民主黨改革步調的刺激，共和黨亦順勢跟進，採取若干的改革措施。鑑於 1964 年共和黨全國代表大會中高華德 (Barry M. Goldwater) 與洛克菲勒 (Nelson Rockefeller) 兩派的爭鬥，前總統艾森豪領導成立「全國代表大會改革委員會」(Committee on Convention Reforms)，對全國代表大會的運作提出多項革新建議 (Crotty, 1983: 220)。在 1969 年 6 月，共和黨成立「黨代表與組織委員會」(Delegates and Organizations Committee)，16 位委員皆由「共和黨全國委員會」(Republican National Committee) 成員來擔任。基本上，黨代表與組織委員會對提名制度所提出的革新措施，與民主黨麥高文—弗雷澤委員會所提出的改革方向相仿，主要在於擴大初選制度的運用，並且確保選民參與模式的制度化。然而，不同的是，共和黨的黨務革新似乎遠不及民主黨的改革步伐來得積極，主要的理由有二。其一，共和黨並未遭逢嚴重的選舉危機，黨內改革呼聲壓力較弱。其二，共和黨內領導成員的同質性較高，意識型態的差異較民主黨來得小 (Crotty and Jackson, 1985: 46–47)。因此，即使黨代表與組織委員會提出六項革新措施，但這些措施並不具強制約束力，僅提供給各州黨部作為參考之用。

1972 年大選，主導民主黨改革的麥高文在黨內競爭中取得正式提名資格，惟因其倡導改革而引發黨內許多原本掌握提名大權的領導幹部反彈。由於民主黨的內訌，使得共和黨在職總統尼克森贏得壓倒性勝利。鑑於選舉失利，民主黨全國委員會指派成立「黨代表挑選與政黨結構委員會」(Commission on Delegate Selection and Party Structure)，來修正總統候選人提名程序與規則，企圖緩和改革派與反改革派之間的齟齬。該委員會由眾議員米考斯基 (Barbara Mikulski) 擔任主席，故亦稱「米考斯基委員會」(Mikulski Commission)。該委員會修訂之黨代表產生要點有四項：(1)關於弱勢團體代表名額，以較具彈性的「保障

措施」(affirmative action) 取代硬性的配額制度；⑵取消贏者全得的初選制，改採「比例代表制」(proportional representation) 分配州黨代表席次，同時規定參選總統初選的候選人至少必須獲得 10% 以上的選票，方可取得分配黨代表席次的資格；⑶鼓勵減少「開放式初選」(open primary)，增加「封閉式初選」(closed primary)；⑷為強化黨代表的忠誠，以支持總統候選人為訴求所參選黨代表的候選人，必須事先徵求該總統候選人的同意 (Bibby, 1992: 180)。

相對於民主黨的改革，共和黨亦在 1972 年成立「規則 29 委員會」(Rule 29 Committee)，由眾議員斯泰格 (William A. Steiger) 擔任主席，為其提名制度進行變革。規則 29 委員會參與的 57 位委員較先前的黨代表與組織委員會更具代表性，而且該委員會所制訂的規則（例如確保少數族群參與提名決策的強制性「保障措施」）比先前訂定的辦法更為廣泛、具體 (Crotty and Jackson, 1985: 47)。然而，肇因於共和黨全國委員會中右派成員，對於規則 29 委員會所提的激進改革表示不滿，尤其擴大弱勢族群的決策權，無疑相對地削減了這些既得利益者的權限。因此，共和黨全國委員會在 1975 年否決了規則 29 委員會所提的議案，改採另一較為保守的提案，只要求各州盡可能考量少數族群的參與，而且此提案僅止於建議性質，遑論設立任何監督執行的機構。

1973 年爆發水門案件醜聞，尼克森旋即於次年下臺，水門案件的後續影響導致共和黨聲勢顯著下跌，促使 1976 年民主黨候選人卡特 (James E. Carter) 以些微差距擊敗當時繼任總統的福特 (Gerald R. Ford)。雖然民主黨重新取得執政地位，但是民主黨改革的戲碼，並未隨著勝選而落幕。民主黨全國委員會在 1978 年指派成立「總統提名與政黨組織委員會」(Commission on Presidential Nomination and Party Structure) 進一步推動提名制度的變革，該委員會由密西根州黨部主席溫納格雷 (Morley Winograd) 擔任主席，亦簡稱為「溫納格雷委員會」(Winograd Commission)。該委員會研議規則的要點包括：⑴停辦開放

式總統初選；(2)各州初選舉辦的時間縮短為三個月；(3)各州男女黨代表名額應該相等；(4)建議州黨部在黨代表原有名額外，另外增加 10% 的黨代表席次分配給專職黨務幹部及黨籍公職人員；(5)初選候選人分配黨代表席次的門檻，訂為 15% 與 20% 之間，實際分配門檻則由州黨部自行訂定；(6)以支持總統候選人為訴求所當選的黨代表，必須在全國代表大會中投票給該總統候選人，否則該總統候選人得以其他人選取代之 (Busch and Ceaser, 1996: 337–339; Crotty and Jackson, 1985: 33–44)。上述種種改革措施，一方面確立初選結果在提名人選決定的主導地位，另一方面，這些新的規則不利於挑戰者甘迺迪 (Edward M. Kennedy) 和布朗 (Jerry Brown)，使得爭取連任的卡特立於不敗之地，順利取得黨內正式提名 (Bartels, 1988: chap. 8; Hadley and Stanley, 1996: 159–160)。

1980 年大選，來自加利福尼亞州的共和黨候選人雷根 (Ronald Reagan) 取得壓倒性勝利。民主黨內餘波盪漾，反對改革的聲浪反撲，將大選落敗歸咎於改革舉措的不切實際，故在 1982 年設立「總統提名委員會」(Commission on Presidential Nomination)，作為減緩政黨改革動力的煞車閘。該委員會由北卡羅萊納州長杭特 (James Hunt) 擔任主席，故亦稱為「杭特委員會」(Hunt Commission)。對於民主黨提名制度，杭特委員會提出數項保守的修正提議 (Bibby, 1992: 181–182; Busch and Ceaser, 1996: 339–340; Hadley and Stanley, 1996: 159–160)。第一，增加固定配額 15% 的「超級黨代表」(superdelegate)，這些黨代表非經初選產生，而由黨務幹部與公職人員（州黨部主席與副主席、州長、三分之二比例的參眾議員、以及人口 25 萬以上之市長）擔任。這些黨代表既然非經初選產生，所以無須承諾支持特定總統初選候選人，期望以黨代表個人專業的政治經驗審慎地考評候選人條件。第二，各州分配黨代表席次方式，依各州黨部考量實際情況因地制宜，分配黨代表席次的得票門檻提高至 20%。在以國會選區為範圍的初選，無

須硬性遵守比例分配原則，得恢復贏者全得的方式。第三，縮短各州黨代表產生的時間，以減弱愛荷華州與新罕布夏州的「窗戶效應」(window effects) 或謂「提早加權」(front loading)。所謂的窗戶效應亦即，依慣例，這兩州最早決定黨代表人選 (愛荷華州以黨團會議方式，而新罕布夏州則舉行初選來決定全國代表大會黨代表人選)；換言之，總統初選候選人在這兩州的勝負已分，而這種初步勝負，對於之後各州的選舉結果具有示範的效果。

這些賦予黨務菁英主導提名制度的改革措施，引起多方爭議。反對者批評，全國代表大會根本無法逃脫黨內派系所掌握，有淪為橡皮圖章之虞 (Bartels, 1988: 247–259; Beck, 1997: 226)。1984 年大選，在新規則助益下，孟岱爾 (Walter Mondale) 雖獲得 39% 的初選票數，但卻分配到 49% 的黨代表席次，取得民主黨正式提名資格，引發落敗者哈特 (Gary Hart) 與傑克遜 (Jesse Jackson) 一再嚴詞抨擊制度設計的偏頗。傑克遜譏諷此次規則之修訂猶如重回黨團控制的老路，並提出數項要求，包括廢止州黨團會議、約束超級黨代表的投票、重新遵循比例代表制原則來分配黨代表名額等。然而，這些要求終未被採行。除了黨內紛爭頻仍之外，值得一提的是，孟岱爾為意圖爭取女性選民的支持，挑選了眾議員費拉蘿 (Geraldin Ferraro) 作為競選搭檔，成為美國首位女性副總統候選人。然而，孟岱爾性別平衡的策略並不能在大選中扭轉頹勢。

隨著 1984 年大選共和黨總統雷根再度蟬聯，民主黨全國委員會為因應 1988 年大選，特指派福勒 (Don Fowler) 成立「公平委員會」(Fairness Commission) 著手進行另一波改革 (Bibby, 1992: 182–183)。其要點分別為：⑴降低分配黨代表得票門檻為 15% 至 20%；⑵擴大超級黨代表的適用，參眾議員擔任的比例由 60% 提高至 80%，而且所有黨籍州長皆為超級黨代表；⑶民主黨全國委員會主席與委員成為超級黨代表；⑷允許威斯康辛州與蒙大拿州重新舉行開放式初選。值得一提

的是，同年，南方諸州結盟發起「超級星期二」(Super Tuesday)，透過 21 個州於同日舉行初選聯盟，選出占總數約三分之一的黨代表，意圖達到數項目標：⑴增加南方各州對於總統人選的決定影響力，減少愛荷華州和新罕布夏州的窗戶效應；⑵增加選民初選投票率，吸納中間選民重回民主黨陣營；⑶選出中間路線的民主黨總統候選人，增加大選中擊敗共和黨的機會（關於超級星期二的起源與剖析，可參閱 Hadley and Stanley, 1989, 1996）。

在眾所矚目的超級星期二風潮下，1988 年民主黨提名結果揭曉，杜凱吉斯 (Michael Dukakis) 險勝傑克遜與高爾 (Al Gore)，贏得提名資格。為了安撫落敗者，爭取黨內支持，杜凱吉斯允諾繼續推動黨務改革，其兩大方針為：⑴黨代表分配必須盡量契合得票數比例；⑵廢止民主黨全國委員會成員（約 250 人）擔任超級黨代表的規則 (Busch and Ceaser, 1996: 340)。然而，杜凱吉斯的承諾並未扭轉民主黨的頹勢，共和黨在職副總統布希 (George Bush) 挾雷根政績之勢，順利登上總統寶座。

1988 年大選後，民主黨並未設立任何特別委員會來推動改革，而是由民主黨全國委員會所屬的「規則暨條例委員會」(Rules and Bylaws Committee) 針對 1992 年總統候選人提名程序進行修正。其中，最主要的變革乃是回應杜凱吉斯與傑克遜之間的協定——廢除贏者全得的初選方式，以比例代表原則作為分配黨代表名額的標準，得票門檻訂為 15%。至於杜凱吉斯的第二項承諾——廢除民主黨全國委員會成員擔任超級黨代表的規則——遭受民主黨全國委員會的反對而作罷 (Beck and Sorauf, 1992: 257)。1992 年大選，相對於布希以在職者優勢輕易取得共和黨提名，民主黨內群雄問鼎，來自阿肯色州的柯林頓 (William Clinton) 以黑馬姿態連番征戰，淘汰宋加斯 (Paul Tsongas)、哈金 (Tom Harkin)、布朗 (Jerry Brown) 以及其他角逐者。隨後，柯林頓代表民主黨披掛上陣，順勢擊潰布希和獨立人士裴洛 (Ross Perot)，一舉攻下暌

違 12 年之久的總統職位。柯林頓的勝利代表的政治意涵甚多，其中亦似乎意味著改革步伐將隨著民主黨主政時代的來臨而告減緩。

對於 1996 年大選，民主、共和黨皆沒有大幅度地變動總統候選人提名程序，主要的爭議環繞在初選程序先後順序的安排，包括加利福尼亞、科羅拉多、德拉瓦、喬治亞、路易斯安納、馬里蘭、紐約、北達科他、俄亥俄、南達科他、威斯康辛等州要求重新調整初選與州黨團會議時間，希望藉此提早舉行以期產生窗戶效應、增加該州對於提名人選的影響力，以及要求總統候選人更加重視該州的利益等效用 (Beck, 1997: 227; Buell, 1996: 1–43)。在民主黨陣營內，在職總統柯林頓在缺乏強勁對手挑戰的情況下，以壓倒性勝利取得提名資格。在共和黨方面，1995 年 11 月頗具眾望的鮑爾 (Colin Powell) 將軍宣布不參加初選提名，參議院多數黨領袖道爾 (Robert Dole) 在十餘人角逐賽中奮戰，最後以些微差距領先保守派參議員葛蘭姆 (Phil Gramm)，獲得提名資格，但終究在大選中敗下陣來。

綜觀美國兩大黨總統候選人提名制度的演變趨勢，可歸納數項要點。第一，從 1970 年代迄今，初選主導了總統提名人選，絕大部分的州已經採行初選制度，而且經由初選產生的黨代表也占了黨代表總額的多數。即使共和黨的改革步伐不及民主黨來得積極，亦大多遵循民主黨所規劃的方向，最明顯的例證是擴大初選的運用，確保民眾參與提名決策的制度化。值得說明的是，除了上述民主黨「超級黨代表」之外，其餘的黨代表皆為「承諾性代表」，亦即他們在競選成為黨代表之時，俱已向選民表態，明白約束投票支持何人為總統候選人，直到在全國代表會議正式進行投票，只不過履行原有的承諾而已。因此，美國總統初選雖然採取間接選舉方式，但因提名人選的決定早在全國代表會議召開之前已經揭曉，故實為直接選舉。這種「名之間接選舉，實為直接選舉」的情形，就類似於美國總統的選舉制度，在選舉過程中，先由各州選民先選舉總統「選舉人」(elector)，之後選舉人組成全

國的「選舉人團」(electoral college)，再由選舉人團投票選舉總統。就初選制度取代黨團會議和州代表大會❸，成為主導提名人選的意義而言，正代表著掌控候選人提名的權力所在，已由黨務領導菁英逐漸轉移到基層黨員和選民的手中。

第二，社會結構的轉型直接反映到提名制度的變革。美國長期以來的政治弱勢團體，尤其是黑人族群與婦女團體，在 1950 至 1960 年代開始醞釀反對傳統政治勢力，特別是美國聯邦最高法院所做一系列關於撤銷種族隔離、促進黑人民權的判決，對於弱勢團體的社會運動產生推波助瀾的效果。1970 年代起，經由兩大黨一系列的改革措施，開放提名制度的大門，使這些弱勢團體得以在提名決策過程中扮演較重要的角色，而有意爭取黨內提名的候選人也必須在競選政見中，增加對弱勢團體的訴求。不同的選民代表社會多元利益，影響政黨提名人選，這種發展意味著，社會多元利益能夠直接反映在候選人的競選政見，當然，在他們當選公職之後，便可將這些競選承諾付諸實現。

第三，大眾傳播媒介的興起成為影響初選與大選的重要因素，尤其電視競選造勢策略更是克敵致勝的利器。在電子媒體未興盛之前，候選人必須透過黨務組織爭取基層選民的支持，因此黨務系統成為選民獲取提名相關資訊的主要來源。1970 年代以降，提名競選活動的籌劃，已由政黨領袖和專職黨工的身上，轉移到電視廣告製作的形象塑造專家手中。在無遠弗屆的電視傳播下，民眾經由新聞報導、專訪、廣告、電視辯論、call-in 節目等，來瞭解候選人的特質和對於特定議題所持之立場。這種發展產生若干效應：其一，政黨組織逐漸退化，許多政黨履行的功能為媒體所取代；其二，選民的政黨認同程度減弱；其三，候選人透過傳播媒介的競選報導、宣傳、廣告直接與選民溝通，形成以「候選人為中心的政治」(candidate-centered politics)；其四，競

---

❸ 以州代表大會來挑選黨代表的制度，現今已經完全廢止，最近一次的州代表大會為 1994 年共和黨在維吉尼亞州所舉行 (Beck, 1997: 200)。

選活動必須在初選開始之前提早舉行。在媒體強力造勢的考量之下，有意角逐總統初選的人，必須提前數年展開活動，以增加知名度、爭取選民的認同，才有可能在初選中獲勝，所謂的「無形初選」(invisible primary) 於焉產生（關於無形初選的分析，參閱 Hadley, 1976; Buell, 1996; Marshall, 1995）。

第四，競選經費的改革，公費制度成為總統大選與初選重要的資金來源。眾所皆知，競選需要龐大的經費。以往，美國聯邦政府對於競選經費的募集與支出並沒有限制，因此，為人所詬病的「金權政治」，亦即大企業「肥貓」透過鉅額捐款資助候選人以求回饋的情事時有所聞。1972 年水門案件曝光，亦發現尼克森總統競選總部接受肥貓私人捐款，頗受批評。有鑑於此，在 1974 年，依據「聯邦競選法」(Federal Election Campaign Act) 成立「聯邦選舉委員會」(Federal Election Commission)，藉以監督總統與國會競選經費的募集與支出，並且執行聯邦競選法規定事項。依據 1974 年所修訂的聯邦競選法規定，總統競選活動採取「公費制度」(public funding)，在初選時可獲得政府的「初選相對基金」(primary matching fund)，大選則可獲全額的補助，而這些競選公費補助來自於納稅人的稅款。當然，要取得政府補助，必須遵守相關的規定，最主要的限制是，初選候選人經由「政治行動委員會」(political action committees；簡稱為 PACs) ❹所募集的捐款，不能獲得相對基金的補助（關於美國總統初選公費補助、總統與國會競

---

❹ 依據美國聯邦競選法的定義，政治行動委員會包括三類：(1)乃是指在一年中收受捐助或支出花費總額超過 1,000 美元之委員會、俱樂部、協會或其他團體；(2)以「分立基金」(segregated fund) 來籌募或分配競選經費的任何組織、機構或勞工團體；(3)一年中收受捐助總額超過 5,000 美元之政黨地方委員會。簡單地說，政治行動委員會主要的工作就是籌募捐款，再將此捐款給予他們所支持的政黨或候選人進行競選活動。當然，許多企業組織的捐款主要是基於政治利益的考量，而以聯邦法規來規範、監督政治行動委員會的運作，就在於避免金權政治的不良影響。

選經費的規定和改革，以及政治行動委員會的運作，建議參閱吳重禮、黃綺君，2001；黃秀端，1993；Corrado, 1996; Sorauf, 1992）。

表 6-4 所示，為美國政府從 1976 年開始實施公費補助制度以來，總統候選人在正式提名之前競選經費的來源，其中個人捐款（上限為 250 美元）約占 65%，公費補助部分約為 30%，而較大額的政治行動委員會捐款（每次上限為 5,000 美元）與其他資金來源總額不過約 5%。換言之，在現行的提名制度之下，候選人所需競選經費主要來自於小額款項的私人捐獻，以及政府所提供的公費補助。就實質的意義來說，一旦政黨的提名過程不再只是「秘密花園」性質的活動，而是由社會大眾共同參與，而且提名的活動亦接受政府公費的資助，政黨本身已經不再是一般私人社團組織，而是成為具有公器性質的政治團體，雖然其並非隸屬於正式政府組織之中。

表 6-4　1976 年至 1996 年總統候選人於正式提名之前競選經費來源[1]

		1976	1980	1984	1988	1992	1996
受公費補助之候選人總數[2]		15	10	11	16	13	10
經費來源	個人捐款	42.5 (62.6%)	72.8 (67.4%)	62.8 (59.8%)	141.1 (66.0%)	82.3 (65.2%)	75.1 (62.1%)
	公費補助	24.3 (35.8%)	30.9 (28.6%)	34.9 (33.2%)	65.7 (30.7%)	42.7 (33.8%)	37.4 (30.9%)
	其　他[3]	1.1 (1.6%)	4.3 (4.0%)	7.3 (7.0%)	7.0 (3.3%)	1.2 (1.0%)	8.5 (7.0%)
總　　額		67.9	108.0	105.0	213.8	126.2	121.0

1. 以百萬元為計算單位。
2. 受公費補助的所有候選人，包括 1980 年共和黨的康納利 (John Connally)（按：雖然康納利在競選時訴求以私人募款作為經費來源，但仍予以公費補助）、1992 年自由黨 (Libertarian Party) 的美羅 (Andre Marrou)，以及 1996 年自然法黨 (Natural Law Party) 的哈居林 (John Hagelin)。
3. 包括政治行動委員會捐款、候選人貸款、其他相關貸款、政治行動委員會轉帳，以及政黨捐獻等之總數。
資料來源：Corrado (1996: 227); Marshall (1995: 391–392)，經筆者重新整理。

剖析美國政黨提名制度在 1970 年代以來的發展趨勢可以知道,現今美國兩大黨提名制度的特徵相當符合第四章所提出的分權化提名制度模型。本節回顧美國政黨提名制度的演變歷程,將其區分為四個時期,分別為黨團會議時期、全國代表大會時期、初選萌芽時期,以及初選主導時期,除簡要勾勒出各時期的運作型態之外,並以集權化與分權化模型,比較不同時期提名制度的特徵。總體觀之,二百餘年來,美國政黨提名制度從未完全符合某一特定類型,而是採取混合兼容的型態,只是適用程度有著輕重之別。基本上,隨著政治社會環境的轉型與黨內領導結構的變遷,民主、共和兩黨在不同時期嘗試採用不同的提名制度,其候選人提名制度的演進乃是逐漸由集權化模型轉而偏重分權化模型。在瞭解美國政黨提名制度的沿革之後,下一節所要探討的問題是初選的種類、初選引發的爭論,以及初選制度的優劣。

 ## 參、初選制度的類型

在美國地方分權的政黨組織架構下,地方黨部擁有高度自主權。因此,提名制度的規範往往因地制宜,缺乏一致的規定,即使是採行相同的提名方式,其施行的辦法亦由各州自訂,而初選方式也不例外。以州及國會議員初選制度為例,依據選民初選投票資格登記的難易程度為指標,可分為六種類型(如表 6–5 所示)。

表 6-5　美國初選制度的類型與實施該類型初選的各州

封閉式初選：強制性黨員登記，任何登記變更須於固定期限前完成	半封閉式初選：選民得以在選舉當日進行政黨登記或登記變更	半開放性初選：要求選民公開表態參與某一政黨的初選	開放性初選：無須政黨登記，而且可在投票所中私密地選擇參與某一政黨的初選投票	地毯式初選：選民得同時選擇參與兩黨的初選投票	非政黨性初選：所有候選人皆參與初選，得絕對多數票者當選，否則由初選前兩名進行第二輪選舉
Arizona	Colorado[4]	Alabama	Hawaii	Alaska	Louisiana
California	Iowa	Arkansas	Idaho	Washington	
Connecticut[1]	Kansas[4]	Georgia	Michigan		
Delaware	Maine[4]	Illinois	Minnesota		
Florida	Massachusetts[4]	Indiana	Montana		
Kentucky	New Hampshire[4]	Mississippi	North Dakota		
Maryland	New Jersey[5]	Missouri	South Carolina		
Nebraska[2]	Ohio	Tennessee	Utah		
Nevada	Rhode Island[4]	Texas	Vermont		
New Mexico	Wyoming	Virginia	Wisconsin		
New York					
North Carolina[3]					
Oklahoma					
Oregon[3]					
Pennsylvania					
South Dakota					
West Virginia[3]					

1. 獨立選民可參與部分選區的共和黨初選投票，但不得參與民主黨初選投票。
2. 獨立選民只得在參議員與眾議員初選中，擇一參加。
3. 獨立選民可參與共和黨初選投票。
4. 獨立選民得在初選投票時進行政黨登記。
5. 從未在初選投票者得在初選投票時進行政黨登記。
資料來源：Bibby (1992: 132)，經筆者補充說明。

第一類為「封閉式初選」(closed primary)，計有 17 個州採行此制。這種類型的初選規定，選民欲參與投票，必須完成強制性的黨員登記，登記為獨立人士者則不得投票，而且任何登記變更須於初選之前固定期限完成。各州對於期限的規定不一，從兩個月到一年都有，其中紐約州限定初選前一年完成登記或變更，最為嚴格。不過，值得說明的是，美國聯邦最高法院在 1986 年 *Tashjian v. Republican Party of*

Connecticut 的判決中，判定共和黨禁止獨立人士參與初選投票的規定係違反憲法第一與第十四修正案中的人民集會結社自由。受到 *Tashjian* 案件的影響，目前有數個州的獨立選民登記規定已經放寬許多。

第二類為「半封閉式初選」(semiclosed primary)，計有 10 個州採行此制。與封閉式初選相同，這種類型的初選規定參加投票者必須完成強制性的黨員登記，主要的差別在於登記的規則較為寬鬆，選民可以在投票日當天變更其政黨登記。其中，科羅拉多州等 6 個州允許獨立選民在初選投票時，才進行政黨登記；紐澤西州則規定，從未在初選投票者可以在投票時，再做政黨登記。

第三類為「半開放式初選」(semi-open primary)，計有 10 個州採行此制，大多集中在南方。這種類型的初選並無規定參加投票者必須進行黨員登記，但是要求選民公開表態參與哪一政黨的初選，然後領取該黨選票，而這種情形也不記錄留存。因此，選民可以在每次初選時，領取不同政黨的選票。在半開放式初選制度下，有些州採行「質疑制度」(challenge system)，亦即當選民表態參與某黨初選，遭到選務人員質疑的時候，必須以宣誓或親自書寫的方式支持該黨；基本上，無論哪種方式，都不會禁止選民投票。

第四類為「開放式初選」(open primary)，也是有 10 個州採行這種方式。在這種制度下，選民毋須進行黨員登記，而且可在投票所中秘密地選擇參與某一政黨的初選投票。唯一的限制是，雖然選民可以領到所有政黨的選票，但是僅能擇一政黨初選名單進行圈選。

第五類為「地毯式初選」(blanket primary)，僅在阿拉斯加州與華盛頓州實行。這種類型初選的限制比開放式初選更少，選民可以同時參加兩黨的初選，任意圈選，因此，可能在州長初選中支持民主黨候選人，而在參議員初選中圈選共和黨人選。

第六類為「非政黨性初選」(nonpartisan primary)，這種類型的初選最為特殊，唯有在路易斯安納州使用。在這種制度下，所有候選人不

分黨籍同時參加初選，選票上依照候選人姓氏字母排列，任何人取得初選絕對多數選票，則贏得該競選公職，無須再舉辦大選。假若無人獲得絕對多數選票，則由得票前兩名在大選中進行選舉。這種制度是由前民主黨州長愛德華茲 (Edwin W. Edwards) 在 1975 年大力鼓吹下所創立的，設計的目的在於確保民主黨的優勢，減低共和黨原本就不高的勝選機會。

肆、初選制度之爭議與評估

瞭解美國初選制度的沿革與類型之後可以得知，初選制度確實是美國政治的一項特色，然而，初選制度的實施卻也遭遇到不少的批判。其一，在開放式初選過程中，選民毋須進行黨員登記即可取得初選投票資格，極可能發生「侵入投票」(raiding) 或稱「跨黨投票」(crossing over) 的現象 (Adamany, 1976; Ranney, 1972; Wekkin, 1988)。所謂侵入投票，意指某一特定政黨的黨員，尤其是人數占有相對優勢的政黨，在初選中參與另一個政黨的投票，而且是支持對方實力較弱的候選人，使這些出線的候選人無法在大選中獲勝。

其二，初選制度使候選人的對立益形尖銳，黨內矛盾衝突擴大等弊端，導致鬩牆分裂之虞。在初選過程中，角逐者為求取勝利，勢必卯足全力吸引選民的關注。因此，候選人往往不惜攻訐同黨同志，揭發隱私，誇大對手的政策缺失，使黨內團結無異緣木求魚。這種互相傾軋的情形，往往無法隨著初選的結束而告平息。此外，初選落敗的候選人嚴厲攻訐初選規則不公的情況，亦時有所聞。

其三，初選選民結構與大選選民結構的差異，扭曲了選民的「代表性」(representativeness)，導致初選出線的候選人不盡然具備競爭能力，在大選中獲得選民青睞 (Beck, 1997: 229; Kritzer, 1980: 148–154; Lengle, 1981: 78)。一般而言，各州初選投票率僅約 25%，與多數中間

路線的選民相較之下，初選投票者往往是具有明顯政黨色彩的積極分子，這些以意識型態為投票取向的選民，偏好激進或保守的初選候選人，而若干候選人為投其所好，亦往往高舉極端政治主張以求在初選中得勝。然而，這些初選獲勝的候選人經常無法在短時期內，迅速調整意識型態及政策立場，爭取多數中間溫和選民的支持。

其四，初選制度形成以候選人為中心的選舉策略，也導致政黨組織功能的式微。由於候選人必須自組競選組織，憑藉個人條件，自行籌募經費，規劃選舉策略，爭取選票，贏得初選與大選的勝利。尤其在傳播媒體日益重要的今日，以候選人為中心的政治型態更是明顯，而黨務系統的重要性相形減弱。既然黨務組織的重要性衰退，自然弱化了候選人對於政黨組織的向心力，因此候選人在當選之後，其施政偏重以選區利益為依歸，而非注重黨綱政策的需求（相關論述，參閱 Fiorina, 1989: 24–25; Jacobson, 1987: 106–107; Wattenberg, 1991b）。在黨紀薄弱的情況下，一旦相同政黨的行政部門與立法部門發生齟齬時，政黨無法扮演積極角色調和鼎鼐。

其五，初選制度過於曠日費時，候選人必須經歷初選與大選兩次選舉，未戰先竭，增加人力、物力負擔。就總統初選而言，全國各州舉行初選前後達 4 個月之久（約從 2 月中旬至 6 月中旬），時程持續過長，致使候選人必須投注過多的時間與精神，尤其為支應龐大競選經費，勢必疲於籌募財源。

其六，各州初選的重要性與州的大小不成比例，「窗戶效應」造成代表性扭曲的後遺症，尤其在傳播媒介的推波助瀾之下，提早加權的影響更形擴大。依慣例，愛荷華州和新罕布夏州的初選最早舉行，決定角逐者的初步勝負。許多候選人為拔得頭籌，經常耗費過多的資源與精力在這些選區，因為初步的勝負對於之後各州的選情往往產生示範效果。然而，這些先行舉辦初選的州，其人口比例與黨代表名額遠小於其他的大州（如加利福尼亞、德克薩斯、紐約、佛羅里達、賓夕

法尼亞等州）。這種初選時間順序的差異，使初選制度的公平性與代表性備受質疑。

其七，電視媒體無遠弗屆的影響力，成為初選候選人致勝的利器。為了塑造自己有利形象，攻訐對手的缺失，購買時段播放宣傳廣告，成為候選人競選花費的主要支出。由於電視宣傳播放與候選人辯論，左右選民態度甚大，所以候選人的競選策略必須強調形象包裝。然而，過分強調形象塑造，偏重攻訐對手的「負面競選」（negative campaigning），而非候選人的政見主張，是否確保當選者具備足夠的能力與智識擔任政治領導者，不無疑問。

儘管面臨這些批評，美國政黨是否可能放棄初選制度，而重回菁英主導模型取代現行的大眾參與模型？答案是否定的。捍衛初選制度的理由眾多，其中最主要的理由是，初選制度符合多數美國人民所信奉的圭臬：民主、開放、參與。儘管初選制度並非完美（事實上，根本沒有一種提名制度是完美無缺的），但卻可以反映基層選民的意向，防止少數的黨務菁英壟斷提名決策。多年來，學界和政黨方面要求改革現行初選制度的呼聲從未中斷，而所提出的改革芻議，譬如舉行全國性初選（national primary）、全國代表大會之後再進行全國性初選（post-convention national primary）、舉辦數州聯合的區域性初選（regional primaries）、選民的同意性投票（approval voting）、採行標準化的初選規則（standardized and centralized rules）等（Crotty and Jackson, 1985: 220-230）。基本上，這些初選改革的建議無一不與大眾參與模型相契合。

伍、結　論

本章依據集權化與分權化模型，作為評估美國政黨提名制度演變的指標。依此，將美國政黨提名制度的沿革區分為黨團會議時期、全

國代表大會時期、初選萌芽時期，以及初選主導時期等四個階段，並且簡要地勾勒出每一個時期的運作型態。百餘年來，美國政黨提名制度從未完全符合集權化或分權化的某一種特定類型，而是採取混合型態，只是適用的程度有輕重之分。基本上，隨著政治社會環境的轉型與黨內領導結構的變遷，民主、共和兩黨提名制度的演進乃是逐漸由著重集權化轉而偏重分權化模型。

美國建國之初，政黨以國會黨團密議的方式來薦舉總統候選人，其過程有著高度集權化的色彩。19世紀初期，傑克遜與其改革支持者強烈抨擊國會黨團的弊端，倡議以全國代表大會方式，吸納廣大的社會階層參與，反映各界利益，達成集體協商提名候選人。形式上，代表大會似乎是邁向民主發展的里程碑，然而，實際運作卻導致政治機器的猖獗。在腐化的分贓制度下，政治機器不僅操縱政府人事，亦左右兩黨全國代表大會及提名人選。19世紀末期起，進步運動致力推動初選制度，希冀剷除政治機器的箝制力，阻絕金權徇私的管道。未幾，初選制度蔚成風潮，迅速席捲各州。儘管進步運動在1920年代之後漸趨平息，許多州捨棄初選方式，而重回黨團會議控制的老路，但是進步運動所強調民主參與的精神確實對於美國社會產生深遠的影響。1970年代之後，一系列的改革確立初選的主導性地位，始將提名權力由領導菁英轉移到基層選民。

誠如所知，任何政治制度的設計與運作，其精髓在於考量多方的得失，然後在各種不同的選項中進行挑選，以期獲致最大的利益。候選人提名制度的採行亦無法脫離這個典範。事實上，現行美國初選制度面臨若干質疑。其一，在開放式初選中，極可能發生跨黨投票的不當情事。其二，候選人對立益形尖銳、矛盾衝突擴大，導致黨內有分裂之虞。其三，初選選民結構與大選選民結構的差異，導致初選出線的候選人未必能在大選中獲得選民青睞。其四，以候選人為中心的初選策略往往削弱政黨紀律，導致政黨組織功能式微，也加深行政與立

法部門的齟齬。其五，初選制度過於曠日費時，候選人經歷初選與大選兩次選舉，未戰先竭，增加人力、物力負擔。其六，初選時間順序的差異，扭曲了初選制度的公平性與代表性。其七，媒體無遠弗屆的影響力成為初選致勝的利器，但過分強調形象與包裝的選舉策略，是否確保當選者具備足夠的能力與智識，備受質疑。面臨嚴苛批評，捍衛初選制度的理由眾多，其中最主要的理由是，初選制度符合多數美國人民所信奉的民主圭臬。

瞭解這些觀點之後，讓我們回顧臺灣政黨實施初選的情況。猶如第四章所述，在過去數年間，我國朝野幾個政黨皆曾採行過初選制度。在 1989 年，國民黨與民進黨毅然推動黨員初選制度，儘管較之美國初選的運作未臻完善，各方仍予以相當肯定，認為此舉裨益健全政黨政治與邁向黨內民主，然而初選制度的實施卻引發相當爭議。國民黨雖然在 1991 與 1992 年選舉時，改採所謂的「修正式黨員初選制度」（包含黨員投票與幹部評鑑兩部分），但仍在 1993 年 14 全大會中決議停止辦理初選。之後，每逢選舉，國民黨提名作業經常面臨的一項難題，即是有意爭取黨內提名者要求黨部以初選決定黨籍候選人選，在要求不果下，未獲提名者違紀、脫黨參選的情況時有所聞。近來，鑑於選舉挫敗與黨員認同低落，若干國民黨人士倡議恢復採行初選制度。至於民進黨在修改若干初選程序與規則後，仍然繼續沿用，然而，在 1998 年 3 月間舉行初選時，爆發了人頭黨員、賄選及換票的醜聞，民進黨內對於是否取消初選產生爭議。在新黨方面，部分成員嚴厲批判少數黨務幹部把持全國競選暨發展委員會，進行高度集權型態的提名作業方式。至 1998 年 4 月間，決議以「公民初選」方式決定立委、直轄市議員提名人選，希冀藉此增強日漸式微的競選動員能力，然而，在實施初選過程中產生不當動員、賄選及選監不公等問題，引起社會各界物議。

針對各黨實施初選的情況，綜合反對初選之理由，可歸納為數點。其一，初選引發派系嚴重反彈，初選落敗的派系在大選中不僅拒絕為

黨籍候選人輔選動員，甚或轉而支持他黨候選人。其二，在初選投票率不高的情況下，黨員結構與選民結構的差異，使得初選獲勝的候選人不盡然在大選中具備強勢的競爭能力。針對國民黨而言，在低投票率的情形下，固有的鐵票系統——黃復興黨部——以高度動員支持外省籍參選人，但是這些候選人未必能在大選中獲得選民支持。其三，初選的競爭過程破壞黨內團結，部分選區派系傾軋加劇，候選人相互攻訐詆毀，脫黨、違紀參選時有所聞。其四，實施初選無異於「一隻牛剝兩層皮」，尤其雙重耗用「買票」經費。反對繼續採行初選的另一項理由是基於國情不同的考量，美國初選制度已實行百餘年，其高度「制度化」的提名方式並不適用於我國。

筆者以為，初選問題的癥結其實並不在於制度之缺漏，部分黨務幹部無法恪守中立原則，介入運作「規劃人選」，意圖壟斷候選人提名之權，黨部因而喪失公平、公允立場，才是造成初選弊端的主因。瞭解美國政黨初選制度的經驗，適足以作為我國實施初選的借鏡。首先，初選方式以封閉式初選為宜。經此，賦予候選人提名正當性的基礎，並且杜絕黨務組織徇私不公的情況。其次，初選的「制度化」是規範候選人與選民行為的良方。所謂的制度化包括兩項要素：制訂明確的遊戲規則，以及重複實施初選。藉由持續性舉辦初選，方能調整遊戲規則的適應性，以滿足黨內需求及社會的期待。美國初選制度歷經長期的運作，不斷地修改其程序與規則，始達到今日成熟的規模。我國朝野政黨實施初選制度未臻完善，難免發生若干缺漏。基本上，沒有任何一種提名制度是完善的，可以同時滿足各方的需求，杜絕所有弊端的發生。如果政治人物不尊重制度的規範性，只是一味地鑽制度設計之漏洞，那麼再縝然大備的制度安排亦是徒然無功。藉由瞭解美國初選制度的沿革與經驗，最佳的啟示或許是，隨著民主化的發展，社會利益愈趨多元，民眾政治效能與政治參與程度的提升，任何政黨欲求長存賡續發展，必須開放黨內決策過程，建立公允的提名制度。

第七章
選民的政黨認同

壹、前　言

　　自從 1950 年代以來，行為學派研究者嘗試運用各種不同的分析途徑與測量方式，對於政治態度的概念與相關議題進行瞭解。實證研究發現，選民的政治態度與其本身的政治行為呈現顯著的關係 (Campbell et al., 1960; Campbell, Gurin, and Miller, 1954; Converse, 1964; Milbrath and Goel, 1977; Miller, 1976; Miller and Shanks, 1996; Muller, 1977; Rosenstone and Hansen, 1993; Stone and Schaffner, 1988)。此外，就比較政治的觀點而言，在一個政治體系中，多數選民政治態度的分布及強度，與該體系的穩定與否亦有密切的關係 (Almond and Verba, 1963; Easton, 1975, 1979; Easton and Dennis, 1967; Gamson, 1968; Jennings and Niemi, 1966; Muller and Jukam, 1977)。

　　在各類的政治態度面向中，政黨認同是一項重要的心理成分，它是個人整體的價值觀念與信仰系統中關鍵的一環，具有長期穩定的性質；就整體效應而言，政黨認同對政黨體系的穩定與否影響甚鉅。這種對特定政黨的歸屬感或者忠誠感，被視為是政治行為者其自我認同在政治世界的一種延展與擴張；在產生團體認同的心理過程中，個人會形成一種我群意識，該意識係以選民「自我歸類」(self-classification)、「自我認同」(self-identity)，或者「自我概念」(self-conception) 的方式表達。必須強調的是，這種團體歸屬感並不僅存在於正式黨員，也不必然持續地反映在投票行為 (Abramson, 1979; Campbell et al., 1960: 121–123; Campbell, Gurin, and Miller, 1954: 88–89; Converse and Pierce,

1985: 144; Gerber and Green, 1998: 794–795; Miller, 1976: 21–22; Sears and Valentino, 1997: 45–46)。一般說來，透過政治社會化的學習歷程，個人從家庭、學校、職場、同儕團體，以及傳播媒體，獲得對於政黨偏好與認同的訊息，逐漸形成政黨認同，並隨著成長過程與歷次傾向投票給同一政黨的政治經驗，增強這種政黨的心理認同。

就其實質效應而言，諸多歐美實證研究指出，政黨認同不僅對於選民投票決定具有重大的影響，亦為左右個人政治態度與其他選舉議題的關鍵因素，甚至是最重要的因素（相關文獻甚多，實無法一一列舉，在此僅羅列筆者認為近年來較重要的期刊論文，其包括 Alvarez, Nagler, and Bowler, 2000; Beck et al., 2002; Gerber and Green, 1998; Hibbing and Theiss-Morse, 2001; Kahn and Kenney, 2002; Hetherington, 1998, 1999, 2001）。在我國的選舉研究方面，眾多研究者亦證實，政黨認同對於選民投票行為深具影響，並且與若干政治態度、競選議題與心理認知密切相關，諸如統獨立場、世代差異、媒體使用、政府施政評價、政治功效意識、「政治信任」(political trust)、「政治興趣」(political interest)、「政治知識」(political knowledge)、「政治涉入」(political involvement)、「分裂投票」(split-ticket voting)，以及分立政府的制衡觀點等，不一而足。迄今，這些領域的研究，已獲致相當豐碩的成果（王甫昌，1998；吳乃德，1999；洪永泰，1995；徐火炎，1991, 1993；張卿卿，2002；盛杏湲，2002；陳陸輝，2000；陳義彥，1994；陳義彥、蔡孟熹，1997；黃紀、吳重禮，2000；劉義周，1994）。

儘管政黨認同儼然成為選舉研究的核心概念，且為行為學派研究者最常使用的變數之一，然而細究諸多文獻著作，政黨認同的研究仍遭逢若干爭議。大體而言，爭議的主軸環繞四項議題：其一，所謂「政黨認同」的概念意涵為何？其二，究竟如何確切地測量「政黨認同」概念？其三，如何釐清政黨認同與選民政治行為（尤其是政治態度、投票行為）之間的關係？其四，誰較易成為政黨認同者與獨立選民？

　　換言之，政黨認同者與獨立選民的差異為何，而兩者的社會特徵與政治態度是否有顯著不同？囿於個人能力與研究篇幅的限制，作者無法在此關注所有政黨認同的爭議，以免備多力分。本章旨在探討第四項爭議，亦即瞭解我國政黨認同者與獨立選民的基本特質，包括個人社會特徵與相關政治態度。

　　本章之所以專注於該項議題，主要理由有三：其一，誠如前述，若干學者指出，政黨認同屬於長期穩定的心理因素，用以解釋選民政治態度的形成與政治體系的穩定 (Abramson and Ostrom, 1991; Campbell et al., 1960; Campbell, Gurin, and Miller, 1954; Green, Palmquist, and Schickler, 1998)。因此，就政治發展的觀點而言，探究臺灣政黨認同者與獨立選民的基本特質差異，不僅有助於瞭解選民投票行為，而且裨益探求我國政治體系的穩定因素與「民主鞏固」(democratic consolidation)的歷程。其二，以比較政治的觀點而言，瞭解我國政黨認同者與獨立選民的基本特質，始得將其結果作為跨國性比較分析的基礎。其三，就實際政治參考價值而言，近來我國政治局勢與政黨體系變動甚鉅（諸如親民黨與台灣團結聯盟的相繼成立、新黨呈現式微態勢、中央政府與部分地方政權的政黨輪替、國民黨與親民黨的攜手合作，以至於呈現泛藍與泛綠的朝野陣營對峙），因此界定政黨認同者與獨立選民的基本社會特徵與政治態度，對於朝野政治菁英、政黨組織，以及候選人擬定選舉動員策略與規劃競選議題，應有莫大的助益。

　　鑑此，本章探究下列相關議題。❶首先，回顧相關研究文獻，扼

❶　本章架構來自於吳重禮、許文賓 (2003)，並在內容上加以增刪。使用之資料取自「2001 年臺灣選舉與民主化調查研究：民國九十年立法委員選舉全國大型民意調查研究」計畫，計畫主持人為黃紀教授，該計畫資料由國立中正大學民意調查研究中心、國立政治大學選舉研究中心，以及國立中山大學民意調查中心執行並釋出。感謝上述機構及人員提供資料協助，當然作者自負文責。

要簡述政黨認同的四項爭議，並藉以闡明本章的研究背景與動機。其次，本章以臺灣政黨認同者與獨立選民的基本特質為研究焦點，鋪陳理論架構，並據此設定分析模型。再者，為檢證此研究模型，本章藉由「2001年臺灣選舉與民主化調查研究：民國九十年立法委員選舉全國大型民意調查研究」（簡稱為 TEDS 2001）資料，進行「雙變數交叉分析」，並設立「多項勝算對數模型」(multinomial logit model)。實證資料顯示，在年齡、教育程度、省籍、地理區域、政治興趣、政黨理念、族群認同、統獨立場、總統施政滿意評價，以及對於臺灣未來前途評估等方面，政黨認同者與獨立選民均具有顯著差異。在結論中，筆者回顧本章的討論重心及其研究限制，以利讀者迅速瞭解要點。無疑地，關於政黨認同各項爭議，皆是值得學界持續關注的議題。

貳、政黨認同的四項爭議

如前曾述，儘管探討政黨認同的學術著作甚多，然而，不同研究者對於若干議題往往抱持迥異的立場。依據筆者的分析，政黨認同研究領域的爭議約可歸納為四個面向，其分別是政黨認同的概念意涵、政黨認同的測量、政黨認同對於政治行為的解釋力，以及政黨認同者與獨立選民之基本特質的差異。必須說明的是，政黨認同所衍生的問題往往相互糾葛，互為因果，並不宜截然劃分。某一項議題所蘊含的意涵，與其他問題亦有若干重疊之處。在此，為清楚呈現討論議題，始將其區分為四種面向。

一、政黨認同的意涵

政治行為的研究一向致力於界定影響選民政治參與（尤其是投票抉擇）的可能因素，以及這些因素之間的因果關係。就分析的理論架構而言，「心理─政治研究途徑」(psycho-political approach；亦稱之為

「社會心理學研究途徑」[social psychological approach]、「態度研究途徑」[attitudinal approach]，或者「認知研究途徑」[cognitive approach]）普遍被認為是瞭解選民政治行為的重要切入點，其強調個人內在的人格特質、價值體系和政治態度，往往形塑其政治意見、投票行為和政治參與。關於政黨認同運用到投票行為研究，首推密西根學派的理論建構；其以為，政黨認同係影響投票抉擇長期且穩定的「心理依附」(psychological attachment) 因素。政黨認同之所以成為經驗政治理論的核心概念，主要是因為政黨認同協助選民瞭解政治社會，決定政治偏好；換句話說，政黨認同不僅左右個人投票抉擇，甚至影響選民對於「議題」的詮釋與「候選人」的評價 (Campbell et al., 1960; Converse, 1964; Niemi and Weisberg, 1993; Rosenstone and Hansen, 1993)。簡言之，部分研究者認為，政黨認同屬於選民自我認知的一種特質，具有長期穩定的效應，用以解釋個人政治態度與投票行為的形成。

然而，政黨認同的「長期穩定」與「心理依附」兩項概念意涵卻也備受質疑。首先，針對政黨認同長期穩定的性質，抱持保留態度的學者指出，以美國選舉經驗為例，既然選民政黨認同不易在短期間內更動，為何所呈現的集體性結果，民主黨與共和黨的支持率與得票率會隨著時間而不斷地改變，甚至巨幅波動？換言之，假若「個人層級」(individual-level) 的政黨認同係持續穩定，則「總體層級」(aggregate-level) 的政黨支持情況，應該不會呈現起伏震盪的現象。其次，對於政黨認同心理依附的意涵，若干研究者引用唐斯 (Anthony Downs)「理性選擇研究途徑」(rational choice approach) 的觀點，認為民眾的投票抉擇係基於理性計算，因此對於一般選民而言，政黨只是簡化投票計算的工具而已，考量以最少的政治行動成本獲致極大化的個人利益 (1957)。換言之，所謂選民的心理依附僅是過於理想的假設，而選民的投票抉擇取決於其他短期政治經濟因素，諸如總統知名度、政黨施政滿意程度，以及總體經濟表現等。

值得說明的是，質疑政黨認同意涵的學者所提出的概念亦是眾說紛紜，莫衷一是，從反映選民「當前投票意向」(current vote intention)(Budge and Farlie, 1976; Thomassen, 1976)、一般民眾對於政府施政與在職者評價形塑其本身政治態度的「回顧性投票」(retrospective voting)(Fiorina, 1981, 1984)、自我利益考量與衡量政黨未來作為的「前瞻性投票」(prospective voting)(Achen, 1992)、斟酌以往政黨表現能力與「世代效應」(effects of age cohorts) 的「理性學習模式」(rational learning model)(Alwin and Krosnick, 1991; Gerber and Green, 1998)，乃至於近年來引發美國政治學界極度爭議的「集體政黨認同」(aggregate party identification；更為普遍的用詞為 macropartisanship)，其嘗試以集體選舉資料詮釋選民政黨認同的長期變動性 (Abramson and Ostrom, 1991, 1992, 1994; Box-Steffensmeier and Smith, 1996; Erickson, MacKuen, and Stimson, 1998; Green, Palmquist, and Schickler, 1998; MacKuen, Erickson, and Stimson, 1989, 1992; Meffert, Norpoth, and Ruhil, 2001)。歸納而言，部分研究者挑戰以往所發展的政黨認同概念，認為該概念面臨諸多研究瓶頸，這主要源自於政黨認同意涵的預設立場與不確定性因素。

二、政黨認同的測量

與政黨認同概念意涵密切相關的另一項爭議在於，究竟應該如何確切地測量「政黨認同」？關於政黨認同的測量，約略可區分為兩派：偏重「個人層級」的態度調查研究途徑，以及著重「總體層級」的行為結果研究途徑。必須強調的是，分屬這兩派研究途徑的學者所持觀點亦不盡相同，並無定見。舉例來說，儘管態度調查研究途徑的研究者認為，政黨認同應從「個人層級」的觀點切入，但是對於究竟應該採取「單一面向」(unidimensional) 或者是「多層面向」(multidimensional) 的測量，爭論不已，迄今未休（由於篇幅限制無法詳述此論辯，相關

說明，建議參閱何思因，1994；何思因、吳釗燮，1996；Keith et al., 1992）。

這些採取態度調查途徑的研究者認為，既然政黨認同屬於選民我群意識的心理認知，自然適宜使用民意調查方式蒐集個人態度資料。事實上，多數政黨認同的學術文獻亦依循此種研究途徑；其中，又以「美國全國選舉研究」（American National Election Studies；簡稱為NES）所發展的傳統標準化問卷題目與量表，最常為人所使用。❷然而，自從 1970 年代以降，NES 問卷題目與量表迭遭批評，認為其明顯屬於「單一面向」的測量；這種測量方式蘊含「遞移性」(intransitivity)與「敵對性假設」(hostility hypothesis)(Katz, 1979; Maggiotto and Piereson, 1977; Petrocik, 1974; Weisberg and Smith, 1991)。❸然而，若干實證資料顯示，這兩項假設所衍生的諸多命題並不必然成立(Dennis, 1988a, 1988b; Richardson, 1991; Kamieniecki, 1985; Valentine and Van Wingen, 1980)，況且這種測量方式顯然較適用於類似美國的

---

❷ NES 測量政黨認同的問卷題目為，「一般而言，您認為自己是共和黨員、民主黨員，或者獨立選民，還是其他?」如果受訪者在這一題回答的是共和黨員或者民主黨員，則續問「您認為您自己是強烈的（共和黨員或民主黨員），或者不是強烈的（共和黨員或民主黨員)?」如果受訪者在第一題回答的是獨立選民，則續問「您認為您自己比較接近共和黨或者民主黨?」綜合以上三題，可以得到受訪者政黨認同的七個量表，其分別是強烈民主黨員、弱民主黨員、偏向民主黨的獨立選民、純粹獨立選民、偏向共和黨的獨立選民、弱共和黨員、強烈共和黨員 (Campbell et al., 1960: 122)。

❸ 所謂遞移性意指，以美國選民政黨認同為例，強烈民主黨認同者必然較弱民主黨認同者、偏民主黨的獨立選民，以及獨立選民，更為支持民主黨；反之，強烈共和黨認同者必然較弱共和黨認同者、偏共和黨的獨立選民，以及獨立選民，更為支持共和黨，以此類推。所謂敵對假設意指，當個人偏好某個政黨（民主黨／共和黨），則意味著厭惡另一相對政黨（共和黨／民主黨）；換言之，其喜好與厭惡程度必然呈現反向關係。

兩黨制，並不適用於歐洲國家多黨制之下的選民政黨認同 (Shively, 1980; Erickson, MacKuen, and Stimson, 1998; Hetherington, 2001)。

　　針對「單一面向」測量可能的不足之處，若干學者提出「多層面向」的政黨認同理論，或者嘗試發展不同的測量工具，藉以更精確地測量選民心理認知 (Hadley, 1985; Miller and Wattenberg, 1983; Niemi, Wright, and Powell, 1987; Weisberg, 1980)。❹在這些批評傳統測量方式學者的鼓吹之下，在 1980 年與 1982 年，兩次 NES 調查改採新型的問卷方式 (由於該問卷內容頗長，故在此不擬詳述，建議參閱 Keith et al., 1992: 188–189; Weisberg, 1980: 50)。儘管若干學者認為這種新式問卷，既能包容傳統問卷的特點，而且涵蓋層面更為完整 (Dennis, 1988a, 1988b; Kamieniecki, 1985; Weisberg, 1980)，然而亦有學者指出，其不僅徒然增加受訪者回答的困難度，減低資料的可信度，更嚴重的是，

❹　關於「多層面向」政黨認同理論，研究者指出，選民的政黨認同是相當複雜的 (Weisberg, 1980: 33–59)。首先，敵對性假設並不必然成立，因為有些選民可能認為自己既是民主黨，同時也是共和黨的認同者。其次，也有些選民雖然自稱是獨立選民，但可能因為兩黨他們都偏好，也可能因為兩黨他們都不喜歡，或者他們對政治獨立抱持認可的價值取向。再者，有些選民自認為是某政黨的支持者，係因為他們支持該政黨的某項議題，而他們認為投票應該建立在議題取向，而非政黨因素。另外，部分選民可能遠離政治體系，他們既非特定政黨的認同者，也不認為自己是獨立選民。因此，政黨認同應該至少包含「黨性強度」(partisan strength)、「黨性方向」(partisan direction)、「政黨差異」(party difference)，以及「政黨體系」(party system) 等四個面向。再者，亦有學者指出，黨性強度與「獨立強度」(independence strength) 是有所差異的；NES 傳統的政黨認同測量將黨性和獨立程度混合成單一面向測量，顯然有其不足之處 (Valentine and Van Wingen, 1980: 165–186)。此外，實證研究發現，遞移性命題也不必然成立；舉例來說，若干強烈政黨認同者，當他們「改變」政黨偏好時，他們很可能完全轉換成為另一政黨的強烈認同者，而非態度相近的立場 (Katz, 1979: 147–163)。

造成前後資料無法連貫的問題 (Jacoby, 1982; McDonald and Howell, 1982)。鑑此，NES 遂放棄這種測量方式，回歸以往政黨認同的測量問卷。但是，自從 1980 年代末期起，有感於「個人層級」態度調查研究途徑的侷限與不足，部分研究者發展「總體層級」行為結果研究途徑，至今儼然呈現益形興盛的趨勢。

相對於態度調查研究途徑，行為結果研究途徑則藉由整體選民投票結果來界定政黨認同。這種研究途徑與「政黨重組」(party realignment)、「政黨解構」(party dealignment) 研究領域的發展，有著相當密切的關係。自從 1960 年代以來，許多研究美國政治的學者依循基氏 (V. O. Key, Jr.) 所發展「關鍵性選舉」❺ (critical election) 與「漸進性重組」❻ (secular realignment) 的理論與研究方法 (1955, 1959)，彙

---

❺ 基氏提出「關鍵性選舉」概念以描述某種特定性質的選舉類型，這種選舉所造成的結果是「明顯且持續性的政黨選民重組」(sharp and durable electoral realignment between parties)，形塑嶄新的、持續性的選民結構，促使某個政黨持續勝選 (Key, 1955: 16)。其以美國東北部城市為分析單位，檢證 1916 年至 1952 年期間選民投票總體資料。長期政黨得票趨勢顯示，自 1928 年總統選舉之後，某些地區形成了新的選民群體，民主黨的得票率短期內明顯成長，並且這種情形維持到 1952 年。因此，1928 年的選舉可視之為關鍵性選舉。這些地區的選民具有若干重要特質，包括都市型居民、高度工業化地域、外國移民後裔，以及信奉天主教等。至於在其他地區，儘管民主黨得票亦呈現明顯成長，不過卻是短暫現象，並不符合關鍵性選舉「持續性」的特質。

❻ 為了修正關鍵性選舉概念，基氏提出另一種類型的政黨重組，亦即「漸進性重組」，藉此描述選民對於政黨依附感的漸進性移轉 (Key, 1959: 199)。更精確地說，這是某種類別的選民對於政黨的心理依附感，從某一黨轉換到另一黨的過程，而且這種轉變延續了相當長的時間。所謂某種類別選民可能是職業、收入、宗教信仰，或者居住地區等方面性質相近的選民，由於某些特質使得這類選民的政黨依附感趨向同質化。欲解釋漸進性重組的起動機制，吾人可以設想，相同類別選民朝向「政治同質

整集體選舉資料分析選民政黨認同的長期變遷情形（相關著作，例如 Burnham, 1970; Ladd and Hadley, 1975; Nardulli, 1995; Pomper, 1967; Schickler and Green, 1997）。

直到 1980 年代末期，若干學者提出「集體政黨認同」的概念，重新引起政黨認同測量的爭議 (MacKuen, Erickson, and Stimson, 1989, 1992)。大體說來，此派學者認為，之所以使用集體資料詮釋政黨認同的變動性，主要原因有二。其一，集體投票資料對於分析政黨認同的變動才具有意義，畢竟選舉結果是個別選民投票的加總，而非取決於民眾個人態度。第二，態度調查研究途徑往往僅能捕捉多數「典型」選民，對於少數「例外」選民則予以忽視，這種方式顯然有所不足。舉例而言，就個人層級資料而言，假若 85% 的選民其政黨認同呈現穩定狀態，且是固定的政黨取向投票者，在沒有其他短期干擾因素影響之下，政黨體系應該是相當穩定的結構。然而，這種假設逕行排除其他 15% 的選民；就集體資料而言，這些選民所造成的變動顯然不容小覷，畢竟在兩黨競爭激烈的局勢下，5% 或 6%「浮動選民」(floating voters) 的投票結果即可能左右選舉勝敗。

三、政黨認同的解釋力

再者，政黨認同影響選民政治行為（尤其是政治態度、投票抉擇）的程度為何，亦是學界探討的核心議題之一。事實上，這項議題繫於另一項更大的爭議，亦即如何解釋選民的政治行為。關於歐美選民政

化」(political homogeneity) 的過程，這個過程提供給政治領袖者動員選民的機會，裨益其所屬政黨贏得選舉。這種轉換過程之所以緩慢的原因，基氏認為可歸納為兩個原因。其一，選民的政黨認同往往是持久的，不易在短期間內立即改變，因此依附不同的政黨價值必須歷經長時期的過程。其二，美國政治文化的特質助長選民抱持政治冷漠，因此即使喪失原有政黨依附感，也不易對另一政黨立即產生認同感。

治參與與投票行為的研究，著述甚多，研究途徑互異；大體而言，可約略區分為「社會心理學研究途徑」、「社會學研究途徑」(sociological approach)，以及「理性選擇研究途徑」等三個主要學派 (Beck et al., 2002: 57-58)。如前曾述，社會心理學研究途徑強調個人對於特定社會團體的心理歸屬感，從而產生「群體意識」(group consciousness) 與「群體認同」(group identity)，形成固定的價值體系及其政治信念，影響政策偏好與投票抉擇。其中，政黨認同係相當穩定且具有長期持續性的態度認知。

相對於社會心理學研究途徑，社會學研究途徑係認為個人社會特徵決定政治取向，這些社會特徵提供選民基本的「社會脈絡」(social context)、「資訊脈絡」(informational context)，以及「個人網絡」(personal network)，藉由次級團體建構人際互動關係，進而影響政治意見與行為 (Berelson, Lazarsfeld, and McPhee, 1954; Huckfeldt, Ikeda, and Pappi, 2000; Huckfeldt, Sprague, Levin, 2000)。這些社會背景變數諸如社會經濟地位（主要測量指標包括教育、職業和收入）、種族（或族群）、宗教、性別、年齡，以及居住地區等。簡言之，社會學研究途徑認為，個人基本特徵左右「社會計算」(social calculus) 結果，為決定投票取向的關鍵因素，其影響程度可能甚於政黨認同的效應。

迥異於社會學研究途徑偏重政治行為的「社會計算」過程，理性選擇研究途徑則強調選民「個人計算」(personal calculus) 的重要性，藉此連結「議題取向」(issue orientation) 與投票行為的關係 (Downs, 1957; Fiorina, 1981; Lewis-Beck and Nadeau, 2000, 2001; Rabinowitz and MacDonald, 1989; Tufte, 1978)。如前曾述，該研究學派以為，選民為理性的個體，其投票抉擇係基於利益極大化的考量，因此政黨取向僅是簡化投票計算的工具而已。換言之，採取理性選擇研究途徑的學者認為，除了政黨認同因素之外，政府施政表現評估（尤其是短期總體經濟因素）、總統知名度、選舉議題的立場、意識型態的差距，以及政黨

與候選人的政策訴求等，對於選民投票行為極具解釋力。

四、政黨認同者與獨立選民的差異

政黨認同研究的另一項爭議在於，究竟哪些人較易成為政黨認同者，而誰又較可能是獨立選民；詳言之，政黨認同者與獨立選民的基本特質差異為何，而兩者的社會特徵與政治態度是否有顯著不同 (Finkel and Scarrow, 1985; Keith et al., 1992; Milbrath and Goel, 1977; Rosenstone and Hansen, 1993)？ ❼尤其，當部分實證研究顯示，近年來政黨意識型態的差別趨於含糊而使得選民無所適從，導致政黨認同影響力弱化與選民投票率降低的趨勢，如何針對政黨認同者與獨立選民做出一致性的描述，顯然並非易事 (Cohen and Collier, 1999; Sears and Valentino, 1997; Wattenberg, 1990, 1991b)。

以美國選民為例，依據 NES 傳統的測量與歸類方式，政黨認同者包括「強烈民主黨員」(strong Democrats)、「強烈共和黨員」(strong Republicans)、「弱民主黨員」(weak Democrats)，以及「弱共和黨員」(weak Republicans) 等四類。再者，獨立選民可以區分為「純粹獨立選民」(pure independents) 與「偏向特定政黨的獨立選民」(independent leaners) 兩類。而「偏向特定政黨的獨立選民」(independent leaners) 又可歸納為「獨立民主黨員」(independent Democrats)（或稱之為「偏向民主黨的獨立選民」[Democratic leaners]），以及「獨立共和黨員」

---

❼ 進而推之，就政黨認同「單一面向」與「多層面向」測量觀點而言，所謂的「獨立選民」其定位係介於各政黨立場中間的選民，或者是自成一格的選民 (Dennis, 1988a, 1988b; Valentine and Van Wingen, 1980; Weisberg, 1980)？尤其，獨立選民係屬於同質性團體或者是異質性團體、如何區分獨立選民類型，以及獨立選民的界定係藉由「態度層面」或者「行為表現」，亦未有定論（相關論述，建議參閱 Dennis, 1988a; Burnham, 1970; Keith et al., 1992; Miller and Wattenberg, 1983）。

(independent Republicans)（或稱之為「偏向共和黨的獨立選民」[Republican leaners]）兩類。若干實證研究顯示，這些「偏向民主黨的獨立選民」和「偏向共和黨的獨立選民」雖自稱為獨立選民，但仍舊偏好某個特定的政黨，而且他們比「弱民主黨員」和「弱共和黨員」擁有更強的政黨情感，因此他們長期性的政黨取向投票行為甚至比「弱民主黨員」和「弱共和黨員」更加穩定 (Dennis, 1988a, 1988b; Keith et al., 1992; Weisberg, 1980)。換言之，政黨認同者與獨立選民顯然並非單一性質的團體，其基本特質差異為何，尚待進一步檢證。

前述為政黨認同研究的數項主要爭議。以下，本章旨在探討第四項爭議，亦即瞭解臺灣政黨認同者與獨立選民之基本特質的差異，包括個人社會特徵與相關政治態度。或者，有識者以為，倘若不先探究前三項爭議而逕行討論第四項議題，恐有沙洲城堡之虞，畢竟這些爭議係環環相扣、相互糾葛。儘管如此，本章之所以專注於該項議題，其原因有二。其一，囿於個人能力的不足與研究篇幅的限制，作者著實無法面面俱到。倘若勉力為之，嘗試探討多項議題，疏失必多。故與其掛一漏萬，尚不如限縮研究範圍，以達到即物窮理的目標。其二，作者考量 TEDS 2001 實證資料的特性，較適宜進行「橫切面分析」(cross-sectional analysis)，比較政黨認同者與獨立選民的社會特徵與政治態度。該研究於 2002 年 4 月中旬完成全國性民意調查，面訪 2,022 個年齡滿 20 歲以上具有投票權之公民。相對而言，TEDS 2001 有效樣本數較以往面訪調查為多，且其中包含親民黨與台灣團結聯盟的政黨認同選項，反映近來我國政黨體系的轉變態勢，頗契合本章的研究主旨。

參、分析模型設定與相關理論背景

本研究旨在瞭解，臺灣朝野政黨認同者以及獨立選民彼此之間，在社會特徵與政治態度的差異。實證資料係採取 TEDS 2001，該資料針對樣本之性別、年齡、教育程度，以及地理區域等變數進行檢定，並予以加權。方式係採用「多變數反覆加權法」(raking)，加權後樣本結構與母群並無差異。其中，母群之性別、年齡，以及地理區域的分布比例，乃依據政府公布之人口統計要覽；至於教育程度之分布比例，則以洪永泰教授推估之資料為依據（黃紀，2002）。

為了探討政黨認同者與獨立選民的差異，筆者根據相關理論架構，擇取若干變數，首先初步進行「雙變數交叉分析」，然後設立「多項勝算對數模型」加以檢證。依變數為選民的政黨認同，倘若回答「不偏向（且也不稍微偏向）任何政黨者」，則界定為獨立選民（關於調查研究的問卷措辭與選項，以及變數之重新編碼請參見附錄）。依據現今政黨體系型態，得將政黨認同類型區分為獨立選民、國民黨認同者、親民黨認同者、民進黨認同者、新黨認同者、建國黨認同者，以及台灣團結聯盟認同者等七類。但是，TEDS 2001 調查資料顯示，認同新黨（樣本中僅 7 人）、建國黨（1 人），以及台灣團結聯盟者（18 人）相當有限；為分析之便，故將新黨併入親民黨，台灣團結聯盟與建國黨合併歸入民進黨。因此，在分析模型中，政黨認同區分為「獨立選民」、「國民黨認同者」、「親民黨認同者」，以及「民進黨認同者」等四類。

筆者依據研究目的，選取選民之年齡、性別、教育程度、省籍、宗教信仰、地理區域等各項受訪者個人基本背景資料，以及政治興趣、政治知識、政黨理念、政治功效意識、族群認同、統獨立場、總統施政滿意評價、臺灣未來前途評估等各項政治態度變數，作為本研究的自變數。其相關理論架構，茲摘述如後。

在選民背景方面，根據社會學研究途徑的觀點，個人社會特徵決定了政治偏好，這些社會特徵係包括年齡、性別、教育程度、種族（省籍）、宗教等變數。首先，部分研究指出，選民年齡與其本身的政治態度和政治行為有著顯著的關係。大體而言，個人政治資訊的取得與政治經驗的累積，經常會隨著年紀的成長而增加，「心理涉入感」(psychological involvement) 與政黨認同亦逐漸增強，促成本身政治參與程度的升高 (Campbell et al., 1960; Conway, 1991; Lipset, 1981; Rosenstone and Hansen, 1993)。❽另有學者以「世代效應」(cohort effects；亦稱為「政治世代」[political generation]) 此一概念來解釋選民的政黨認同。其立論以為，因為成長環境、社會經驗、意識型態、生活價值、政策訴求的差異，決定了不同年齡群體的政治取向（吳乃德，1999；陳陸輝，2000；劉義周，1994；Day, 1993）。再者，就「生命週期效應」(life-cycle effects) 觀點來看，年齡較輕的選民對政治體系的認知較為薄弱，對政黨的情感依附不深且不固定。相反地，在考量家庭與事業因素之下，年齡較長的選民其政治行為通常較保守，且隨著對政治事務的熟悉而強化其政黨認同 (Achen, 1992; Braungart and Braungart, 1990; Gerber and Green, 1998)。

在性別方面，男性普遍被認為對政治事務有較高的興趣、關切政治議題，較會參與涉入各類政治活動。研究指出，這種性別的差異主要源自於個人政治功效意識強弱的不同；相較於女性選民，男性擁有

---

❽ 就選民投票行為來說，傳統觀點以為，投票率是隨著年齡的增長而穩定地成長，但是年齡在 65 歲以上者，由於身體機能的逐漸衰退，同儕社交接觸的頻率下降，加上在退休之後對一般政治社會涉及的程度減弱，因此其投票率開始呈現下滑的趨勢。然而，一項研究檢視美國聯邦層級選舉的投票資料指出，有必要對這種傳統觀點進行修正。實證資料顯示，在 1986 年之後，65 歲以上的民眾成為投票率最高的世代，不僅高於 18 至 44 歲的青年人與壯年選民，同時也勝過 45 至 64 歲的選民階層（吳重禮，1999c）。

較強烈的感覺，認為自己具有處理複雜政治事務的能力和智識 (Campbell et al., 1960: 489; Milbrath and Goel, 1977: 117)。這似乎意味著男性選民的政治態度較具資訊吸收的能力，得以比較各政黨的黨綱意見，瞭解特定政黨的政策立場，維持較為穩定的政黨認同，反之女性選民則較易成為獨立選民。

另外，在教育程度方面，若干美國選舉實證研究顯示，教育程度愈高，社會資訊吸收能力愈強，似乎較無須仰賴政黨標籤作為投票依據，因此較易成為獨立選民；反觀，教育程度愈低，更加需要政黨認同作為政治判斷與參與行為的依據，故較可能成為政黨認同者 (Abramson, 1983; Keith et al., 1992; Stone and Schaffner, 1988)。就我國情形而言，以往經驗研究顯示，教育程度愈高，愈可能成為政黨認同者，而教育程度愈低者，愈可能成為獨立選民。再者，就政黨偏好而言，教育程度愈高，社會地位愈高，愈可能成為既得利益者，因此傾向支持長期執政的國民黨，反之則較可能成為民進黨認同者（莊天憐，2001；葉銘元，1994）。近年來，臺灣政治局勢丕變，政黨版圖變動甚鉅，朝野政黨興衰互現，因此教育程度與政黨認同的關係是否有所改變，頗令人好奇。

省籍因素向來是研究我國選民政治態度與投票行為相當重要的變數。在特有政治社會環境背景之下，每逢選舉期間，省籍議題經常成為熱門話題，甚至成為選舉動員的關鍵依據，因此該項變數對選民的政黨認同應具有相當的影響力（王甫昌，1998）。若干文獻指出，相對於人數最多的本省閩南族群，大陸省籍人士對某些政治議題（尤其是兩岸統獨議題）有相當顯著的取向，或者因為凝聚力較強的「團體意識」，使得政治參與的程度較高，因此更易受政黨動員的影響（胡佛，1998a: 164）。整體而言，民進黨支持者有較高比例的本省籍選民，而外省籍選民則較其他族群更傾向支持國民黨（徐火炎，1993；黃秀端，1995）。值得說明的是，隨著國內政治生態丕變，國民黨不斷分裂，黨

內菁英相繼出走，分別成立新黨與親民黨，逐漸造成原本支持國民黨的外省籍選民分散其認同對象。除了本省閩南籍與外省籍之外，本省客家籍選民的政黨認同亦是本研究關注的焦點，故亦將此類選民納入觀察。

再者，本研究亦嘗試探討宗教信仰對於政黨認同的影響。相對於歐美選舉研究的情形，宗教信仰對我國選民政治態度的影響程度似乎甚為單薄。儘管如此，基於同屬團體歸屬感與我群意識的立論，本研究假設，有無宗教信仰（而非宗教信仰的種類）與選民是否具有政黨認同，兩者之間應呈現某種程度的關係。易言之，由於「自我認同」因素使然，有宗教信仰者較可能成為政黨認同者，而缺乏宗教信仰者則較易成為獨立選民。

另外，「脈絡效應」(contextual effects) 對於選民政黨認同的影響，亦是本研究關切的重點之一，亦即居住在不同地理區域的選民，其政黨認同是否有所差異。在以往國民黨統治時期，居住在北部都市化、商業化程度較高的選民，對於「黨外」與民進黨候選人似乎抱持較為同情的態度；反觀，在南部傳統鄉村地區，國民黨依賴複式輔選系統與派系動員能力得以長期掌握政治資源，而僅在少部分縣市（譬如嘉義市、高雄縣）經常由非國民黨籍者贏得地方政府首長的職位。然而，在 1990 年代數次地方百里侯選舉，民進黨候選人在南臺灣積極攻城掠地，國民黨的政權優勢可謂大受影響。甚至於在 2000 年第十任總統選舉，民進黨籍候選人陳水扁在南臺灣贏得多數選民支持，擊敗國民黨提名的連戰與獨立參選人宋楚瑜，國民黨黯然交出長達半世紀的中央執政權。就政治版圖而言，嘉義以南各個縣市儼然成為民進黨的鐵城重鎮，而雲林以北似乎以國民黨、親民黨的支持者居多。鑑於「北藍南綠」的對立態勢，有識者甚至預言「南北差距」、「南方政治」於焉產生。依據前述之剖析，本研究假設，中北部的選民傾向認同國民黨或親民黨，而南部選民則較認同民進黨。

在選民政治態度方面，本研究衡量社會心理學研究途徑的觀點，

在分析模型中納入政治興趣、政治知識、政黨理念、政治功效意識、族群認同、統獨立場等六項變數。再者，參酌理性選擇研究途徑的立論，含括總統施政滿意評價與臺灣未來前途評估等兩項變數。首先，就政治興趣與政黨認同的關係而言，部分研究者認為，彼此之間係相互影響；亦即，可能因為政黨認同而對於政治事務產生較為強烈的興趣與關懷，也可能因為政治興趣的提升，愈積極參與政治活動而強化其政黨認同 (Abramson, 1983; Campbell et al., 1960; Conway, 1991; Milbrath and Goel, 1977; Rosenstone and Hansen, 1993)。無論如何，幾乎可以確定的是，政治興趣與政黨認同呈現正向關係。再者，諸多研究者認為，獨立選民往往對政治事務和選舉動員缺乏興趣，較不願意涉入政治參與，對政治議題可能僅有些微的認知，甚少瞭解政治訊息，對政治活動抱持冷漠態度，致使選舉投票的動機偏低。然而，亦有學者提出不同論證，其認為部分獨立選民具有高度政治興趣，其雖然自稱獨立選民，但對於政治事務甚為關切，偏好某個特定的政黨，而且可能比政黨認同者擁有更強的政黨情感，因此他們長期的政黨取向投票行為甚為穩定 (Dennis, 1988b; Keith et al., 1992; Valentine and Van Wingen, 1980)。如是以觀，政治興趣與政黨認同、獨立選民之關係為何，尚待進一步檢證。

再者，政治知識也被認為與政黨認同者、獨立選民有關。所謂政治知識是對於政治資訊長期儲存的記憶，促使選民有能力進行思想與行動，並且表達自身對政治事務的觀點 (Delli Carpini and Keeter, 1996: 10–11)。就相當程度而言，政治知識的高低形塑個人對政治事務的價值與判斷，影響政治態度的形成，並且提供選民對政治體系的基本瞭解。政治知識較高的選民易於蒐集資訊，且較有能力將這些資訊整合，其政治態度較趨穩定，因此較易成為政黨認同者，反之則傾向成為獨立選民 (Keith et al., 1992; Rosenstone and Hansen, 1993)。相關實證研究指出，臺灣民眾政治知識的主要來源係電視報導與報紙新聞，至於影

響民眾政治知識的變數則有性別、教育程度、選舉興趣，以及媒體接
觸等；一般說來，男性、高教育程度、對選舉活動愈感興趣，以及使
用媒體愈頻繁的民眾，其政治知識愈高（林瓊珠，2001；黃秀端，1995）。
在政治知識與政黨偏好的研究中亦發現，選民政治知識程度愈高，愈
傾向清楚表態支持某個政黨；其中，以新黨偏好者的政治知識最高，
其次為國民黨支持者，而民進黨認同者則最低（翁秀琪、孫秀蕙，1994）。
歸納相關研究，本研究假設，政治知識愈高的選民，傾向成為政黨認
同者；反之，政治知識愈低的選民，較易成為獨立選民。至於政治知
識與不同政黨認同者的關係，由於近年來政治環境與政黨體系的變遷
（諸如親民黨的成立與新黨的式微，以及中央政府與若干地方政權的
政黨輪替），則尚待檢證。

此外，本研究假設，「是否有政黨符合自己理念」與選民政黨認同
應具密切關係。如前曾述，政黨認同是個人整體價值觀念與信仰系統
中關鍵的一環，也是選民對特定政黨的情感依附與效忠。進一步來說，
這種對政黨的依附感，不僅屬於一種「心理認同」，而且也包含「群體
概念」，是一項自我的延伸，將自我視為群體的一部分 (Miller and
Shanks, 1996: 120)。以此類推，當選民主觀認知有某特定政黨能夠代
表自我的理念，這有助於引導或者影響個人對政治目的與政治情境的
反應，強化個人政黨認同的取向，反之則傾向成為獨立選民。

在各類的政治態度面向之中，「政治功效意識」是影響選民政治參
與的重要因素。政治功效意識意指「個人認為其政治行為對政治過程
必定有或者有所影響的感覺，亦即個人認為履行公民責任 (civic duties)
是值得的。它是一種感覺，認為政治與社會的改變是有可能的，而身
為一公民可以扮演相當的角色來促成這樣的改變」(Campbell, Gurin,
and Miller, 1954: 187)。一般而言，民眾之政治功效意識愈高，汲取社
會資訊的動機與意願愈加強烈，從而提升參與政治事務的興趣。針對
政治功效意識的意涵，可進一步將其區分為兩個層面：一為「內在功

效意識」(internal efficacy)，或稱為「輸入功效」(input efficacy)；另一為「外在功效意識」(external efficacy)，或稱為「輸出功效」(output efficacy)。內在功效意識指涉的是個人相信自己具有能力可以瞭解政治事務、認知政治過程的全貌，以及參與政治活動的程度；而外在效度則意指個人相信政府官員對於人民的要求有所反應與重視的程度 (Balch, 1974; Craig, 1979; Pattie and Johnston, 1998; 吳重禮、湯京平、黃紀，1999: 25)。在此，本研究推論，政治功效意識的高低對選民政黨認同應能產生相當程度的影響；質言之，政治功效意識愈高者，較易成為政黨認同者，反之則傾向成為獨立選民。

再者，諸多研究文獻證實，族群認同對政黨認同具有顯著影響，並且是探討臺灣民主化過程中不可缺少的因素（王甫昌，1998；吳乃德，1999；黃紀、吳重禮，2000）。在以往威權體制統治之下，「中國意識」儼然成為唯一主流價值。然而，近十餘年來，隨著民主化與本土化的開展，本土意識逐漸抬頭，部分民眾強調本身「臺灣人」的認知取向。尤有甚者，族群認同輔以省籍因素、統獨議題的交互影響，遂成為決定政黨認同的關鍵變數。本研究根據以往研究經驗假設，自認為「中國人」者傾向認同國民黨或親民黨，而表示自身為「臺灣人」者則較傾向認同民進黨。至於自認為「既是中國人亦是臺灣人者」與政黨認同者、獨立選民的關係，則尚待檢證。

與族群認同密切相關的政治議題為臺海兩岸統獨爭議。無疑地，統獨立場為現今我國政壇最受矚目、且持續不墜的政治議題之一，是研究臺灣選民政治態度與投票抉擇的重要變數（陳陸輝，2000；傅明穎，1998）。依據「議題演化」(issue evolution) 立論，不同政治菁英對於議題立場的具體表態，反映在提名候選人與黨綱政策的差異，進而引導選民對於政治議題的反應，影響選民投票行為 (Carmines and Stimson, 1989)。大致而言，朝野政黨之間的政策立場，倘若存在明確的差異，則一般民眾較易依憑政黨標籤進行選擇。儘管有識者認為，

就既存國內政治態勢與兩岸關係，配合國際社會對於臺海和平穩定發展的期待，目前朝野政黨的統獨議題差距甚微。然而，依據實際政黨統獨意識型態光譜的分布位置，本研究假設，主張臺灣獨立者傾向認同民進黨，認為兩岸應該走向統一者則較可能認同國民黨或親民黨，而主張維持現狀者則傾向成為獨立選民。

另外，根據「回顧性投票」(Fiorina, 1981, 1984) 的觀點，國內若干實證研究指出，一般民眾對政府施政與在職者作為的評價之優劣，即可能形塑其本身的政治態度，進而影響選舉的投票抉擇（吳乃德，1999；吳重禮、王宏忠，2003；吳重禮、李世宏，2003；黃紀、吳重禮，2000）。❾無疑地，民眾對於執政者的施政評價，不僅如同一把政治溫度計，足以反映選民對於執政者的感受，同時也會影響選民的政治態度。如是以觀，對現任總統的施政表現滿意程度，自然成為增強或者弱化政黨認同的關鍵依據。據此，本研究假設，認為與以前國民黨政府相較之下，對陳水扁總統施政表現持正面評價的選民，傾向認同民進黨；反之，對總統施政評價持負面觀點者，則較傾向認同國民黨與親民黨。至於施政評價與獨立選民的關係，則有待檢驗。

如果對現任總統的施政評價係基於「回顧性投票」的觀點，那麼對國家未來前途的評估則是奠基於「前瞻性投票」的立論 (Achen, 1992)。其認為，選民基於自我利益考量且衡量政黨的可能作為，對未來國家情勢抱持正面樂觀的看法，傾向支持執政者，反之則傾向支持

❾ 回顧性投票意指，在選舉過程中，選民不僅會比較並評估候選人或者政黨對於未來政策的規劃與承諾，於此同時，它也提供選民評估過去候選人或者政黨的政策表現機會，選民會據此施予獎勵或者懲罰，並進而影響下次的投票抉擇。一項研究分析 1952 年至 1976 年全國選舉調查資料發現，選民對總統的施政評價程度，不僅對總統選舉具有強烈的影響，同時也會左右國會議員選舉的結果 (Fiorina, 1981)。據此，其認為，選民對總統的施政評價會表現在投票抉擇，而且反映在總統與國會議員選舉方面。

在野勢力。尤其，2001年立法委員選舉結果，民進黨在此次國會改選中順利取得第一大黨的地位；民進黨的勝選頗契合陳水扁總統選前所提出「兩階段執政說」，以完成「全面執政」的理想（吳重禮、林長志，2002: 74）。據此，本研究假設，對於我國未來前途抱持樂觀態度的選民，傾向認同民進黨，反之則較傾向認同國民黨或親民黨。至於國家前途評價與獨立選民的關係，仍待檢證。

綜合前述各項理論與研究經驗，本研究選定個人基本背景資料和多項政治態度變數，與政黨認同進行雙變數交叉分析，初步檢驗政黨認同者與獨立選民的差異。關於問卷措辭與選項，以及變數之重新編碼請參見附錄。

肆、政黨認同者與獨立選民的初步分析

根據社會學研究途徑的觀點，政治偏好往往取決於個人社會特徵。鑑此，本研究依據選民基本資料，包括年齡、性別、教育程度、省籍、宗教信仰，以及居住地區等六項變數，將受訪者做不同的區分，以檢證不同特徵的社會群體在政黨認同的差異。本研究假設，屬於某種性質的團體成員擁有高度同質性，相較於其他團體，成員彼此政治態度頗為相似。表7–1所示，為2001年臺灣選民個人基本資料與政黨認同之交叉分析。藉由卡方檢定，在95%信心水準下，這些人口基本變數均與政黨認同顯著相關，且其數據呈現結果與研究假設相當契合。

在年齡方面，年輕選民具有政黨認同的比例較高，而獨立選民的比例較低；反觀，50歲以上的年長選民獨立選民的比例偏高。基本上，各年齡群認同民進黨的比例均高於國民黨與親民黨，20歲至29歲的年輕選民尤其明顯，此結果與研究假設頗為契合。另外，就個別政黨而言，30歲至39歲的選民認同親民黨的比例較高，40歲至59歲的選民認同國民黨的情形較為明顯。

表 7-1　選民個人基本資料與政黨認同之交叉分析

		獨立選民	國民黨認同者	親民黨認同者	民進黨認同者	
年齡	20 歲至 29 歲	147 (33.0%)	55 (12.3%)	66 (14.8%)	178 (39.9%)	N=1,875 df=12 χ^2=72.25***
	30 歲至 39 歲	161 (35.2%)	65 (14.2%)	91 (19.9%)	141 (30.8%)	
	40 歲至 49 歲	150 (35.3%)	65 (15.3%)	54 (12.7%)	156 (36.7%)	
	50 歲至 59 歲	92 (39.8%)	40 (17.3%)	13 (5.6%)	86 (37.2%)	
	60 歲以上	163 (51.7%)	47 (14.9%)	22 (7.0%)	83 (26.3%)	
	合計	713 (38.0%)	272 (14.5%)	246 (13.1%)	644 (34.3%)	
性別	男	344 (35.4%)	137 (14.1%)	127 (13.1%)	363 (37.4%)	N=1,879 df=3 χ^2=9.648*
	女	372 (41.0%)	135 (14.9%)	120 (13.2%)	281 (30.9%)	
	合計	716 (38.1%)	272 (14.5%)	247 (13.1%)	644 (34.3%)	
教育程度	小學以下	295 (50.1%)	70 (11.9%)	23 (3.9%)	201 (34.1%)	N=1,873 df=6 χ^2=101.72**
	國中和高中肄	121 (27.2%)	76 (17.1%)	87 (19.6%)	161 (36.2%)	
	高中畢業以上	296 (35.3%)	126 (15.0%)	136 (16.2%)	281 (33.5%)	
	合計	712 (38.0%)	272 (14.5%)	246 (13.1%)	643 (34.3%)	
省籍	本省客家人	84 (36.4%)	42 (18.2%)	36 (15.6%)	69 (29.9%)	N=1,840 df=6 χ^2=226.10***
	大陸各省市人	48 (25.5%)	54 (28.7%)	76 (40.4%)	10 (5.3%)	
	本省閩南人	569 (40.0%)	170 (12.0%)	129 (9.1%)	553 (38.9%)	
	合計	701 (38.1%)	266 (14.5%)	241 (13.1%)	632 (34.3%)	
宗教信仰	無宗教信仰	255 (44.0%)	73 (12.6%)	69 (11.9%)	183 (31.6%)	N=1,848 df=6 χ^2=21.04**
	有一點虔誠	208 (33.5%)	101 (16.3%)	101 (16.3%)	211 (34.0%)	
	虔誠	239 (36.9%)	95 (14.7%)	74 (11.4%)	239 (36.9%)	
	合計	702 (38.0%)	269 (14.6%)	244 (13.2%)	633 (34.3%)	
地理區域	東部	35 (38.5%)	14 (15.4%)	16 (17.6%)	26 (28.6%)	N=1,874 df=9 χ^2=51.78***
	中部	189 (47.0%)	44 (10.9%)	42 (10.4%)	127 (31.6%)	
	南部	223 (40.0%)	85 (15.3%)	43 (7.7%)	206 (37.0%)	
	北部	267 (32.4%)	128 (15.5%)	145 (17.6%)	284 (34.5%)	
	合計	714 (38.1%)	271 (14.5%)	246 (13.1%)	643 (34.3%)	

N 為有效分析樣本數；df 為自由度 (degrees of freedom)；χ^2 為 Chi-square；*p < .05；**p < .01；
***p < .001；顯著水準係採雙側檢定 (level of significance for two-tailed test)。

再者，實證資料顯示，女性獨立選民比例高於男性，此與研究假設頗為吻合。就朝野政黨認同者而言，認同民進黨的男性選民比例高過於女性，這種情形與以往經驗研究甚為相似，至於國民黨與親民黨認同者的性別差異則不顯著。

在教育程度方面，值得關注的是，獨立選民呈現兩極化趨勢，亦即小學以下程度與高中畢業以上學歷者的比例，明顯高過於國中與高中肄業者。❿另外，民進黨認同者普遍散布在各種教育程度者，約在三成五左右。反觀，國民黨與親民黨認同者的學歷普遍較高。

在省籍方面，大陸各省市人有相當比例傾向認同親民黨，其次是認同國民黨，再其次是獨立選民，而認同民進黨的人數明顯偏低，此與經驗認知相符。至於本省閩南人與客家人之中，獨立選民比例最高，其餘依序為民進黨認同者、國民黨認同者，以及親民黨認同者。

在宗教信仰方面，沒有宗教信仰的選民有較高比例自認為是獨立選民，而民進黨認同者、國民黨認同者，以及親民黨認同者有較高比例具有宗教信仰，此與先前的研究假設相符。換言之，同屬團體歸屬感與我群意識的立論，似乎可以得到初步驗證。

在居住地區方面，獨立選民的比例在東部、中部與南部較高，北部地區的政黨認同者比例較高。就朝野政黨認同者而言，東部、南部與北部地區選民認同國民黨的比例較高，東部與北部認同親民黨的比例偏高。然而，民進黨認同者卻是普遍散布在全省各個地理區域，差異甚為有限。此結果迥異於研究假設，換言之，所謂「北藍南綠」、「南方政治」的論斷，恐言過其實。

誠如前述，除了個人基本社會特徵之外，選民的政治態度與其政黨認同亦密切相關。在此，依據資料性質區分為九項政治態度，包括

---

❿　在教育程度方面，筆者主要考量有效樣本數「平均分配」原則，故僅區分為「小學以下者」、「國中和高中肄」，以及「高中畢業以上」等三類，而不再加以細分類別。

政治興趣、政治知識、有無政黨符合自身理念、外在功效意識、內在功效意識、族群認同、統獨立場、政府施政滿意程度，以及對於臺灣未來前途評估等。藉以檢證政治態度與政黨認同的關係。表 7-2 所示，為選民的政治態度與政黨認同之交叉分析，數據顯示，除了內在功效意識之外，其餘政治態度變數皆與政黨認同顯著相關。

首先，就政治興趣與獨立選民而言，兩者呈現正向關係，亦即政治興趣偏低的選民傾向成為獨立選民，或者吾人可謂，獨立選民往往對於政治資訊與公共事務抱持較為冷漠的態度。❶從另外一個角度來看，民進黨認同者、親民黨認同者，以及國民黨認同者對於社會訊息與政治議題則較為關切。

在政治知識方面，實證數據顯示，政治知識愈低的選民，較易成為獨立選民；反觀，政治知識愈高的選民，傾向成為政黨認同者，與研究假設頗為相符。❷這似乎意味著，政治知識較高的選民較能夠蒐集政治資訊，熟悉朝野政黨政策訴求與意識型態立場，故較傾向認同特定政黨，反之亦然。

在有無政黨符合自身理念方面，與研究假設契合的是，認為沒有任何政黨符合自己的理念的選民較易成為獨立選民。反觀，民進黨與親民黨認同者有較高比例認為有特定政黨能夠代表自我的理念。值得注意的是，有相當比例的國民黨認同者表示沒有政黨符合自己的理念；

❶ 筆者擷取 TEDS 2001 資料中，「請問您平時會不會與人討論有關政治或選舉方面的議題？是時常討論、有時討論、很少討論、還是從來不討論？」，以及「請問您對於這次立法委員選舉的結果是非常關心、有點關心、不太關心，還是非常不關心？」這兩道題目。筆者將選項合併，形成從 0 至 6 的 7 個等級，之後再重新編碼；0 至 2 屬於「偏低」、3 屬於「中度」、4 至 6 屬於「偏高」。

❷ 五道測量政治知識的題目，作者將答對者登錄為 1，答錯、不知道、拒答則登錄為 0。之後，將此進行加總，形成從 0 至 5 的 6 個等級，再重新編碼；0 至 1 屬於「偏低」、2 至 3 屬於「中度」、4 至 5 屬於「偏高」。

表 7-2 選民政治態度與政黨認同之交叉分析

		獨立選民	國民黨認同者	親民黨認同者	民進黨認同者	
政治興趣	偏低	352 (56.8%)	76 (12.3%)	41 (6.6%)	151 (24.4%)	N=1,814 df=6 χ^2=193.45***
	中度	146 (36.4%)	66 (16.5%)	56 (14.0%)	133 (33.2%)	
	偏高	174 (21.9%)	123 (15.5%)	146 (18.4%)	350 (44.1%)	
	合計	672 (37.0%)	265 (14.6%)	243 (13.4%)	634 (35.0%)	
政治知識	偏低	296 (56.5%)	60 (11.5%)	31 (5.9%)	137 (26.1%)	N=1,875 df=6 χ^2=123.63***
	中度	230 (35.0%)	97 (14.7%)	89 (13.5%)	242 (36.8%)	
	偏高	189 (27.3%)	112 (16.2%)	127 (18.3%)	265 (38.2%)	
	合計	715 (38.1%)	269 (14.3%)	247 (13.2%)	644 (34.3%)	
政黨理念	沒有	516 (51.7%)	133 (13.3%)	86 (8.6%)	264 (26.4%)	N=1,616 df=3 χ^2=307.43***
	有	59 (9.6%)	111 (18.0%)	137 (22.2%)	310 (50.2%)	
	合計	575 (35.6%)	244 (15.1%)	223 (13.8%)	574 (35.5%)	
外在功效意識	高度	219 (30.2%)	110 (15.2%)	99 (13.7%)	296 (40.9%)	N=1,494 df=6 χ^2=19.21**
	中度	122 (34.1%)	60 (16.8%)	54 (15.1%)	122 (34.1%)	
	低度	154 (37.4%)	48 (11.7%)	78 (18.9%)	132 (32.0%)	
	合計	495 (33.1%)	218 (14.6%)	231 (15.5%)	550 (36.8%)	
內在功效意識	高度	150 (34.5%)	57 (13.1%)	65 (14.9%)	163 (37.5%)	N=1,697 df=3 χ^2=2.80
	低度	453 (35.9%)	199 (15.8%)	173 (13.7%)	437 (34.6%)	
	合計	603 (35.5%)	256 (15.1%)	238 (14.0%)	600 (35.4%)	
族群認同	臺灣人	251 (34.9%)	70 (9.7%)	33 (4.6%)	366 (50.8%)	N=1,825 df=6 χ^2=206.69***
	中國人	51 (34.9%)	44 (30.1%)	32 (21.9%)	19 (13.0%)	
	兩者皆是	380 (39.6%)	153 (16.0%)	180 (18.8%)	246 (25.7%)	
	合計	682 (37.4%)	267 (14.6%)	245 (13.4%)	631 (34.6%)	
統獨立場	偏向統一	127 (27.6%)	106 (23.0%)	117 (25.4%)	110 (23.9%)	N=1,720 df=6 χ^2=231.09***
	偏向獨立	78 (25.4%)	22 (7.2%)	7 (2.3%)	200 (65.1%)	
	維持現狀	398 (41.8%)	128 (13.4%)	117 (12.3%)	310 (32.5%)	
	合計	603 (35.1%)	256 (14.9%)	241 (14.0%)	620 (36.0%)	
總統施政滿意評價	較好	87 (17.1%)	21 (4.1%)	18 (3.5%)	383 (75.2%)	N=1,576 df=6 χ^2=689.15***
	較差	166 (31.3%)	151 (28.4%)	163 (30.7%)	51 (9.6%)	
	差不多	284 (53.0%)	62 (11.6%)	45 (8.4%)	145 (27.1%)	
	合計	537 (34.1%)	234 (14.8%)	226 (14.3%)	579 (36.7%)	
臺灣未來前途評估	悲觀	122 (34.3%)	82 (23.0%)	79 (22.2%)	73 (20.5%)	N=1,539 df=6 χ^2=144.06***
	沒有任何改變	155 (47.4%)	49 (15.0%)	44 (13.5%)	79 (24.2%)	
	樂觀	252 (29.4%)	92 (10.7%)	94 (11.0%)	418 (48.8%)	
	合計	529 (34.4%)	223 (14.5%)	217 (14.1%)	570 (37.0%)	

N 為有效分析樣本數；df 為自由度 (degrees of freedom)；χ^2 為 Chi-square；*p < .05；**p < .01；***p < .001；顯著水準係採雙側檢定 (level of significance for two-tailed test)。

這可能意味著，國民黨在喪失中央政權與歷經黨內改革轉型過程中，尚未建構出鮮明的政黨理念，足以區隔其他兩個主要政黨的意識型態與政策訴求。

在政治功效意識方面，區分為外在功效意識與內在功效意識，惟各組間差在內在功效意識未達統計顯著水準。⑬大體而言，獨立選民與親民黨認同者的外在功效意識較低，而民進黨認同者與國民黨認同者的外在功效意識較高。

如諸多研究文獻所證實的，族群認同係構成國內長期存在政治糾結的主要因素，亦是決定臺灣選民政治態度與投票抉擇的重要變數。實證資料顯示，自認臺灣人的選民有較高比例認同民進黨，自認「既是中國人亦是臺灣人者」則傾向成為獨立選民與民進黨認同者，而自認為中國人的選民有較高比例成為國民黨認同者與親民黨認同者。這

---

⑬ 在 TEDS 2001 問卷中，若干題目用以測量政治功效意識，本研究擇取其中三道題目，這些係沿用 NES 測量政治功效意識的標準問卷題目（相關說明，建議參閱吳重禮、湯京平、黃紀，1999）。外在功效意識測量題目分別為：「有人說，我們一般老百姓對政府的作為，沒有任何影響力。請問您同不同意這種說法？」與「有人說，政府官員不會在乎（臺語：不會管）我們一般老百姓的想法。請問您同意還是不同意這種說法？」。內在功效意識測量題目為：「有人說，政治有時候太複雜了，所以我們老百姓實在搞不懂（臺語：不清楚）。請問您同意還是不同意這種說法？」。經過作者初步檢定，「百姓沒有影響力」與「官員不在乎」兩項外在功效意識指標之間呈現出顯著正相關；而兩項外在功效意識與「政治太複雜」這項內在功效指標之間則呈現低度正相關，此結果符合既有文獻對於三項指標關係之分析 (Balch, 1974)。在外在功效意識方面，筆者將「百姓沒有影響力」與「官員不在乎」進行合併，形成 8 個等級，之後再重新編碼；1 至 3 屬於「低度」、4 至 5 屬於「中度」、6 至 8 屬於「高度」。在內在功效意識方面，由於表示「非常不同意」的次數過少，因此將「非常不同意」與「不同意」合併，稱之為「高度」，而「非常同意」與「同意」合併，稱之為「低度」。

或許足以說明，為何每逢選舉期間，泛綠陣營候選人往往訴諸族群認同以吸納獨立選民的支持。

無疑地，臺海兩岸統獨爭議為當前我國關鍵政治議題之一，且為左右選民政治態度與投票抉擇的重要因素。誠如研究假設所預期，主張維持現狀者傾向成為獨立選民。儘管朝野政黨認同者亦多數贊同維持現狀，但就兩岸統一與臺灣獨立而言，贊同臺灣獨立者傾向認同民進黨，而認為兩岸應該朝向統一者其政黨認同差異較不顯著。

在總統施政滿意程度方面，相較於以往國民黨政府的執政情形，對於陳水扁總統施政表現抱持正面評價的選民，明顯認同民進黨。反觀，對於總統施政評價持負面觀點者，則明顯傾向成為國民黨與親民黨認同者。至於多數獨立選民則認為兩者之間並無差別，必須強調的是，亦有不少獨立選民認為民進黨政府執政表現確實不如國民黨政府。

如前所述，倘若對於總統施政的評價屬於「回顧性投票」的觀點，則對於臺灣未來前途的評估則是基於「前瞻性投票」的立論。在國家未來前途評估方面，無分獨立選民或者朝野政黨認同者，多數對臺灣未來前景感到樂觀。其中，抱持樂觀態度的選民更明顯傾向成為民進黨認同者，而持悲觀立場者有較高比例為國民黨與親民黨認同者，此與研究假設相符。

藉由表 7-1 與表 7-2 的交叉分析，初步瞭解各個變數與政黨認同的關係，多數印證本研究所提出的假設。當然，每個變數的影響，必須進一步與其他變數相較，透過整體性分析，始得做更客觀的評估。由於政黨認同的各種選項之間並無任何順序關係，屬於「無序多分變數」(nonordered polytomous variable)。根據依變數之性質，本研究設定「多項勝算對數模型」，以統計軟體 SPSS 10.01 進行資料檢定與分析。

伍、實證結果與分析討論

在分析模型中,依變數仍然區分為「獨立選民」、「國民黨認同者」、「親民黨認同者」與「民進黨認同者」等四類,以「民進黨認同者」作為參照組。❶在自變數方面,除了將年齡和政治知識重新編碼還原為「連續變數」(continuous variable) 之外,其餘變數的編碼均依據先前交叉分析的處理方式,由於這些變數屬於「質變數」(qualitative variable),故須以虛擬變數登錄之。❶

表 7–3 所示,為臺灣選民政黨認同的分析結果,包含三種程式的個別估計值與 t 檢定的結果。第一列所呈現的數據,其意指相對於民進黨認同者,獨立選民個人基本特徵與政治態度的迴歸係數與標準差。相同地,第二列與第三列為相對於民進黨認同者;影響國民黨認同者

---

❶ 本研究模型包含三個方程式與一個限制式,其分別為:

$$\log P_{獨立選民}/P_{民進黨認同者}=a_1+Xb_1$$
$$\log P_{國民黨認同者}/P_{民進黨認同者}=a_2+Xb_2$$
$$\log P_{親民黨認同者}/P_{民進黨認同者}=a_3+Xb_3$$
$$P_{民進黨認同者}+P_{獨立選民}+P_{國民黨認同者}+P_{親民黨認同者}=1$$

❶ 詳言之,在性別方面,以「女性」為參照組。在教育程度方面,以「高中畢業以上」為參照組。在省籍方面,以「本省閩南人」為參照組。在宗教信仰方面,以「虔誠」為參照組。在地理區域方面,以「北部」為參照組。在政治興趣方面,此變數屬於「有序多分變數」(ordered polytomous variable),其中以「偏高」為參照組。在政黨理念部分,以「有政黨理念」為參照組。外在功效意識亦屬於「有序多分變數」,以「高度」為參照組。在內在功效意識方面,以「低度」為參照組。在族群認同部分,以「兩者皆是」為參照組。在統獨立場方面,以「維持現狀」為參照組。在總統施政滿意評價方面,以「差不多」為參照組。在臺灣未來前途評估方面,以「樂觀」為參照組。

與親民黨認同者的係數。總體而言，依據模型的「準決定係數」(pseudo coefficient of determination, pseudo R^2)，總共解釋約三成五的變異量；易言之，模型中所含括的變數群對於依變數而言，具有若干程度的預測能力。❻數據顯示，除了性別未達統計顯著水準之外，其餘諸如年齡、政治知識、教育程度、省籍、宗教信仰、地理區域、政治興趣、政治知識、有無政黨符合自身理念、政治功效意識、族群認同、統獨立場、總統施政滿意評價，以及對於臺灣未來前途評估等變數，為解釋選民政黨認同的重要指標。

就個人背景因素看來，實證資料顯示，在年齡方面，相較於民進黨認同者，年齡愈長的民眾愈傾向成為獨立選民。再者，相較於民進黨認同者，年齡愈長的民眾愈認同國民黨。此實證結果符合以往實證研究的觀點，或許由於政黨立場、政治菁英形象、選舉風格，以及基本政策訴求的差異，年輕選民對於民進黨的情感依附較深，而年齡愈長的選民認同國民黨的情形較為明顯。

在教育程度方面，相對於高中畢業以上的選民，小學以下學歷者傾向成為民進黨認同者；反之，國民黨認同者的學歷普遍較高，而親民黨認同者的教育程度更是明顯偏高。再者，相較於獨立選民，國中和高中肄業學歷者亦傾向成為民進黨認同者。

諸多研究證實，省籍係構成國內長期存在政治糾結的主要因素，並且藉由情感的投射作用，產生族群認同與國家認同的爭議。資料顯示，相對於本省閩南人，大陸各省市人傾向認同國民黨與親民黨，此與研究假設頗為吻合。必須說明的是，實證資料同時顯示，大陸各省

---

❻ 在模型所設定的自變數中，並無存在著「共線」(multicollinearity) 的問題。吾人檢視這些自變數的「相關係數」(correlation coefficient)，皆未達一般判別共線的程度 ($r > 0.85$)。由於資料處理過程的相關分析甚多，礙於篇幅有限，本研究無法詳盡陳述。對於分析資料和結果有興趣之讀者，敬請不吝與作者聯繫，作者樂於提供詳細的資訊。

表 7-3 　選民政黨認同之多項勝算對數模型分析

自變數		獨立選民		國民黨認同者		親民黨認同者	
		迴歸係數	標準差	迴歸係數	標準差	迴歸係數	標準差
常數		−3.335***	.678	−4.639***	.759	−2.118**	.776
年齡		.031**	.011	.042***	.012	.020	.013
性別（男）		.267	.226	−.053	.258	−.119	.267
教育程度	小學以下	−.569	.349	−1.014*	.408	−1.237**	.462
	國中和高中肄	−.560*	.272	−.183	.300	−.241	.305
省籍	本省客家人	.636	.344	.243	.395	.555	.385
	大陸各省市人	1.804**	.643	2.252***	.623	2.746***	.601
宗教信仰	沒有宗教信仰	.609*	.284	.344	.332	.356	.345
	有一點虔誠	.598*	.268	.266	.296	.265	.306
地理區域	東部	.347	.527	−.057	.658	.435	.582
	中部	.824**	.297	.314	.351	.235	.354
	南部	.351	.268	.761*	.301	.049	.335
政治興趣	偏低	.849**	.271	.444	.320	.155	.333
	中度	.304	.268	.111	.309	−.084	.320
政治知識		−.249*	.109	.143	.129	.054	.135
政黨理念（沒有）		2.565***	.287	.453	.270	−.142	.278
外在功效意識	高度	−.289	.263	.840**	.313	−.077	.314
	中度	.328	.305	.647	.363	.356	.353
內在功效意識（高）		.511*	.246	.086	.286	.369	.292
族群認同	臺灣人	−.636**	.237	−.376	.278	−1.145***	.308
	中國人	.907	.473	1.060*	.488	.526	.507
統獨立場	偏向統一	.067	.261	.666*	.281	.580*	.284
	偏向獨立	−.865**	.307	−1.054**	.399	−2.048**	.589
總統施政滿意評價	較好	−1.789***	.260	−1.877***	.355	−1.850***	.398
	較差	.887**	.297	1.654***	.319	2.023***	.331
臺灣未來前途評估	悲觀	.471	.290	1.179***	.313	.781*	.323
	沒有任何改變	.669*	.280	.884**	.335	.343	.355
χ^2=891.195; McFadden Pseudo R^2=0.351; N=969.18							

1. χ^2 為 Chi-square；N 為有效分析樣本數；.05 顯著水準下之臨界值為 t=1.960；.01 顯著水準下之臨界值為 t=2.576；.001 顯著水準下之臨界值為 t=3.291。

2. *$p < .05$；**$p < .01$；***$p < .001$；顯著水準係採雙側檢定 (level of significance for two-tailed test)。

市人在獨立選民與民進黨認同者比較之下，亦傾向成為獨立選民。換言之，省籍為大陸各省市的選民寧可認知為獨立選民，也不願意認同民進黨，這或許值得朝野政治菁英深思。至於本省客家人的政黨認同，均未具統計顯著水準，故不宜過度推論。

在宗教信仰方面，朝野政黨認同者彼此之間並無統計上的顯著差異。但是，在獨立選民與民進黨認同者相較之下，實證結果顯示，缺乏宗教信仰或者僅有些許虔誠者，傾向成為獨立選民，這印證先前所提出的研究假設。筆者以為，就相當程度而言，宗教信仰與政黨認同皆是基於團體歸屬感和我群意識，彼此之間相輔相成，呈現正向關係。

居住在不同地理區域的選民，其政黨認同是否有所差異，亦是本研究關切的重點之一。數據顯示，相對於北部地區的選民，南部選民較傾向認同國民黨。這種情形意味著，迥異於普遍為人所論及的一種觀點，所謂「北藍南綠」的立論，似乎有待商榷。此外，在獨立選民與民進黨認同者相較之下，中部地區民眾較傾向成為獨立選民。就實際政治意涵而言，以往執政的國民黨政府被詬以「重北輕南」，而民進黨政府則被視為「重南輕北」，中部地區長期為朝野政黨所輕忽，致使民眾傾向自認為獨立選民，由此可略窺一二。

就選民政治態度而言，在政治興趣方面，國民黨認同者、親民黨認同者與民進黨認同者，彼此之間並無統計上的顯著差異。然而，相較於獨立選民與民進黨認同者，實證資料顯示，政治興趣愈低者，傾向成為獨立選民。若再輔以表 7-2 的交叉分析，更可清楚地呈現政治興趣與獨立選民的關係；筆者以為，當選民對政治事務缺乏興趣，甚少瞭解政治訊息，較不願意涉入政治參與，因而拒絕對特定政黨產生的情感依附。

無獨有偶地，在政治知識方面，朝野政黨認同者彼此之間並無顯著差異。在獨立選民與民進黨認同者相較之下，政治知識愈低者，傾向成為獨立選民。就相當程度而言，政治知識的高低形塑個人對於政

治事務的判斷，影響政治態度的形成。政治知識愈低的選民拙於蒐集資訊，且不具資訊整合的能力，無法清楚認知政黨政策訴求與議題立場，故傾向成為獨立選民。

與政治興趣和政治知識頗為相似的是，在政黨理念方面，各個政黨認同者之間並無顯著差別。但是，相較於獨立選民與民進黨認同者，認為沒有政黨符合自己理念者，傾向成為獨立選民。無疑地，選民之所以缺乏政黨歸屬感，與他們無法找到任何政黨理念契合自身理念，彼此有相當程度的關聯。

在政治功效意識方面，相較於國民黨與民進黨，高度外在功效意識的選民傾向認同國民黨。至於獨立選民、親民黨認同者，以及民進黨認同者，彼此之間並無顯著差異。另外，相較於獨立選民與民進黨認同者，高度內在功效意識的選民傾向成為獨立選民。至於國民黨認同者、親民黨認同者，以及民進黨認同者，彼此之間並無顯著差異。歸納而言，實證發現與研究假設並不吻合，亦即政治功效意識的高低對於選民政黨認同並不必然產生預期的影響。

如前曾述，族群認同向來是國內實證研究甚為重要的變數。數據顯示，相較於獨立選民、親民黨認同者與民進黨認同者，自認是臺灣人的選民較認同民進黨；但在國民黨認同者與民進黨認同者比較之下，則未達統計顯著差異。再者，在國民黨認同者與民進黨認同者比較之下，自認是中國人的選民傾向成為國民黨認同者；但在親民黨認同者與民進黨認同者比較之下，則未具統計顯著差異。此實證結果與研究假設不盡相符。其可能的解釋為，相對於民進黨認同者，部分自認是臺灣人的選民依然認同國民黨；其次，相對於民進黨認同者，自認是中國人的選民並不必然認同親民黨。換言之，國民黨認同者與親民黨認同者的族群認同因素甚為複雜，仍有待未來研究進一步檢證。

無疑地，兩岸統獨爭議係當前國內關鍵政治議題之一。相較於國民黨認同者、親民黨認同者與民進黨認同者，偏向統一者傾向成為國

民黨認同者或親民黨認同者。從另一個角度觀之，贊同臺灣應朝向獨立方向發展的選民則傾向認同民進黨，此結果與研究假設相符。有識者認為，就既存臺灣政治態勢與兩岸經貿關係，配合國際社會對於臺海地區和平穩定發展的預期，當前朝野政黨兩岸政策差距甚微，均主張「維持政治現狀」與「促進經濟交流」；儘管如此，選民對於政黨統獨意識型態光譜的分布位置，似乎頗能清晰認知。

就「回顧性投票」的觀點而言，民眾對現任總統施政表現評價，足以反映人民對執政者的感受，係決定選民政治態度與投票抉擇的重要因素。誠如研究假設所預期，對陳水扁總統施政表現抱持正面評價的選民，明顯成為民進黨認同者；反觀，對總統施政評價持負面意見者，則傾向認同國民黨與親民黨，或者因為對於朝野政黨均感不滿而成為獨立選民。

如果總統施政評價係基於「回顧性投票」的觀點，則國家未來前途評估係屬於「前瞻性投票」的立論。實證數據顯示，相較於國民黨認同者、親民黨認同者與民進黨認同者，對臺灣未來前途持悲觀立場的選民傾向成為國民黨與親民黨認同者；反觀，抱持樂觀態度的選民則明顯傾向認同民進黨，此與本文研究假設相符。較值得注意的是，認為臺灣未來不會有任何改變的選民，分別傾向成為獨立選民或者國民黨認同者，這是否意味著部分民眾對於既存政黨失望，抱持社會疏離與政治冷漠的態度，值得進一步觀察與分析。

 ## 陸、結論與建議

近年來，我國政治局勢與政黨體系變動甚鉅。2000 年第十任總統大選，民進黨候選人陳水扁以 39.3% 的得票率當選，國民黨黯然交出長達半世紀的中央執政權，但仍掌握立法院多數優勢。之後，以宋楚瑜為首的親民黨與奉李登輝為精神領袖的台灣團結聯盟，相繼成立。

2001 年立法委員選舉結果揭曉，朝野政黨席次局勢丕變；民進黨在此次國會改選中順利取得第一大黨的地位，原本在國會占有絕對優勢的國民黨表現不如預期，而親民黨和台灣團結聯盟初試啼聲均各有斬獲。總體而言，該次選舉可謂是民進黨與「泛綠陣營」的勝選。2002 年北高市長暨議會選舉，兩位現任市長均順利連任。臺北市長馬英九取得民選市長以來最高的 64.1% 得票率，遙遙領先對手李應元。謝長廷也以過半數選票蟬聯高雄市長。同時，在現任市長「衣帶效應」(coattail effects) 帶動下，泛藍在臺北市議會大獲全勝，囊括三分之二以上的席次；相對地，高雄市議會生態也改觀，國民黨首次喪失過半優勢。2004 年第十一任總統大選，陳水扁以些微差距再度擊敗連戰、宋楚瑜的搭配；該年底，第六屆立法委員選戰煙硝塵埃落定，民進黨與台灣團結聯盟的表現不如預期，而泛藍在野聯盟持續掌握多數席次。2005 年 7 月國民黨主席選舉，馬英九以壓倒性優勢擊敗王金平，隨即與宋楚瑜、新黨郁慕明進行會商，企圖推動泛藍陣營的整合，並在 2005 年底縣市長選舉中，大敗泛綠陣營。2006 年北高市長暨議會選舉結果揭曉，國民黨贏得臺北市長，而民進黨贏得高雄市長，各自維持了原有的江山；在市議員席次方面，國民黨與民進黨皆有若干成長，而親民黨與台灣團結聯盟則遭受重創，席次明顯萎縮。筆者為文時，面對 2008 年初立法委員選舉和三月的第十二任總統大選，預期朝野政黨將有激烈選戰，戮力爭取選民的支持。無疑地，釐清政黨認同者與獨立選民的基本社會特徵與政治態度，裨益雙方陣營擬定選舉動員策略與規劃競選議題。由於蘊含重要理論意涵與實際政治參考價值，故本章以政黨認同為研究焦點，分析政黨認同者與獨立選民之基本特質的差異。

　　諸多實證研究指出，政黨認同不僅是左右選民投票抉擇的關鍵因素，而且對政黨體系的穩定與否影響甚鉅。儘管政黨認同儼然成為選舉研究的核心概念，然而該領域的研究仍遭逢若干爭議。歸納而言，爭議的主軸環繞四項議題：其一，政黨認同的概念意涵為何？其二，

如何確切地測量政黨認同？其三，如何釐清政黨認同與選民政治行為之間的關係？其四，誰較易成為政黨認同者與獨立選民；換言之，政黨認同者與獨立選民的差異為何？本章旨在探討第四項爭議，以2001年臺灣選民政黨認同為研究標的，嘗試探討政黨認同者與獨立選民在個人社會特徵和相關政治態度的差別。

本研究藉由雙變數交叉分析與多項勝算對數模型進行檢證。總體而言，相關數據多數印證研究假設。綜合研究發現，歸納以下結論。首先，就獨立選民的基本特徵而言，年齡越長的選民較易成為獨立選民；教育程度偏低的選民傾向成為獨立選民；缺乏宗教信仰者較易成為獨立選民；居住在中部地區的選民較易成為獨立選民。其次，在政治態度方面，政治興趣愈低者較易成為獨立選民；政治知識愈低者傾向成為獨立選民；認為沒有任何政黨符合自身理念者傾向成為獨立選民；在總統施政滿意評價方面，認為陳水扁總統施政表現不如預期者傾向成為獨立選民；在國家未來前途評估方面，認為臺灣未來不會有任何改變的選民傾向成為獨立選民。

相較於朝野政黨認同的情形，年齡越長的選民較易成為國民黨認同者；在教育程度方面，小學程度以下者傾向認同民進黨；在省籍方面，大陸各省市者明顯拒絕認同民進黨；就地理區域而言，南部選民傾向認同國民黨，而非認同民進黨；在族群認同方面，自認為中國人者傾向認同國民黨；在統獨議題方面，贊同臺灣獨立者傾向認同民進黨，而認為兩岸應該朝向統一者則較認同國民黨與親民黨；在施政滿意評價方面，對陳水扁總統施政表現抱持正面評價的選民，明顯成為民進黨認同者，而對總統施政評價持負面意見者，則傾向認同國民黨與親民黨；對臺灣未來前途的看法，持悲觀立場的選民傾向成為國民黨與親民黨認同者，而抱持樂觀態度的選民則明顯傾向認同民進黨。

儘管本研究在實證結果上得到些許佐證，但無庸諱言地，仍有諸多值得改進之處。筆者認為，至少有四項值得作為未來研究的參考。

首先，本研究僅分析 TEDS 2001 資料，針對選民的政黨認同進行「橫切面分析」，未能就長期選民政黨認同改變的情況進行研究，明顯不足。倘若能以長期觀察方式，採「縱剖面分析」(longitudinal analysis) 探討臺灣選民政黨認同的變遷，則應能獲致更為翔實的研究結果。其次，囿於資料性質，本研究將政黨認同區分為「獨立選民」、「國民黨認同者」、「親民黨認同者」，以及「民進黨認同者」等四類。誠如前述，眾多實證研究所示，政黨認同者與獨立選民並非單一性質的團體。舉例來說，就政黨認同者而言，若進一步考量「黨性強度」因素，則得以細分為「強烈民進黨認同者」、「弱民進黨認同者」、「強烈國民黨認同者」、「弱國民黨認同者」、「強烈親民黨認同者」、「弱親民黨認同者」等各種類型。另外，獨立選民亦可以再區分為「純粹獨立選民」、「偏向民進黨的獨立選民」、「偏向國民黨的獨立選民」、「偏向親民黨的獨立選民」等各種類別。然而，考量我國政黨體制的特性與有效分析樣本總數，本研究無法進一步細分政黨認同者與獨立選民的種類，為其研究限制。

再者，就當前政治版圖而言，雲林以南縣市多數為民進黨執政地區，而彰化以北則以國民黨、親民黨較具執政優勢。礙於有效樣本數之故，本研究未針對特定地區選民的社會特徵與政治態度進行分析，尤感遺憾。日後，若能以個別地區為分析單位，甚至比較民進黨與國民黨執政縣市的選民政黨認同，做深入探討，則將能使相關研究更加周延。另外，若能藉由其他測量方式，採取「個人層級」的態度調查研究途徑（修改政黨認同測量問卷與量表形式），或者「總體層級」的行為結果研究途徑（使用集體投票資料詮釋政黨認同的變動性），應是饒富意義的研究方向。

近年來，國內有愈來愈多的學者投身於選民的社會特徵、政治態度、政黨認同、議題立場，以及投票行為的實證研究，也累積了豐富的研究成果。儘管如此，政黨認同領域的研究似乎仍有寬廣的發展空

間。筆者期望藉由對於臺灣選民政黨認同的微薄成果，能提供往後相關研究更為寬廣的分析角度。

附錄 7-1　2001 年臺灣選舉與民主化調查研究之問卷
　　　　　節錄與重新編碼

政黨認同

K6、請問您是否偏向哪一個政黨?

　　(1) 有（跳問第 K6b 題）(2) 沒有（訪員漏問、不知道，以及拒答
　　設定為遺漏值）

K6a、請問您有沒有稍微偏向哪一個政黨?

　　(1) 有 (2) 沒有 (2) 跳答（回答「沒有」者為獨立選民；訪員漏問、
　　不知道，以及拒答設定為遺漏值）

K6b、政黨認同: 請問是哪一個政黨?

　　(1) 國民黨 (2) 新黨 (2) 親民黨 (3) 民進黨 (3) 建國黨 (3) 台灣團
　　結聯盟 (3) 民進黨＋台灣團結聯盟（綠黨、非外省人黨、在野黨、
　　國民黨＋新黨＋親民黨、國民黨＋親民黨、民進黨＋親民黨、
　　訪員漏問、不知道，以及拒答設定為遺漏值）

年齡

L1、請問您是民國幾年出生的?（如受訪者無法回答出生年，則改問現
　　在幾歲，並換算成出生年填入，即 91－年齡＝出生年）

　　＿＿＿＿＿＿＿＿＿年（不知道與拒答設定為遺漏值）

性別

L20、受訪者性別:

　　(1) 男 (0) 女

教育程度

L6、請問您的教育程度是什麼（臺: 您讀到什麼學校)?

　　(1) 不識字 (1) 識字但未入學 (1) 小學肄業 (1) 小學畢業 (2) 國、初
　　中肄業 (2) 國、初中畢業 (2) 高中、職肄業 (3) 高中、職畢業 (3) 專
　　科畢業 (3) 大學肄業 (3) 大學畢業 (3) 研究所（拒答設定為遺漏值）

省籍

L2、請問您的父親是本省客家人、本省閩南（臺：河洛）人、大陸各省市人，還是原住民？

(1) 本省客家人 (3) 本省閩南人 (2) 大陸各省市（原住民、香港人、日本人、越南人、緬甸華僑、訪員漏問、不知道，以及拒答設定為遺漏值）

宗教信仰

L7、請問您宗教信仰的程度如何？

(1) 沒有宗教信仰 (2) 有一點虔誠 (3) 虔誠 (3) 非常虔誠（看情形、無意見、不知道，以及拒答設定為遺漏值）

地理區域

(1) 東部：宜蘭縣、臺東縣、花蓮縣 (2) 中部：彰化縣、臺中縣、南投縣、雲林縣、臺中市 (3) 南部：嘉義縣、臺南縣、高雄縣、屏東縣、澎湖縣、嘉義市、臺南市、高雄市 (4) 北部：臺北縣、桃園縣、新竹縣、苗栗縣、基隆市、新竹市、臺北市

政治興趣

B1、請問您平時會不會與人討論有關政治或選舉方面的議題？是時常討論、有時討論、很少討論、還是從來不討論？

(3) 時常討論 (2) 有時討論 (1) 很少討論 (0) 從來不討論（拒答設定為遺漏值）

B2、請問您對於這次立法委員選舉的結果是非常關心、有點關心、不太關心，還是非常不關心？

(3) 非常關心 (2) 有點關心 (1) 不太關心 (0) 非常不關心（看情形、不一定、無意見、不知道，以及拒答設定為遺漏值）

政治知識

G1、請問您：現在的副總統是哪一位？

(1) 對 (0) 錯 (0) 拒答 (0) 不知道（訪員漏問設定為遺漏值）

G2、請問您：中國大陸國家主席是誰？

(1) 對 (0) 錯 (0) 拒答 (0) 不知道（訪員漏問設定為遺漏值）

G3、請問您：現任的美國總統是誰？

(1) 對 (0) 錯 (0) 拒答 (0) 不知道（訪員漏問設定為遺漏值）

G4、請問您：立法委員的任期為幾年？

(1) 對 (0) 錯 (0) 拒答 (0) 不知道（訪員漏問設定為遺漏值）

G5、請問您：哪一個機關有權解釋憲法？

(1) 對 (0) 錯 (0) 拒答 (0) 不知道（訪員漏問設定為遺漏值）

政黨理念

H11、請問您認為，在臺灣有沒有哪一個政黨能夠代表您的理念？

(2) 有 (1) 沒有（很難說、不知道，以及拒答設定為遺漏值）

外在功效意識

C1、有人說，我們一般老百姓對政府的作為，沒有任何影響力。請問您同意還是不同意這種說法？

(1) 非常同意 (2) 同意 (3) 不同意 (4) 非常不同意（無意見、不知道、看情形，以及拒答設定為遺漏值）

C2、有人說，政府官員不會在乎（臺：不會管）我們一般老百姓的想法。請問您同意還是不同意這種說法？

(1) 非常同意 (2) 同意 (3) 不同意 (4) 非常不同意（無意見、不知道、看情形，以及拒答設定為遺漏值）

內在功效意識

C3、有人說，政治有時候太複雜了，所以我們一般老百姓實在搞不懂（臺：不清楚）。請問您同意還是不同意這種說法？

(1) 非常同意 (1) 同意 (2) 不同意 (2) 非常不同意（無意見、不知道、看情形，以及拒答設定為遺漏值）

族群認同

K1、在我們（臺語：咱）社會上，有人說自己是「臺灣人」，也有人說

自己是「中國人」，也有人說都是。請問您認為自己是「臺灣人」、「中國人」，或者都是？

(1) 臺灣人 (3) 都是 (2) 中國人（不知道與拒答設定為遺漏值）

統獨立場

K2、關於臺灣和大陸的關係，請問您比較偏向哪一種？

(1) 儘快統一 (1) 維持現狀，以後走向統一 (2) 儘快獨立 (2) 維持現狀，以後走向獨立 (3) 維持現狀，看情形再決定獨立或統一 (3) 永遠維持現狀（訪員漏問、很難說、無意見、不知道，以及拒答設定為遺漏值）

總統施政滿意評價

E4、再來，請問您覺得，陳水扁總統所領導的政府與以前國民黨政府相比，做得比較（臺語：卡）好、還是比較（臺語：卡）不好？

(1) 好很多 (1) 比較好 (3) 差不多 (2) 比較不好 (2) 非常不好（看情形、無意見、不知道，以及拒答設定為遺漏值）

臺灣未來前途評估

H6、經過這次立法委員選舉以後，您對臺灣未來前途的看法是悲觀還是樂觀？

(1) 非常悲觀 (1) 悲觀 (2) 沒有任何改變 (3) 樂觀 (3) 非常樂觀（訪員漏問、看情形、無意見、不知道，以及拒答設定為遺漏值）

第八章
政黨政治與分立政府

壹、前言

近年來，行政部門與立法部門分屬不同政黨所掌握的「分立政府」
(divided government)，已經成為我國各級政府普遍存在的型態。相對
地，行政部門與立法部門皆由同一政黨所掌控的「一致政府」(unified
government)，卻有逐漸減少的趨勢。❶與此同時，分立政府對於體制
運作所造成的影響，似乎也逐漸展現。

回顧歷次地方層級選舉的歷史，在 1985 年之前，國民黨絕大多數
能贏得八成以上的縣市長席位，並且在縣市和直轄市議會中掌控多數
議席。在 1987 年政府宣布解除戒嚴之後，隨著臺灣民主化逐步開展，
非國民黨籍候選人贏得縣市長席位的比例逐漸增加（吳重禮、黃紀、
張壹智，2003: 146–147; Chen and Huang, 1999; Wu and Huang, 2007）。
1989 年解嚴後首度舉行的縣市長選舉，民進黨在得票率與當選率兩方
面皆有斬獲，在總數 21 席中取得 6 席；隔年的縣市議員選舉，若干黨
外人士也以民進黨籍身分進軍地方議會，然而在全國 21 個縣市議會中

---

❶ 關於 "divided government" 一詞，我國學者翻譯的詞彙甚多，如「分裂政
府」、「分立政府」、「分治政府」、「分黨控制政府」等，不一而足，其中
似乎又以「分裂政府」較為常見（王國璋，1993: 214; 湯德宗，2005: 67;
楊日青，2001: 195）。至於 "unified government" 一詞，譯名如「一黨政
府」、「單一政府」、「一致政府」等。作者以往所發表之論文以「分立性
政府」與「一致性政府」為名，之後修訂為「分立政府」與「一致政府」，
在此沿用之（吳重禮，1998a, 2000）。

的席次比例無一超過半數。換言之，這些民進黨籍縣市首長面臨無法
掌握議會多數席次的執政困境，形成了分立政府。自此之後，分立政
府的型態，在縣市層級的比例，由 1989 年約四成，逐屆攀升。

尤其是 1997 年 11 月底的縣市長選舉，民進黨與無黨籍一舉奪得
15 個縣市長席位，該等縣市人口約占臺灣總人口數的 78%；相對地，
國民黨的執政縣市由原先的 16 席縮減為包括花蓮、臺東、金門、馬祖
等東部偏遠縣市與離島地區的 8 個百里侯寶座，執政人口亦僅剩
22%。1998 年初縣市議員選舉中，國民黨依然贏得各縣市議會多數議
席，如此的縣市府會關係自然迥異於以往的情況。在 2001 年的縣市長
選舉，雖然各政黨當選的席次略有增減，國民黨增為 9 席，民進黨則
下滑至 9 席，親民黨則斬獲臺東與連江 2 縣，新黨贏得金門縣，無黨
籍人士亦贏得苗栗縣與嘉義市 2 縣市。2002 年初的縣市議員改選，國
民黨仍維持以往的優勢局面。2005 年底縣市長暨議會選舉中，國民黨
主席馬英九、親民黨宋楚瑜與新黨郁慕明進行會商，推動泛藍陣營整
合。選舉結果揭曉，國民黨拿下 14 個縣市長，民進黨僅保住南臺灣 6
個縣市百里侯席位，親民黨守住連江縣，新黨仍保有金門縣，無黨籍
吳俊立則攻下臺東縣，成為本屆唯一無黨籍縣市長；在縣市議員選舉
方面，國民黨仍在地方議會取得明顯優勢，民進黨則大幅成長 50 席
左右。

在直轄市層級方面，自 1994 年首次開放市長民選之後，一致與分
立政府各占半數比例。2006 年北高選舉結果揭曉，國民黨郝龍斌順利
當選臺北市長，民進黨陳菊則以些微差距攻下高雄市長。在臺北市議
員方面，應選 52 席中，泛藍陣營實質過半（國民黨 24 席、新黨 4 席、
親民黨 2 席）；而在高雄市議員方面，應選 44 席中，泛藍掌握相對優
勢（國民黨 17 席、親民黨 4 席），泛綠陣營表現則不如預期（民進黨
15 席、台灣團結聯盟 1 席）。換言之，在直轄市政府層級，一致與分
立政府仍然維持半數比例。整體而言，迄今臺灣縣市層級的分立政府

與一致政府互見，益發彰顯縣市府會關係的多元與複雜。

　　事實上，不僅在地方層級呈現分立政府狀態，在中央層級方面，行政權與立法權分屬不同政黨掌控的局面已然形成。❷在 2000 年之前，總統、行政院長，以及立法部門多數席次均由國民黨同時掌控，直至第十任總統大選，民進黨籍候選人陳水扁擊敗國民黨提名的連戰與獨立參選人宋楚瑜，國民黨黯然交出長達半世紀的中央執政權。其意涵不僅是臺灣首度進行政黨輪替，同時也是我國中央層級之行政與立法部門首次進入分治時代。2004 年總統選舉，陳水扁以些微差距再度擊敗連戰、宋楚瑜的搭配。然而，2001 和 2004 年立法委員選舉，儘管民進黨取得相對多數議席，卻無法跨過半數的門檻。換言之，民進黨雖然贏得中央執政權，然而面對的困境卻是未能掌握立法院絕對多數的席次。因此，陳水扁政府諸多政策措施引發朝野嚴重的衝突與對立。執政當局為尋求共識，往往必須藉由「體制外」的協商機制，試圖籌組多數穩定的「國家安定聯盟」，迴避府會僵局以求政策的推行。換言之，由於沒有任何政黨能夠同時掌握行政部門與立法部門，因此似乎較易造成府會的對峙與僵局。

---

❷　就我國憲政結構的調整而言，經由 1994 年第三次與 1997 年第四次憲改，確立了總統在中央政府行政部門組織、人事與決策的主導權。現行的憲法架構主要涵蓋 1946 年所制訂的憲法，以及 1990 年以來七次修憲所增加的增修條文，因此我國憲法體制經過歷年演變與多次修改，已產生相當程度的改變。雖然根據我國憲法第五十三條規定行政院為國家最高行政機關，據此推論行政院長為國家最高行政首長。但是由於實施動員戡亂與戒嚴體制，並在強人威權統治運作下，憲政運作逐漸偏離當初制憲的傳統精神與原則。即使在多次修憲過後，究竟我國屬於何種體制，至今仍是各界爭議的焦點。現今多數學者就總統選舉方式、人事任免與政策決定的模式中，認為我國憲政運作應從原來偏向內閣制的架構，逐漸轉為偏向總統制或雙首長的架構發展。關於我國憲政架構的變化，胡佛院士 (1998b) 的著作有詳盡的陳述與說明。

　　分立政府議題在此政治環境的氛圍之下，逐漸受到國內學界的重視，迄今亦累積了頗為豐碩的研究成果。總體言之，若干學術文獻著重於分立政府研究脈絡的引介（吳重禮，1998a, 2000, 2001；Chen and Huang, 1999）。此外，部分研究者嘗試探討分立政府的肇因，尤其在於瞭解選民「分裂投票」(split-ticket voting) 與「一致投票」(straight-ticket voting)，或者是「投票改變」(electoral change) 與「投票穩定」(electoral stability) 的行為動機及其研究方法（王業立、彭怡菲，2004；吳重禮、王宏忠，2003；吳重禮、徐英豪、李世宏，2004；洪永泰，1995；許增如，1999；陳玟君、陳文俊，2003；游清鑫，2004；黃紀，2001；黃德福，1991；劉從葦，2003）。再者，學界爭議的另一項焦點，係探討分立政府與一致政府所產生的結果和影響是否有所差異；換言之，相對於一致政府的運作，分立政府是否較易導致行政與立法部門之「僵局」(stalemate)、「政策滯塞」(policy gridlock) 與「停頓」(deadlock)，進而造成政府整體施政的困難和行政效能低落（吳重禮，2007b；吳重禮、李世宏，2003；吳重禮、林長志，2002；吳重禮、黃紀、張壹智，2003；吳重禮、楊樹源，2001；盛杏湲，2003；陳陸輝、游清鑫，2001；湯京平、吳重禮、蘇孔志，2002；黃秀端，2003, 2004；黃紀、吳重禮，2000；楊婉瑩，2003；Wu and Huang, 2007）。另外，若干研究針對分立政府造成的弊端提出其改革芻議（吳重禮，2002d, 2006；湯德宗，2005）。

　　鑑於分立政府意涵及其議題具有學理的重要性與實際政治的參考價值，本章擬探究數項相關議題。首先，說明分立政府的概念及其與政黨政治、憲政體制之關連，並且闡述為何分立政府議題成為近年來西方政治學界的重要研究領域。其次，將探討形成分立政府的肇因。基本上，常態性分立政府主要源起於選民「分裂投票」(split-ticket voting) 模式的形成，研究者曾提出不同的觀點以說明分裂投票，但迄今尚未發展出周延的解釋。在此，本章將摘述各家學說並評估其優缺

之處。再者，嘗試提出分裂投票的研究建議，以期得到一個較為周延而具說服力的解釋。在結論中，作者摘述本章重點，裨益讀者迅速瞭解要義。至於分立政府的運作影響和改革芻議，由於篇幅考量，則留待下一章再行說明。

 ## 貳、分立政府的概念意涵與研究議題

以行政首長與立法部門絕對多數席次所屬之政黨來觀察府會結構型態，就學理而言，可區分為一致政府與分立政府。一致政府意指在政府體制中，行政部門與立法部門皆由同一政黨所掌控。相對於一致政府的概念，分立政府意指行政部門與立法部門分屬不同政黨所掌握。當然，在「一院制」(unicameralism) 體制之下，分立政府乃是議會由不同於行政部門所屬政黨占有多數議席。在「兩院制」(bicameralism) 體制中，當兩個民選議會均擁有實質的立法權，只要其中的一院由不同於行政部門所屬政黨擁有多數議席，即可稱為分立政府（吳重禮，2006: 137）。就政府的組成結構而言，「二元民主正當性」(dual democratic legitimacies) 之行政立法分立精神，說明了在分權制衡體制中，分立政府「基因」存在的必然性 (Linz, 1994)。

就定義的緣起而言，分立政府原指涉的是美國聯邦政府的政治體制，其憲政體制為總統制，該政黨制度為兩黨制。因此，在美國政治體制之下，分立政府的意涵運用極為簡明 (Laver and Shepsle, 1991: 252)。儘管如此，近來若干學者嘗試引申分立政府的概念，套用於其他非總統制、多黨制的國家，裨益進行比較研究。舉例來說，一項研究將政府型態區分為分立政府、一致政府，以及「無多數政府」(no-majority government)；後者意指沒有任何單一政黨得以掌握議會中的絕對多數席次 (Shugart, 1995: 327–343)。值得一提的是，亦有學者爬梳彙整相關文獻並進一步將分立政府概念延伸，運用在總統制、內閣

制，以及總統和議會均由人民選舉產生的半總統制國家 (Elgie, 2001: 2-12)。依據其分類，如表 8-1 所示，在總統制之下，分立政府有兩種型態：其一，議會由不同於總統所屬的政黨掌握過半數席次；其二，沒有任何政黨掌握絕對多數席次。在內閣制之下，分立政府意指執政黨無法掌握議會絕對多數席次；這種情形亦即普遍為人所熟知的「少數政府」(minority government)。在半總統制之下，分立政府也有兩種型態：其一，執政黨在議會中無法掌握過半數議席；其二，議會由不同於總統之所屬政黨（或政黨聯盟）占有多數議席，使得總理（或謂首相）與總統分屬不同政黨，這種情形亦即所謂的「左右共治」(cohabitation；或稱為 split-executive government)。綜觀之，在不同憲政體制、政黨制度之下，均有可能產生分立政府，其共同特徵在於行政首長（無論是總統制之下的總統或是內閣制之下的總理）所屬政黨無法掌握議會多數席次。

表 8-1　憲政體制與分立政府型態

憲政體制類型	分立政府型態
總統制	1.議會由不同於總統之所屬政黨（或政黨聯盟）占有多數議席 2.在議會中，沒有任何政黨掌握過半數席次
內閣制	執政黨（或政黨聯盟）無法在議會中掌握過半數議席
半總統制	1.執政黨（或政黨聯盟）無法在議會中掌握過半數議席 2.議會由不同於總統之所屬政黨（或政黨聯盟）占有多數議席，使得總理（或謂首相）與總統分屬不同政黨

資料來源：摘譯自 Elgie (2001: 12)。

如是以觀，分立政府乃是憲政體制與政黨政治互動的結果 (Sartori, 1997)。誠如所知，近代民主政府之運作莫不以政黨政治為基礎，而民主政治與責任政治之體現，與政黨政治更有著密切的關係。依據政黨學者的立論，民主政治首重「政黨政府」(party government) 的運作機制 (Coleman, 1999; Cutler, 1980, 1988, 1989; Hardin, 1989a, 1989b; Jones and McDermott, 2004; Leonard, 1991; Sundquist, 1980,

1988, 1992)。對於政府整體運作來說，政黨是一項不可或缺的工具，它促成凝聚和團結，因而產生效能；連結行政部門和立法部門以串連共同利益，彼此相互密切配合，增強政策制訂與推展的順暢。經由健全的政黨競爭，執政黨擔任行政機關與立法機關的樞紐，行政部門提出之政策有賴於議會中的多數黨為之呼應，由是產生連鎖行政與立法的橋樑功能。反對黨則扮演監督執政黨的角色，成為政府施政的警鐘。

從選民的角度來說，政黨政府的本質乃是政黨將其政見主張呈現於選民之前，透過公平、公開的競爭，爭取人民的支持，若是選民同意或支持其理念，就投票支持該黨候選人，而該黨在贏得政權之後，即可將選舉訴求付諸實現。若是民眾滿意其施政作為，就會在下次選舉中繼續給予支持，反之則是將選票投給其他政黨。基本上，這就是政黨政府賴以維繫的機制。然而，一旦眾多選民投票支持不同政黨的行政首長與民意代表候選人，將導致行政權與立法權分屬不同政黨所掌握，分立政府於焉產生。這種情形將使得政黨政府的運作原則遭到嚴重削弱，行政部門與立法部門彼此分歧矛盾，所謂負責任、重效能的政府已不可得（吳重禮，2006: 139）。這些分立政府運作的難題，無論在內政、國防、軍事外交、經濟、社會福利政策等方面，均一一凸顯出來。

近十餘年來，分立政府議題儼然成為美國政治學界的研究主流之一。在美國政治體系運作中，分立政府並非最近才形成的政治現象。然而，直到 1980 年代末期起，這項問題才普遍獲得學術界的重視。誠如所知，分立政府議題的研究之所以蓬勃發展，與美國政治體制的發展有必然關係。如表 8-2 所示，從 1829 年第 21 屆國會以降，美國政黨政治漸趨成形，多數時間有一多數黨主導政權，同時掌握行政部門與立法部門；此種政黨輪替的週期大約為 30 年至 40 年。

表 8-2　1829 年至 2008 年美國聯邦政府型態

年　分	國會屆期	一致政府	分立政府
1829–31	21st	傑克遜 (Andrew Jackson)(D)；參眾議院 (D)	
1831–33	22nd	傑克遜 (D)；參眾議院 (D)	
1833–35	23rd	傑克遜 (D)；參眾議院 (D)	
1835–37	24th	傑克遜 (D)；參眾議院 (D)	
1837–39	25th	范別倫 (Martin Van Buren)(D)；參眾議院 (D)	
1839–41	26th	范別倫 (D)；參眾議院 (D)	
1841–43	27th	哈里森 (William H. Harrison) 與泰勒 (John Tyler)*(W)；參眾議院 (W)	
1843–45	28th		泰勒 (W)；參議院 (W)、眾議院 (D)
1845–47	29th	波爾克 (James K. Polk)(D)；參眾議院 (D)	
1847–49	30th		波爾克 (D)；參議院 (D)、眾議院 (W)
1849–51	31st		泰勒 (Zachary Taylor) 與菲爾莫爾 (Millard Fillmore)*(W)；參眾議院 (D)
1851–53	32nd		菲爾莫爾 (W)；參眾議院 (D)
1853–55	33rd	皮爾斯 (Franklin Pierce)(D)；參眾議院 (D)	
1855–57	34th		皮爾斯 (D)；參議院 (D)、眾議院 (R)
1857–59	35th	布坎南 (James Buchanan)(D)；參眾議院 (D)	
1859–61	36th		布坎南 (D)；參議院 (D)、眾議院 (R)
1861–63	37th	林肯 (Abraham Lincoln)(R)；參眾議院 (R)	
1863–65	38th	林肯 (R)；參眾議院 (R)	
1865–67	39th	林肯與強森 (Andrew Johnson)*(R)；參眾議院 (U)	

1867–69	40th	強森 (R)；參眾議院 (R)	
1869–71	41st	格蘭特 (Ulysses S. Grant)(R)；參眾議院 (R)	
1871–73	42nd	格蘭特 (R)；參眾議院 (R)	
1873–75	43rd	格蘭特 (R)；參眾議院 (R)	
1875–77	44th		格蘭特 (R)；參議院 (R)、眾議院 (D)
1877–79	45th		海斯 (Rutherford B. Hayes)(R)；參議院 (R)、眾議院 (D)
1879–81	46th		海斯 (R)；參眾議院 (D)
1881–83	47th	加菲爾德 (James A. Garfield) 與亞瑟 (Chester A. Arthur)*(R)；參眾議院 (R)	
1883–85	48th		亞瑟 (R)；參議院 (R)、眾議院 (D)
1885–87	49th		克利夫蘭 (Grover Cleveland)(D)；參議院 (R)、眾議院 (D)
1887–89	50th		克利夫蘭 (D)；參議院 (R)、眾議院 (D)
1889–91	51st	哈里森 (Benjamin Harrison)(R)；參眾議院 (R)	
1891–93	52nd		哈里森 (R)；參議院 (R)、眾議院 (D)
1893–95	53rd	克利夫蘭 (D)；參眾議院 (D)	
1895–97	54th		克利夫蘭 (D)；參眾議院 (R)
1897–99	55th	麥金利 (William McKinley)(R)；參眾議院 (R)	
1899–01	56th	麥金利 (R)；參眾議院 (R)	
1901–03	57th	麥金利 (William McKinley) 與羅斯福 (Theodore Roosevelt)*(R)；參眾議院 (R)	
1903–05	58th	羅斯福 (R)；參眾議院 (R)	
1905–07	59th	羅斯福 (R)；參眾議院 (R)	

1907–09	60th	羅斯福 (R)；參眾議院 (R)	
1909–11	61st	塔虎脫 (William H. Taft)(R)；參眾議院 (R)	
1911–13	62nd		塔虎脫 (R)；參議院 (R)、眾議院 (D)
1913–15	63rd	威爾遜 (Woodrow Wilson)(D)；參眾議院 (D)	
1915–17	64th	威爾遜 (D)；參眾議院 (D)	
1917–19	65th	威爾遜 (D)；參眾議院 (D)	
1919–21	66th		威爾遜 (D)；參眾議院 (R)
1921–23	67th	哈定 (Warren G. Harding)(R)；參眾議院 (R)	
1923–25	68th	哈定與柯立芝 (Calvin Coolidge)*(R)；參眾議院 (R)	
1925–27	69th	柯立芝 (R)；參眾議院 (R)	
1927–29	70th	柯立芝 (R)；參眾議院 (R)	
1929–31	71st	胡佛 (Herbert C. Hoover)(R)；參眾議院 (R)	
1931–33	72nd		胡佛 (R)；參議院 (R)、眾議院 (D)
1933–34	73rd	羅斯福 (Franklin D. Roosevelt)(D)；參眾議院 (D)	
1935–36	74th	羅斯福 (D)；參眾議院 (D)	
1937–38	75th	羅斯福 (D)；參眾議院 (D)	
1939–40	76th	羅斯福 (D)；參眾議院 (D)	
1941–42	77th	羅斯福 (D)；參眾議院 (D)	
1943–44	78th	羅斯福 (D)；參眾議院 (D)	
1945–46	79th	羅斯福與杜魯門 (Harry S. Truman)*(D)；參眾議院 (D)	
1947–48	80th		杜魯門 (D)；參眾議院 (R)
1949–50	81st	杜魯門 (D)；參眾議院 (D)	
1951–52	82nd	杜魯門 (D)；參眾議院 (D)	
1953–54	83rd	艾森豪 (Dwight D. Eisenhower)(R)；參眾議院 (R)	

1955–56	84th		艾森豪 (R)；參眾議院 (D)
1957–58	85th		艾森豪 (R)；參眾議院 (D)
1959–60	86th		艾森豪 (R)；參眾議院 (D)
1961–62	87th	甘迺迪 (John F. Kennedy)(D)；參眾議院 (D)	
1963–64	88th	甘迺迪與詹森 (Lyndon B. Johnson)*(D)；參眾議院 (D)	
1965–66	89th	詹森 (D)；參眾議院 (D)	
1967–68	90th	詹森 (D)；參眾議院 (D)	
1969–70	91st		尼克森 (Richard M. Nixon)(R)；參眾議院 (D)
1971–72	92nd		尼克森 (R)；參眾議院 (D)
1973–74	93rd		尼克森與福特 (Gerald R. Ford)*(R)；參眾議院 (D)
1975–76	94th		福特 (R)；參眾議院 (D)
1977–78	95th	卡特 (James E. Carter)(D)；參眾議院 (D)	
1979–80	96th	卡特 (D)；參眾議院 (D)	
1981–82	97th		雷根 (Ronald W. Reagan)(R)；參議院 (R)、眾議院 (D)
1983–84	98th		雷根 (R)；參議院 (R)、眾議院 (D)
1985–86	99th		雷根 (R)；參議院 (R)、眾議院 (D)
1987–88	100th		雷根 (R)；參眾議院 (D)
1989–90	101st		老布希 (George H. W. Bush)(R)；參眾議院 (D)
1991–92	102nd		老布希 (R)；參眾議院 (D)
1993–94	103rd	柯林頓 (William J. Clinton)(D)；參眾議院 (D)	
1995–96	104th		柯林頓 (D)；參眾議院 (R)
1997–98	105th		柯林頓 (D)；參眾議院 (R)
1999–00	106th		柯林頓 (D)；參眾議院 (R)

2001–02	107th		小布希 (George W. Bush)(R)；參議院 (D)、眾議院 (R)
2003–04	108th	小布希 (R)；參眾議院 (R)	
2005–06	109th	小布希 (R)；參眾議院 (R)	
2007–08	110th		小布希 (R)；參眾議院 (D)

D 代表民主黨 (Democratic)，R 為共和黨 (Republican)，U 為美國南北戰爭時期的聯邦統一黨 (Unionist)，W 為輝格黨 (Whigs，其為共和黨前身)。

*總統職位之取得，因前任總統（及副總統）去世或辭職而繼任至原任期屆滿。

資料來源：1829 年至 1988 年之資料摘自 King and Ragsdale (1988: 426–429)，其餘摘自新聞資料。

　　美國政治歷史上，除了零星偶發的分立政府之外，曾經歷三波明顯的、持續性的分立政府，其時期分別是由 1843 年至 1861 年、1875 年至 1897 年，以及 1969 年迄今。總體觀之，前兩波分立政府時期的持續幅度分別為 12 年與 16 年，皆短於第三波分立政府時期。自從第二次世界大戰以降至 2008 年期間，聯邦政府長達 36 年處於分立政府狀態，一致政府則維持了 24 年。假若將觀察的時序延後至民主黨總統詹森 (Lyndon B. Johnson) 執政時期結束，可以發現，自 1969 年至 2008 年總計 40 年期間，共有 30 年處於分立政府狀態，而一致政府僅有 10 年。就體制運作的角度而言，分立政府儼然取代一致政府，成為美國聯邦政府的「制度性規範」(institutional norm)。

　　如果將第三波分立政府時期由 1968 年往前推進至 1955 年，我們檢視從第 84 屆至第 102 屆國會期間，總統與國會所屬政黨的分配情形，可以發現，民主黨長期以來在國會中占有相當的優勢，尤其在眾議院中長期擁有多數議席。相反地，共和黨在入主白宮的競爭力則遠超過民主黨，尤其從 1968 年至 1992 年的 24 年期間，白宮幾乎全為共和黨所盤據；唯一的例外是，1973 年爆發水門案件的後續影響導致共和黨聲勢顯著下跌，促使 1976 年民主黨候選人卡特 (James E. Carter) 以些微差距擊敗當時繼任共和黨總統的福特 (Gerald R. Ford)。

　　正當美國學術界紛紛提出各項理由解釋為何共和黨長期掌握總統職位，而民主黨總是在國會選舉保持優勢之時，來自阿肯色州的柯林頓 (William J. Clinton) 在 1992 年總統初選以黑馬姿態連番征戰，淘汰黨內其他角逐者。隨後，柯林頓代表民主黨披掛上陣，擊潰在職總統布希（George H. W. Bush；以下稱為老布希）攻下睽違 12 年的總統職位。柯林頓的勝利代表的政治意涵甚多，其中亦似乎意味著第三波分立政府，將隨著民主黨主政時代的來臨而告結束。然而，相當出人意表地，1994 年期中選舉，共和黨同時擄獲參眾議院多數席次，使得聯邦政府再度形成分立政府狀態。

　　在 2000 年總統大選，歷經佛羅里達州重新計票風波之後，共和黨德州州長布希（George W. Bush；以下稱為小布希）擊敗民主黨提名的高爾 (Al Gore)；儘管共和黨掌握總統與眾議院多數席次，但在參議院卻與民主黨平分議席，各保有 50 席。小布希就職後曾表示，寄望在 2002 年期中選舉時取得參議院多數席次，以利政策推行。然而，在 2001 年 5 月 23 日，佛蒙特州共和黨參議員傑佛茲 (James Jeffords) 宣布退黨，成為和民主黨結盟的無黨籍參議員，此舉等同於逼使共和黨將參議院的控制權拱手讓給民主黨，讓民主黨重新奪回 1994 年喪失的參議院多數地位（吳重禮，2002d: 277）。2002 年 11 月初，期中選舉結果揭曉，共和黨奪回參議院多數黨地位，在眾議院當選席次更拉大與民主黨的差距，進而掌控國會參眾議院，堪稱大獲全勝。這也使得小布希成為一百年內第三位在期中選舉獲勝的總統。2004 年總統大選，小布希擊敗民主黨候選人凱瑞 (John Kerry)，蟬聯白宮主人寶座；同時間，參眾議院亦進行改選，共和黨均囊括過半數席次。共和黨同時掌握行政權與立法權，似乎意味著第三波的分立政府將告結束。然而，在 2006 年美國期中選舉，或許由於內政處理不當和伊拉克戰爭失利，共和黨遭受挫敗，而民主黨重新奪回失去了 12 年的參眾議院控制權，堪稱大獲全勝。毫無疑問地，這次期中選舉對於小布希政府產生重要影響。

換言之，現今美國聯邦政府再度形成分立政府型態。

事實上，不僅聯邦層級分立政府成為美國政府體制的常態，甚至在地方政府層級方面，州長與州議會分屬不同政黨掌控的情形亦漸趨頻繁。從 1946 年至 1990 年間，一致政府的比例呈現明顯下降趨勢。在 1988 年之後，甚至約有 75% 州政府層級處於分立政府的局面 (Fiorina, 1991: 181)。準此以觀，分立政府逐漸成為美國政治體制司空見慣的現象，而且在可以預期的未來，這種情形似乎也將持續下去。

既然分立政府成為政治體制司空見慣的現象，當然引起學者的關注。近十餘年來，探討美國分立政府運作的學術著作相當繁多，研究的主軸環繞三項議題：形成分立政府的可能肇因、分立政府所導致的影響，以及應該採行何種政治改革以杜絕分立政府的可能弊端。儘管學者嘗試提出各項學說以解釋分立政府的形成，然而迄今尚未發展出一套周全的解釋。同樣地，分立政府是否導致政策滯塞，亦是眾說紛紜，莫衷一是。針對分立政府的問題，儘管若干學者提出各種改革芻議，然而，在前兩項議題尚未廓清之前，任何改革提議似乎仍嫌過早（吳重禮，1998a: 66–67）。有鑑於愈來愈多的學者投注在這些相關議題的研究，一份研究指出，關於分立政府議題的探討，可能取代以往偏重「政黨重組」(party realignment) 的思考，而成為學術界探究選舉結構（如選民投票行為、政黨重組或解構）、政府制度，以及政策制訂等三個互動面向的研究重心 (Brady, 1993)。在下一節，將著重於分立政府之成因，針對各家學說論述其特色和不足之處。

參、分立政府形成的肇因

關於分立政府之成因，儘管研究者試圖提供不同理論加以詮釋，但是仍未發展出周延的學說，為多數學者所認同。可以確定的是，分立政府現象的產生，並非任何單一因素所能造成的，其包括諸多「行

為因素」(behavioral factors) 與「制度因素」(structural/institutional factors)(參閱吳重禮、徐英豪、李世宏，2004；Ansolabehere, Brady, and Fiorina, 1992; Beck et al., 1992; Carsey and Layman, 2004; Elgie, 2001: 5–7; Fiorina, 1996: 143–156, 177; Garand and Lichtl, 2000; Norpoth, 2001; Sigelman, Wahlbeck, and Buell, 1997)。行為因素的研究主要著重在選民的分裂投票與「一致投票」(straight-ticket voting) 的行為動機。反觀，制度因素則偏重探討影響選民投票行為的外在變數，諸如「憲政架構安排」(constitutional parameters)、「在職者優勢」(incumbency advantage)、「選區服務」(constituency service)、「選區劃分」(gerrymandered districts)、「偏頗的競選經費法規」(biased campaign finance laws)、「選舉時程」(timing of elections)，以及「選舉規則」(electoral formulae) 等。

如前所述，分立政府並非新近所形成的一種政治現象。美國政治歷史上，聯邦政治體制除了零星偶發的分立政府之外，曾經歷三波大幅度的分立政府時期。然而，這種現象並未獲得學術界的高度重視。1960 年代以來，許多美國政治學者依循基氏 (V. O. Key, Jr.) 所發展的「關鍵性選舉」(critical election) 與「持續性重組」(secular realignment) 的理論 (1955, 1959)，偏重在政黨重組或政黨解構 (party dealignment) 方面的研究（譬如 Burnham, 1970; Ladd and Hadley, 1975; Nardulli, 1995; Pomper, 1967）。直到約 20 年前，一篇論文中指出，自 1960 年代末期至 1980 年代末期，美國政治型態正面臨一個新的階段，亦即常態性的分立政府已然形成，逐漸取代一致政府型態，而分立政府亦可謂是一種特別型態的「聯合政府」(coalition government)。換言之，這種聯合政府並非起源自政黨或者政治領導人物之間自發性的結合，而是因為大規模選民採取分裂投票的選舉結果使然 (Sundquist, 1988: 613–615)。

表 8-3　　1900 年至 1996 年美國總統與眾議員選舉之分裂投票趨勢

選舉年	選區總數	選票分裂選區數	比　例
1900	295	10	3.4
1904	310	5	1.6
1908	314	21	6.7
1912	333	84	25.2
1916	333	35	10.5
1920	344	11	3.2
1924	356	42	11.8
1928	359	68	18.9
1932	355	50	14.1
1936	361	51	14.1
1940	362	53	14.6
1944	367	41	11.2
1948	422	90	21.3
1952	435	84	19.3
1956	435	130	29.9
1960	437	114	26.1
1964	435	145	33.3
1968	435	139	32.0
1972	435	192	44.1
1976	435	124	28.5
1980	435	143	32.8
1984	435	190	43.7
1988	435	148	34.0
1992	435	100	23.0
1996	435	110	25.5

資料來源：Ornstein, Mann, and Malbin (2000: 67)。

　　所謂分裂投票係指於同一次選舉中，有多種類別的選舉合併舉行，選民將選票投給支持不同政黨的行政首長與民意代表候選人。相對於分裂投票的情形，一致投票意味著在同時舉行的不同選舉中，選民將選票投給相同政黨的候選人。因此，選民採取分裂投票或一致投票的

行為，所呈現的集體結果，就決定了府會結構是否為分立政府或是一致政府的型態（吳重禮，2006: 142）。諸多研究者以美國總統與眾議員選舉中，選民投票情形作為測量分裂投票程度的指標。如表 8-3 所示，由 1900 至 1944 年間，眾議員選區出現選票分裂的比例，除 1912 年之外，均低於 20%。自 1948 年以降，這種比例逐漸攀升，約達 30% 以上，在 1972 年和 1984 年甚至高達約 44%。就另一層政治意義而言，選民選票分裂比例的增加，也意味著總統「衣帶效應」(coattail effects) 的減弱。換句話說，擁有高度聲望的總統候選人憑藉著競選活動帶動選戰風潮，裨益同黨議員及其他公職候選人當選的情況已經逐漸下降。為什麼選票分裂投票的比例顯著地增加? 這究竟是選民蓄意的投票行為，抑或無意的投票結果? 是什麼樣的因素導致高比例的選票分裂情形?

　　針對這些問題，諸多研究者對於分裂投票的成因有著不同的見解，儘管相關研究者曾嘗試運用各種學說，加以解釋選民為何會採取分裂投票行為，但迄今仍莫衷一是，無法對其成因提供周延的解釋（吳重禮、王宏忠，2003; 許增如，1999; 黃紀、吳重禮，2000; Alvarez and Schousen, 1993; Brady, 1993; Burden and Kimball, 1998; Mattei and Howes, 2000）。綜合各家論點，大抵上可分為「蓄意說」(intentional factor; 或稱為 purposive explanation) 與「非蓄意說」(unintentional factor; 或稱為 accidental explanation) 兩個陣營。其中，「蓄意說」學派認為，選民係刻意採取分裂投票的行為，意圖透過整體投票結果塑造分立政府，使得行政與立法部門分屬不同政黨掌控而相互制衡 (Alesina and Rosenthal, 1995; Bugarin, 1999; Carsey and Layman, 2004; Fiorina, 1996; Garand and Lichtl, 2000; Ingberman and Villani, 1993; Terrance and De Vries with Mosher, 1998)。反之，「非蓄意說」學派則認為，選民的投票行為是受到其他制度因素影響而採取分裂投票，卻無意間形成了分立政府的結果 (Born, 1994; Jacobson, 1990, 1991; Soss and Canon, 1995)。茲針對這兩種學派的觀點，說明如下。

一、蓄意說

此派學者從選民投票行為與政治制度之間的關係出發，將分裂投票視為「手段」，形成分立政府則是「目的」。若干研究者認為，美國政治體制「權力分立」(separation of powers) 的憲政架構安排 (constitutional parameters) 乃是分立政府的主要肇因 (Cutler, 1980, 1988; Hardin, 1989a, 1989b; McCubbins, 1991; Sundquist, 1988)。依據美國立憲原意，為防止政府可能的暴政與壓制而對人民的自由權利構成威脅，制憲者所提出的解決之道，即是將政府的基本權力分別授予相互分立且各自獨立的機構，以避免任何部門無所限制地獨攬政府權力。

在《聯邦論》(*The Federalist Papers*) 第 10、47、48、51 與 62 篇中，麥迪遜 (James Madison) 指出，政府組織之建構必須避免政府濫權的情形發生，因此分別賦予每一部門對其他部門具有若干牽制的權力，並使每一部門能夠與另外兩部門間保持適當的平衡，此即所謂「制衡」(checks and balances)。❸ 就行政與立法的互動關係而言，國會有權藉著否決總統要求通過的法案、審核行政部門所提出的預算案、參議院運用總統指派高級官員（包括內閣閣員、聯邦最高法院法官、駐外使節、局長、署長等）的任命同意權與條約締結的批准權，甚至提出彈劾等等，對於總統的權力加以制衡。在行政部門方面，總統對立法部門的制衡，主要係藉由「覆議權」(veto power) 的行使，否決國會所通過之法案，以防止國會的濫權。

正由於憲政體制中制衡分權原則，使立法部門與行政部門有所區

---

❸ 麥迪遜認為，政治制度的設置，必須杜絕政府濫權與壓制人民的傾向，尤其必須以考量「人性本質」(human nature) 為出發點。換言之，政府組織乃是人性的反映。在《聯邦論》第 51 篇中，麥迪遜闡述其人性本惡的觀點——「假若人是天使，則政府是不需要的。假若是天使來統治人們，則政府的外在與內在控制也是不需要的」。

隔，不僅「政治統治權」(political governance) 的行使遭到切割，而且間接地鼓勵分立政府的形成。因為制衡分權概念深植選民心理層次，則此「心理認知」(psychological cognition) 反映在投票行為上，便是將選票投給不同政黨，造成分立政府的出現（吳重禮，1998a: 68–71）。依此觀點，若干學者以為，選票分裂投票模式乃源自於選民心理認知的「平衡理論」(balancing theory)(Born, 1994; Brady, 1993)，或謂之為「認知性麥迪遜主義」(cognitive Madisonianism)(Sigelman, Wahlbeck, and Buell, 1997)。而此心態反映在投票行為上，使得多數選民「蓄意地」支持不同政黨的行政首長與民意代表，希冀在政治體制上，造成分立而制衡的政府 (Jacobson, 1991: 641; Petracca, Bailey, and Smith, 1990: 506)。

　　若干學者則延伸認知性麥迪遜主義的概念而提出「政策中和模型」(policy moderation model)，解釋選民蓄意的分裂投票行為 (Fiorina, 1996: 72–81)。其認為，並非是選民無法區別民主與共和兩黨的差異而分裂其選票，而是因為選民投票時的主要依據是兩黨政策立場的差異。倘若只有一項選舉，選民可以清楚地區分政黨在政策與意識型態上的差異，並依據此差異，表達其立場偏好。假如兩項選舉同時舉行時，選民則會考量藉由分裂投票行為，希望行政部門與立法部門分屬不同政黨掌控，以尋求政府決策過程中意識型態和政治利益的妥協平衡，避免任何政黨過度掌握政治權力，制訂過於激進或保守的政策，以符合選民的利益。

　　更確切地說，政策中和模型得以圖 8–1 所示的尺度來解釋選民的分裂投票行為，定位不同的投票組合，從中選擇與自己立場最接近的組合。其基本邏輯認為，投票是依據總統或者國會多數政黨的政策立場而定，選民認為總統在政策上較國會具有更大的影響力。因此，在經過比較之後，選民在總統選舉會投給政策立場較認同的政黨，但為了中和政策，國會議員選舉則會投給另一個政黨。依此，兩項選舉總

共有四種投票模式，選民從中選擇與自己立場較為接近的模式。位於尺度兩端的強烈政黨認同者會採取一致投票，唯有介於兩黨中間的選民，也就是介於 M1 與 M2 之間的選民，才會選擇採取分裂投票。

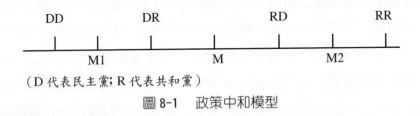

（D 代表民主黨；R 代表共和黨）

圖 8-1　政策中和模型

　　顯然，無論是認知性麥迪遜主義或者是政策中和模型，這種蓄意說觀點具有許多優點。首先，此項解釋明顯易懂，符合理論的「簡單性」(parsimonious) 與「直接性」(straightforward) 的基本條件，具備相當程度的說服力。其次，其結合若干重要的概念（包括政治體制、黨綱政策、選民心理取向與行為模式，以及政策制訂等），提供頗具學術視野的研究領域。

　　儘管如此，此項學說卻仍然存有若干弱點，亟待進一步研究加以補強（吳重禮，1998a: 70–72）。首先，「多數」美國選民是否如此之「理性」，具備足夠的「政治知識」(political knowledge)，瞭解到本身選票分裂的行為將促成分立政府，並且寄望經由選舉行為形成分立政府，避免任何政黨壟斷政治勢力，在相互制衡的機制下，尋求意識型態的妥協平衡，以獲致中庸的政策。雖然缺乏實證資料以瞭解一般選民對於分立政府所抱持的態度為何，然而，吾人可以藉由美國成年人對政治事務的認知程度，間接地瞭解到選民對分立政府，以及相關議題的態度。如表 8–4 所示，在 25 個問測項目中，一般民眾的政治資訊及政治知識其實是相當貧乏的，更遑論能夠認知到，可經由「蓄意的」投票行為造成分立而制衡的政府，尋求意識型態的妥協平衡，以制訂中庸的政策。換言之，吾人似乎不宜高估選民政治行為模式中所具備的「理性」成分。

表 8-4　1945 年至 1987 年美國成年民眾對於政治資訊的認知程度

問測項目	正確回答比例	問測年分	資料來源
知道美國的首府所在	94%	1945	AIPO
知道總統任期是四年	94%	1951	AIPO
現任總統相片的辨認	93%	1948	AIPO
說出該州現任州長的姓名	89%	1973	Harris
知悉陪審團制度	83%	1987	Hearst
知道 "veto" 的意涵	80%	1947	AIPO
能夠說出現任副總統的姓名	79%	1978	NORC
知道 FBI 為何機構的簡稱	78%	1949	AIPO
知道 "wiretapping" 的意涵	74%	1969	AIPO
能夠說出該市市長的姓名	70%	1967	AIPO
知道哪一政黨在眾議院中擁有多數席次	69%	1978	NORC
知道總統任期不得超過兩任	68%	1970	CPS
知道中國是共產國家	63%	1972	CPS
對於 "conservative" 有某種程度的瞭解	63%	1960	SRC
知道 "open housing" 的意涵	58%	1967	AIPO
知道每一州選出兩位參議員	52%	1978	NORC
能夠說出該州國會議員的姓名	46%	1973	Harris
知悉美國憲法第一至第十修正案為人權法案 (the Bill of Rights)	41%	1987	Hearst
能夠說出該州兩位參議員的姓名	39%	1973	Harris
知道蘇俄不是北大西洋公約 (NATO) 組織的成員	38%	1964	AIPO
能夠說出現任美國國務卿的姓名	34%	1978	NORC
知道 "no-fault" 保險的意涵	31%	1977	AIPO
知道聯邦眾議員的任期為兩年	30%	1978	NORC
能夠說出該州州參議員的姓名	28%	1967	AIPO
知道哪兩個國家正在進行戰略武器限制談判 (SALT)	23%	1979	CBS/*NYT*

AIPO 為 American Institute of Public Opinion (Gallup)；CPS 為 Center for Political Studies；Harris 為 Lou Harris and Associates； NORC 為 National Opinion Research Center； CBS/*NYT* 為 Columbia Broadcasting System/*New York Times*； Hearst 為 Hearst Corporation。
資料來源：LeLoup (1989: 146)。

其次，即使蓄意說強調的選民理性認知是普遍存在的現象，並且此種政治態度可以直接反映在投票行為上，卻也無法解釋為何發生斷續性三波大幅度分立政府時期（尤其在 1968 年後的第三波），而非普遍存在的常態性現象。因為，在分權制衡的憲政架構下，假如選民投票行為正是反映心理認知，那麼吾人可以推測，分立政府應該是美國政府長期存在的現象，而不是密集地發生在某些特定時期。

再者，蓄意說的基本假定與「空間理論」(spatial theory) 或謂「空間類比」(spatial analogy) 立論是相違背的 (Brady, 1993:191)。依據空間理論的概念，選民的投票行為是基於理性的選擇，取決於支持政治議題、意識型態相近的政黨及其候選人，以擴大自身的利益（參閱 Downs, 1957; Enelow and Hinich, 1984）。然而，蓄意說卻認定多數選民的選舉行為，在某項層次選舉中認同與自身利益相近的（行政首長／議員）候選人，但在另一層次選舉中又跳脫自我利益的束縛，支持立場差距較遠的（議員／行政首長）候選人。顯然地，這種矛盾觀點減弱了理論的解釋力。

然而，亦有學者對於空間理論所產生的質疑，提出不同看法（劉從葦，2003: 125-127）。首先，選民可能藉由投票給距離較遠的政黨或候選人，來傳達其對距離較近政黨或候選人的不滿，認為選民依據最終政策產出而分裂投票的平衡行為，仍是理性的。其次，空間理論的出發點是每個政黨在一個選舉競爭中有一個政策位置，因此有兩項選舉時即應有兩個競爭空間。若試圖從空間理論批判選民的政策中和模型，就必須合理化為何將多項選舉的競爭空間疊合之後，相同政黨的政策位置會剛好重合。

二、非蓄意說

迥異於前述觀點，若干研究者認為，分立政府並非選民刻意塑造的結果，只是選民自我矛盾的政策偏好（王國璋，1993: 237-238; Born,

1994: 95–115; Cox and Kernell, 1991: 3–4)，或者是選民無所適從的投票行為，故只得分攤「政治賭注」投票支持不同政黨 (Burden and Kimball, 1998: 533–544; Menefee-Libey, 1991: 645)，甚或選民只單純以候選人個人條件為取向 (Sigelman, Wahlbeck, and Buell, 1997: 892)。歸納而言，這派學說認為，選票分裂投票模式並非選民蓄意的投票結果。

基本上，此種非蓄意分裂投票行為的命題結合了政治議題、選舉制度、候選人立場，以及選民利益等四項因素，其強調共和黨之所以在總統大選占有優勢，乃是因為共和黨掌握關鍵性議題及國家全面性政策。相對地，因為民主黨國會議員能夠有效地維護本身選區利益，使民主黨得以在國會議員選舉中立於不敗之地(王國璋，1993；Cox and Kernell, 1991; Menefee-Libey, 1991; Thurber, 1991a, 1991b)。就選舉制度的層面觀之，總統與國會議員不同選舉區之差異，使得總統與國會議員產生不同的政策偏好與意識型態之區隔，而此等差異使分立政府於焉產生（吳重禮，1998a: 72–75）。因為總統大選屬於全國性選舉，選民具有高度的異質性，故候選人必須訴諸全面性、普遍性及宏觀性的議題。然而，國會選舉卻屬個別性與區域性（參議員代表州，眾議員代表選舉區），參眾議員往往必須面對同質性高的選民，因此候選人的競選議題亦不免侷限在地方性事務。

在此種政治環境之下，多數選民一方面認同共和黨總統候選人的國家經濟規劃方針，注重保守性減稅政綱及強悍的國防政策。但另一方面，為取得政府有限資源運用的「極大化」(maximization)，選民傾向支持民主黨國會議員候選人，以確保社會安全、福利制度，執行嚴格的環境保護標準，爭取地方選區建設計畫。選民這種雙重、矛盾心態，適足以導致選票分裂。

除了基本黨綱的差距之外，為什麼共和黨較易擬定全面性國家發展藍圖，而民主黨即便掌握國會多數席次，卻經常無法勾勒出宏觀性政策方針？部分研究指出，此情況與兩黨國會議員結構的差異有著密

切關係 (Jacobson, 1990, 1991; Petrocik, 1991)。在民主黨方面，雖然該黨議員在國會中占有多數席次，然而，在「連任」(reelection) 勝選的動機下，為取得選區選民的信賴與支持，往往多加考量選民立場，極力爭取地方建設。故此，民主黨議員異質性較高，在國會中較不願遵循黨綱政策的約束。當政黨的立場與選區利益並不衝突時，民主黨議員當然不會遭遇任何困難，但是當這兩者發生牴觸時，他們就面臨角色矛盾的困境。一般而言，議員往往為顧及選舉連任的壓力，傾向以選區民眾的意向為依歸。這種「一人一把號，各吹各的調」現象造成全面性、整體性政綱不易形成。❹換言之，民主黨經常缺乏健全的機制，整合黨內各式敵對團體，以形成有效的「政黨聯盟」(party coalition) 贏得總統大選。反觀，共和黨雖然僅掌握國會少數議席，但因為支持共和黨的選民具有較高的同質性，反而有利凝聚黨內共識，裨益策劃內政與外交的全面性政綱。

以多數選民政治立場矛盾的雙重評價標準，結合選民心理、政黨政策、候選人立場等多項變數，共同解釋分立政府的形成，確實相當具有啟發性。即令如此，這種看法亦有其不足之處。首先，全國性議題與地區性議題是否可以截然區分，不無疑問。以老人福利制度為例，其包括社會安全 (Social Security)、生活救助金 (Supplemental Security Income)、榮民福利 (Veterans Benefits)、福利金或救濟金 (Public Assistance)、退休老人醫療補助 (Medicare)、貧困醫療補助 (Medicaid)、

---

❹ 民主黨國會議員的高度異質性，由同黨議員政治態度的不同可見一斑(參閱 Black and Black, 1992)。尤其在美國南方，強調濃烈宗教與道德觀，種族意識尚存，北方自由派對人權、族群、與婦女運動的支持，都讓南方白人多有微詞。儘管南方各州民主黨仍擁有優勢，掌握多數州政府及議會控制權，但是部分民主黨人較一般共和黨自由派人士更為保守。在多次總統大選，南方各州反而成為支持共和黨候選人的重鎮。民主黨領導菁英有感於南方保守勢力與北方自由派鬩牆，阻撓黨內團結，然而彼此立場歧見甚深，無法有效統合。

糧食券 (Food Stamps)、乘車減價優待 (Reduced Fare)、免加租優待 (Senior Citizen Rent Increase Exemption)、地產稅減免優待 (Real Property Tax Exemption)、能源補助 (Home Energy Assistance Program, HEAP)、電話基本費優待、修屋貸款等 13 項福利措施，倘若總統決議嚴格管制審核老人福利申請資格，以縮減聯邦預算支出，則各州及地方政府相關經費補助必然顯著短絀。如是觀之，全國性政策與地方性議題是相互牽動，而密不可分的。

其次，持「矛盾理論」的學者檢證的資料著重在 1968 至 1992 年期間，共和黨長期控制白宮，而民主黨掌握國會山莊的情況，他們認為兩大黨在議題立場上各有不同，且具有固定的政治訴求，以爭取不同選區的選民支持。筆者以為，該項解釋只是一種「事後解釋」(ex post facto explanation)，因為僅在事實發生之後，以既有的事實來說明政治現象，缺乏預測的能力。顯然地，上述的推論無法解釋 1990 年代兩黨易位的事實，亦即民主黨在 1992 年及 1996 年贏得總統寶座，而共和黨則在 1994 年及 1996 年擄獲國會多數議席。許多實證研究指出，多數選民的政治行為與本身的習性之間有著密切的關係 (Campbell et al., 1960; Flanigan and Zingale, 1991; Niemi and Weisberg, 1984; Rosenstone and Hansen, 1993)。換言之，選民政治態度的形塑過程中，深深受到過去經驗的累積所影響，除非遭遇重大外在因素的刺激，否則不輕易改變既存的習性和偏好。依據「矛盾理論」的觀點，選民分裂選票乃是因為認同共和黨的候選人較能夠滿足他們對總統角色的需求，而民主黨的政策較能符合他們對國會議員的需求。然而，在社會因素和經濟因素沒有急遽變化的情況下，「矛盾理論」無法解釋為什麼多數選民能夠在短期之內轉變舊有的習性 (並調整其政治態度)，認為民主黨候選人能夠規劃全面性政策，扮演稱職的總統角色，而共和黨議員也可以適當的反映個別選區的利益。

再者，「矛盾理論」這種「選民─黨綱─候選人」單一化的立論可

能只是一種「局部解釋」(partial explanation)，而它的解釋力只能適用於某些特定選民的投票行為。換句話說，吾人亦須考量其餘可能影響選民投票行為的變數，譬如政黨認同式微、「在職者優勢」(incumbency advantage) 等結構性因素。

因此，若干學者提出不同觀點，解釋常態式分立政府的形成；部分研究強調「結構性規則」(structural rules)(Ansolabehere, Brady, and Fiorina, 1992) 的影響；而部分研究則認為以「候選人中心」(candidate-centered) 的選舉政治，逐漸取代政黨認同是造成分立政府的主因 (Sundquist, 1988; Wattenberg, 1990, 1991b)。以結構性規則觀點而言，這派學說以「選區服務」(constituency service) 等相關著作為基礎，認為國會議員有效地運用職權優勢（如聘僱專業助理人員、免費郵資 [frank]、旅行津貼等），輔以不公平選區劃分 (gerrymandered districts) 及偏頗的競選經費法規 (biased campaign finance laws)，為選民解決個人問題、提供選區服務，爭取地方建設經費，以確保競選連任的勝算 (Fenno, 1978; Fiorina, 1989; Mayhew, 1974)。這種在職者優勢在在不利於挑戰者於選舉中出線，導致議員的「更換率」(turnover rate) 逐漸下降。因為在職者占有競選連任的優勢，使得民主黨長期掌握眾議院，而共和黨即便贏得總統席位，亦無法在眾議院選舉中大舉攻城掠地。

另一論調則以政黨認同衰退來解釋分立政府的形成。其以為，分裂選票的投票模式源起於缺乏政黨偏好之「獨立選民」(independents) 比例逐漸增加，而強烈政黨認同者的數目則呈現消退狀態。這些獨立選民及政黨認同程度較弱的選民，傾向不以政黨取向為投票指標，而是偏重於候選人取向與議題取向的因素。此種逐漸增強的獨立性正與傳統政黨政府（亦即一致政府）的概念大相逕庭。

同樣地，關於分立政府的肇因，在職者優勢與政黨式微的解釋，亦遭到相當的質疑。例如，若干學者認為，在職者優勢並不足以解釋為何形成分立政府 (Jacobson, 1990, 1991)。其分析 1968 年至 1988 年

選舉資料指出，在缺乏在職者競選連任的「開放選舉」(open-seat election) 中，民主黨候選人贏得選舉的機率較高於共和黨。換言之，民主黨候選人在共和黨議員放棄連任後所囊括的議席數目（80 席），多於共和黨候選人在民主黨議員放棄連任後所獲得的席次（71 席）(Jacobson, 1991: 640)。故此，在職者優勢並非民主黨控制眾議院的成因。

此外，以政黨認同式微及獨立選民增加解釋分立政府的形成，可能是項過於武斷的推論。因為許多實證研究中所謂的獨立選民，事實上並不可視為單一性質的團體。如第七章第貳節指出，依據學者對於美國選民的歸類，政黨認同者包括「強烈民主黨員」、「強烈共和黨員」、「弱民主黨員」，以及「弱共和黨員」等四類。再者，獨立選民可以區分為「純粹獨立選民」與「偏向特定政黨的獨立選民」兩類。而「偏向特定政黨的獨立選民」又可歸納為「偏向民主黨的獨立選民」和「偏向共和黨的獨立選民」兩類。若干實證研究顯示，這些「偏向民主黨的獨立選民」和「偏向共和黨的獨立選民」雖自稱獨立選民，但仍舊偏好某個特定的政黨，而且他們比「弱民主黨員」和「弱共和黨員」擁有更強的政黨情感，因此他們長期性的政黨取向投票行為甚至比「弱民主黨員」和「弱共和黨員」更加穩定 (Dennis, 1988a, 1988b; Keith et al., 1992; Weisberg, 1980)。由此可知，政黨認同重要性逐漸減弱造成常態式分立政府的命題，尚待進一步檢證。

肆、分裂投票的研究建議

如上所述，研究者對於形成分立政府的肇因，嘗試提出各項解釋，然而迄今並未獲得一致的看法。這些政治學者傾向以個體論的心理研究法詮釋選民分裂選票的行為模式（吳重禮，1998a: 76–79）。在此，建議以團體論的心理習性為研究架構，綜合政黨、政策與候選人投票

取向的觀點，以期對於選民分裂選票的肇因，獲致一較為周延而具說服力的解釋。

基本上，政治行為是個人政治意見、態度、信仰與價值的反映。在一個民主體制之中，公民政治參與的方式眾多，其中又以投票行為是最普遍而實際的政治參與。當然，有許多複雜因素足以影響選民的政治態度，並決定其投票行為。歸納而言，政黨認同、議題取向和候選人取向，是影響投票決定的主要變數。在這三項密切相關的解釋因素中，政黨認同是一項較為長期的因素，政策立場次之，而候選人形象與條件屬於短期變數。至於三項因素的影響程度之大小，則依不同的選民而異。既然政黨認同與政策取向是影響選民投票行為較長期的變數，那麼以此兩項觀點解釋選民分裂投票行為是饒富意義的。

儘管政治參與及投票行為屬於個人層次，然而，假若將選民結構依據不同的指標進行區分，我們可以發現，不同的社會團體，其政治態度具有明顯的差異。換言之，相對於其他團體或個人，屬於某種特徵或性質的團體擁有高度的同質性，而且政治態度的相同性亦有趨同的傾向。筆者整理分析 1992 年資料，依據 8 項普遍使用的「社會經濟特徵」（social economic status；簡稱為 SES），其分別為所得、職業、教育水準、主觀階層認定、區域、宗教、種族、性別，將美國選民作不同的區分，並且檢證這些不同社經特徵團體的政黨認同程度。如表 8-5 所示，這些團體的政黨認同程度確實具有顯著的差異，其中又以黑白種族政黨認同的差異性最大，而上、中、下所得階層的政黨認同差異性則次之。

表 8-5　美國選民社會特徵與政黨認同的關係

社會特徵	民主黨支持者		獨立選民			共和黨支持者		
	強	弱	偏民主黨	中立	偏共和黨	弱	強	
1. Income								N=2,261
Lower3rd	136	76	86	76	45	51	35	df=12
Middle3rd	120	169	98	84	70	106	56	χ^2=126.86*
Upper3rd	135	165	136	105	164	190	158	
2. Occupation								
Service	45	48	36	25	20	26	27	N=1,610
Blue collar	72	64	48	63	63	60	32	df=24
White collar	54	98	66	49	66	67	48	χ^2=79.92*
Professional	65	89	69	45	75	84	69	
Farm	4	1	6	5	7	5	9	
3. Education								N=2,385
No. high sch.	108	87	54	58	37	37	33	df=12
High sch. Grad.	148	148	131	99	107	108	74	χ^2=84.48*
College	162	208	150	116	162	197	161	
4. Subjective Class								N=2,374
Working	255	229	156	169	156	170	83	df=6
Middle	162	208	173	104	139	185	185	χ^2=76.96*
5. Region								N=2,451
South	140	120	73	86	79	87	74	df=6
Non-south	290	326	271	199	236	269	201	χ^2=33.56*
6. Religion								
Jews	13	20	9	2	2	1	1	N=2,571
Catholics	113	131	83	60	84	78	42	df=18
Protestants	257	229	172	157	186	229	200	χ^2=115.44*
"Born-again" Protestants	55	70	50	55	81	90	101	
7. Race								N=2,355
Blacks	128	75	45	38	9	9	6	df=6
Whites	282	364	283	243	284	325	264	χ^2=217.13*
8. Gender								N=2,451
Female	243	267	192	140	141	179	115	df=6
Male	187	188	152	141	175	177	154	χ^2=30.74*

N 為受訪人數；df 為自由度 (degrees of freedom)；χ^2 為 Chi-square；*p<.001。

資料來源：原始數據摘自 1992 American National Election Study, Center for Political Studies, University of Michigan (the Inter-University Consortium for Political and Social Research)。

前述美國各社會團體確實具有顯著差異的政黨認同，而選民政黨認同的基本態度是否反映在不同的議題立場，則是另一值得關注的面向。同樣地，筆者彙整分析 1992 年資料，依據 8 項政治經濟議題，檢證美國選民政黨認同與議題政策的相關程度。如表 8–6 所示，政黨認同與議題立場確實具有顯著的差異性，其中尤以自我認定的意識型態、政府的支出與政府積極性角色，以及政府致力幫助少數民族提升地位等議題的差異性較大，而性別地位與墮胎問題的差異性較小。

綜合前述分析，筆者以為，由於不同特徵、性質社會團體具備顯著不同的政黨認同，政黨認同的程度亦與議題立場有著顯著的差異。這些政黨認同和議題立場差異反映在團體成員的投票行為上，使得分裂投票模式成為多重複雜的關係。確切地說，沒有任何單一性解釋足以全面性說明各類團體成員分裂選票的行為。因此，為更準確、完整描述分立政府的肇因，或許吾人必須運用各項「局部解釋」以說明不同團體分裂選票的動機與行為。當然，這項論證仍有待進一步的實證分析。

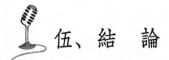 ## 伍、結　論

在社會科學領域中，研究者經常面臨的一項問題，往往不是在於發覺既存的事實現象，而是在於如何解釋這些現象。顯然地，研究者對於分立政府此一課題的探討亦面臨相同的處境。在過去十餘年間，諸多學術著作檢視分立政府的形成原因。對此，學者嘗試提出多項因素解釋分裂選票投票行為，譬如政治體制的憲政架構、政策平衡理論、結構性規則、在職者優勢、候選人議題、選舉聯盟、政黨式微及獨立選民意向反映等。歸納而言，可以區分為「蓄意說」與「非蓄意說」兩派學說。詳言之，為何若干選民在行政首長與民意代表選戰中投票支持不同政黨候選人？分立政府的形成究竟是選民蓄意的投票行為所

表 8-6　美國選民議題立場與政黨認同的關係

議題立場	民主黨支持者		獨立選民			共和黨支持者		
	強	弱	偏民主黨	中立	偏共和黨	弱	強	
1. Government spending on services								
More	198	159	136	83	67	67	53	N=2,020
Same	104	129	98	72	79	92	48	df=12
Less	50	63	56	49	126	145	146	χ^2=289.14*
2. Government role in providing jobs and a good standard of living								
Gov. help	171	157	104	77	58	59	32	N=2,156
In between	82	96	82	63	48	67	43	df=12
Help self	111	133	110	99	181	201	182	χ^2=227.22*
3. Government role in improving position of minority								
Gov. help	140	115	80	50	39	40	35	N=2,218
In between	86	114	113	68	58	86	52	df=12
Help self	148	171	126	137	183	206	171	χ^2=164.82*
4. Government spending on defense								
Decrease	211	191	181	110	120	131	60	N=2,148
Same	96	125	76	75	103	118	110	df=12
Increase	66	66	44	53	62	71	79	χ^2=100.67*
5. Willingness to use force to solve international problems								
Unwilling	113	82	98	77	51	72	25	N=2,416
In between	214	267	201	147	184	199	133	df=12
Willing	89	94	44	56	77	78	117	χ^2=130.09*
6. Should men or women have more influence in government and industry?								
Women	7	9	9	2	3	2	1	N=2,180
Equal	337	336	281	224	225	282	187	df=12
Men	44	35	30	21	38	44	63	χ^2=69.62*
7. Abortion								
Own choice	217	239	183	137	126	160	79	N=2,387
In between	44	75	44	41	47	51	37	df=12
Illegal	154	127	107	92	136	145	146	χ^2=89.37*
8. Ideological self-identification								
Liberal	221	204	180	82	57	57	16	N=2,279
Moderate	29	33	16	38	17	29	10	df=12
Conservative	141	166	126	127	230	256	244	χ^2=433.20*

N 為受訪人數；df 為自由度 (degrees of freedom)；χ^2 為 Chi-square；*p<.001。

資料來源：原始數據摘自 1992 American National Election Study, Center for Political Studies, University of Michigan (the Inter-University Consortium for Political and Social Research)。

造成，還是無意的投票結果？儘管分立政府形成的原因眾說紛紜，截至目前為止，尚未有周全的解釋足以為多數學者所接受。此外，一如缺乏解釋分立政府的完整論述，研究者亦無法確切剖析分立政府可能導致的影響及其改革之道。有些學者認為分立政府導致政策制訂與執行的弊端，故提出若干改革芻議，部分研究者則對此抱持保留的態度，這將是下一章的討論重點。當然，關於形成分立政府的可能肇因，以及其所導致的影響，都是值得繼續觀察與研究的課題。

必須說明的是，近來國內學界引進分裂投票研究脈絡運用於本土化研究，已累積甚為豐富的研究成果（相關研究，諸如吳重禮、王宏忠，2003；吳重禮、徐英豪、李世宏，2004；林長志、黃紀，2007；陳陸輝、游清鑫，2001；劉從葦，2003）。舉例來說，部分學者指出選舉制度對選民分裂投票的影響；詳言之，行政首長選舉所採行的相對多數決制，易使候選人有向中間移動的「向心誘因」(centripetal incentive)，而民意代表選舉係採取複數選區單記非讓渡投票制，因此易有朝向極端移動的「離心誘因」(centrifugal incentive)（王業立、彭怡菲，2004；游清鑫，2004）。再者，若干研究者針對地方行政首長暨議員選舉，運用集體資料進行跨層次推論，分析影響選民分裂投票的因素（洪永泰，1995；黃紀、張益超，2001）。筆者淺見認為，運用各項「局部解釋」以說明不同團體分裂選票的動機與行為，可能是未來研究值得思考的方向。

第九章
分立政府的影響與改革

壹、前 言

　　猶如第八章曾述，分立政府的研究具有重要理論意涵與實際參考價值，近來探討此議題的學術著作卷帙浩繁，研究的主軸環繞在三項緊密相關的核心議題：其一是研究分立政府的肇因；其二是研究分立政府的整體運作及其影響；其三是研究如何改革分立政府所造成的困境。前一章已說明分立政府的概念意涵及其形成原因，本章將接續討論分立政府的影響與改革芻議。本章的核心問題在於，當政府體制的行政權與立法權分由不同政黨所掌握時，是否必然導致劍拔弩張的政治態勢，進而使得政策的制訂出現僵局，甚至影響政治體系的運作？果爾如此，應如何改革分立政府所造成的可能弊端？

　　針對這些問題，本章擬探究數項相關議題。❶首先，檢視美國政府的運作經驗，探討分立政府與一致政府的影響。必須強調的是，針對這些可能的影響與效應，在此僅提出正反雙方的論辯；容我重申，所述之觀點並非就此定論。其次，針對美國政治制度運作的問題所提出的改革建議甚多，本章引介「憲政體制委員會」（Committee on the Constitutional System；簡稱為 CCS）針對分立政府所提出的若干革新方案，試圖作為我國未來憲政改革的借鏡。再者，現今我國正面臨憲政工程改造之際；展望未來，憲政改革的主要核心議題似乎仍然在於政黨政治與權力分立的基本架構。其間，如何避免分立政府的形成及其可能的負面影響，更攸關政治運作甚鉅。改革建議著重於兩方面：

---

❶　本章架構來自於吳重禮 (2002d, 2006)，並在內容上加以增刪。

其一，強化政黨在選舉過程的功能，減少選民分裂投票的可能，避免分立政府的形成；其二，改善行政與立法的互動機制，提升政府表現與領導效能。在結論中，本章認為由於臺灣長期存在著族群意識分歧、國家認同矛盾，以及南北地域差異，這些改革方案均牽涉制度選擇，將是未來極為關鍵的政治議程。

貳、分立政府影響的論辯

關於分立政府之成因，研究者嘗試提出各項解釋，然而並未獲得一致的看法。有關分立政府的體制運作及其影響亦是學界爭議的焦點。部分研究文獻指出，相對於一致政府的運作，分立政府較易導致「政策滯塞」(policy gridlock)、「停頓」(deadlock) 與「缺乏效率」(inefficiency)，以及行政與立法部門之間的「僵局」(stalemate)（對於分立政府持負面評價之觀點，可參見 Alesina and Rosenthal, 1995; Binder, 1999; Coleman, 1999; Cox and McCubbins, 1991; Cutler, 1988; Hardin, 1989a, 1989b; McCubbins, 1991; Weatherford, 1994; Wu and Huang, 2007）。猶如基氏 (V. O. Key, Jr.) 所闡述，「由相同政黨來掌握行政部門和立法部門並不能保證成為一個有活力的政府，但是由不同政黨所掌握的政府則一定不能達成」(1964: 688)。其基本邏輯認為，在一致政府架構運作下，執政黨擔任行政與立法部門兩者之間的橋樑，具有政策協調、意見折衝等多項功能，強化政黨政治的運作機制。依據桑奎斯特 (James L. Sundquist) 的論述，政黨及其所發揮的政治作用，「對於政府整體來說，是一項不可或缺的工具，它促成凝聚和團結，因而產生效能，連結行政部門和立法部門以串連共同利益」(1988: 614)；簡言之，政黨政治和「政治治理」(political governance) 有著密切關係。

無疑地，在任何政府體制中，有效的政治治理均為維繫政治體制

不可或缺的功能。誠如麥迪遜 (James Madison) 在《聯邦論》(*The Federalist Papers*) 第 51 篇中，闡述政府運作時所言：「設計一個由人來管理人的政府，最大的困難是：首先，你必須使得政府能夠管理被統治者；其次，必須使它能夠控制自己」。如是以觀，政府有效治理的優先重要性高過於節制政府濫權的考量。在現代民主國家，執政者係經歷選舉的洗禮而產生。在競選過程中，朝野政黨及其候選人將其政見主張呈現於選民之前，爭取人民的支持，當選者即表示獲得選民青睞，授權實行其政策承諾。理論上，執政黨係仰賴多數人民的支持，一旦政策無法施行，就表示政策規劃不當或執行能力不足，而必須承擔「政治責任」(accountability) 與「行政責任」(responsibility)。倘若民眾滿意執政黨的施政，就會在下次選舉中繼續給予支持，反之則是將選票投給其他政黨。基本上，這就是民主體制和政黨政治賴以生存維繫的機制。然而，一旦行政權與立法權分屬不同政黨所掌握，分立政府於焉產生，此將嚴重削弱政黨政治的運作原則。

在分立政府架構運作下，由於存在著制度性衝突，較易導致行政與立法雙方的矛盾、分歧或衝突對立，削弱政黨政府的運作效能。因此，相較於一致政府的表現，分立政府使政府運作效能降低，失去既有的行動能力，政治運作過程之窒礙和僵局將不可避免。這種情形就誠如林茲 (Juan J. Linz) 所言，行政與立法部門係經由不同選民選舉產生，缺乏一致性領導，易引發兩者政策立場之爭執；這種立論說明了在分權制衡體制中，分立政府可能遭逢的困境 (1994)。值得說明的是，在兩院制的政府體制中，當行政首長擁有一院多數和兩院多數皆屬反對黨掌握時，其府會關係可能呈現顯著差別；大體而言，前者的政治運作似乎較後者更為協調，其政府施政較為順暢。❷

❷ 這兩種不同的情形，明顯的例證為共和黨總統雷根 (Ronald W. Reagan) 在 1981 年至 1988 年的執政經驗。在前六年，儘管民主黨為眾議院的多數黨，但是雷根仰仗共和黨掌握參議院多數席次，由參議院扮演總統與

　　儘管前述關於政黨政治之立論並非獨到創見，但由於近年來美國政府型態的發展，遂有諸多學者逐漸意識到該議題的重要性，紛紛投入此研究領域，引發熱烈的討論。就一致政府與分立政府的體制運作及其影響而言，至少呈現在八個重要面向：其一，法案制訂過程順暢與否的論辯；其二，法案品質良窳的爭辯；其三，國防政策與外交政策擬定的困境；其四，不同政策法案之間的「延續性」(coherence) 爭議；其五，總體經濟表現的差異，以及財政赤字竄升的問題；其六，推動社會福利制度難易的爭議；其七，議會的監督權限，是否對於行政部門過度行使調查權；其八，立法部門對官僚體系進行「細部控制」(micro-management)，因而降低行政體系效率的問題。無疑地，除了這些議題之外，分立政府尚可能衍生其他的問題，諸如美國聯邦最高法院大法官的選任、選民投票率降低所蘊含的政治意涵、國際貿易的緊縮政策，以及民眾對總統與國會的滿意度呈現顯著落差等，這些新興議題近來引起諸多討論（相關文獻，諸如 Bell, 2002; Bowling and Ferguson, 2001; Huber, Shipan, and Pfahler, 2001; Karol, 2000; Krutz, 2000; Nicholson, Segura, and Woods, 2002）。❸綜觀而言，此派學者所

　　眾議院之間的溝通橋樑、調和鼎鼐，因此行政部門得以順利推動多項重要法案。這些法案包括 1981 年所通過的「經濟復興稅法」(Economic Recovery Tax Act) 和「綜合性預算調整法」(Omnibus Budget Reconciliation Act)、1983 年「社會安全法修正案」(Social Security Act Amendments)、1985 年「Gramm-Rudman-Hollings 反赤字法」(Gramm-Rudman-Hollings Anti-Deficit Act)，以及 1986 年「賦稅改革法」(Tax Reform Act) 等。反之，在雷根執政的後兩年，參眾議院皆由民主黨所控制，由於缺乏前述制度性因素，因此較不易推動國政 (Ware, 2001: 34–35)。

❸　舉例來說，分立政府可能產生的一項問題是美國聯邦最高法院大法官的選任，由於參議院多數與總統分屬不同政黨，導致參議院議員傾向杯葛總統所提名的大法官人選。舉例來說，在 1969 年至 1970 年期間，共和黨總統尼克森 (Richard M. Nixon) 提名海因渥斯 (Clement Haynsworth) 及

提出的觀點，認為分立政府在總體運作上與一致政府存有相當程度的差異。茲針對前述八個重要面向，分述如下。

一、法案制訂滯塞與否的爭議

就分立政府運作的影響而言，一項頗為普遍的觀點認為，當行政首長與掌握議會的多數黨各有立場，極易造成行政部門與立法部門兩者關係不協調，導致重要政策的制訂往往遭致擱置延宕的命運，降低「立法生產力」(legislation productivity)。一項研究觀察 1955 年至 1960 年共和黨總統艾森豪 (Dwight D. Eisenhower) 主政時期，以及 1969 年至 1976 年尼克森 (Richard M. Nixon) 與福特 (Gerald Ford) 執政情形之後，其結論指出，在分立政府之下，「美國政府體制流於立法停滯的態勢，似乎是不可避免的。協調合作、防堵國家危機是完全不可能的。總統與國會將被迫陷入爭端之中。總統的提案不為國會所接受，因為國會不願意提升總統的領導形象。相同地，國會的提案亦不為總統所批准，因為總統拒絕對其政敵讓步。衝突、紛爭、緊張，以及僵局等用以描繪為期 14 年的分立政府（按：意指在艾森豪政府、尼克森政府，以及福特政府時期）都是無可避免的」(Sundquist, 1980: 192)。❹部分

卡斯維爾 (G. Harrold Carswell)，以及共和黨總統雷根在 1987 年提名博克 (Robert Bork) 與金斯伯格 (Douglas Ginsburg)（隨後金斯伯格主動要求撤銷其提名），這些大法官人選均未獲得參議院同意任命 (Mayhew, 1991b: 197)。此外，分立政府可能產生的另一項問題為選民投票率降低的現象。有一種觀點認為，分立政府會困惑選民，並且減少投票選擇的對象，因此較易導致低投票率。面對逐漸下降的選民投票率，這意味著民選公職人員的正當性似乎正遭逢挑戰。舉例來說，自從 1960 年代末期起，分立政府成為常態，伴隨而至的則是美國選民低度投票率的現象（選民投票率降低的政治意義及其爭議，可參見 Mayhew, 1991b: 198–199; Cohen and Collier, 1999: 51）。

❹ 另外，卡爾特 (Lloyd N. Cutler) 更明白指出，「除此（按：雷根政府在 1981

學者亦提出相近的立論；柯爾曼 (John J. Coleman) 從法案生產力的角度觀察不同政黨控制的政府，其結論指出，一致政府時期的法案生產力較優於分立政府時期 (1999)。

　　儘管諸多學者認為分立政府較易造成政策僵局，然而質疑這種論點的學者強調，分立政府契合憲政體制的制衡原則，其目的即是為了保障人民權利，使得立法與行政部門產生制衡，此係符合多數選民的預期心理，並無損於政策制訂與執行成效。此外，由於行政部門與立法部門分別由不同政黨所把持，因此在政策制訂的過程中必須透過政黨協商，如此反而擴大決策機制，有別於單一政黨的片面民意（質疑分立與一致政府有所差異的論點，可參閱 Jacobson, 1991; Mayhew, 1991a; Menefee-Libey, 1991; Petracca, 1991; Goodin, 1996）。因此，分立政府根本並非真正的問題癥結所在，但卻成為政府運作效率低落、管理不善的託辭。

　　關於行政與立法的互動，梅修 (David R. Mayhew) 的研究頗為重要，其為了檢證分立政府的運作究竟是否有別於一致政府，檢視 1947 年至 1990 年美國聯邦政府府會關係的互動情形，以國會制訂「重要法案」(important laws) 為分析指標 (1991b)；如表 9-1 所示，其研究發現，無論是在分立政府或者是一致政府時期，國會所通過的重要法案並無顯著差異。❺其結論指出，分立政府並不必然導致立法過程產生僵局、

　　　年的減稅法案和 1986 年的賦稅改革）之外，在現今分立政府的情況下，無法順遂地通過任何一件內政方案」(1988: 490)。

❺　1947 年至 1990 年所通過的眾多法案中，究竟何者才屬於「重要法案」呢？梅修 (1991b: chaps. 3-4) 採取兩種篩選方法，包括「同時期評價」(contemporary judgments) 與「回溯性評價」(retrospective judgments)。同時期評價係依據法案制訂當時新聞媒體報導的觀點加以評價，主要仰賴的傳播媒體為《紐約時報》(New York Times) 和《華盛頓郵報》(Washington Post)；回溯性評價則依賴政策學者的研究文獻，評斷法案的價值與重要性。梅修依據這兩種篩選方法，總共挑選出 267 件重要法案。

滯塞，也不至於使得決策結果有顯著差別。在實際政治運作過程中，總統與國會議員皆須反映社會需求與選民期待，因此雖然彼此的意識型態與政治立場互異，但仍必須訴諸相互之間利益的調和，以通過爭議性法案。❻再者，儘管美國與英國均屬於兩黨制國家，然而兩者實質政治運作差距甚大，絕不可等同視之；梅修指出，「政黨可以成為更強而有力的工具，然而美國政黨似乎所扮演是『政策派系』(policy factions) 的角色，而非如英國的情形，其所擔綱的是統治工具。政黨作為政策派系的角色，其經常得以順利運作，即便是在分立政府型態的環境之中」(Mayhew, 1991b: 199)。梅修的研究不僅挑戰以往眾多學者對分立政府所預設的負面影響，同時也為分立政府議題開啟重要的研究方向。❼

---

❻ 之後，梅修為了再度檢證自己的論點，繼續觀察第 102 屆到第 107 屆國會（1991 年至 2002 年），分析這 12 年期間所發生的國會調查案件，同時另外增加 66 件重要法案。其研究結果再次顯示，分立政府與重要法案的通過與否並無顯著關係 (Mayhew, 2005)。

❼ 一份研究重新檢視梅修的資料與研究途徑，並且含括 1945 年至 1994 年所通過的 17,663 件公共法案；藉由檢證不同時期的立法表現差異，其研究指出，在分立政府時期至少會減少 30% 的法案生產力，但這些法案屬於較不重要的法案，至於重要法案的制訂並不會因為一致政府或是分立政府而有所區別 (Howell et al., 2000: 285–312)。

表 9-1　　1947年至1990年美國國會制定之重要法案

	分立政府			一致政府		
	獲參、眾議院三分之二通過	獲參議院或眾議院三分之二通過	未獲參、眾議院三分之二通過	獲參、眾議院三分之二通過	獲參議院或眾議院三分之二通過	未獲參、眾議院三分之二通過
1947–48	10					
1949–50				9	3	
1951–52				5	1	
1953–54				6	2	1
1955–56	5	1				
1957–58	10	1				
1959–60	5					
1961–62				7	7	1
1963–64				9	1	3
1965–66				14	5	3
1967–68				12	4	
1969–70	20	1	1			
1971–72	15	1				
1973–74	20	1	1			
1975–76	11	1	2			
1977–78				9	2	1
1979–80				7	2	1
1981–82	5	3	1			
1983–84	6	1				
1985–86	6	2	1			
1987–88	10	2				
1989–90	5	2	2			
總數	128	16	8	78	27	10
比例	84	11	5	68	23	9

資料來源：Mayhew (1991b: 121)。

　　若干研究也從不同面向強化梅修的論點。舉例來說，愛德華斯 (George C. Edwards III)、巴爾特 (Andrew Barrett) 及彼克 (Jeffrey Peake)

沿用梅修的概念與研究途徑，以不同的角度切入，分析 1947 年至 1992
年期間美國總統支持與反對的法案，以及國會對於這些「重要法案」
通過的實際情形 (1997)。其研究假設認為，在分立政府之下，由於總
統與國會多數黨的意識型態無法契合，所以對國會討論的諸多法案內
容，總統可能抱持保留的態度。因此，在分立政府時期，總統反對國
會所制訂的法案數量，可能多於一致政府時期；相同地，由於無法獲
得總統的支持，國會通過的法案可能遭到總統覆議，因此重要法案的
數量將少於一致政府時期。然而，實證結果並不支持這樣的研究假設，
其結論指出，政府結構為一致政府或者分立政府，其與重要法案的通
過與否並無顯著關係。

　　另外，瓊斯 (Charles O. Jones) 以政黨互動關係為切入點，認為即
便在分立政府之下，總統與國會多數雖分屬不同政黨，但是雙方透過
不同形式的政黨合作，同樣能夠擁有良好的府會關係 (1994)。在博恩
斯 (James MacGregor Burns) 早期的著作中亦曾提及類似觀點，其認為
即使美國總統與參、眾議院多數屬於相同政黨，但其立場與訴求並不
必然相似 (1963)。這主要源自於各個不同政治職位角色認知的差異，
基本上，行政首長偏重全國性公共利益，而國會議員則注重地區利益
與選民服務。

　　再者，克里比歐 (Keith Krehbiel) 針對一致政府與分立政府的立法
過程，提出重要且具有解釋性的模型；在其推論下，一致政府與分立
政府發生府會僵局的機率幾乎是相同的 (1996, 1998, 1999)。其指出，
無論是在一致政府或是分立政府下，民眾的偏好也多是集中在政治光
譜的中央；即使行政立法發生僵局，而政黨的基礎又必須以民意為依
歸時，此時民意趨勢便能打破僵局，達成一個新的均衡點，亦即府會
仍可達成共識而改變現狀。夸克 (Paul J. Quirk) 與尼斯米茲 (Bruce
Nesmith) 則認為，在分立政府之下，對於具有高度意識型態爭議的議
題，當政黨無法擁有足夠的力量來移轉民意的趨向，或是缺乏某種程

度的政治壓力時，才會出現行政與立法之僵局 (1994)。這些僵局的產生，並非純粹是因為分立政府所造成，亦必須同時考慮整體政治的內在環境與外在環境。

二、法案品質良窳的爭議

除了立法過程可能遭逢的問題之外，即使在分立政府之下仍然能夠順利地制訂法案，是否會因為府會之間不同意識型態或立場的差異，從而影響法案品質？依據若干學者的論述，在分立政府之下，造成立法品質低落的原因甚多，其中包括總統與國會之間立法「議程設定」(agenda setting) 的困難、總統「說服工作」(persuasive task) 的加重，以及總統無法發揮其「公眾聲望」(public prestige) 以影響國會決策 (Cohen and Collier, 1999: 47–51)。更嚴重的是，執政黨與在野黨的界線不易區分，彼此的政策混淆，爭功諉過的現象便可能發生。職是，最為人所詬病的乃是政策制訂和執行的疏失責任將無法釐清歸屬，因此民主體制所強調「政治責任」與「回應性」(responsiveness) 的特質亦無從體現，政策品質自然隨之下降 (Milkis, 1999: 88)。另一種可能的情形是，由於府會對峙困境，朝野政黨可能被迫採取「包裹立法」(omnibus legislating) 而導致法案品質下降的爭議 (Krutz, 2000: 533–549)。一如威爾遜 (Woodrow Wilson) 所言，「就實質意義而言，政黨組織與立法、行政部門是無法截然區分的。政府相關部門處於一致性領導，此亦構成政黨控制的機制，使得政府在組織上緊密結合以達成共同目的」；「我們的政府是個活動的、組織的政府，必須依賴各部門相互配合的緊密組合體；唯有將領導權交與一人或一群人，此組合體始能生存。你不可能籌組一個既相互敵對又能順利運作的政府」(此引述摘錄自 Sundquist, 1988: 617–618)。總體而言，分立政府較一致政府易於制訂具有嚴重缺失的法案。

儘管這種觀點具備相當程度的說服力，但仍然存有若干不足之處，

亟待進一步研究加以補強。首先，如何界定法案品質的優劣，恐怕就是一項極具爭議的問題，其中難脫既存意識型態的立場。退而求其次，即使吾人能夠擺脫意識型態的偏見，接續的問題是：即使在一致政府之下，是否能夠確保得以制訂具有清楚目標的法規，或者是否能夠全面考量議案的實質成效，這些也是不無疑問的。舉例來說，在民主黨總統詹森 (Lyndon B. Johnson) 主政的「大社會」(the Great Society) 時期，當時係處於一致政府之下，詹森極力推動制訂的「示範城市法」(Demonstration Cities Act)，其原本預計資助少數城市作為市區改革的典範，然而在多數國會議員為服務選區、爭取利益、尋求連任的情況下，爭相要求政府給予補助，最後竟高達約 150 個城市受到資助，而成為政府分配有限經費的負面案例 (Arnold, 1979: 165–169)。另外，民主黨總統卡特 (James E. Carter) 主政時期，當時參眾議院多數席次亦掌握在民主黨手中，卻在 1978 年制訂頗受社會各界批評與爭議的「天然氣政策法」(Natural Gas Policy Act)；在 1980 年卡特政府提出的「合成燃料計畫」(synfuels program)，更被普遍認為是錯誤的、毫無規劃的能源政策，這些法案旋即失去民眾的支持與奧援，在不久後便無疾而終。

三、擬定國防與外交政策的爭議

另一項批判分立政府的觀點認為，一旦行政部門與立法部門分屬不同政黨掌握時，國防政策與外交政策的擬定經常遭受橫阻和杯葛。其基本邏輯認為，有效的領導指揮與行政協調是決定國防政策與外交策略的重要關鍵。但是，在分立政府之下，府會僵局與協調障礙顯然對於國防與外交決策相當不利；尤其參議院批准條約需經三分之二多數的同意，假若參議院多數黨不同於總統所屬政黨，極有可能杯葛條約的通過（相關探討，參閱 Sundquist, 1988: 628; George, 1990: 419–441）。行政部門提出國防與外交政策橫遭國會阻撓的情形甚多，典型的例證包括 1919 年民主黨總統威爾遜鼓吹的「國際聯盟」(League of Nations) 終因參議院共和黨多數的反對使得和約未獲批准；1956年，民主黨國會嚴厲抨擊共和黨總統艾森豪政府對空軍戰力規劃不當；共和黨總統尼克森主政時期，民主黨國會在 1973 年通過了「戰爭權力法」(War Powers Act)，藉以限制總統海外用兵的職權；共和黨總統雷根 (Ronald W. Reagan) 主政時期，1987 年的「伊朗—尼加拉瓜反抗軍軍售案」(Iran-Nicaraguan Contras) 和中美洲政策均引發民主黨國會的高度關切與批評。

　　然而，分立政府是否必然有礙於國防政策與外交決策的擬定，有待質疑之處仍多。首先，國防政策與外交決策往往是極具爭議的事務，似乎很難有任何途徑得以有效解決行政部門與立法部門的衝突。針對國防政策與外交決策的制訂與執行，立法部門監督行政部門的舉措，或許可以「掣肘」或「阻撓」等負面辭彙形容之，但亦可以「制衡」或「分權」等正面語句看待之，端賴觀察的角度而異。其次，分立政府對於國防政策與外交決策具有負面影響的說法，仍可提出兩方面的反證：一是在一致政府之下仍有可能制訂不利於國防與外交的政策，另一是在分立政府之下仍有可能擬定有利於國防與外交的決策。一致政府不利於國防與外交政策的例證包括：1951 年至 1952 年期間，占參議院多數的民主黨極力抨擊並調查民主黨總統杜魯門 (Harry S Truman) 政府的中國政策及處理韓戰的不當舉措；1963 年，民主黨國會抨擊民主黨總統甘迺迪 (John F. Kennedy) 政府決定 TFX 戰機 (Tactical Experimental Fighter；戰術試驗戰機) 合約的過程；1965 年至 1968 年，針對越戰政策的失當，民主黨參議院對詹森政府展開一連串的調查動作；在 1980 年，民主黨總統卡特提出「第二次戰略武器限制談判協議」(Strategic Arms Limitation Talks, SALT II)，於參議院中面臨橫阻，這是自從第二次世界大戰以來，總統提出美蘇關係協定卻未獲通過的唯一例子。

　　另外，在分立政府架構之下，民主、共和兩黨攜手合作得以順利

推動重要國防與外交決策的實際案例甚多，舉凡 1947 年杜魯門政府對希臘與土耳其進行援助； 1948 年杜魯門政府的「馬歇爾計畫」(the Marshall Plan; 歐洲復興計畫)； 1972 年批准「反彈道飛彈系統」(anti-ballistic missile, ABM) 條約；尼克森政府對中國及蘇聯的開放政策，係在分立政府時期之下，頻頻與國會溝通協調以減少阻力；1986 年國會通過對於南非進行經濟制裁； 1991 年 1 月國會決議准許布希 (George H. W. Bush; 以下稱為老布希) 政府出兵波斯灣 (Persian Gulf) 對付伊拉克入侵科威特 (這些國防與外交政策的案例，摘自伍啟元，1992: 第 4 章，第 7 章至第 15 章; Ripley and Franklin, 1991: chap. 7; Petracca, Bailey, and Smith, 1990)。另外，在 2001 年 9 月 11 日，美國紐約與華府多處遭受恐怖分子襲擊，造成巨大損失，國會參眾兩院 (儘管民主黨掌握參議院多數席次) 隨即表示極力支持布希 (George W. Bush; 以下稱為小布希) 政府進行軍事反擊舉措。換言之，這些相關資料顯示，分立政府對國防與外交政策似乎並無顯著差異。

四、政策法案延續性的爭議

另一種觀點認為，在一致政府之下，由於有一個明確掌握行政與立法權力的執政黨，以其黨綱政策作為執政基礎，因此較易制訂具有「延續性」(coherence) 政策的法案。反觀，分立政府在政策的制訂或執行過程中，行政首長與掌握議會的多數黨各有立場，較易造成兩者關係不協調，因此有可能會比一致政府出現較為顯著的更迭，而形成不同政策之間缺乏連貫性 (Milkis, 1999: 84–85; Pfiffner, 1991: 48)。其基本邏輯認為，「為使美國政府體系成為一個較有效率的政府，總統與參眾兩院的多數議席必須為同一政黨所掌握。儘管這種情形並不能保證立法順利，但卻是有必要的」(Ripley, 1969: 168)。再者，「就整體而言 (按: 當行政權與立法權分屬不同政黨所掌握時)，立法工作極難推動，尤其是內政事務。在內政事務的立法方面，經常通過一些無關緊

要的法案」(Ripley, 1983: 355)。

　　儘管這類的批判觀點相當普遍，且似乎言之成理，然而亦有其不足之處。首先，對於政策法案「延續性」的界定，係依據研究者本身的認知而異，故不同研究者的判準可能相互迥異。況且，政策法案「延續性」是否隨著一致政府或分立政府而有別，亦不無疑問。在諸多耳熟能詳的政策制訂理論中，幾乎甚少論及政黨立場與政策連貫性之間的關係。❽再者，對於法案政策的連貫性，研究者主要偏重於「意識型態」(ideology) 的面向，其經常引述的兩個例證，包括羅斯福 (Franklin D. Roosevelt) 總統的「新政」(the New Deal) 時期及詹森總統的「大社會」時期。這兩段時期具有若干共同特徵，兩者皆為民主黨執政的一致政府時期、兩者皆制訂數量龐大的法案、多數重要法案均為總統主張推動的施政計畫，以及這些法案均具有濃烈的自由主義色彩。

　　以羅斯福為例，其在 1933 年初執政的「百日」(the hundred days) 期

---

❽　舉例來說，傳統公共行政與政策學派認定的「嚴格理性模式」(strict rationality model)、賽門 (Herbert Simon) 修正嚴格理性模式而提出所謂的「有限理性模式」(bounded rationality model)、詹尼斯 (Irving Janis) 與曼恩 (Leon Mann) 所發展的「警覺資訊過程」(vigilant information processing)、林布隆 (Charles Lindblom) 提出的「漸進模式」(incrementalism model)、艾立遜 (Graham Allison) 提出的「官僚議價模式」(bureaucratic bargaining model)、亞特尼奧里 (Amitai Etzioni) 所提出的「綜合掃描模式」(mixed-scanning model)、佛里曼 (J. Leiper Freeman) 所提出的「鐵三角模式」(iron-triangles model)、孔恩 (Michael Cohen)、馬區 (James March) 與奧森 (Johan Olsen) 提出的「垃圾桶模式」(garbage can model)，乃至於馬叟區 (Michael Masuch) 與拉伯丁 (Perry LaPotin) 所提出的「行政常規模式」(administrative routine model) 等，這些為人熟知的政策制訂理論中，幾乎毫無觸及政策連貫性與政黨主張的論述（關於這些公共政策理論的意涵及其實際案例說明，可參閱吳重禮，2007a；Peters, 1993: chap. 2; Palumbo and Maynard-Moody, 1991: chap. 6）。

間所通過的主要法案，包括「緊急銀行法」(Emergency Banking Act)、
「國家工業復興法」(National Industrial Recovery Act)、「農業調整法」
(Agricultural Adjustment Act)、「聯邦緊急救濟法」(Federal Emergency
Relief Act)、「住宅貸款法」(Home Owner's Loan Act)、「證券法」(the
Securities Act)，以及立法創設「平民防衛軍」(Civilian Conservation
Corps)、「聯邦存款保險公司」(Federal Deposit Insurance Corporation) 和
「田納西流域管理局」(Tennessee Valley Authority)。隨後在 1934 年，
連續制訂的「互惠貿易協議法」(Reciprocal Trade Agreements Act)、「印
地安人改組法」(Indian Reorganization Act)，以及採取緊急措施接連設
立了「證券交易委員會」(the Securities and Exchange Commission)、「聯
邦通訊委員會」(Federal Communications Commission) 及「聯邦住宅署」
(Federal Housing Administration) 等。相關法令甚多，不一而足。

再以詹森總統為例，1964 年所頒布的主要法案包括「經濟機會法」
（Economic Opportunity Act；此法案旨在落實詹森總統所倡議的「對
抗貧窮計畫」[anti-poverty program]）、「都市大眾捷運法」(Urban Mass
Transportation Act)、「荒地法」(Wilderness Act)，以及「食物券法」(Food
Stamp Act；聯邦政府發給貧民之糧食票券)。此外，在 1965 年至 1966
年時期，制頒諸多重要法案，舉凡「投票權利法」(Voting Rights Act)、
「初等及中等教育法」(Elementary and Secondary Education Act)、「阿
帕拉契山脈地區發展法」(Appalachian Regional Development Act)、「高
等教育法」(Higher Education Act)、「水資源品質法」(Water Quality Act)、
「汽機車空氣污染管制法」(Motor Vehicle Air Pollution Control Act)，
以及創設「住宅暨都市發展部」(Department of Housing and Urban
Development, HUD) 與「老年醫療保險制度」（Medical Care for the
Aged；透過「社會安全制度」[Social Security] 為老者提供「醫療保險」
[medicare]，以及為亟需醫療照顧之貧者提供「醫療救濟」[medicaid]）
（這些重要法案係摘自 Mayhew, 1991b: 34, 57–59; 伍啟元，1992：第

6 章，第 11 章)。

　　整體而言，前述這些法案確實呈現出總統推動自由主義色彩立法的整體形貌，而且這兩段時期係處於民主黨執政的一致政府型態。多數研究者認為這兩段時期的政策法案之所以具有延續性，主要基於兩項理由。第一，在諸多政策領域中，制訂了眾多重要法案，包括教育、民權、貧窮、醫療照顧、地區重新開發、環境保護，以及住宅議題等；總體而言，這些主要彰顯兩個重要面向：社會福利計畫與政府管制性政策。第二，其蘊含著共通的意識型態；換言之，藉由制訂強而有力的政策，推動一致的規範，形塑自由主義的立法趨勢。然而，梅修比較 1946 年至 1982 年期間美國聯邦政府頒訂「社會福利計畫」與「政府管制性政策」的情形；如表 9-2 資料所示，在社會福利計畫方面，共和黨總統尼克森與福特執政時期（係分立政府型態）所制訂的法案數目，明顯高過於民主黨總統杜魯門、甘迺迪及卡特主政時期（均為一致政府）；另外，在政府管制性政策方面，尼克森與福特執政時期所通過的法案，甚至高過詹森主政時期所制訂的法案數目 (Mayhew, 1991b: 82–84)。換言之，在共和黨總統主政的分立政府時期仍然得以制訂具有濃厚自由主義色彩的法案。❾

---

❾　舉例來說，共和黨總統尼克森與福特執政時期所通過自由主義色彩的法案甚多，諸如 1969 年所制訂的「賦稅改革法」(Tax Reform Act)、1969 年的「國家環境政策法」(National Environmental Policy Act)、1970 年的「潔淨空氣法」(Clean Air Act)、1971 年的「緊急就業法」(Emergency Employment Act)、1972 年的「高等教育法」(Higher Education Act)、1973 年的「農業及消費者保護法」(Agriculture and Consumer Protection Act)、1974 年的「住宅及社區發展法」(Housing and Community Development Act)、1976 年的「聯邦國土政策及管理法」(Federal Land Policy and Management Act)，以及 1976 年的「國有林地管理法」(National Forest Management Act) 等（這些重要法案係摘自 Mayhew, 1991b: 61–67; 伍啟元，1992: 第 12 章）。

表 9-2　　1946 年至 1982 年美國社會福利計畫與政府管制性政策

總　　統	在任期間[1]	分立政府	新設立之社會福利計畫 1946–1982	新設置之商業管理部門 1964–1977	新設立之商業管理法規 1962–1974	新設立之法令規範州及地方政府相關事務[2] 1947–1980
杜魯門	7 年	2 年	11			0
艾森豪	8 年	6 年	13			0
甘迺迪	3 年	0 年	16		3	0
詹　森	6 年	0 年	77	2	14	8
尼克森	6 年	6 年	} 44	6	18	14
福　特	3 年	3 年		1	2	7
卡　特	4 年	0 年	13	1		5
雷　根	2 年	2 年	3			

1. 總統在任期間未滿一年亦以一年計算之。
2. 依據州際關係顧問委員會 (Advisory Commission on Intergovernmental Relations) 所制訂
　之州及地方政府相關法令。
資料來源：Mayhew (1991b: 83)；經作者補充說明之。

五、總體經濟表現與財政赤字的爭議

　　就國家政治經濟情況而言，若干學者相信，美國經濟表現深受政府體制的影響；在一致政府時期國家總體經濟表現較佳，而分立政府往往是肇致低度經濟成長、財經政策偏失，以及財政預算赤字竄升的主因。其立論以為，基於意識型態一致性或是選舉責任的理由，有一個同時掌握行政與立法部門的執政黨，其整體經濟表現和財政狀況較佳（分立政府對於財政預算的負面影響，可參見 Alesina, 1987, 1988; Alesina, Londregan, and Rosenthal, 1993; Alesina and Rosenthal, 1989, 1995; Karol, 2000; McCubbins, 1991; Sundquist, 1988, 1992; Weatherford, 1994）。這種情形，誠如卡爾特 (Lloyd N. Cutler) 所言，「如果由某一政黨負責所有三個權力核心（按：眾議院、參議院、總統），以及負責它們在執政時期所產生的財政赤字問題，則得以明確地對於

該政黨及其公職人員科以政治責任與行政責任」(1988: 489)，正反映出政黨控制型態對於國家整體經濟和財經政策的可能影響。

進一步來說，一旦行政與立法部門分屬不同政黨掌握時，國家整體經濟政策的制訂時常面臨橫阻和杯葛。亞歷西納 (Alberto Alesina) 與卓瑞森 (Allan Drazen) 指出，當朝野政黨各擁立場、對立情況益形嚴重，自然引發政治動盪不安，這種情形往往不利於國家整體經濟，甚至使政府財政赤字問題遲遲無法解決 (1991: 1170–1188)。他們認為，朝野政黨並不會執著於是否要採取必要的措施（例如增加稅收以降低預算赤字），真正問題癥結在於，雙方陣營無法達成協議以決定如何分配政策成本，因為每個政黨均希望讓其他政黨分擔較大的政策成本，這使得財經政策的制定過程成為朝野政黨推卸責任的「消耗戰」(war of attrition)。除了聯邦政府經濟表現與財政問題備受關注之外，奧特 (James E. Alt) 與羅里 (Robert C. Lowry) 則針對 1968 年至 1987 年州政府的預算赤字進行研究 (1994: 811–828)。分析結果顯示，一致政府較能迅速有效地控制預算赤字，尤其是在若干要求平衡預算的州政府；反觀，一旦州政府與參眾兩院分別由不同政黨控制時，對於預算赤字的控制較為遲緩。

然而，政黨控制型態是否必然影響政府財政預算與經濟表現，似乎仍是一個未定的問題，學者有不同評價與論述。就財政經濟影響層面而言，史都華 (Charles H. Stewart III) 比較研究指出，分立政府確實會影響國家預算的收支；20 世紀末期的分立政府導致預算的超支，惟 19 世紀末葉的分立政府非但未帶來高額赤字，卻因府會對峙引發立法僵局，由於共和黨堅持提高進口關稅歲入，民主黨主張減少政府公共支出，如此一來反而使得國庫財政更為闊綽 (1991: 203–238)。另一項研究探討 1965 年至 1998 年期間美國聯邦政府「老人行政署」(Administration on Aging；簡稱為 AoA) 年度執行支出的影響因素，實證資料顯示，影響老人行政署年度執行支出的變數甚多，然而分立

政府與執行支出之間並無統計上的顯著關係（吳重禮，1999c:
261-285）；換言之，分立政府並不必然導致預算遭致擱置延宕。

　　另一項研究則從行政首長個人特質的角度來觀察立法結果和經濟
發展情況，其認為除了分立政府可能造成政府效能不彰之外，首長個人
的經驗與性格、政治情勢（諸如選舉結果、施政滿意度等），以及首長
面對議會關係的處理手腕，均對立法過程及議會撥款情形產生影響
(van Assendelft, 1997)。行政首長面對立法部門的牽制，如何尋求議員
們的合作，進行談判與溝通；府會互動如果運用妥當，往往形成行政首
長個人的助力，反之則形成掣肘的最大阻力。主要差別在於首長個人的
行事風格、面對議會關係的處理手腕及經驗，如果行政首長完全以正式
的制度規範與議會進行互動，反不如善用溝通談判技巧來得到更多的
支持與合作，有益於府會關係的運作，進而影響財政和經濟狀況。綜觀
現有研究文獻的論點，國家總體經濟表現與財政預算是否會因為一致
政府或是分立政府而呈現顯著差異，仍是眾說紛紜，尚無定見。

六、社會福利制度的爭議

　　另一項關於分立政府的爭議和總體經濟與財政預算息息相關，著
重於政府推動社會福利制度的難易和所得分配的問題。主要的論辯在
於，相對於一致政府，分立政府較不利於低收入階層的照顧；其基本
假設認為，短期而言，政府透過社會福利制度的直接作為最有利於貧
窮階級，而非長期經濟成長的刺激 (Ripley and Franklin, 1991: 25;
Peterson, 1990: 180-181)。當處於分立政府型態之下，由於行政部門與
立法部門分屬不同政黨掌握，呈現僵局與對峙態勢，因此政府往往無
法有效推展政務，對於所得分配採取任何具體作為。當政府無法採行
任何作為的時候，對於社會資源分配的管制能力降低；在此情形下，
富人階層往往是受益者，而窮人階級則無能為力。❿再者，社會福利

❿　一份關於臺灣所得分配的研究指出，在 1998 年年所得八百萬以上者有

制度和所得分配改革的推動必須仰仗行政權與立法權的相互協力配合，一旦兩者呈現對立局面，透過集體合作達成社會資源重分配的政策往往遭到阻絕。簡言之，一致政府係提供「公共財貨」(public goods) 之所需，羅斯福總統的「新政」及詹森總統的「大社會」時期的政府作為即為顯著例證。

　　儘管如此，這種論述似乎不宜過度推論。舉例而言，雷根總統所鼓吹的「社會安全網絡」(social safety net)，主要源自於尼克森和福特總統所規劃的社會安全制度。尼克森和福特執政時期制訂了眾多社會福利法案，舉凡「緊急就業法」(Emergency Employment Act) 和「全面就業與訓練法」(Comprehensive Employment and Training Act)、擴大失業保險、低收入者的職業訓練協助、在 1974 年提供住宅補助、為低收入家庭大學生提供「培爾補助金」(Pell grants)、迅速擴大食物券協助計畫、積極革新賦稅法案，以及為老人、盲胞及殘障者提供補助安全收入 (Supplementary Security Income) 與調升社會安全制度福利，藉此將貧窮老人比例從 1970 年的 25% 降到 1974 年的 16%(Mayhew, 1991b: 196–197)。綜言之，「大社會」時期所強調的社會福利法案持續地通過著。再者，1989 至 1990 年間，老布希政府著手進行克服貧困的計畫、調升最低工資、通過「幼兒照顧綜合方案」(child care package；對於幼兒就業父母提供賦稅減免及州政府補助金)，制訂「殘障法」(Americans with Disabilities Act；保障殘障人士的工作權及使用公共

　　　　6,393 人，在 2003 年為 8,538 人，增幅僅三成；但分毫未稅的人數卻遽增，從 1998 年的 3 人，增至 2003 年的 400 人，造成所得租稅不公的現象（朱敬一、鄭保志，2005）。無疑地，造成富人分毫未稅、租稅不公的原因甚多；依據前述學說的觀點，這種現象顯然和「政府失靈」(government failure) 有關，亦即政府雖然可以採取各種措施干預彌補市場機制的不足，但是由於民主政治的缺陷，使得政府未必能夠扮演社會資源重分配的角色，而這些問題可能和分立政府的運作僵局密切相關。

設施的權利）及「國家供給住宅法」(National Affordable Housing Act；老布希總統積極推動的「住者有其屋計畫」[Home Ownership for People Everywhere, HOPE]，將公有住宅削價廉售承租戶）。值得一提的是，這些重要社會福利政策均在分立政府時期所制訂。

七、議會是否過度使用監督權的爭議

另一個分立政府的觀點係攸關國會的監督權。基本上，民意代表機構必須扮演監督制衡行政部門的關鍵角色，然而在分立政府體制之下，議會的行政監督權限將益形擴大，甚至濫用。其立論以為，一旦行政首長與議會分屬不同政黨時，反對黨掌握之委員會經常過度掣肘行政部門，阻撓行政首長所推行之政務，極力調查行政部門的「不當行為」(misbehavior)，進而彈劾政務官員。❶更具體地說，國會扮演著調查角色，當總統不同於國會多數黨的時候，國會將過度監督行政部門。❷國會調查案件往往引起媒體的高度關切，激發社會大眾的注目，而行政部門則飽受壓力，主要官員經常因遭受彈劾而相繼辭職。1973年至 1974 年尼克森總統的「水門事件」(the Watergate scandal)、柯林頓 (William J. Clinton) 總統的性醜聞案件即為典型的案例。

無疑地，對於國會運用行政監督權，這種情形可以被視為是正面的，也可以被視為是負面的。一方面，或許可以「過度苛求」形容之，另一方面，亦可稱之為「善盡議會正當職務」，督促行政首長和官員做

---

❶ 因不當行為而遭彈劾的理由，包括叛國 (treason)、不忠 (disloyalty)、篡位 (usurpation)、貪污 (corruption)、重罪 (high crime)、失職 (misdemeanor)、利益衝突 (conflict of interest)、其他違法行為 (other illegalities)、不當行政 (maladministration)、錯誤政策制訂 (bad policy planning)、錯誤信念 (bad faith)，或者其他犯錯行為。

❷ 誠如歐加爾 (Morris S. Ogul) 述及，「比起反對黨的國會議員來說，執政黨的國會議員比較不會關切監督政府的功能」(1976: 18)。

好自己的本分，其端賴於評斷的角度而有別。為檢證分立政府與一致政府之間的行政監督權究竟是否有所差異，梅修分析 1946 年至 1990 年美國聯邦政府眾所矚目的國會調查案件，其研究發現，在分立政府時期，國會委員會蒐證調查行政部門不法行為的次數，並不明顯高過於一致政府時期 (1991b: chap. 2)。如表 9-3 所示，無論是在貪瀆或者是其他類型的案件，這些調查案件發生在分立政府或一致政府的頻率幾乎是無分軒輊的。之所以如此，梅修認為其主要理由在於國會議員根深蒂固的「個人主義」(individualism) 色彩使然，為了確保連任，他們必須維繫與關照自身的選舉基礎，積極表現爭取選民的支持與認同，因而傾向主動調查行政部門的不當作為，無論處於一致政府或者是分立政府的環境之中。

表 9-3　　1946 年至 1990 年美國眾所矚目的調查案件比較

	一致政府 (18 年)	分立政府：總統與國會分屬不同政黨 (20 年)	分立政府：總統與參議院屬同政黨，但與眾議院分屬不同政黨 (6 年)
總數[1]	15	14	1
貪污案件	8	6	1
其他案件	7	8	
由眾議院委員會進行[2]	3	7	1
由參議院委員會進行[2]	13	9	

1. 1953 年，由共和黨詹尼爾 (William Jenner) 擔任主席之參議院司法委員會 (the Senate Judiciary Committee) 所屬國家安全次級委員會 (Internal Security Subcommittee)，針對 1940 年代前任民主黨總統杜魯門（當時總統為共和黨的艾森豪）時期，蘇聯特務在美國高層行政部門積極活動一事進行調查。依據梅修的歸類，該案件為唯一涉及前任行政官員的重大調查案件，其餘皆為關於現任總統或行政官員的調查案件。因此，調查案件總數不包括該案。

2. 1947 年至 1948 年，政府官員非法提供有關民生物資期貨投資訊息；1962 年，農業部 (Agriculture Department) 偏袒黑市穀物儲藏商亞斯提斯 (Billy Sol Estes)；1987 年，國家安全會議 (National Security Council) 官員麥可法蘭 (Robert McFarlane)、龐戴斯特 (John Poindexter) 與諾斯 (Oliver P. North) 涉及「伊朗－尼加拉瓜反抗軍軍售案」；此三項案件經由參議院與眾議院委員會進行調查。故此，參議院與眾議院皆列入計算。

資料來源：Mayhew (1991b: 32)。

八、「細部控制」的爭議

與議會行政監督權有關的另一項爭議在於，行政體系是否會因為分立政府的緣故而遭受負面影響。其基本邏輯以為，總統與國會之間劇烈的牽制對立關係，可能有損法令的執行；整體而言，阻礙行政部門履行的功能，壓抑政府制訂創新政策及推動施政計畫。當然，行政監督權與這個議題有關，但是這項問題所牽涉的範圍更為廣泛。更具體地說，在分立政府之下，民意機構對行政部門更為積極地進行「細部控制」(micro-management)，箝制官僚體系，進而減弱個人「內在動機」(intrinsic motives) 與「行政責任」(responsibility)，降低行政體系效率的問題 (Wilson, 1989: 241–244; Palumbo and Maynard-Moody, 1991: 81–82)。

所謂「細部控制」主要強調國會更緊密的控制與嚴格的監督，其意指國會大幅增加幕僚人員編制以便監督行政部門、國會委員會更頻繁地舉行聽證會、積極擴大使用立法權、擬定極為詳盡的法令細則以限縮官僚體系的裁量權（舉例來說，在環境法規、環境影響評估等方面），以及採行嘗試削減總統權力的措施並規範政府決策程序，譬如 1973 年的「戰爭權力法」、1974 年的「國會預算及保留控制法」(Congressional Budget and Impoundment Control Act)，以及針對雷根政府的中美洲政策進行干涉 (Aberbach, 1990: 26–28, 34–46; Gormley, 1989: 56–59, chap. 8)。

然而，從另一個角度來說，自從第二次世界大戰以來，由於福利國家的興起（舉凡醫療保健、失業救助、國民住宅、環境保護等）及國家安全事務重要性的提升，使行政權大幅膨脹，幾乎獨占絕大多數的政策領域。相形之下，立法部門不僅制訂法案的角色日益萎縮，而且在監督行政部門執行政策的功能更是逐漸削弱。有感於此，民意機關意圖嘗試扭轉此種情勢，儘管成效有限，但仍竭力求取立法權與行

政權的平衡。以美國實際發展經驗而言，「細部控制」興起於 1970 年代，主要在於因應與制衡尼克森總統過於積極的執政作為。其餘兩項成因包括民眾與國會對越戰的反感（針對詹森政府和尼克森政府的處理方式），以及民眾對官僚體系逐漸衍生的不信任感。尤其是在 1972 年尼克森總統連任之後，我行我素地處置中南半島的戰局、獨攬規劃國家安全計畫、過於激進地擱置國會的撥款法案、鼓動集權化管理行政組織計畫，最後並導致水門事件醜聞的爆發 (Mayhew, 1991b: 195)。以此看來，「細部控制」的肇因主要源自於行政權的持續擴大，這種舉措是否必然不利於政治體系，亦恐是見仁見智的問題。

以上係摘述近年來探討美國一致與分立政府運作差異的研究。總體而言，關於分立政府影響的文獻中，若干研究指出，分立政府較易造成政府施政效率低落與政治責任不明的情形。持相反論點的學者則認為體制的差異未必產生明顯影響。這反映出兩派學者的基本論點。持「多元理論」(pluralist theory) 的學者認為，政黨角色在多元社會中並不顯著，其只不過是眾多團體中的一部分，因此當總統與國會分屬不同政黨時，總統仍得以運用其他手段順利地推展政治事務。然而，抱持「政黨理論」(party theory) 的學者則認為，民主政治即為政黨政治，倘若府會分屬不同政黨把持時，便容易造成僵局與窒礙（吳重禮、黃紀、張壹智，2003: 151-154）。對於相同的體制運作，研究成果卻大異其趣，究其原因主要在於立論的基礎，以及研究者選擇不同評估指標測量一致政府與分立政府的「政府表現」(government performance) 與「領導效能」(leadership efficiency)，因此所得結論亦不盡相同。換言之，一致政府與分立政府在整體運作與表現上，究竟孰優孰劣，至今尚未得到結論。

依筆者之見，就美國政府體制與政黨運作兩方面進行觀察，分立政府並不必然導致行政與立法部門的較勁衝突。首先，美國憲政設計重視行政與立法的互相分立，所以保障雙方獨立的地位，而行政與立

法的互相制衡，可以防止任何一方壟斷權力。總統與參眾議員的任期、選區、選民均不相同，而且總統與國會各有獨立職掌，彼此不能侵越對方的權力。這種總統制政府體制的安排，使得內閣制中「政黨政府」的精神無法落實。其次，誠如愛普斯坦 (Leon D. Epstein) 所言，「政黨組織有類似於政府組織的傾向」(1967: 31)。其以美國聯邦體制為例證指出，在此體制之下，政黨地方性組織勢力最為強大，政黨全國性組織往往難以控制其地方性組織。在美國政府體制之下，提名制度的分權化、國會中政黨凝聚力的弱化，以及缺乏明顯的黨紀約束等，成為其政黨體系的特徵 (Epstein, 1986: chaps. 1–2)。在組織鬆懈的美國政黨架構之下，分立政府與一致政府的差異甚少，因為總統為推行其政務，減少議會的阻撓，必須運用嫻熟的政治技巧與同黨及反對黨議員保持接觸，減緩對抗的可能。否則，即便在一致政府之下，一位不善於維繫府會關係的總統，亦無法以政黨領袖之名，強制約束同黨國會議員遵循其意志行事。

這種論點可從研究美國總統職權的學術著作中得到驗證 (Kernell, 1993; Neustadt, 1990; Waterman, 1989)。誠如其所闡述的，欲成為一位「成功的」、「有影響力的」政府首長，總統不應單單憑恃正式職權所賦予的權力，更重要的訣竅在於運用非正式，但卻是更有效的權力——溝通 (communication)、協調 (negotiation) 與說服 (persuasion)——嫻熟穩健地維持行政、立法、司法部門良好關係，並且與「非政府角色」(non-governmental roles)——政黨、利益團體、大眾傳播媒體，以及民眾——保持良好公共關係。針對重大而頗具爭議性的法案，總統必須有效說服國會議員，使其體認這些法案不僅裨益行政部門利益，亦吻合議員自身的需求，而非單憑訴諸權威 (如否決權的使用)，要求議員嚴格恪守總統的意志。

綜觀之，藉由分析政府體制與政黨結構的雙重面向，本文以為分立政府並不必然導致行政與立法部門的對立僵局。當然，關於形成分

立政府的可能肇因，以及其所導致的影響，都是值得繼續觀察與研究的課題。

參、美國分立政府的改革方案

猶如分立政府的原因與影響所引發的爭議，美國學界對於分立政府的改革亦抱持不同的觀點，眾說紛紜，莫衷一是。當然，分立政府的肇因、分立政府的影響，以及分立政府的改革，這三者是息息相關的；尤其是分立政府的影響與分立政府的改革這兩者的關係更是緊密（關於美國分立政府的改革芻議與相關論辯，建議參閱 Cutler, 1980, 1988; Hardin, 1989a, 1989b; Petracca, Bailey, and Smith, 1990; Robinson, 1989; Shull and Shaw, 1999; Thurber, 1991a, 1991b）。

在分立政府的成因方面，主張進行改革的人士認為，選民是受到若干「制度因素」的影響而「非蓄意地」採取分裂投票，卻無意間產生了分立政府的結果（Sundquist, 1990: 537）。如第八章所述，這些制度因素包括憲政制度、在職者優勢、選區服務、選區劃分、競選經費法規、選舉時程，以及選舉制度等；正因為如此，改革派學者主張應藉由制度革新排除這些結構因素的影響，藉此減少分立政府出現的可能性。反之，若干研究者主張，在分立政府的肇因尚未釐清之前，驟然提出政治改革芻議，似乎仍嫌過早。以選民分裂投票行為的動機為例，假若多數選民係「蓄意地」採取分裂投票行為，意圖造就制衡與分權的政府，則實在無須違背「多數民主」(majority democracy) 原則，嘗試改變這種情形（Petracca, Bailey, and Smith, 1990: 510–515）。

在分立政府的整體運作及其影響方面，並不令人訝異的是，主張進行改革的人士均認為，相對於一致政府，分立政府較易導致府會的僵局與對峙，影響政府表現與領導效能。反之，對於改革主張持保留立場者認為，在確切知悉一致政府與分立政府運作的差異之前，不宜

貿然採取革新舉措。其認為，假若分立政府的運作結果無異於一致政府，甚或分立政府還勝過於一致政府，則吾人著實無須設計改革芻議以變革之。甚者，即便分立政府的影響確實有待改革，但仍必須確切知悉其病灶之處，始得以針砭。舉例來說，諸多政府的缺失，包括政策滯塞、停頓、缺乏效率，以及行政與立法部門之僵局等，可能肇因於政治人物（例如胡佛 [Herbert C. Hoover]、詹森、尼克森、卡特等總統）欠缺治國理念、領導能力不足與個人人格瑕疵所造成，而非政治制度因素使然 (Petracca, Bailey, and Smith, 1990: 506; Sundquist, 1992: 10)。換言之，分立政府根本並非真正的問題癥結所在，卻成為某種型態的代罪羔羊——政府運作效率低落、管理不善的託詞 (Horowitz, 1987; Menefee-Libey, 1991; Petracca, 1991; Schlesinger, 1986)。因此，在尚未真正瞭解其問題癥結之前，貿然改革，恐未蒙其利，已先受其害。

面對前述批評，改革派人士主張，儘管這種說明似乎言之成理，然而憲政制度設計確實對於政治人物的行為產生相當程度的影響 (Pfiffner, 1991; Sundquist, 1990; Thurber, 1996)。以美國政治體制而言，總統被視為應該領導國會制訂政策並作為政策施行的領導者，然而面對分權制衡的參眾議院，總統往往無法展現具體作為，尤其當國會為反對黨掌握多數席次時，其施政作為將遭受諸多掣肘。在國會無法行使倒閣權要求總統去職、而總統不能動用解散權要求國會重新改選的情況下，這種行政與立法僵局幾乎沒有解套方式，必須俟下次總統選舉或是期中選舉結果揭曉，任何政黨同時掌握行政與立法部門，才有化解對峙僵局的可能。

總體來說，針對美國政治制度所提出的改革建議甚多，究竟是否應該進行改革，以及應該採取何種憲政改革舉措，學者們仍無共同的看法。基本上，批評美國憲政體制者眾，所持理由甚多，實無法詳盡列舉。桑奎斯特歸納指出，亟需解決的問題主要在於五個方面 (Sundquist, 1992: 10–11)。其一，能否建立一種選舉機制裨益一致政府

的形成，使得總統、參議院、眾議院這三個政治權力的運作核心能夠更有效率，且建立更為明確的責任政治？其二，能否延長總統與國會議員的任期，讓選舉週期不致過於頻繁，使政治領導人物能夠更專注地解決重要的內政與外交議題，同時解決眾議院兩年一任的窘境，促使立法程序更為謹慎且提升法案品質？其三，面對總統與國會為不同政黨掌握的困境，行政與立法的對峙僵局造成政府的癱瘓，能否設計彈性化解衝突的機制，而非僅無奈地等待下次選舉結果以突破困境？其四，能否有更為協調的運作機制，促使政黨扮演關鍵角色以化解府會僵局？其五，是否必須修訂憲政設計的權力制衡機制，使行政與立法部門不再相互阻撓，而是使得任何一個部門均能主導政策的推行？

針對美國政治制度運作所提出的改革建議，其中最受矚目的或許是憲政體制委員會在 1987 年所提出的《報告與建議》(*Report and Recommendations*)。該委員會在 1981 年成立，是一個跨黨派、非營利導向的組織，由卡瑟邦 (Nancy Landon Kassebaum)、狄倫 (C. Douglas Dillon)、卡爾特 (Lloyd N. Cutler) 主導，並有諸多政府官員、憲政學者與新聞媒體工作者參與其間。根據該委員會的診斷，美國憲政運作的沈痾主要源於兩個癥結，其一是選民政黨忠誠與政黨體系凝聚力的弱化，另一則是權力分立與制衡使然。政黨功能式微與分權制衡原則，這兩個問題導致分立政府產生與政治責任喪失。針對這兩個問題，憲政體制委員會提出若干改革芻議，其一是強化政黨功能與政治責任，另一則是改善府會的互動機制。在這兩大主軸之下，各有其改革方案。

在強化政黨功能與政治責任方面，憲政體制委員會提出的芻議包括：其一，改革總統候選人提名制度，使民主、共和兩大黨的參眾議員成為「非承諾性黨代表」(uncommitted voting delegates)，在政黨全國代表大會中增加其提名影響力；換言之，藉由此項改革提升國會議員在總統候選人提名過程中的影響力，強化立法與行政的互動連結關係。其二，由國會制訂選舉法規以修改投票規則，要求各州施行強制性一

致投票制度；也就是說，在選票設計印上相同政黨的總統、參議員、眾議員候選人，迫使選民必須支持同一組候選人，而無法進行分裂投票支持不同政黨的公職候選人。基本上，該改革方式旨在增強選民的政黨認同，減少分立政府出現的頻率，促進行政與立法的合作關係。其三，由國會制訂競選經費法規，將國會議員選舉比照總統選舉，予以公費補助；藉由這種方式，強化政黨在選舉過程中的重要性。

再者，在改善府會的互動機制方面，主要改革方案有三項。其一，經由修憲方式變更參眾議員任期，將眾議員任期改為四年，與總統任期相同；另外，參議員任期則改為八年。憲政體制委員會認為，延長國會議員的任期具有兩項優點：一方面，藉由增加行政首長與立法部門的合作關係，化解可能的立法僵局；另一方面，眾議員無須挹注精力在過於頻繁的選舉，而能夠專注於立法工作，促使眾議院更有效率和效能。其二，經由修憲方式，使國會議員可以同時兼任行政官員；這項改革措施旨在結合立法職權與行政經驗，增加府會之間的資訊交流與政治信任。其三，經由修憲方式變更參議院批准條約需經三分之二多數的同意，改為經參眾兩院多數同意即可，或者將參議院三分之二多數同意的門檻降為五分之三。該改革方案主要希望降低條約批准門檻，增加行政部門與立法部門在外交政策、國家安全政策的合作誘因。

儘管這些改革方案頗具見地，然而美國政治學界對此仍有高度爭議。若干學者極力鼓吹這些建議的必要性與迫切性，反之部分研究者則抱持保留態度，避免劇烈政治變遷的步伐，危害歷史傳統與政治穩定。無論其立場為何，兩派觀點皆有值得參考之處。就理論而言，我國政治發展過程所衍生的問題與美國當代憲政議題極為相近。或許，「他山之石，可以攻錯」，從這個角度來看，經由瞭解美國憲政體制委員會的改革建議，以期獲致「政治穩定」與「政府效率」的目標，顯然深具學術價值與實際政治參考意義。瞭解西方文獻對於分立政府議

題的研究脈絡與架構之後，讓我們回過頭來關切臺灣政治發展所面臨的問題，作者亦嘗試拋磚引玉，提出幾項改革芻議作為參考。

肆、結論：憲政運作與權力分立的趨勢

作為一個由威權體制逐漸轉型朝向民主化發展的國家，我國中央層級與多數地方層級政府皆面臨分立政府的問題。在以往國民黨威權統治時期，地方層級分立政府的出現多屬零星偶發，但自從 1989 年之後，經歷數次縣市長與議會選舉，分立政府卻有明顯增加的趨勢，儼然成為地方府會關係的常態。在 2000 年與 2004 年總統大選之後，民進黨雖然贏得執政權，面對的困境卻是未能掌握立法院多數席次。因此，陳水扁政府諸多政策措施引發朝野嚴重的衝突與對立，諸如核四續建與否、兩岸政策定位、宗教直航、反反覆覆的加稅與否、國家安全捐、縮短工時、公務人員全面週休二日、老人福利津貼、國民年金、預算刪減、高科技企業員工配股按實際股價課稅、南部科學園區與高速鐵路的對立、股市疲弱不振、經濟景氣衰退創下失業率新高、行政院提出 8,100 億振興景氣措施之紛爭、6,108 億的軍購政策、監察院人事案、行政院組織法草案、八年八百億治水特別預算案、臺灣高速鐵路興建計畫、「國家通訊傳播委員會」(National Communications Commission, NCC) 組織法草案、政壇及金融市場矚目的股市禿鷹案、高雄捷運弊案引發的後續效應（包括陳哲男事件、行政院新聞局表示不排除撤銷 TVBS 電視頻道執照）、退休公務人員 18% 優惠存款利率改革、高速公路電子收費系統招標工程，以及「國家統一委員會」終止運作和《國統綱領》終止適用、最高法院檢察署檢察總長人事同意權、基本工資調整、公股管理、中央選舉委員會組織條例草案、去中國化的教育政策，以及中正機場、中華郵政、中正紀念堂和諸多機構的更名所引發的爭議和齟齬，都可以看到行政部門與立法部門扞格不

合的現象，而且朝野對立似乎有愈演愈烈之勢。

無疑地，這些政治紛擾情勢造成諸多社會衝擊。回顧近年來我國政治運作的僵局，除了政黨立場與領導者意識型態的影響因素之外，憲政制度恐怕難辭其咎。作者淺見以為，過去十餘年來的憲政改革是失敗的，或者較保守的說法是，並未能契合當時的修憲原意，其理由至少有二。其一，一般以為，內閣制強調行政和立法合一、彼此利害與共，其優點在於「政府效率」較高，而缺點則在於缺乏「政治穩定」；倘若內閣無法掌握國會，尤其當國會中沒有任何政黨得以擁有絕對多數席次，可能發生頻繁倒閣的危機。反之，總統制著重行政和立法分立、雙方利害分殊，其優點在於「政治穩定」較高，而缺點則在於缺乏「政府效率」，尤其當總統與國會分屬不同政黨，可能造成府會關係的僵局。換言之，內閣制與總統制各有優劣，可謂各有其長、亦有其不足之處（湯德宗，2005: 77–78）。我國憲政體制採取混合體制，或許原欲「各取其長、各去其短」。❸ 然而，實際運作結果顯示，卻是「各取其短、各去其長」，而「政治穩定」與「政府效率」似乎均不可得。

其二，諸多憲政學者預期，修憲之後的政府體制得以仿效法國「左右共治」先例，產生所謂「制度換軌」的功能，亦即當總統與國會多數議席為相同政黨掌握時，其憲政體制將趨近於總統制。反之，假若總統與國會分屬不同政黨掌握時，總統應尊重國會多數而任命立法院得以接受的行政院長，其運作方式類似於內閣制（胡祖慶，2001: 90；楊日青，2001: 196）。然而，2000 年政黨輪替之後的憲政運作經驗顯

---

❸ 關於半總統制的優點，主要在於容許行政權力在總統與總理之間變換的彈性設計。相較於總統制可能面臨分立政府的情形，當國會多數由在野黨掌握時，總理即取得行政主導權，且向國會負責，避免府會之間可能形成的對立僵局。再者，在半總統制之下，總統具有固定任期，減緩國會內部黨派紛擾的影響，使政治局勢相對穩定，憲政體制得以維繫（湯德宗，2005: 94–95）。

示，這樣的期待顯然過於浪漫且不切實際，因為行政院長不僅成為總統政策執行的幕僚長，也造成行政院向立法院負責的精神不易落實。一方面，總統與立法院爭奪政策主導權的亂象持續發生；另一方面，「有權無責」的總統決定重大施政方針，而「有責無權」的行政院長卻成為政策疏失的代罪羔羊。

2005 年 5 月任務型國民大會代表選舉之後，展望未來，究竟應該採取「制憲」或是藉由「修憲」，其憲政體制應朝向總統制、內閣制，或者半總統制，迄今均未有定論。作者淺見以為，未來採取「制憲」的可能性不大，畢竟其變動程度過於激烈。另外，未來總統、行政院如何與立法院互動，仍是項備受關切的議題（吳玉山，2002；林繼文，2000；Wu, 2000）；基本上，個人認為，改革之後的憲政體制，總統和立法院均由人民選舉產生，可能愈趨近「總統—議會制」。假如未來的憲政運作是基於權力分立的原則，那麼無論是在「總理—總統制」或者是在「總統—議會制」之下，首要的難題都需要面對分立政府的挑戰。

對此，參酌前述美國憲政體制委員會的若干改革方案與國內學者提出的寶貴建議，個人試圖拋磚引玉提出幾項芻議，作為參考。這些改革方案主要著眼於兩個設計原則：第一，強化政黨在選舉過程的功能，減少選民分裂投票的可能，避免分立政府的形成；第二，改善府會的互動機制，藉以提升政府表現與領導效能，解決政治運作窘境。相關改革建議如下：其一，強化總統權力，直接領導行政部門；刪除憲法第五十三條「行政院為國家最高行政機關」之規定，將憲法第四章（總統）與第五章（行政）合併，使總統掌握實質權力，擔任國家元首與行政首長，直接任免各部會首長、指揮內閣決策（湯德宗，2005：82）。其二，為極大化社會多數共識，將總統選舉從相對多數當選制改採絕對多數當選制，增強總統行政領導的正當性基礎。其三，立法委員任期既然已由三年改為四年，可考慮自 2012 年起將總統與立法委員選舉同時舉行，以強化立法與行政的互動連結關係。倘若立法委員與

總統的選舉時程無法調整為同時舉行，則這兩種選舉的時程不宜間隔過久，以三個月內為宜，以發揮「衣帶效應」(coattail effects) 或類似於「蜜月選舉」(honeymoon election)，其效果近似於同時選舉（林繼文，2006: 243, 260–261）。這樣的選舉時程將裨益民眾明確抉擇究竟偏好一致政府或是支持分立政府。另外，更為激進、但也可能引起高度爭議的一項建議是，立法委員選舉已改為單一選區，得以考慮修改投票規則，施行強制性一致投票制度；也就是說，在選票設計印上相同政黨的總統、立法委員候選人，迫使選民必須支持同一組候選人，而無法分裂投票支持不同政黨的公職候選人。

　　其四，為和緩行政與立法的對立，增加政策法案制訂的效率，宜增訂立法院總質詢的時數比例，避免行政院長及各部會首長在立法院列席備詢時間過長，影響行政運作；另外，加強立法院各級委員會的功能，確保委員會具有充裕時間審查法案，使其取代院會和「黨團協商」成為法案討論的主要場域。其五，在不過度侵犯「國會自主」的前提之下，讓行政部門擁有設定法案優先審查順序的權力，提升政府施政效能。其六，提升總統制衡權力，允許在特定條件之下將覆議失敗法案提交公民複決，亦即將府會爭議交由選民進行公斷。❹其七，

---

❹　提升總統的制衡權力，其做法得以類似於美國總統的「口袋覆議」(pocket veto) 或者「逐項覆議」(line-item veto)（相關說明，詳閱湯德宗，2005: 84–88）。必須說明的是，美國總統否決權的制度設計與我國總統覆議權的運作有所區別。美國總統對於國會所通過的法案可以使用否決權，而經總統否決的法案，除非國會有出席議員三分之二的絕對多數，不得維持原決議。小布希上任以來，一直未動用過否決權，這是因為多數時間共和黨在參眾議院掌握多數席次。近來，小布希矢言要對人體胚胎「幹細胞研究」(stem-cell research) 的撥款法案祭出第一次的否決權，國會在經過幾個月的審議，仍然不願法案被否決，因此遲遲未予以通過。由於美國任何一個政黨都很難在參眾議院中取得三分之二的絕對多數，因此除非總統罔顧民意，否則其所做的否決並不會輕易被推翻，或許這是分

廢除總統與行政部門職權重疊的決策單位（譬如國家安全會議、九人決策小組、科技諮詢委員會等），精簡政府人事，防堵府院之間有權無責、有責無權的弊端。

必須說明的是，作者仍較為青睞內閣制，畢竟半總統制的實際運作經常必須訴諸「運用之妙、存乎一心」，對於臺灣這樣的新興民主國家而言，恐怕是非常難以學習的。尤其，對於臺灣社會來說，由於長期存在著族群意識分歧、國家認同矛盾，以及南北地域差異，更是不可忽視的隱憂。目前，我國正面臨憲政工程改造的十字路口，個人以為，既然朝向「總統—議會制」似乎是未來較為可能的憲政選擇，因此本文所提出的改革芻議係針對「總統—議會制」，以增進其「政治穩定」與「政府效率」為目的。可以確定的是，這些研究領域與改革方案均牽涉制度選擇，其影響深遠，將是未來極為關鍵的政治議程。

立政府與一致政府在重要法案方面，並無太大差異的原因之一。反觀，根據我國憲法第五十七條第二、三款規定，立法院對行政院重要政策不贊同時，得決議移請行政院變更之。行政院對立法院之決議，得經總統之核可，移請立法院覆議；同樣地，行政院對立法院通過之法律案、預算案、條約案，如認為有窒礙難行時，得經總統核可，移請立法院覆議。在 1997 年修憲調整了國會否決覆議的門檻，由三分之二調降為二分之一，如此設計使得覆議權的行使更為單薄。因此，一旦處於府會對峙的情況下，為了解開行政與立法的糾葛僵局，似乎有必要提升行政首長的權力，允許在特定條件之下將覆議失敗法案提交公民複決，亦即將府會爭議交由民眾裁決。

第十章
選舉制度改革的省思

壹、前 言

近十餘年來，制度選擇學派在我國政治學界頗為盛行，似乎蔚為顯學之一，其研究對象甚廣，舉凡憲政制度、政府制度、選舉制度、政黨制度、候選人提名制度等均為其研究的範疇。在這些廣泛的制度研究領域中，存在著一項共通的特徵：研究者對於各種制度的優劣良窳存有不同的評價；沒有任何一種制度是完善的，每一種制度有其特點，亦有其不足之處。換言之，對於不同制度的評價，學界經常缺乏一致認可的共識。然而，一個相當獨特的例外情形是，研究選舉制度的諸多學者對於「複數選舉區單記非讓渡投票制」（multi-member district with single non-transferable vote system；以下簡稱為 SNTV）抱持著極度否定與批評的態度，並且倡言應盡速改革 SNTV 制度，這是學界少見存有共識的例子。儘管究竟應該採取何種選舉制度以取代 SNTV，學者們仍無共同的看法，但是抨擊 SNTV 者幾乎毫無例外。❶

---

❶ 必須說明的是，2004 年立法院修憲提案通過立法委員選舉制度改為「單一選區兩票並立制」；在 2005 年 6 月 7 日，任務型國民大會以壓倒性多數，複決通過立法院所提的憲法修正案。修憲後立委選制規定自第七屆立法委員選舉起，立法委員席次減半為 113 席，任期延長為 4 年。其中區域立委 73 人，全國劃分為 73 個單一議席選區，每縣市至少一人。全國不分區及僑選立委計 34 席，由單一選區兩票制中的政黨票得票比例來分配席次，但保障婦女名額占不分區至少一半。選民同時在單一選區與比例代表選區各投一票。加上 6 席原住民代表，共計 113 席。我國國會選舉制度的變革已引起國內外政治學界高度的關切與重視，至於其後續

　　批評 SNTV 者眾，所持理由甚多，實無法一一列舉。大體而言，可歸納為以下數點：其一，刺激極端意識型態的發展；其二，裨益派系政治的運作；其三，弱化政黨競爭的分際；其四，形成以候選人為中心的選戰型態；其五，助長賄選風氣與黑金政治。❷必須說明的是，SNTV 制度所衍生的問題往往相互糾葛，互為因果，並不宜截然劃分。某一項問題所蘊含的意涵，與其他問題有若干重疊之處。在此，為清楚地呈現討論議題，始將其區分為五種面向。

　　鑑於 SNTV 制度之諸多流弊，韓國、日本等國在 1988 年和 1994 年已分別放棄該制度，改採其他類型選舉方式，目前僅存我國現行民意代表選舉仍繼續採用之，故宜盡早革除之。總體而言，SNTV 易導致民意代表素質低落，議事效率不彰，作秀心態濃厚，政治品質極難提升。尤有甚者，小黨林立，不利於政局穩定。政黨腐化、政治惡鬥、民怨累積等弊端，已讓社會大眾對民主政治逐漸失去信心，其已動搖國本，甚至可能斷喪民主政治的成果。

　　由這些批判觀點看來，SNTV 制度似乎是所有政治弊端的淵藪。然而，令人質疑的是，SNTV 果爾是現今各種政治亂象的根源？其為人所批判的癥結所在為何？它是一種僅具缺失，而無任何優點的制度？或者，研究者將諸多政治問題過度歸咎於 SNTV，而忽略其可能優點？這些是本章嘗試探討的議題。❸必須強調的是，對於許多選舉制度關鍵議題，本章尚無法提出周延的論述。在此，僅提出數點制度改革意見，作為研究參考。事實上，本章所提出的疑問之處恐要多過於解答

　　效應和政治影響仍有待持續觀察。至於此波選舉制度的改革是否就此塵埃落定，似乎仍在未定之天。

❷　反對 SNTV 制度的理由甚多，在文中所列舉的數項理由，係經由筆者參閱相關學術書籍、期刊論文、研究著述、報紙雜誌報導等文件資料，綜合歸納而得。

❸　本章架構來自於吳重禮 (2002a)，並在內容上加以增刪。

的部分，惟願拋磚引玉，激發更多的討論。

 貳、各類選舉制度的扼要說明

世界各國所採行的選舉制度種類繁多、且彼此之間差異甚大，因此欲瞭解各類選舉制度的特性及其相關效應，著實不易。所幸，眾多西方學者挹注心力於該研究範疇，迄今已累積極為豐碩的成果（在此，僅羅列筆者認為較為重要的書籍，其包括 Cox, 1997; Duverger, 1954; Farrell, 2001; Grofman et al., 1999; Grofman and Lijphart, 1986a; Katz, 1980; Lijphart and Grofman, 1984; Lijphart and Waisman, 1996; Lijphart, 1994, 1999; Norris, 2004; Rae, 1971; Shugart and Wattenberg, 2001; Taagepera and Shugart, 1989）。至於國內選舉制度領域的研究，亦不遑多讓（建議參閱王業立，2006；吳東野，1999；吳親恩，2006；李明峻、蔡宏瑜、顏萬進，1992；林繼文，2006；謝相慶，1999；謝復生，1992b；Lin, 2002, 2006）。必須強調的是，關於選舉制度的分類、規則及其相關效應，現存文獻已有詳盡、完整的闡述，故在此不擬多加說明。❹

---

❹ 依據雷氏 (Douglas Rae) 的觀點，所謂「選舉制度」(electoral system) 包含三個構成要素，其分別為「選票結構」(ballot structure)、「選區規模」(district magnitude)，以及「選舉規則」(electoral formulae)(1971: 16–19)。至於李帕特 (Arend Lijphart) 則認為「選舉制度」包括三個主要部分，其為「選舉規則」、「選區規模」，以及「當選門檻」(electoral threshold)(Lijphart, 1994: 1)。在另一著作中，李帕特進一步細分七項特性描述「選舉制度」，其為「選舉規則」、「選區規模」、「當選門檻」、「候選人總數」(the total membership of the body to be elected)、「總統選舉對於國會選舉的影響」(the influence of presidential elections on legislative elections)、「選區不當劃分」(malapportionment)，以及「政黨之間的選舉連結」(interparty electoral links)(Lijphart, 1999: 144–146)。為裨益讀者易於瞭解本文意涵，在此作者所謂「選舉制度」主要係指「選舉規則」。

　　如表 10-1 所示，根據李帕特的觀點，1945 年至 1996 年期間 36 個民主國家國會選舉所採行的選舉制度，可歸納為三種主要類型：「多數當選制」(plurality and majority formulas)、「半比例代表制」(semiproportional formulas)，以及「比例代表制」(proportional representation)(Lijphart, 1999)。在這三種類型之下，又可以細分其他類別。在多數當選制之中，又可區分為「相對多數當選制」(plurality formula)、「絕對多數當選制與相對多數當選制的混合型」(majority-plurality)，以及「選擇投票制」(alternative vote)。在半比例代表制之中，可區分為「限制連記法」(limited vote)、單記非讓渡投票制，以及「單一選區兩票並立制」(parallel plurality-PR)。再者，在比例代表制之中，得再區分為「名單比例代表制」(list proportional representation)、「單一選區兩票聯立制」(mixed member proportional formula)，以及「單記讓渡投票制」(single transferable vote)。

表 10-1　　1945 年至 1996 年 36 個民主國家國會選舉之選舉制度

選舉制度類型	選舉規則	國家別
多數當選制 (plurality and majority formulas)	相對多數當選制 (plurality formula)	巴哈馬群島
		巴貝多
		波札那
		加拿大
		印度
		牙買加
		模里西斯
		紐西蘭 (1946 年至 1993 年)
		巴布亞新幾內亞
		千里達
		英國
		美國
	絕對多數當選制與相對多數當選制的混合型 (majority-plurality)	法國（不包括 1986 年）

	選擇投票制 (alternative vote)	澳大利亞
半比例代表制 (semiproportional formulas)	限制連記法 (limited vote)	日本（1946 年）
	單記非讓渡投票制 (single nontransferable vote)	日本（1947 年至 1993 年）
	單一選區兩票並立制 (parallel plurality-PR)	日本（1996 年迄今）
比例代表制 (proportional representation)	名單比例代表制 (list proportional representation)	奧地利
		比利時
		哥倫比亞
		哥斯大黎加
		丹麥
		芬蘭
		法國（1986 年）
		希臘
		冰島
		以色列
		義大利(1946 年至 1992 年)
		盧森堡
		荷蘭
		挪威
		葡萄牙
		西班牙
		瑞典
		瑞士
		委內瑞拉（1958 年至 1988 年）
	單一選區兩票聯立制 (mixed member proportional formula)	德國
		義大利（1994 年迄今）
		紐西蘭（1996 年迄今）
		委內瑞拉（1993 年迄今）
	單記讓渡投票制 (single transferable vote)	愛爾蘭
		馬爾他

資料來源：Lijphart (1999: 145)。

必須說明的是，即使是採行相同類型選舉制度的國家，在實際運作方面，彼此可能仍存有若干差異。舉例來說，在政黨名單比例代表制之下，政黨係主要的計票單位，而且選區應選名額必然不止於一席。在選舉之前，各個政黨提出候選人名單，以供選民抉擇；在投票時，選民支持的對象為特定政黨，而非個別候選人。計算席次的方式，係依據各政黨所獲得選票的多寡，按照固定公式分配應得席次。儘管政黨名單比例代表制的運作原則似乎甚為簡明，然而除了以色列、荷蘭以全國為選區之外，其他施行此種制度的國家，涉及諸多因素，譬如「計票公式」、「選區規模」、「當選門檻」、「選票結構」、「選區劃分」(reapportionment)、「補償性議席條款」(provision for supplementary seat)、以及「當選基數」(electoral quota) 等，使得各國實際運作的政黨名單比例代表制甚為複雜（建議參閱王業立，2006: 17–30；李明峻、蔡宏瑜、顏萬進，1992: 131–140；謝復生，1992b: 8；Taagepera and Shugart, 1989: 112–125）。舉例來說，政黨名單比例代表制可再細分為「封閉式政黨名單比例代表制」(closed party list proportional representation) 與「開放式政黨名單比例代表制」(open party list proportional representation) 兩類：前者意指選民僅得投票支持特定政黨，而不能在政黨名單中對於個別候選人表達偏好，或者變更候選人的順位排序；而後者則允許選民得以變更候選人順序，甚至投給相同政黨或不同政黨的候選人。

總體而言，在過去數十年間，世界主要民主國家所採取的選舉制度，以比例代表制為主，其次為多數當選制，半比例代表制則較不常見。在比例代表制之中，又以政黨名單比例代表制最受青睞，其次為單一選區兩票聯立制，再其次為單記讓渡投票制。

參、SNTV 制度的分析

依據研究分類，SNTV 制度屬於限制連記制或者半比例投票制的一種特殊形式（探討 SNTV 制度的研究分類及其規則的學術著作卷帙浩繁，建議參閱王業立，1995b, 2006；吳東野，1999；李明峻、蔡宏瑜、顏萬進，1992；黃德福，1993；謝復生，1992a, 1992b；Cox, 1991；Cox and Niou, 1994；Hsieh, 1996, 1999, 2001；Lijphart, 1999；Lijphart, Lopez Pintor, and Sone, 1986；Taagepera and Shugart, 1989）。在 SNTV 制度之下，選區應選名額或稱為「選區規模」(district magnitude) 往往超過一人，但是選民僅可投票給一位候選人；計票時，依照各個候選人得票數的高低，以相對多數決定當選與否。❺ 就得票率與席次率之間的「比例性」(proportionality) 看來，SNTV 制度的效果係介於「單一選區相對多數當選制」(single-member district with plurality system) 或者稱為「領先者當選制」(first-past-the-post system)，以及比例代表制兩者之間，且與選區規模成正比；換言之，當選舉區應選名額愈多，其「比例性」亦隨之增加，而「非比例性」(disproportionality) 則呈現

---

❺ 當然，在 SNTV 制度之下，應選名額亦有可能僅為一人，不過這種情形較為少見。值得說明的是，當應選名額僅為一人，SNTV 的效應就等同於「單一選區相對多數當選制」。再者，之所以被稱為「非讓渡投票」，意指不論候選人得票多寡，均不能將多餘票數移轉至其他候選人，有別於愛爾蘭、澳大利亞（參議院選舉）、馬爾他等國所實施的單記讓渡投票制。基本上，單記讓渡投票制的選票結構類似於「選擇投票制」或稱為「偏好投票制」(preferential vote system)，選民可以自行排列圈選候選人次序，甚至得以指定移轉的對象。以第一順位得票達到當選商數的候選人為當選者。當選者所剩餘的票數（亦即超過當選商數的得票）以及不可能當選之候選人的票數，依順位移轉至其他候選人的票數，藉此決定當選者。

下降的趨勢 (Lijphart, 1984: 207–213)。❻

如前曾述，SNTV 所遭致的批評甚多，舉凡由於極端政黨和小黨較有生存的空間，故易導致多黨林立、候選人個人主義與派系主義盛行、意識型態掛帥的競選策略、賄選買票猖獗、助長分贓政治等陋習與弊端。之所以如此，主要因為「安全門檻」(the threshold of exclusion) 與「比例性」使然。所謂安全門檻係指在最不利的情形下，獲得一個席位必須獲得的選票數。依吾人之見，安全門檻及「比例性」為一體兩面、彼此反向的關係。易言之，當選門檻愈低，則「比例性」愈高，反之亦然。

在 SNTV 制度下，就理論而言，在有效票數總計為 V 的選區中，其應選席次為 S，則安全門檻票數公式為 (V/(S+1))+1。因此，當其他條件不變的情形下，當 S 愈大時，則安全門檻票數愈小。假若少數候選人得票數超高，或者在競爭激烈的選區中，候選人數明顯高過於應選名額，而且多人票數極為接近時，則實際的當選票數往往低於前述的安全門檻票數。

換言之，在 SNTV 制度之下，候選人僅需取得部分比例選票便可跨越安全門檻，而且應選席次愈多，安全門檻愈低，因此候選人只要依恃個人關係或與黑金勾結，爭取若干選民支持即可當選。這種情形，一方面使得政黨提名時必須根據所謂的「實力」原則，提名地方派系支持或者財力雄厚的候選人；另一方面，間接鼓勵某些候選人以買票賄選、黑道脅迫的非法方式介入選舉，獲致當選的目的。或者，候選人必須訴諸極端意識型態，以爭取少部分忠誠支持者的奧援；以臺灣為例，激進統派和獨派勢力的候選人，在選戰中針鋒相對、訴諸族群

---

❻ 比例性和非比例性意指得票率與席次率之間的關係。當朝野政黨在選舉中的得票率愈接近其席次率，表示其比例性愈高，而非比例性愈低；反之，一旦政黨的得票率與其席次率差距愈大，表示其比例性愈低，而非比例性愈高。

議題以爭取選票的情形屢見不鮮。甚者，在選區規模愈大的選區，政黨的「過度提名」(over-nomination) 造成同黨候選人爭奪相同票源的情形，往往是選戰的致命傷。這種超過應選名額的提名策略，無異於鼓勵同黨操戈。顯然地，我國朝野兩個主要政黨（國民黨與民進黨）皆曾經面臨類似的困境。

進而推之，由於 SNTV 的「比例性」較高，裨益小黨發展，並且助長政黨訴諸極端意識型態的政見。諸多研究指出，相對於單一選區相對多數當選制之下的政黨必須朝向中間靠攏，藉以爭取多數「中間選民」(median voters) 的支持，在 SNTV 制度下的政黨因為只需爭取到小部分選民就能夠贏得席次，因此有較強的動機嘗試凸顯、誇大意識型態的差異。況且，一般選民比較願意依據自己既定的政治立場投票，無須擔心「誠實投票」(sincere voting) 可能浪費選票。猶如比例代表制的效應一般，在 SNTV 制度之下，諸多小黨為了謀得生存空間，經常以刺激意識型態對立作為發展的策略。以臺灣為例證，民進黨、新黨、建國黨、台灣團結聯盟等政黨在創始初期，往往嘗試訴諸族群議題或以族群為動員對象，似乎就與選舉制度的設計有所關連。這種情形往往徒增政黨體系的兩極化發展，不利於整體政治局勢的穩定。

總體而言，依作者之見，得票率與席次率之間「比例性」即是諸多研究之所以抨擊 SNTV 制度的主要理由。相對於 SNTV 制度可能產生的負面效應，依據研究指出，其亦具有若干優點。值得深思的問題是，許多研究肯定 SNTV 制度的理由亦是基於「比例性」的考量。舉例而言，由於「比例性」之故，對於政黨競爭較為公平，小黨生存空間較有保障，這種得票率得以適切反映在席次率的情形，對於政治穩定具有重要貢獻。再者，由於「比例性」之故，優秀候選人得以不憑藉政黨的力量當選；也因為如此，候選人數目往往明顯增加，使得選民的選擇對象較為廣泛，不僅侷限於少數候選人。除了「比例性」的特點之外，「簡單性」(simplicity) 是 SNTV 的另一項優點。換言之，對

於選民投票選擇而言，SNTV 是一種極易理解、相當方便的制度；就計算票數而言，SNTV 也是困難度最低的一種方式（Lijphart, Lopez Pintor, and Sone, 1986: 155）。

綜觀之，對於 SNTV 制度的評價，貶在於「比例性」，褒亦在於「比例性」，端賴其觀察角度而異。譬如，部分研究就曾指出，「目前所實施的單記非讓渡投票法，其好處乃在有利少數黨派或候選人獲得席位，不受選舉制度機械因素的嚴重侵害，在選票與席次上可有相當的比例性，也可以提供選民更大的選擇空間」（游清鑫，1994: 164）。此外，亦有研究指出，「從某個角度而言，具有相當程度的比例代表性、小黨也有一定的生存空間……，應是單記非讓渡投票制兩項重要的『優點』，也是過去國內部分人士支持繼續維持單記非讓渡投票制的主要理由」（王業立，2006: 98）。再如，「單記不可讓渡制對於政黨體系的影響是在單一選區相對多數制所造成的兩黨制和比例代表制所造成的多黨制之間取得一個平衡點：在小黨有生存空間的前提下產生一個穩定的執政黨。單記不可讓渡制的優點亦正在此」（吳文程，1996: 257）。如是以觀，以「比例性」當作反對 SNTV 制度的理由，似乎仍有待商榷。本文將以此基礎，在下節中嘗試逐一檢視批判 SNTV 的立論是否能夠成立。

肆、SNTV 制度的爭議及其評估

一、刺激極端意識型態的發展

諸多批評者指出，在 SNTV 制度下，候選人只需贏得少數比例選票即可當選，使得少數候選人以極端訴求作為政治主張，譬如極左的臺獨激進主張，或極右的急統主張，藉以爭取意識型態光譜左右兩端的選票。尤有甚者，有些候選人靠走偏鋒起家，以激情或譁眾取寵的

方式，甚至暴力的選舉手段，進行造勢及爭取偏激選民的支持。仰仗這種極端意識型態主張或煽情及暴力手段當選的候選人，一旦當選進入議會，其問政方式亦必然趨於激進。這類以意識型態為訴求的民意代表，不但影響議事和諧及效率，而且在「族群」與「統獨」議題日益尖銳與對立的局勢中，也會帶來政治社會的對立與不安。同理可推，在 SNTV 制度之下，政黨較易採取偏激策略，這種情形往往徒增政黨體系的兩極化發展，不利整體政治局勢的穩定。

然而，依筆者拙見，SNTV 制度得以達到相當程度的「比例性」——縮減得票率與席次率之間的差距——這似乎是值得肯定的面向。誠如絕大多數政治學者所推崇的觀點，民主政治強調「多元民主」(plural democracy) 或稱為「多元政體」(polyarchy)（該詞彙係引自 Dahl, 1971）。其意指容許多元社會中各種不同聲音得以同時展現，多樣化的社會團體並存，強調功能分工，各種利益集團代表個別社會利益，且這些團體均有機會參與決策，折衝與妥協為政治過程的主要特徵。從另一種角度看來，這種容許極端、激進思想的民主機制，其實對於政治穩定是有所助益的。在現實社會中，所謂的「全體一致的決定」(unanimous rule) 往往是極難產生的，因此尊重這些少數、偏激的意見，適時吸納不同聲音，將裨益政治秩序的維持。否則，一旦少數團體的意見始終受到壓制、無法表達，則可能以更激進甚至暴力的手段進行訴求。

其次，即使 SNTV 制度得以產生類似比例代表制的效應，對於小黨生存空間較有保障，傾向形成多黨體制；然而，多黨體制是否必然減弱政治體系的穩定與效率，恐仍有討論的餘地。這種既定的成見往往僅將研究視野侷限於英、美等兩黨體制的經驗之上。依據研究指出，民主體制可以區分為兩種模型，包括「多數民主」(majoritarian democracy)，以及「協同民主」(consociational democracy) 或稱為「共識民主」(consensus democracy)(Lijphart, 1977, 1996, 1999)。其中，英國

的民主體制最接近「多數民主」型態，其以單一選區相對多數當選制
和兩黨制為基礎。反觀，荷蘭、比利時、盧森堡、瑞士等「複式社會」
(plural societies) 的政治體制則可歸類為「協同民主」，其以比例代表制
和多黨體制為其特徵。基本上，在「協同民主」體制中，儘管存在多
黨體制反映社會「分歧」(cleavages) 現象，但經由各種制度化設計保
障各方利益，促使各政治團體或政黨得以透過相互協議以制定政策，
因此並無礙於政治的穩定與和諧。

再者，以臺灣政治發展作為例證，假若吾人認定，SNTV 制度裨
益小黨發展，那麼早期黨外人士與民進黨因為 SNTV 制度而興起，而
且民進黨也在 SNTV 制度之下逐漸茁壯。對於臺灣民主化的發展，當
學界稱讚朝野政黨輪替，邁向「民主鞏固」(democratic consolidation) 之
際，似乎亦間接稱許 SNTV 制度對於臺灣民主發展的貢獻。

此外，SNTV 是否必然有利於小黨的發展，亦是不無疑問的。諸
多研究指出，新黨和建國黨因 SNTV 制度而興起；但是，這些研究卻
未曾指出，在選舉制度未曾變更的情形之下，這兩個小黨近年來卻已
呈現逐漸沒落的趨勢。此外，一項研究更指出，如表 10-2 所示，從 1989
年至 2004 年六次立法委員選舉結果的「有效政黨數」(effective number
of parliamentary parties)，由 1989 年國會全面改選之前的 1.92，在 1995
年增加至 2.54，在 1998 年微幅下降為 2.48，在 2001 年由於當時甫成
立的親民黨和台灣團結聯盟頗有斬獲，因此增加為 3.47，但在 2004 年
又呈現下滑趨勢。如此看來，以我國為例，認定 SNTV 制度必然有鼓
勵小黨興起之作用，可能有過於武斷之嫌。

表 10-2　　1989 年至 2004 年立法委員選舉結果「有效政黨數」指標

選舉類別	1989 年增額立委	1992 年第二屆立委	1995 年第三屆立委	1998 年第四屆立委	2001 年第五屆立委	2004 年第六屆立委
有效政黨數	1.92	2.28	2.54	2.48	3.47	3.26

資料來源：王業立 (2006: 97)。

二、裨益派系政治的運作

質疑 SNTV 制度的另一項理由認為，由於候選人在選舉時主要依靠個人的人脈，而不需仰賴政黨的標籤。對於候選人而言，少數比例選民的衷心支持，即可確保當選，因此如何戮力鞏固這些支持群眾成為首要之務。在政黨組織力量無法作為候選人當選的保證之下，地方派系往往可以提供適度的人脈，甚至金脈，這些因素往往助長了地方派系的力量。國民黨在地方上既然必須與派系合作，派系往往影響著國民黨的提名與競選過程；甚至民進黨在地方上也必須遷就當地的派系，而民進黨中央的派系政治（如美麗島系、新潮流系等），更是相當程度地支配了黨內運作。顯然地，派系化的傾向與選舉制度有非常密切的關係，過去實施 SNTV 制度的日本，其政黨派閥政治的狀況亦十分嚴重。邇來，我國派系政治亦有變本加厲之勢；由於國民黨逐漸轉型為競爭性政黨，對派系的控制力量不如往昔，於是地方派系轉而與財團、黑道勾結，串連地方政治勢力並向中央政壇進軍，隱然成為我國民主政治發展的最大隱憂。

誠如許多研究指出，SNTV 並不是造成現今派系政治的唯一因素，但是在制度面卻提供了滋長的起源與茁壯的空間。換言之，對於地方派系的形成與強化，還有其他因素（舉凡歷史、地域、文化、血緣、宗教、政治動員、政治文化等）具有推波助瀾之效，但選舉制度卻成為主要的改革標的。換言之，將派系政治的猖獗主要歸咎於選舉制度，顯然有失公允。

其次，即便選舉制度的變革較其他因素的改變更為容易，但是改革現行 SNTV 制度，而改採其他類型的選舉制度，是否就足以減弱派系運作的勢力，恐不宜過度樂觀。舉例來說，依據第七屆立法委員選舉即將施行的「單一選區兩票並立制」，其中區域立委 73 人，因此全國劃分為 73 個單一議席選區，每縣市至少一人。就實際選區範圍來說，

在區域名額中採取的單一選區相對多數當選制，其選區代表性範圍將相當接近於現行的鄉鎮（縣轄市）長選舉。如表 10-3 所示，以 1998 年鄉鎮（縣轄市）長選舉應選名額分配情形為例，每名鄉鎮（縣轄市）長平均代表的人口數為 47,025 人，而桃園縣、臺北縣、臺中縣更分別高達 122,729 人、116,853 人，以及 68,495 人。相當為人所熟知的是，

表 10-3　1998 年鄉鎮（縣轄市）長選舉應選名額分配情形

地區別	人口數	應選名額	每名鄉鎮（縣轄市）長平均代表的人口數
臺北縣	3,388,741	29	116,853
宜蘭縣	465,828	12	38,819
桃園縣	1,595,481	13	122,729
新竹縣	418,264	13	32,174
苗栗縣	558,936	18	31,052
臺中縣	1,438,396	21	68,495
彰化縣	1,292,791	26	49,723
南投縣	545,557	13	41,966
雲林縣	751,537	20	37,577
嘉義縣	566,725	18	31,485
臺南縣	1,092,344	31	35,237
高雄縣	1,217,661	27	45,099
屏東縣	912,445	33	27,650
臺東縣	252,911	16	15,807
花蓮縣	357,972	13	27,536
澎湖縣	89,731	6	14,955
臺灣省	14,945,320	309	48,367
金門縣	48,700	6	8,117
連江縣	6,881	4	1,720
福建省	55,581	10	5,558
總　計	15,000,901	319	47,025

資料來源：國立政治大學選舉研究中心資料庫提供之歷屆公職人員選舉資料，統計數據係作者自行整理。

在現行的鄉鎮（縣轄市）長選舉中，仍然處處可見派系運作的痕跡；黑金手段介入的惡質選風傳聞，賄選陋習與其他的弊端，更是司空見慣。甚者，採取單一選區，意味著縮小選舉區域，實際選民人數減少。這種情形是否更有利於候選人進行賄選買票，亦是值得深思的面向。如是以觀，採取單一選區相對多數當選制試圖節制派系政治的蔓延，削弱黑金選風，恐將有緣木求魚之虞。

當然，針對學界所倡議的選舉制度改革芻議，究竟其發展如何，尚在未定之天，並無定論。況且，這些改革方案尚未採用實施，其具體成效仍難知悉。儘管如此，「他山之石，可以攻錯」；若干研究曾探討 1994 年日本選舉制度改革具體成效，其分析指出，理想與實際之間往往存在著相當程度的落差。其發現，儘管「單一選區兩票並立制」確實得以減少政黨數目，然而對於減少派閥政治與金權政治的流弊未必能夠見效，且無法達到導向政黨與政策本位的選舉競爭之預期改革目標（相關論述，建議參閱吳明上，2003；謝相慶，1999）。這種理想與實際的差距，應值得借鏡與深思。

三、弱化政黨競爭的分際

若干研究指出，在現行 SNTV 制度之下，每個選區得以選出多位民意代表，由於各黨支持選民結構益趨穩定，因此黨籍候選人不僅必須面對其他政黨候選人的挑戰，而且亦須遭逢同黨候選人與違紀參選者爭奪相同票源的壓力。在參選爆炸的情況下，「黨內競爭」(intraparty competition) 的激烈程度往往遠大於「黨際競爭」(interparty competition)。因此，在選舉過程中，黨內同志兄弟鬩牆、彼此廝殺爭鬥的情況時有所聞。易言之，由於 SNTV 制度之故，一方面使黨內同袍在選舉時即因互相攻訐而結怨，這種嫌隙使得黨內團結不易維持，此種選舉恩怨或利益衝突，是派系政治產生的重要因素之一。另一方面，由於黨內競爭往往甚於黨際競爭，政黨之間相互競爭的意義無法

有效凸顯，對於政黨政治的建立，助益不大。

儘管 SNTV 制度易於弱化黨際競爭的界線，然而，吾人仍可從不同觀點看待這項問題。無疑地，「黨際競爭」確實是民主政治的重要特徵，因為民主政治強調責任政治，而責任政治則體現於政黨政治。按民主運作之常軌，朝野政黨遵循公平選舉程序，爭取選民認同，以取得政權基礎的「正當性」(legitimacy)。因此，誠如所知，黨際競爭可謂是民主政治的基本底線。但是，必須強調的是，「黨內競爭」與「黨際競爭」並非呈現反向關係；相反地，兩者是一種正向關係。換言之，在政黨政治運作過程中，嚴峻的「黨際競爭」與激烈的「黨內競爭」往往是並行不悖的，況且諸多實際案例亦顯示，「黨內競爭」經常是黨內決策民主化的必要條件 (Aldrich, 1995: 163–193; Busch and Ceaser, 1996: 340–342; Wu and Fell, 2001; Wu, 2001b)。

此外，部分研究曾針對 SNTV 制度與政黨運作提出說明，「SNTV 制度是否不利於政黨，並不視政黨的大小而定，而相當程度視政黨是否能作適當的輔選配票，以及相對的其它政黨是否能作適當的輔選配票而定」(盛杏湲，1998: 78)。再者，「聯合競選的實施在規範面上有助於民眾更加理解政黨政治的運作，在實質上則有助於競選經費的節省，此種強調政黨政治與減少金錢介入選舉的企圖是一項值得鼓勵的選舉方式」(游清鑫，1999: 186)。亦有研究指出，「『單記非讓渡投票制』的主要特性之一，就是同黨候選人的相爭……因而面臨了所謂的『協調問題』(coordination problem)：如果互相合作（或互不侵犯），候選人和政黨都可共蒙當選之利……研究此種選舉制度的學者曾指出，執政黨之所以可能在此種制度下維持優勢，即因其解決了同黨候選人間的協調問題。執政黨為了達到此一目的，最常用的方法就是協助其候選人鞏固特定的支持對象，以避免票源重疊造成競爭……在臺灣，國民黨所採行的策略則是更直接的地盤分割：只要其候選人能鞏固選區內特定的選票並互不侵犯，該黨就可以極大化當選機率」(林繼

文，1998: 117–118)。

簡言之，SNTV 制度並不必然導致同黨候選人鬩牆，其仍受到其他因素之影響，其中政黨如何進行「配票」(vote equalization) 即是關鍵所在。相關研究文獻證實，選舉經驗愈趨成熟豐富的政黨，對於能夠獲取的選票、當選的席次，以及本身的配票能力，有更精確的掌控能力 (Cox and Niou, 1994: 221–236)。綜合上述分析，認定 SNTV 制度必然導致同黨候選人爭奪相同票源、進而弱化政黨分際的論點，似乎仍有其不足之處。

四、形成以候選人為中心的選戰型態

另一項批評 SNTV 制度的理由是，由於候選人只要取得少數比例選票即可當選，候選人無須仰仗政黨之支持，大多數候選人係依賴自己的力量進行選舉。尤其在選民投票行為漸趨傾向「選人不選黨」的情形下，過去候選人靠政黨配票及組織動員當選的可能性日益減低，因此必須依靠候選人本身的人脈及金脈贏得勝選。這種情形使得我國選舉有趨近於「候選人為中心」(candidate-centered) 的現象，反觀政黨在輔選過程中所扮演的角色已逐漸退居次位。這種以「候選人為中心」的選舉發展趨勢，使得候選人認為當選是靠自己的實力，不是靠政黨的協助，這種情形促使政黨維持黨紀更為艱難，同時也將使得議會運作過程中，政黨政治運作益形複雜。

舉例而言，一項研究就曾指出，「對於大多數的候選人而言，他們如何在同黨的諸多候選人中凸顯自己，以爭取選票，便成為選舉過程中極為重要的競選策略。除了前述的派系色彩外，極力凸顯個人色彩或高舉鮮明旗幟，似乎也成為許多候選人鞏固死忠鐵票或爭取游離選票的重要手段。……在目前的選舉制度下，在多數的選區中，對於多數的選民及候選人而言，政黨的標籤都不太會受到重視。對於許多候選人而言，他們的個人利益，甚至派系的利益，都遠比黨的整體利益

來得重要。個人的當選既然不太依賴政黨的標籤，派系的利益又凌駕在黨的整體利益之上，黨紀不彰、議事效率低落、黨鞭難以揮舞即成為必然的結果」（王業立，1995b: 157；亦可參考王業立，2006: 102–103）。再者，亦有研究者認為，「單記非移讓式投票制具有依當選名額加減而成為多數代表制或少數代表制的機能。……問題在於不論是否要選出幾位候選人，選民只能投票給一人，使得同一政黨內的鬥爭會因當選名額增加，或政黨增大而加劇。它所帶來的弊端包括造成個人本位的選舉」（李明峻、蔡宏瑜、顏萬進，1992: 123）。另有研究直陳，「單記非讓渡投票法……問題重重，主要原因在於這種制度過度強調候選人個人所扮演的角色。大體上，在單記非讓渡投票法下，一個候選人只須獲得一個比例的票，就可當選，因此，黨的標籤常變得不甚重要，候選人只需靠一些個人關係，或者走偏鋒，或灑點鈔票，或與黑道勾搭，即可搭上勝利列車。如此怎可期望候選人當選之後，會尊重黨的紀律，不結黨營私？更且，在這種選舉制度下，候選人不但要與其他政黨人士競爭，還得與本黨同志一較長短，選舉的恩恩怨怨難免帶到國會議場中。這些因素都使得派系政治在黨內滋長」（謝復生，1992a: 45）。

然而，本文以為，選舉制度與議會黨紀的維持絕非單純的因果關係。舉例來說，美國參、眾議院和英國國會議員選舉均採單一選區相對多數當選制，但是議會中政黨紀律的嚴謹程度卻有天壤之別。顯然地，黨紀嚴謹與否的問題癥結並不在於選舉制度。誠如愛普斯坦（Leon D. Epstein）所言，「政黨組織有類似於政府組織的傾向」（1967: 31）。以美國聯邦政府體制為例證，在此體制之下，政黨地方性組織勢力最為強大，而政黨全國性組織往往難以控制其地方性組織。同樣地，政黨約束黨籍議員行為的影響力亦隨之降低（亦可參閱 Epstein, 1986: chaps. 1–2）。亦有研究指出，在美國總統制的憲政體制安排之下，提名制度的分權化、國會中政黨凝聚力的弱化，以及缺乏明顯黨紀約束

等，成為其政黨體系的特徵（何思因，1993）。

進而論之，現行選舉制度亦不必然減弱政黨對於黨籍議員的約束力。一項研究就直陳，「在 SNTV 制度下，候選人與其政黨之間有潛在的利益衝突：候選人要多得選票以提高其當選機率，而政黨希望候選人的得票不要過高，以免票源過於集中，阻礙了同黨其它候選人的當選機會。然而，如果政黨能夠藉著黨的力量保證它的候選人篤定當選，那麼候選人與其政黨之間潛在的衝突得以化解，且政黨相當能掌握它的候選人的競選行為，甚至掌握候選人當選以後的立法行為」（盛杏湲，1998: 79）。

五、助長賄選風氣與黑金政治

一種頗為普遍的觀點認為，SNTV 制度為賄選行為提供強烈的誘因。由於候選人只需要少數比例選票即可當選，不見得需要借重政黨標籤，只需靠個人人脈、買票賄選，甚或與黑道勾結。同時，在候選人參選爆炸的情況之下，缺乏彼此監督的力量。這種情形，一方面使得政黨在提名候選人的時候，易於向現實妥協，根據「實力」原則，提名擁有派系支持或是本身具財力的候選人；另一方面，也會鼓勵某些候選人以買票、黑道脅迫等方式，藉以達到當選的目的。更嚴重的是，當候選人以賄選或是藉由黑道力量協助當選，一旦當選之後，必嘗試將其競選時付出的龐大支出回收，於是特權關說、勾結黑道包工程、政商勾結等流弊於焉產生。無疑地，黑金政治、官商勾結成為腐蝕民主政治的重要溫床。日本政壇金權政治、派閥政治氾濫，實足以為殷鑑。

賄選風氣猖獗是我國選舉政治的一大弊端，早已成為社會各界廣泛批判的議題。「選舉無師父，用錢買就有」、「花錢不一定會當選，但不花錢就一定落選」都是描述候選人買票的俗諺。儘管賄選問題為人所詬病，但是這種賄選風潮似乎並未隨著選舉的頻繁舉行而有所改善，

反呈現每下愈況之勢。就地理區域而言，賄選問題在中南部之傳統農業地區似乎較都市化地區更為嚴重。如何研擬防治賄選的方法，確實是當務之急。然而，希冀藉由選舉制度的改革，糾正賄選歪風，恐不宜過度樂觀。

猶如前述所言，若干研究探討日本選舉制度改革具體成效，其發現派閥政治與金權政治的流弊仍未能革除。這種理想與實際的落差，值得借鏡與考量。❼況且，如前曾述，假若立法委員區域名額中採取的是單一選區相對多數當選制，其選區代表性範圍將相當接近於現行的鄉鎮（縣轄市）長選舉。然而，在這類選舉中，仍然處處可見派系運作的痕跡，黑金介入的惡質選風頻傳，賄選陋習與其他的弊端，更是司空見慣。

此外，若干研究文獻曾針對臺灣賄選型態與類別加以描述，並透過社會文化層面、制度層面、政黨層面，以及候選人層面等進行剖析；

❼ 另外一個問題是，採行德國式「聯立制」或稱「補償性兩票制」(compensatory two-vote system) 選舉方式（或稱為「個人化政黨比例代表制」），是否有助於端正選舉風氣；當然，尚未採用這類改革方式，其具體成效仍難知悉。不過，本文以為，選舉制度的修改仍須審慎斟酌，不可不慎。舉例而言，1999 年底德國「基督教民主聯盟」(Christlich-Demokratische Union, CDU；簡稱為基民聯盟) 爆發了財務醜聞，引起各界物議。其中，「政黨政治捐獻」(Parteienspenden) 為政黨經費的一項重要來源，在基民聯盟的財務醜聞中，亦是導致撼動德國民主政治基石的關鍵因素。該事件因涉及不實申報政黨經費、收取企業回扣、開設秘密帳戶、運用來路不明的政治捐獻從事競選活動，甚至基民聯盟領導幹部涉嫌偽造不實證據，層級之高擴及前任總理柯爾 (Helmut Kohl) 和重要官員，範圍之廣幾乎遍及 1990 年代以來所有的中央黨務領導幹部，乃至於地方階層的各級黨部。在此，必須強調的是，本文並不認為基民聯盟金權醜聞與其選舉制度有所關連；不過，假如認為採取「聯立制」選舉制度，必能根除問題，建立清廉風氣，恐是過於樂觀。關於基民聯盟金權醜聞始末，建議參閱劉書彬、吳重禮 (2001)。

就制度因素而言，又可將其區分為法律規範、司法體系的查察判決，以及選舉制度等三個面向。❽換言之，選舉制度顯然並非造成我國賄選陋習的惟一因素。本文以為，選風之好壞，主要關鍵為選舉文化的良窳，整體社會教育和政治文化無法提升，任何選舉制度的變革亦是枉然。

伍、結 論

邇來，現行 SNTV 制度引發相當的爭議，批評之理由甚多，大體可歸納為：同黨候選人鬩牆，彼此競爭破壞黨內團結，黨紀不彰，組織效能削減，弱化政黨功能；強化地方派系選舉動員能力，提供派系滋長與茁壯的空間，造成派系政治歷久不衰；鼓勵財閥橫行、黑金蔓延、賄選充斥等惡質化選風，金權政治於焉產生；候選人經常訴諸極端意識型態與偏激政見，增加媒體注意，吸引特定少數選民支持；政黨角色在選舉中的重要性逐漸衰弱，而競選過程中更加強調以候選人為中心；民意代表素質低落，議事效率不彰，作秀心態濃厚，政治品質極難提升；小黨易有生存空間，傾向形成多黨體系，不利於政局穩定。

對於上述諸多觀點，筆者皆持保留的態度。本文分析檢證相關論述，認為這些批判似乎均有其不足之處。假若 SNTV 制度並不是造成選舉與政治過程中種種弊病的主要因素，那麼真正的癥結為何？筆者淺見以為，在政治科學研究領域之中，經常呈現三個核心面向的牽扯與爭議，這三個面向分別為「制度」(institution)、「非正式結構」(informal

---

❽ 臺灣賄選行為的型態可歸納為樁腳買票型、捐贈實物或禮金型、前金後謝型、搓圓仔湯型、流水席宴客型、收購身分證型、幽靈人口型、摸彩晚會型、專車遊覽型、與選民對賭型（期約式六合彩賄選）、政策買票型、貸款轉帳型、員工加薪型、代繳稅款型等各種方式（相關說明，建議參閱吳重禮，1998b；吳重禮、嚴淑芬，2000；吳重禮、黃紀，2000）。

structure)，以及「個人」(individual)。在此，本文所探討的研究對象，
SNTV 為「制度」面向，地方派系與政黨運作為「非正式結構」面向，
候選人參選心態與競選手段則是屬於「個人」面向。❾本文立論以為，
在臺灣選舉過程中，「制度」面向的影響似乎並不宜高估。然而，這是
否表示吾人得以忽略「制度」差異？筆者以為，恐怕不然。較為適切
的答案是，「制度」層面確實具有相當程度的影響，只不過「非正式結
構」與「個人」兩者相互糾結產生的力量，似乎凌駕於「制度」所發
揮的效應。

　　這是否意味著 SNTV 制度是一種「好」的制度？答案是否定的。
誠如所知，根本沒有任何一種選舉制度是完善的，可以同時滿足各方
的需求，並且杜絕所有缺漏的發生。事實上，任何政治制度的設計與
運作，其精髓在於考量多方的得失，然後在各種不同的選項中進行挑
選，以期獲致最大的利益。筆者淺見以為，選舉制度的採行亦無法脫
離這個典範。必須強調的是，本文的立場並不在於反對改革選舉制度，
而旨在傳達兩項訊息。其一，假如吾人認為改革選舉制度，必能弊絕
風清，恐將是過於樂觀的評估。其二，諸多選舉制度改革芻議或許頗
富見地，然而，在尚未確切知悉病灶癥結所在前，任何改革舉措，恐
仍有待商榷。相信這應是值得政治學者投注研究精力的範疇。

　　在文末收筆之前，2008 年初首度實施「單一選區兩票並立制」的
第七屆立法委員選舉結果已經揭曉，國民黨取得壓倒性勝利，在應選
113 席中，一舉攻下 81 席，超過三分之二席次，民進黨重挫，只取得

---

❾　關於地方派系與政黨運作的「非正式結構」面向，以及候選人參選心態
　　與競選手段的「個人」議題，迄今學界已累積相當豐碩的研究成果。由
　　於這方面議題牽涉範圍甚廣，作者才疏，不易詳述，為避免掛一漏萬，
　　且並非本文探究的主題，故在此不加多述（諸多文獻有相當詳盡的陳述
　　與說明，建議參閱王金壽，1997；陳介玄，1994；項昌權，1980；趙永
　　茂，1997b, 1998；Bosco, 1994; Jacobs, 1980; Lerman, 1978）。

27 席，無黨團結聯盟 3 席，親民黨和無政黨推薦者各 1 席。對於朝野政黨、一般選民，乃至於政黨體系、府會關係和政治發展來說，這項新的選舉制度產生的政治效應，引發學界諸多討論。由於我國各級地方議會選舉仍然採取 SNTV 制度，因此其相關爭議和可能的改革之道，仍將受到社會各界的關注，也有待持續評估。

參考書目

王甫昌，1998，〈族群意識、民族主義與政黨支持：一九九〇年代台灣的族群政治〉，《台灣社會學研究》2: 1–45。

王金壽，1997，〈國民黨候選人買票機器的建立與運作：一九九三年風芒縣長選舉的個案研究〉，《台灣政治學刊》2: 3–62。

王振寰，1996，《誰統治台灣？轉型中的國家機器與權力結構》。臺北：巨流圖書公司。

王國璋，1993，《當代美國政治論衡》。臺北：三民書局。

王業立，1995a，〈我國政黨提名政策之研究〉，「戰後臺灣政治發展」學術研討會論文，中國政治學會與聯合報系文化基金會主辦。

王業立，1995b，〈單記非讓渡投票制的政治影響：我國民意代表選舉制度的探討〉，《選舉研究》2 (1): 147–167。

王業立，2006，《比較選舉制度》，第四版。臺北：五南圖書出版公司。

王業立、彭怡菲，2004，〈分裂投票：一個制度面的分析〉，《台灣政治學刊》8 (1): 3–45。

王業立、楊瑞芬，2001，〈民意調查與政黨提名：1998 年民進黨立委提名與選舉結果的個案研究〉，《選舉研究》8 (2): 1–29。

王輝煌、黃懷德，2001，〈經濟安全、家族、派系與國家：由制度論看地方派系的政治經濟基礎〉，載於徐永明、黃紀主編《政治分析的層次》，頁 117–182。臺北：韋伯文化事業出版社。

伍啟元，1992，《美國世紀：1901–1990》。臺北：臺灣商務印書館。

朱雲漢，1992，〈寡佔經濟與威權政治體制〉，收錄於蕭新煌等合著《剖析台灣經濟：威權體制下的壟斷與剝削》（原名：《壟斷與剝削：威權主義的政治經濟分析》），頁 139–160。臺北：前衛出版社。

朱敬一、鄭保志，2005，〈租稅在所得分配上扮演之角色〉，時報文教基金會主辦「稅制改革的公與義」研討會論文，9 月 17 日。

江大樹，1999，〈地方財政困境與預算審議制度之檢討——南投縣個案分析〉，載於薄慶玖教授榮退論文集編輯委員會主編《地方政府論叢》，頁 299–346。臺北：五南圖書出版公司。

何思因，1991，〈影響我國選民投票抉擇的因素〉，《東亞季刊》23 (2): 39–50。

何思因，1993，《美英日提名制度與黨紀》。臺北：理論與政策雜誌社。

何思因，1994，〈台灣地區選民政黨偏好的變遷: 1989–1992〉，《選舉研究》1 (1): 39–52。

何思因、吳釗燮，1996，〈台灣政黨體系之下政黨認同的測量方法〉，《選舉研究》3 (1): 1–16。

吳乃德，1993，〈國家認同與政黨支持〉，《民族學研究所集刊》74: 33–61。

吳乃德，1999，〈家庭社會化和意識型態: 台灣選民政黨認同的世代差異〉，《台灣社會學研究》3: 53–85。

吳文程，1990，〈七十八年三項公職人員選舉——政黨初選與提名制度之評估〉，《東吳政治社會學報》14: 111–127。

吳文程，1996，《政黨與選舉概論》。臺北: 五南圖書出版公司。

吳玉山，2002，〈半總統制下內閣組成與政治穩定: 比較俄羅斯、波蘭與中華民國〉，《俄羅斯學報》2: 229–265。

吳明上，2003，〈日本眾議院議員選舉制度改革之探討: 小選舉區比例代表並立制〉，《問題與研究》42 (2): 79–94。

吳東野，1999，〈單一選區兩票制選舉方法之探討: 德國、日本、俄羅斯選舉之實例比較〉，《選舉研究》3 (1): 69–102。

吳重禮，1998a，〈美國「分立性政府」與「一致性政府」體制運作之比較與評析〉，《政治科學論叢》9: 61–90。

吳重禮，1998b，〈亦敵亦友: 論地方派系與國民黨候選人選擇過程的互動模式〉，《中國文化大學政治學研究所學報》7: 177–204。

吳重禮，1998c，〈國民黨初選制度效應的再評估〉，《選舉研究》5 (2): 129–160。

吳重禮，1999a，〈我國政黨初選制度的效應評估〉，《國立中正大學學報》10 (1): 93–130。

吳重禮，1999b，〈美國政黨提名制度的沿革及其初選制度相關問題之探討〉，《中國文化大學政治學研究所學報》8: 109–153。

吳重禮，1999c，〈美國聯邦政府老人行政署的功能及其執行支出之影響因素評析〉，《美歐季刊》13 (3): 261–285。

吳重禮，2000，〈美國「分立性政府」研究文獻之評析: 兼論台灣地區政治發展〉，《問題與研究》39 (3): 75–101。

吳重禮，2001，〈分立政府: 肇因、影響、改革〉，《中國行政評論》10 (4): 1–22。

吳重禮，2002a，〈SNTV 的省思: 弊端肇因或是代罪羔羊?〉，《問題與研究》41 (3): 45–60。

吳重禮，2002b，〈台灣地區「派系政治」研究文獻的爭議: 美國「機器政治」分析途徑的啟示〉，《政治科學論叢》17: 81–106。

吳重禮，2002c，〈民意調查應用於提名制度的爭議: 以 1998 年第四屆立法委員

選舉民主進步黨初選民調為例〉，《選舉研究》9 (1): 81–111。

吳重禮，2002d，〈美國「分立政府」運作的爭議：以公共行政與政策為例〉，《歐美研究》32 (2): 271–316。

吳重禮，2006，〈憲政設計、政黨政治與權力分立：美國分立政府的運作經驗及其啟示〉，《問題與研究》45 (3): 133–166。

吳重禮，2007a，〈公共政策與政治〉，載於陳義彥主編《政治學》，二版，頁31–55。臺北：五南圖書出版公司。

吳重禮，2007b，〈分立政府與經濟表現：1992年至2006年台灣經驗的分析〉，《台灣政治學刊》11 (2)：53–91。

吳重禮，2007c，〈行政部門〉，載於陳義彥主編《政治學》，二版，頁207–236。臺北：五南圖書出版公司。

吳重禮、王宏忠，2003，〈我國選民「分立政府」心理認知與投票穩定度：以2000年總統選舉與2001年立法委員選舉為例〉，《選舉研究》10 (1): 81–114。

吳重禮、李世宏，2003，〈總統施政表現對於國會選舉影響之初探：以2001年立法委員選舉為例〉，《理論與政策》17 (1): 27–52。

吳重禮、林長志，2002，〈我國2000年總統選舉前後中央府會關係的政治影響：核四議題與府會互動的評析〉，《理論與政策》16 (1): 73–98。

吳重禮、徐英豪、李世宏，2004，〈選民分立政府心理認知與投票行為：以2002年北高市長暨議員選舉為例〉，《政治科學論叢》21: 75–116。

吳重禮、曹家鳳、蔡宜寧，2002，〈民意調查能否準確預測選舉結果？以2001年第五屆區域立法委員選舉為例〉，《理論與政策》16 (3): 19–35。

吳重禮、許文賓，2003，〈誰是政黨認同者與獨立選民？以2001年台灣地區選民政黨認同的決定因素為例〉，《政治科學論叢》18: 101–140。

吳重禮、湯京平、黃紀，1999，〈我國「政治功效意識」測量之初探〉，《選舉研究》6 (2): 23–44。

吳重禮、黃紀，2000，〈雲嘉南地區賄選案件判決的政治因素分析：「層狀勝算對數模型」之運用〉，《選舉研究》7 (1): 87–113。

吳重禮、黃紀、張壹智，2003，〈台灣地區「分立政府」與「一致政府」之研究：以1986年至2001年地方政府府會關係為例〉，《人文及社會科學集刊》15 (1): 145–184。

吳重禮、黃綺君，2001，〈必要之惡？從McCain-Feingold法案看政治行動委員會的功能與影響〉，《政治科學論叢》15: 45–62。

吳重禮、楊樹源，2001，〈台灣地區縣市層級「分立政府」與「一致政府」之比較：以新竹縣市與嘉義縣市為例〉，《人文及社會科學集刊》13 (3): 251–305。

吳重禮、嚴淑芬，2000，〈候選人賄選動機之分析〉，《理論與政策》14 (1): 1–21。

吳親恩，2006，〈選制改革的影響：從 SNTV 到「並立式單一選區兩票制」〉，載於吳重禮、吳玉山主編《憲政改革——背景、運作與影響》，頁 271–303。臺北：五南圖書出版公司。

呂亞力，2004，《政治學》，修訂五版。臺北：三民書局。

李明，1990，〈民主黨的源流與發展〉，收錄於李明等合著《世界各國主要政黨內部運作之研究》，頁 1–40。臺北：正中書局。

李明峻、蔡宏瑜、顏萬進，1992，《選舉制度的理論與分析》。日本東京都：玉山書房。

周祖誠，1993，〈國民黨初選制度的效應〉，《理論與政策》7 (2): 35–48。

林長志、黃紀，2007，〈不同層級選舉中之一致與分裂投票：2005 年台北縣之分析〉，《問題與研究》46 (1): 1–32。

林瓊珠，2001，〈台灣民眾政治知識之探析〉，臺灣政治學會第八屆年會暨「政黨輪替後之臺灣政治」學術研討會，國立政治大學公企中心，12 月 16 日。

林繼文，1998，〈地盤劃分與選舉競爭：對應分析法在多席次選舉研究上之應用〉，《選舉研究》5 (2): 103–128。

林繼文，2000，〈半總統制下的三角政治均衡〉，載於林繼文主編《政治制度》，頁 135–175。臺北：中央研究院中山人文社會科學研究所。

林繼文，2006，〈政府體制、選舉制度與政黨體系：一個配套論的分析〉，載於吳重禮、吳玉山主編《憲政改革——背景、運作與影響》，頁 231–270。臺北：五南圖書出版公司。

洪永泰，1994，〈選舉預測：一個以整體資料為輔助工具的模型〉，《選舉研究》1 (1): 93–110。

洪永泰，1995，〈分裂投票：八十三年臺北市選舉的實證分析〉，《選舉研究》2 (1): 119–145。

胡佛，1998a，《政治學的科學探究 (三)：政治參與與選舉行為》。臺北：三民書局。

胡佛，1998b，《政治學的科學探究 (五)：憲政結構與政府體制》。臺北：三民書局。

胡祖慶，2001，〈聯合政府的理論與實踐——法國經驗〉，載於蘇永欽主編《聯合政府：台灣民主體制的新選擇?》，頁 81–90。臺北：新臺灣人文教基金會。

若林正丈，1994，《台灣：分裂國家與民主》。臺北：月旦出版社。

徐火炎，1991，〈政黨認同與投票抉擇：台灣地區選民的政黨印象、偏好與黨派投票行為之分析〉，《人文及社會科學集刊》4 (1): 1–57。

徐火炎，1993，〈選民的政黨取向、政黨認同與黨派投票抉擇〉，《人文及社會科學集刊》3 (2): 144–166。

翁秀琪、孫秀蕙，1994，〈選民的媒介使用行為及其政治知識、政黨偏好與投票

　　行為之間的關聯——兼論台灣媒體壟斷對政治認知與行為之影響〉，《選舉研究》1 (2): 1–25。

郝玉梅，1981，《中國國民黨提名制度之研究》。臺北：正中書局。

高永光，2000，〈「城鄉差距」與「地方派系影響力」之研究——1998 年台北縣縣議員與鄉鎮市長選舉的個案分析〉，《選舉研究》7 (1): 53–85。

崔曉倩、吳重禮，2007，〈政黨與未獲提名候選人之參選決策分析〉，《選舉研究》14 (1): 119–143。

張卿卿，2002，〈競選媒體使用對選民競選議題知識與政治效能感的影響——以兩千年總統大選為例〉，《選舉研究》9 (1): 1–39。

盛杏湲，1998，〈政黨配票與候選人票源的集散度：一九八三年到一九九五年台灣地區立法委員選舉的分析〉，《選舉研究》5 (2): 73–102。

盛杏湲，2002，〈統獨議題與台灣選民的投票行為：一九九〇年代的分析〉，《選舉研究》9 (1): 41–80。

盛杏湲，2003，〈立法機關與行政機關在立法過程中的影響力：一致政府與分立政府的比較〉，《台灣政治學刊》7 (2): 51–105。

莊天憐，2001，〈我國獨立選民的發展與變遷 1989～1999〉，《選舉研究》8 (1): 71–115。

許宗力、許志雄、黃世鑫、劉淑惠、羅秉成、林志鵬，1995，《地方自治之研究》。臺北：業強出版社。

許增如，1999，〈一九九六年美國大選中的分裂投票行為：兩個議題模式的探討〉，《歐美研究》29 (1): 83–123。

陳介玄，1994，〈派系網絡、樁腳網絡及俗民網絡——論台灣地方派系形成之社會意義〉，東海大學社會學系暨研究所主辦「地方社會與地方政治」專題研討會論文。

陳玟君、陳文俊，2003，〈高雄市選民的一致與分裂投票行為之研究——2002 年高雄市長與市議員選舉個案〉，「臺灣選舉與民主化調查」規劃與推動委員會與國立政治大學選舉研究中心主辦「2002 年臺灣選舉與民主化調查研究」國際學術研討會論文，國立政治大學綜合院館五樓國際會議廳，11 月 2 日。

陳明通，1995，《派系政治與台灣政治變遷》。臺北：月旦出版社。

陳明通、朱雲漢，1992，〈區域性聯合獨佔經濟、地方派系與省議員選舉：一項省議員候選人背景資料的分析〉，《國家科學委員會研究彙刊：人文及社會科學》2 (1): 77–97。

陳東升，1995，《金權城市：地方派系、財團與台北都會發展的社會學分析》。臺北：巨流圖書公司。

陳陸輝，1994，〈中國國民黨「黃復興黨部」的輔選效果分析〉，《選舉研究》1

(2): 53-96。

陳陸輝，2000，〈台灣選民政黨認同的持續與變遷〉，《選舉研究》7 (2): 109-139。

陳陸輝、游清鑫，2001，〈民眾眼中的分立政府：政黨的府會互動與首長施政滿意度〉，《理論與政策》15 (3): 61-78。

陳義彥，1994，〈我國選民的集群分析及其投票傾向的預測──從民國八十一年立委選舉探討〉，《選舉研究》1 (1): 1-37。

陳義彥、蔡孟熹，1997，〈新世代選民的政黨取向與投票抉擇〉，《政治學報》29: 63-91。

傅明穎，1998，〈北市選民的候選人評價與投票決定〉，《台灣政治學刊》3: 195-243。

游清鑫，1994，〈選區規劃與選舉競爭〉，《選舉研究》1 (1): 147-170。

游清鑫，1999，〈競選策略的個案研究：1998 年民進黨台北市南區立法委員選舉的探討〉，《選舉研究》6 (2): 163-190。

游清鑫，2004，〈分裂投票解釋觀點與台灣選舉之應用：以 2002 年高雄市長與市議員選舉為例〉，《台灣政治學刊》8 (1): 47-98。

游清鑫，2007，〈政黨與政黨制度〉，載於陳義彥主編《政治學》，二版，頁 473-498。臺北：五南圖書出版公司。

湯京平、吳重禮、蘇孔志，2002，〈分立政府與地方民主行政：從台中縣「地方基層建設經費」論地方派系與肉桶政治〉，《中國行政評論》12 (1): 37-76。

湯德宗，2005，《權力分立新論──卷一：憲法結構與動態平衡》，增訂三版。臺北：元照出版公司。

項昌權，1980，《台灣地方選舉的分析與檢討》。臺北：臺灣商務印書館。

黃秀端，1993，〈政治行動委員會的競選捐獻與國會選舉〉，《美國月刊》8 (6): 63-87。

黃秀端，1995，〈一九九四年省市長選舉選民參與與競選活動之分析〉，《選舉研究》2 (1): 51-75。

黃秀端，2003，〈少數政府在國會的困境〉，《台灣政治學刊》7 (2): 3-49。

黃秀端，2004，〈政黨輪替前後的立法院內投票結盟〉，《選舉研究》11 (1): 1-32。

黃紀，2001，〈一致與分裂投票：方法論之探討〉，《人文及社會科學集刊》13 (5): 541-574。

黃紀，2002，〈「台灣選舉與民主化調查」研究計畫：民國九十年立法委員選舉全國大型民意調查研究〉，國科會專題研究計畫結案報告。

黃紀、吳重禮，2000，〈台灣地區縣市層級「分立政府」影響之初探〉，《台灣政治學刊》4: 105-147。

黃紀、張益超，2001，〈一致與分裂投票：嘉義市一九九七年市長與立委選舉之

分析〉，載於徐永明、黃紀主編《政治分析的層次》，頁 183–218。臺北：韋伯文化事業出版社。

黃嘉樹、程瑞，2001，《台灣政治與選舉文化》。臺北：博揚文化事業。

黃德福，1991，〈臺灣地區七十八年底選舉分裂投票之初探研究：以臺北縣、雲林縣與高雄縣為個案〉，《政治學報》19: 55–80。

黃德福，1993，〈選舉制度與政黨政治：台灣地區解嚴後選舉競爭的觀察〉，《理論與政策》7 (4): 3–21。

黃德福，1994，〈現代化、選舉競爭與地方派系〉，《選舉研究》1 (1): 75–91。

黃德福、盛杏湲、劉念夏、苗天蕙、陳競新，1991，〈七十八年三項公職人員選舉之評估，第五冊——七十八年選舉政黨初選制度的評估: 以國民黨為例〉，行政院研究發展考核委員會專題研究計畫報告。

楊日青，2001，〈政府體制、選舉制度、政黨制度與內閣組合的關係〉，載於蘇永欽編《聯合政府：台灣民主體制的新選擇?》，頁 195–217。臺北：新臺灣人文教基金會。

楊婉瑩，2003，〈一致性政府到分立性政府的政黨合作與衝突——以第四屆立法院為例〉，《東吳政治學報》16: 47–91。

葉銘元，1994，〈我國獨立選民之研究〉，國立政治大學政治學研究所碩士論文。

葛永光，1995，〈政黨提名制度: 幾個概念性問題的探討〉，《理論與政策》9 (3): 75–82。

鄒文海，1984，《政治學》，第十七版。臺北：三民書局。

雷飛龍，2002，《政黨與政黨制度之研究》。臺北：韋伯文化事業出版社。

雷飛龍譯，2000，《政黨與政黨制度》，Giovanni Sartori 著，*Parties and Party Systems: A Framework for Analysis*。臺北：韋伯文化事業出版社。

趙永茂，1996，〈台灣地方派系的發展與政治民主化的關係〉，《政治科學論叢》7: 39–55。

趙永茂，1997a，《中央與地方權限劃分的理論與實際——兼論台灣地方政府的變革方向》。臺北：翰蘆圖書出版公司。

趙永茂，1997b，《台灣地方政治的變遷與特質》。臺北：翰蘆圖書出版公司。

趙永茂，1998，〈地方政治生態與地方行政的關係〉，《政治科學論叢》9: 305–328。

劉書彬、吳重禮，2001，〈「金」與「權」: 從基督教民主聯盟獻金醜聞看德國政黨政治捐獻〉，《問題與研究》40 (1): 29–50。

劉從葦，2003，〈中央與地方分立政府的形成：一個空間理論的觀點〉，《台灣政治學刊》7 (2): 107–147。

劉義周，1994，〈台灣選民政黨形象的世代差異〉，《選舉研究》1 (1): 53–73。

劉義周，1996，〈測不到的誤差: 訪員執行訪問時的偏誤〉，《調查研究》2: 35–58。

蔡明惠、張茂桂，1994，〈地方派系的形成與變遷：河口鎮的個案研究〉，《民族學研究所集刊》77: 125–156。

謝相慶，1992，〈提名制度及其效應：中國國民黨的個案研究〉，八十一年全國公共行政論文研討會論文，國立政治大學主辦。

謝相慶，1999，〈日本眾議院議員新選舉制度及其政治效應——以 1996 年選舉為例〉，《選舉研究》6 (2): 45–87。

謝淑斐譯，2000，《聯邦論》, James Madison, Alexander Hamilton, and John Jay 著，*The Federalist Papers*。臺北：貓頭鷹出版。

謝復生，1992a，〈未來國民大會代表與立法委員選舉方式之調整〉，載於華力進主編《二屆國代選舉之評估》，頁 43–52。臺北：理論與政策雜誌社。

謝復生，1992b，《政黨比例代表制》。臺北：理論與政策雜誌社。

關中，1992a，《今天不做，明天後悔：關中談國民黨黨務革新》。臺北：民主文教基金會。

關中，1992b，《民主不能怕麻煩：關中談國民黨黨員初選》。臺北：民主文教基金會。

關中，1992c，《民主之愛：為理想而奮鬥》。臺北：民主文教基金會。

Aberbach, Joel D. 1990. *Keeping a Watchful Eye: The Politics of Congressional Oversight*. Washington, DC: Brookings Institution Press.

Abramson, Paul R. 1979. "Developing Party Identification: A Further Examination of Life-Cycle, Generational, and Period Effects." *American Journal of Political Science Review* 23 (1): 78–96.

Abramson, Paul R. 1983. *Political Attitudes in America*. San Francisco: W. H. Freeman.

Abramson, Paul R., and Charles W. Ostrom. 1991. "Macropartisanship: An Empirical Reassessment." *American Political Science Review* 85 (1): 181–192.

Abramson, Paul R., and Charles W. Ostrom. 1992. "Question Wording and Macropartisanship: Response." *American Political Science Review* 86 (2): 481–486.

Abramson, Paul R., and Charles W. Ostrom. 1994. "Question Form and Context Effects in the Measurement of Macropartisanship: Response." *American Political Science Review* 88 (4): 955–958.

Achen, Christopher. 1992. "Social Psychology, Demographic Variables, and Linear Regression: Breaking the Iron Triangle in Voting Research." *Political Behavior* 14 (3): 195–211.

Adamany, David. 1976. "Communications: Cross-over Voting and the Democratic

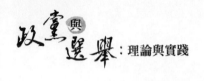

Party's Reform Rules." *American Political Science Review* 70 (2): 536–541.

Aldrich, John H. 1995. *Why Parties? The Origin and Transformation of Political Parties in America.* Chicago: University of Chicago Press.

Alesina, Alberto, and Allan Drazen. 1991. "Why Are Stabilizations Delayed?" *American Economic Review* 81 (5): 1170–1188.

Alesina, Alberto, and Howard Rosenthal. 1989. "Partisan Cycles in Congressional Elections and the Macroeconomy." *American Political Science Review* 83 (2): 373–398.

Alesina, Alberto, and Howard Rosenthal. 1995. *Partisan Politics, Divided Government, and the Economy.* New York: Cambridge University Press.

Alesina, Alberto, John Londregan, and Howard Rosenthal. 1993. "A Model of the Political Economy of the United States." *American Political Science Review* 87 (1): 12–33.

Alesina, Alberto. 1987. "Macroeconomic Policy in a Two-Party System as a Repeated Game." *Quarterly Journal of Economics* 102 (3): 651–678.

Alesina, Alberto. 1988. "Credibility and Policy Convergence in a Two-Party System with Rational Voters." *American Economic Review* 78 (4): 796–805.

Almond, Gabriel A., and G. Bingham Powell, Jr. 1988. "Political Socialization and Political Culture." In *Comparative Politics Today: A World View*, 4th ed., eds. Gabriel A. Almond and G. Bingham Powell, Jr. Glenview, IL: Scott, Foresman and Company. Pp. 34–48.

Almond, Gabriel A., and Sidney Verba. 1963. *The Civil Culture: Political Attitudes and Democracy in Five Nations.* Princeton, NJ: Princeton University Press.

Alt, James E., and Robert C. Lowry. 1994. "Divided Government, Fiscal Institutions, and Budget Deficits: Evidence from the States." *American Political Science Review* 88 (4): 811–828.

Alvarez, R. Michael, and Matthew M. Schousen. 1993. "Policy Moderation or Conflicting Expectations? Testing the Intentional Models of Split-Ticket Voting." *American Politics Quarterly* 21 (4): 410–438.

Alvarez, R. Michael, Jonathan Nagler, and Shaun Bowler. 2000. "Issues, Economic, and the Dynamics of Multiparty Elections: The British 1987 General Election." *American Political Science Review* 94 (1): 131–149.

Alwin, Duane F., and Jon A. Krosnick. 1991. "Aging, Cohorts, and the Stability of Sociopolitical Orientations over the Life Span." *American Journal of Sociology* 97 (1): 169–195.

Andersen, Kristi. 1979. *The Creation of a Democratic Majority, 1928–1936*. Chicago: University of Chicago Press.

Ansolabehere, Stephen, David Brady, and Morris P. Fiorina. 1992. "The Vanishing Marginals and Electoral Responsiveness." *British Journal of Political Science* 22 (1): 21–38.

Arnold, R. Douglas. 1979. *Congress and the Bureaucracy: A Theory of Influence*. New Haven, CT: Yale University Press.

Balch, George I. 1974. "Multiple Indicators in Survey Research: The Concept 'Sense of Political Efficacy.'" *Political Methodology* 1 (2): 1–43.

Banfield, Edward C., and James Q. Wilson. 1963. *City Politics*. Cambridge, MA: Harvard University Press.

Bartels, Larry M. 1988. *Presidential Primaries and the Dynamics of Public Choice*. Princeton, NJ: Princeton University Press.

Beck, Paul Allen, and Frank J. Sorauf. 1992. *Party Politics in America*, 7th ed. New York: HarperCollins.

Beck, Paul Allen, Russell J. Dalton, Steven Greene, and Robert Huckfeldt. 2002. "The Social Calculus of Voting: Interpersonal, Media, and Organizational Influences on Presidential Choices." *American Political Science Review* 96 (1): 57–73.

Beck, Paul Allen. 1997. *Party Politics in America*, 8th ed. New York: Longman.

Beck, Pual Allen, Lawrence Baum, Aage R. Clausen, and Charles E. Smith. 1992. "Patterns and Sources of Ticket Splitting in Subpresidential Voting." *American Political Science Review* 86 (4): 916–928.

Bell, Lauren Cohen. 2002. "Senatorial Discourtesy: The Senate's Use of Delay to Shape the Federal Judiciary." *Political Research Quarterly* 55 (3): 589–608.

Belloni, Frank P., and Dennis C. Beller, eds. 1978. *Faction Politics: Political Parties and Factionalism in Comparative Perspective*. Santa Barbara: ABC-Clio.

Berelson, Bernard R., Paul F. Lazarsfeld, and William N. McPhee. 1954. *Voting*. Chicago: University of Chicago Press.

Bibby, John F. 1992. *Politics, Parties, and Elections in America*, 2nd ed. Chicago: Nelson-Hall.

Binder, Sarah A. 1999. "The Dynamics of Legislative Gridlock, 1947–96." *American Political Science Review* 93 (3): 519–533.

Black, Earl, and Merle Black. 1992. *The Vital South*. Cambridge, MA: Harvard University Press.

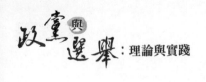
Born, Richard. 1994. "Split-Ticket Voters, Divided Government, and Fiorina's Policy-Balancing Model." *Legislative Studies Quarterly* 19 (1): 95–115.

Bosco, Joseph. 1994. "Taiwan Factions: *Guanxi*, Patronage, and the State in Local Politics." In *The Other Taiwan: 1945 to the Present*, ed. Murray A. Rubinstein. Armonk, NY: M. E. Sharpe. Pp. 114–144.

Bowling, Cynthia J., and Margaret R. Ferguson. 2001. "Divided Government, Interest Representation, and Policy Differences: Competing Explanations of Gridlock in the Fifty States." *Journal of Politics* 63 (1): 182–206.

Box-Steffensmeier, Janet M., and Renee M. Smith. 1996. "The Dynamics of Aggregate Partisanship." *American Political Science Review* 90 (3): 567–580.

Brady, David W. 1993. "The Causes and Consequences of Divided Government: Toward a New Theory of American Politics?" *American Political Science Review* 87 (1): 189–194.

Braungart, Richard G., and Margaret M. Braungart. 1990. "The Life Course Development of Left and Right Wing Youth Activist Leader from the 1960s." *Political Psychology* 11 (2): 243–282.

Bridges, Amy. 1984. *A City in the Republic: Antebellum New York and the Origins of Machine Politics*. Cambridge: Cambridge University Press.

Browning, Rufus P., Dale Rogers Marshall, and David H. Tabb, eds. 1990. *Racial Politics in American Cities*. New York: Longman.

Browning, Rufus P., Dale Rogers Marshall, and David H. Tabb. 1984. *Protest Is Not Enough: The Struggle of Blacks and Hispanics for Equality in Urban Politics*. Berkeley and Los Angeles: University of California Press.

Budge, Ian, and Dennis Farlie. 1976. "A Comparative Analysis of Factors Correlated with Turnout and Voting Choice." In *Party Identification and Beyond: Representations of Voting and Party Competition*, eds. Ian Budge, Ivor Crewe, and Dennis Farlie. New York: Wiley. Pp. 104–126.

Buell, Emmett H., Jr. 1996. "The Invisible Primary." In *In Pursuit of the White House*, ed. William G. Mayer. Chatham, NJ: Chatham House. Pp. 1–43.

Bugarin, Mauricio Soares. 1999. "Voting Splitting as Insurance against Uncertainty." *Public Choice* 98 (1): 153–169.

Burden, Barry C., and David C. Kimball. 1998. "A New Approach to the Study of Ticket Splitting." *American Political Science Review* 92 (3): 533–544.

Burnham, Walter D. 1970. *Critical Elections and the Mainsprings of American Politics*. New York: W. W. Norton.

Burns, James MacGregor. 1963. *The Deadlock of Democracy*. Englewood Cliffs, NJ: Prentice Hall.

Busch, Andrew E., and James W. Ceaser. 1996. "Does Party Reform Have a Future?" In *In Pursuit of the White House*, ed. William G. Mayer. Chatham, NJ: Chatham House. Pp. 330–355.

Campbell, Angus, Gerald Gurin, and Warren Miller. 1954. *The Voter Decides*. Evanston, IL: Row, Peterson.

Campbell, Angus, Philip E. Converse, Warren E. Miller, and Donald E. Stokes. 1960. *The American Voter*. New York: John Wiley & Sons.

Carmines, Edward G., and James A. Stimson. 1989. *Issue Evolution: Race and the Transformation of American Politics*. Princeton, NJ: Princeton University Press.

Carsey, Thomas M., and Geoffrey C. Layman. 2004. "Policy Balancing and Preferences for Party Control of Government." *Political Research Quarterly* 57 (4): 541–550.

Castells, Manuel. 1977. *The Urban Question*. Cambridge, MA: MIT Press.

Chambers, William Nisbet. 1967. "Party Development and the American Mainstream." In *The American Party Systems*, eds. William Nisbet Chambers and Walter Dean Burnham. New York: Oxford University Press. Pp. 3–32.

Chao, Linda, and Ramon H. Myers. 1998. *The First Chinese Democracy: Political Life in the Republic of China on Taiwan*. Baltimore: Johns Hopkins University Press.

Chen, Don-yun, and Tong-yi Huang. 1999. "Divided Government: A New Approach to Taiwan's Local Politics." *Issues & Studies* 35 (1): 1–35.

Cohen, Jeffrey E., and Ken Collier. 1999. "Public Opinion: Reconceptualizing Going Public." In *Presidential Policymaking: An End-of-Century Assessment*, ed. Steven A. Shull. Armonk, NY: M. E. Sharpe. Pp. 41–58.

Coleman, John J. 1999. "Unified Government, Divided Government, and Party Responsiveness." *American Political Science Review* 93 (4): 821–835.

Converse, Philip E. 1964. "The Nature of Belief Systems in Mass Publics." In *Ideology and Discontent*, ed. David E. Apter. New York: Free. Pp. 206–261.

Converse, Philip E., and Roy Pierce. 1985. "Measuring Partisanship." *Political Methodology* 11 (3–4): 143–166.

Conway, M. Margaret. 1991. *Political Participation in the United States*. Washington, DC: Congressional Quarterly Press.

Corrado, Anthony. 1996. "The Changing Environment of Presidential Campaign

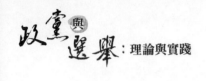
Finance." In *In Pursuit of the White House*, ed. William G. Mayer. Chatham, NJ: Chatham House. Pp. 220–253.

Cox, Gary W. 1991. "SNTV and d'Hondt Are 'Equivalent.'" *Electoral Studies* 10 (2): 118–132.

Cox, Gary W. 1997. *Making Votes Count: Strategic Coordination in the World's Electoral Systems*. Cambridge: Cambridge University Press.

Cox, Gary W., and Emerson Niou. 1994. "Seat Bonuses under the Single Nontransferable Vote System: Evidence from Japan and Taiwan." *Comparative Politics* 26 (2): 221–236.

Cox, Gary W., and Mathew D. McCubbins. 1991. "Divided Control of Fiscal Policy." In *The Politics of Divided Government*, eds. Gary W. Cox and Samuel Kernell. Boulder, CO: Westview Press. Pp. 155–175.

Cox, Gary W., and Samuel Kernell. 1991. "Introduction: Governing a Divided Era." In *The Politics of Divided Government*, eds. Gary W. Cox and Samuel Kernell. Boulder, CO: Westview Press. Pp. 1–10.

Cox, Gary W. 1994. "Strategic Voting Equilibria under the Single Nontransferable Vote." *American Political Science Review* 88 (3): 608–621.

Craig, Stephen C. 1979. "Efficacy, Trust, and Political Behavior: An Attempt to Resolve a Lingering Conceptual Dilemma." *American Political Quarterly* 7 (April): 225–239.

Crotty, William J. 1968. "The Party Organization and Its Activities." In *Approaches to the Study of Party Organization*, ed. William J. Crotty. Boston: Allyn & Bacon. Pp. 247–306.

Crotty, William J. 1983. *Party Reform*. New York: Longman.

Crotty, William, and John S. Jackson III. 1985. *Presidential Primaries and Nominations*. Washington, DC: Congressional Quarterly Press.

Crotty, William. 1978. *Decision for the Democrats: Reforming the Party Structure*. Baltimore: Johns Hopkins University Press.

Cutler, Lloyd N. 1980. "To Form a Government: On the Defects of Separation of Powers." *Foreign Affairs* 59 (1): 126–143.

Cutler, Lloyd N. 1988. "Some Reflections about Divided Government." *Presidential Studies Quarterly* 18 (3): 485–492.

Cutler, Lloyd N. 1989. "Now Is Time for All Good Men..." *William and Mary Law Review* 30 (2): 387–402.

Dahl, Robert A. 1971. *Polyarchy: Participation and Opposition*. New Haven, CT:

Yale University Press.

Day, Christine L. 1993. "Older Americans' Attitudes toward the Medicare Catastrophic Coverage Act of 1988." *Journal of Politics* 55 (1): 167–177.

Delli Carpini, Michael X., and Scott Keeter. 1996. *What Americans Know about Politics and Why It Matters.* New Haven, CT: Yale University Press.

Dennis, Jack. 1988a. "Political Independence in America, Part I: On Being an Independent Partisan." *British Journal of Political Science* 18 (1): 77–109.

Dennis, Jack. 1988b. "Political Independence in America, Part II: Towards a Theory." *British Journal of Political Science* 18 (2): 197–219.

Downs, Anthony. 1957. *An Economic Theory of Democracy.* New York: Harper & Row.

Duverger, Maurice. 1954. *Political Parties: Their Organization and Activity in the Modern State.* Translated by Barbara and Robert North. New York: Wiley.

Easton, David, and Jack Dennis. 1967. "The Child's Acquisition of Regime Norms: Political Efficacy." *American Political Science Review* 61 (1): 25–38.

Easton, David. 1975. "A Re-Assessment of the Concept of Political Support." *British Journal of Political Science* 5 (4): 435–457.

Easton, David. 1979. *A Systems Analysis of Political Life.* Chicago: University of Chicago Press.

Edwards, George C., III, Andrew Barrett, and Jeffrey Peake. 1997. "The Legislative Impact of Divided Government." *American Journal of Political Science* 41 (2): 545–563.

Elgie, Robert. 2001. "What is Divided Government?" In *Divided Government in Comparative Perspective*, ed. Robert Elgie. New York: Oxford University Press. Pp. 1–20.

Elkins, Stephen L. 1987. *City and Regime in the American Republic.* Chicago: University of Chicago Press.

Enelow, James M., and Melvin J. Hinich. 1984. *The Spatial Theory of Voting: An Introduction.* Cambridge: Cambridge University Press.

Epstein, Leon D. 1967. *Political Parties in Western Democracies.* New York: Praeger.

Epstein, Leon D. 1975. "Political Parties." In *Handbook of Political Science, Volume 4: Nongovernmental Politics*, eds. Fred I. Greenstein and Nelson W. Polsby. Reading, MA: Addison-Wesley. Pp. 229–277.

Epstein, Leon D. 1981. "Political Parties: Organization." In *Democracy at the Polls:*

A Comparative Study of Competitive National Elections, eds. David Butler, Howard R. Penniman, and Austin Ranney. Washington, DC: American Enterprise Institute. Pp. 52–74.

Epstein, Leon D. 1986. *Political Parties in the American Mold*. Madison, WI: University of Wisconsin Press.

Erickson, Robert S., Michael B. MacKuen, and James A. Stimson. 1998. "What Moves Macropartisan? A Response to Green, Palmquist, and Schickler." *American Political Science Review* 92 (4): 901–912.

Erie, Stephen P. 1988. *Rainbow's End: Irish-Americans and the Dilemmas of Urban Machine Politics, 1840–1985*. Berkeley and Los Angeles: University of California Press.

Ethridge, Marcus E., and Howard Handelman. 1998. *Politics in a Changing World: A Comparative Introduction to Political Science*, 2nd ed. Boston: Bedford/St. Martin's.

Etzioni, Amitai. 1960. "Two Approaches to Organizational Analysis: A Critique and a Suggestion." *Administrative Science Quarterly* 5 (2): 257–258.

Farrell, David M. 2001. *Electoral Systems: A Comparative Introduction*. New York: Palgrave.

Fenno, Richard F., Jr. 1978. *Home Style: House Members in Their Districts*. Glenview, IL: Scott, Foresman and Company.

Finkel, Steven E., and Howard A. Scarrow. 1985. "Party Identification and Party Enrollment: The Difference and the Consequence." *Journal of Politics* 47 (2): 620–642.

Fiorina, Morris P. 1981. *Retrospective Voting in American National Elections*. New Haven, CT: Yale University Press.

Fiorina, Morris P. 1984. "Explorations of a Political Theory of Party Identification." In *Controversies in Voting Behavior*, eds. Richard Niemi and Herbert F. Weisberg. Washington, DC: Congressional Quarterly Press. Pp. 406–426.

Fiorina, Morris P. 1989. *Congress: Keystone of the Washington Establishment*. New Haven, CT: Yale University Press.

Fiorina, Morris P. 1991. "Divided Government in the States." In *The Politics of Divided Government*, eds. Gary W. Cox and Samuel Kernell. Boulder, CO: Westview Press. Pp. 179–202.

Fiorina, Morris P. 1996. *Divided Government*, 2nd ed. Boston: Allyn & Bacon.

Flanigan, William H., and Nancy Zingale. 1991. *Political Behavior of the American*

Electorate. Boston: Allyn & Bacon.

Fukui, Haruhiro. 1978. "Japan: Factionalism in a Dominant-Party System." In *Faction Politics: Political Parties and Factionalism in Comparative Perspective*, eds. Frank P. Belloni and Dennis C. Beller. Santa Barbara: ABC-Clio. Pp. 43–72.

Gallagher, Michael. 1988a. "Conclusion." In *Candidate Selection in Comparative Perspective: The Secret Garden of Politics*, eds. Michael Gallagher and Michael Marsh. London: Sage. Pp. 236–283.

Gallagher, Michael. 1988b. "Introduction." In *Candidate Selection in Comparative Perspective: The Secret Garden of Politics*, eds. Michael Gallagher and Michael Marsh. London: Sage. Pp. 1–19.

Gamson, William A. 1968. *Power and Discontent*. Homewood, IL: Dorsey Press.

Garand, James C., and Marci Glascock Lichtl. 2000. "Explaining Divided Government in the United States: Testing an Intentional Model of Split-Ticket Voting." *British Journal of Political Science* 30 (1): 173–191.

George, Larry N. 1990. "Tocqueville's Caveat: Centralized Executive Foreign Policy and American Democracy." *Polity* 22 (2): 419–441.

Gerber, Alan, and Donald Philip Green. 1998. "Rational Learning and Partisan Attitudes." *American Journal of Political Science* 42 (2): 794–818.

Gitelson, Alan R., M. Margaret Conway, and Frank B. Feigert. 1984. *American Political Parties: Stability and Change*. Boston: Houghton Mifflin.

Goodin, Robert E. 1996. "Institutionalizing the Public Interest: The Defense of Deadlock and Beyond." *American Political Science Review* 90 (2): 331–343.

Goodman, William. 1980. *The Party System in America*. Englewood Cliffs, NJ: Prentice Hall.

Gormley, William T., Jr. 1989. *Taming the Bureaucracy: Muscles, Prayers, and Other Strategies*. Princeton, NJ: Princeton University Press.

Gosnell, Harold F. 1935. *Negro Politicians: The Rise of Negro Politics in Chicago*. Chicago: University of Chicago Press.

Gosnell, Harold F. 1937. *Machine Politics: Chicago Model*. Chicago: University of Chicago Press.

Gouldner, Alvin W. 1959. "Organizational Analysis." In *Sociology Today: Problems and Prospects*, eds. Robert Merton, Leonard Broom, and Leonard S. Cottrell, Jr. New York: Basic Books.

Green, Donald P., and Bradley Palmquist. 1994. "How Stable Is Party Identification?"

Political Behavior 16 (4): 437–466.

Green, Donald, Bradley Palmquist, and Eric Schickler. 1998. "Macropartisan: A Replication and Critique." *American Political Science Review* 92 (4): 883–899.

Grimshaw, William J. 1992. *Bitter Fruit: Black Politics and the Chicago Machine, 1931–1991*. Chicago: University of Chicago Press.

Grofman, Bernard, and Arend Lijphart, eds. 1986a. *Electoral Laws and Their Political Consequences*. New York: Agathon.

Grofman, Bernard, and Arend Lijphart. 1986b. "Introduction." In *Electoral Laws and Their Political Consequences*, eds. Bernard Grofman and Arend Lijphart. New York: Agathon. Pp. 1–15.

Grofman, Bernard, Sung-Chull Lee, Edwin A. Winckler, and Brian Woodall, eds. 1999. *Elections in Japan, Korea, and Taiwan under the Single Non-Transferable Vote: The Comparative Study of an Embedded Institution*. Ann Arbor, MI: University of Michigan Press.

Guterbock, Thomas M. 1980. *Machine Politics in Transition: Party and Community in Chicago*. Chicago: University of Chicago Press.

Hadley, Arthur T. 1976. *The Invisible Primary*. Englewood Cliffs, NJ: Prentice Hall.

Hadley, Charles D. 1985. "Dual Partisan Identification in the South." *Journal of Politics* 47 (1): 254–266.

Hadley, Charles D., and Harold W. Stanley. 1989. "Super Tuesday 1988: Regional Results, National Implications." *Publius* 19 (3): 19–37.

Hadley, Charles D., and Harold W. Stanley. 1996. "The Southern Super Tuesday: Southern Democrats Seeking Relief from Rising Republicanism." In *In Pursuit of the White House: How We Choose Our Presidential Nominees*, ed. William G. Mayer. Chatham, NJ: Chatham House. Pp. 158–189.

Hardin, Charles M. 1989a. "A Challenge to Political Science." *PS: Political Science and Politics* 22 (3): 595–600.

Hardin, Charles M. 1989b. *Constitutional Reform in America*. Ames, IA: Iowa State University Press.

Harmel, Robert. 1989. "The Iron Law of Oligarchy Revisited." In *Leadership and Politics*, ed. Bryan D. Jones. Lawrence, KS: University Press of Kansas. Pp. 160–188.

Herrnson, Paul S. 1995. *Congressional Elections: Campaigning at Home and in Washington*. Washington, DC: Congressional Quarterly Press.

Hetherington, Marc J. 1998. "The Political Relevance of Political Trust." *American*

Political Science Review 92 (4): 791–808.

Hetherington, Marc J. 1999. "The Effect of Political Trust on the Presidential Vote, 1968–96." *American Political Science Review* 93 (2): 311–326.

Hetherington, Marc J. 2001. "Resurgent Mass Partisanship: The Role of Elite Polarization." *American Political Science Review* 95 (3): 617–631.

Hibbing, John R., and Elizabeth Theiss-Morse. 2001. "Process Preferences and American Politics: What the People Want Government to Be." *American Political Science Review* 95 (1): 145–153.

Horowitz, Donald L. 1987. "Is the Presidency Failing?" *Public Interest* 88 (1): 3–27.

Howell, William, Scott Adler, Charles Cameron, and Charles Riemann. 2000. "Divided Government and the Legislative Productivity of Congress, 1945–94." *Legislative Studies Quarterly* 25 (2): 285–312.

Hsieh, John Fuh-sheng. 1996. "The SNTV System and Its Political Implications." In *Taiwan's Electoral Politics and Democratic Transition: Riding the Third Wave*, ed. Hung-mao Tien. Armonk, NY: M. E. Sharpe. Pp. 193–212.

Hsieh, John Fuh-sheng. 1999. "Manipulating the Electoral System under the SNTV: The Case of the Republic of China on Taiwan." In *Elections in Japan, Korea, and Taiwan under the Single Non-Transferable Vote: The Comparative Study of an Embedded Institution*, eds. Bernard Grofman, Sung-Chull Lee, Edwin A. Winckler, and Brian Woodall. Ann Arbor, MI: University of Michigan Press. Pp. 65–84.

Hsieh, John Fuh-sheng. 2001. "The 2000 Presidential Election and Its Implications for Taiwan's Domestic Politics." *Issues & Studies* 37 (1): 1–19.

Huang, Teh-fu. 1996. "Elections and the Evolution of the Kuomintang." In *Taiwan's Electoral Politics and Democratic Transition: Riding the Third Wave*, ed. Hung-mao Tien. Armonk, NY: M. E. Sharpe. Pp. 105–136.

Huber, John D., Charles R. Shipan, and Madelaine Pfahler. 2001. "Legislatures and Statutory Control of Bureaucracy." *American Journal of Political Science* 45 (2): 330–345.

Huckfeldt, Robert, John Sprague, and Jeffrey Levin. 2000. "The Dynamics of Collective Deliberation in the 1996 Election: Campaign Effects on Accessibility, Certainty, and Accuracy." *American Political Science Review* 94 (3): 641–651.

Huckfeldt, Robert, Ken'ichi Ikeda, and Franz Urban Pappi. 2000. "Political Expertise, Interdependent Citizens, and the Value Added Problem in Democratic Politics." *Japanese Journal of Political Science* 1 (2): 171–195.

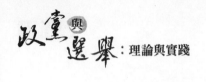
Huntington, Samuel P. 1991. *The Third Wave: Democratization in the Late Twentieth Century*. Norman, OK: University of Oklahoma Press.

Huntington, Samuel P., and Jorge I. Dominiquez. 1975. "Political Development." In *Handbook of Political Science: Volume 3, Macropolitical Theory*, eds. Fred I. Greenstein and Nelson W. Polsby. Reading, MA: Addison-Wesley. Pp. 1–114.

Hurley, Patricia A. 1989. "Parties and Coalitions in Congress." In *Congressional Politics*, ed. Christopher J. Deering. Chicago: Dorsey. Pp. 113–134.

Ingberman, Daniel, and John Villani. 1993. "An Institutional Theory of Divided Government and Party Polarization." *American Journal of Political Science* 37 (2): 429–471.

Jackson, John S., III, and William Crotty. 2001. *The Politics of Presidential Election*, 2nd ed. New York: Addison-Wesley.

Jacobs, J. Bruce. 1979. "A Preliminary Model of Particularistic Ties in Chinese Political Alliances: *Kan-ch'ing* and *Kuan-hsi* in a Rural Taiwanese Township." *China Quarterly* 78 (June): 237–273.

Jacobs, J. Bruce. 1980. *Local Politics in a Rural Chinese Cultural Setting: A Field Study of Mazu Township, Taiwan*. Canberra, Australia: Contemporary China Centre, Research School of Pacific Studies, Australian National University.

Jacobson, Gary C. 1987. *The Politics of Congressional Elections*. Glenview, IL: Scott, Foresman and Company.

Jacobson, Gary C. 1990. *The Electoral Origins of Divided Government*. Boulder, CO: Westview Press.

Jacobson, Gary C. 1991. "Explaining Divided Government: Why Can't the Republicans Win the House?" *PS: Political Science and Politics* 24 (4): 640–643.

Jacoby, William G. 1982. "Unfolding the Party Identification Scale: Improving the Measurement of an Important Concept." *Political Methodology* 8 (2): 33–59.

Jennings, M. Kent, and Richard D. Niemi. 1966. "Party Identification at Multiple Levels of Government." *American Journal of Sociology* 72 (1): 86–101.

Jones, Charles O. 1994. *The Presidency in a Separated System*. Washington, DC: Brookings Institution Press.

Jones, David R., and Monika L. McDermott. 2004. "The Responsible Party Government Model in House and Senate Elections." *American Journal of Political Science* 48 (1): 1–12.

Kahn, Kim Fridkin, and Patrick J. Kenney. 2002. "The Slants of the News: How

Editorial Endorsements Influence Campaign Coverage and Citizens' Views of Candidates." *American Political Science Review* 96 (2): 381–394.

Kamieniecki, Sheldon. 1985. *Party Identification, Political Behavior, and the American Electorate*. Westport, CN: Greenwood Press.

Karol, David. 2000. "Divided Government and U.S. Trade Policy: Much Ado About Nothing?" *International Organization* 54 (4): 825–844.

Katz, Richard S. 1979. "The Dimensionality of Party Identification: Cross-National Perspectives." *Comparative Politics* 11 (1): 147–163.

Katz, Richard S. 1980. *A Theory of Parties and Electoral Systems*. Baltimore: Johns Hopkins University Press.

Keith, Bruce E., David B. Magleby, Candice J. Nelson, Elizabeth Orr, Mark C. Westlye, and Raymond E. Wolfinger. 1992. *The Myth of the Independent Voter*. Berkeley, CA: University of California Press.

Kernell, Samuel. 1991. "Facing an Opposition Congress: The President's Strategic Circumstance." In *The Politics of Divided Government*, eds. Gary W. Cox and Samuel Kernell. Boulder, CO: Westview Press. Pp. 87–112.

Kernell, Samuel. 1993. *Going Public: New Strategies of Presidential Leadership*. Washington, DC: Congressional Quarterly Press.

Key, V. O., Jr. 1949. *Southern Politics*. New York: Knopf.

Key, V. O., Jr. 1955. "A Theory of Critical Elections." *Journal of Politics* 17 (1): 3–18.

Key, V. O., Jr. 1959. "Secular Realignment and the Party System." *Journal of Politics* 21 (2): 198–210.

Key, V. O., Jr. 1964. *Politics, Parties, and Pressure Groups*, 5th ed. New York: Thomas Y. Crowell.

King, Gary, and Lyn Ragsdale. 1988. *The Elusive Executive: Discovering Statistical Patterns in the Presidency*. Washington, DC: Congressional Quarterly Press.

Kolbe, Richard L. 1985. *American Political Parties: An Uncertain Future*. New York: Harper & Row.

Krehbiel, Keith. 1996. "Institutional and Partisan Sources of Gridlock: A Theory of Divided and Unified Government." *Journal of Theoretical Politics* 8 (1): 7–40.

Krehbiel, Keith. 1998. *Pivotal Politics: A Theory of U.S. Lawmaking*. Chicago: University of Chicago Press.

Krehbiel, Keith. 1999. "Paradoxes of Parties in Congress." *Legislative Studies Quarterly* 24 (1): 31–64.

Kritzer, Herbert. 1980. "Representativeness of the 1972 Presidential Primaries." In *The Party Symbol: Readings on Political Parties*, ed. William Crotty. San Francisco: W. H. Freeman. Pp. 148–154.

Krutz, Glen S. 2000. "Getting around Gridlock: The Effect of Omnibus Utilization on Legislative Productivity." *Legislative Studies Quarterly* 25 (4): 533–549.

Ladd, Everett C., Jr. 1970. *American Political Parties: Social Change and Political Response*. New York: W. W. Norton.

Ladd, Everett C., Jr., and Charles D. Hadley. 1975. *Transformations of the American Party System: Political Coalitions from the New Deal to the 1970s*. New York: W. W. Norton.

Landé, Carl H. 1973. "Networks and Groups in Southeast Asia: Some Observations on the Group Theory of Politics." *American Political Science Review* 67 (1): 103–127.

Landé, Carl H. 1977. "Introduction: The Dyadic Basis of Clientelism." In *Friends, Followers, and Factions: A Reader in Political Clientelism*, eds. Steffen W. Schmidt, James C. Scott, Carl Landé, and Laura Guasti. Berkeley and Los Angeles: University of California Press. Pp. xiii–xxxvii.

Laver, Michael, and Kenneth A. Shepsle. 1991. "Divided Government: America is Not 'Exceptional.'" *Governance* 4 (3): 250–269.

LeBlanc, Hugh L. 1982. *American Political Parties*. New York: St. Martin's.

LeLoup, Lance T. 1989. *Politics in America: The Ability to Govern*. St. Paul, MN: West Publishing Company.

Lengle, James I. 1981. *Representation and Presidential Primaries: The Democratic Party in the Post Reform Era*. Westport, CT: Greenwood Press.

Leonard, John. 1991. "Divided Government and Dysfunctional Politics." *PS: Political Science and Politics* 24 (4): 651–653.

Lerman, Arthur J. 1978. *Taiwan's Politics: The Provincial Assemblyman's World*. Washington, DC: University Press of America.

Lewis-Beck, Michael S. and Richard Nadeau. 2000. "French Electoral Institutions and the Economic Vote." *Electoral Studies* 19 (2–3): 171–182.

Lewis-Beck, Michael S. and Richard Nadeau. 2001. "National Economic Voting in U.S. Presidential Elections." *Journal of Politics* 63 (1): 159–181.

Lijphart, Arend, and Bernard Grofman, eds. 1984. *Choosing an Electoral System: Issues and Alternatives*. New York: Praeger.

Lijphart, Arend, and Carlos H. Waisman, eds. 1996. *Institutional Design in New*

Democracies: Eastern Europe and Latin America. Boulder, CO: Westview Press.

Lijphart, Arend, Rafael Lopez Pintor, and Yasunori Sone. 1986. "The Limited Vote and the Single Nontransferable Vote: Lessens from the Japanese and Spanish Examples." In *Electoral Laws and Their Political Consequences*, eds. Bernard Grofman and Arend Lijphart. New York: Agathon Press. Pp. 154–169.

Lijphart, Arend. 1977. *Democracy in Plural Societies: A Comparative Exploration.* New Haven, CT: Yale University Press.

Lijphart, Arend. 1984. "Trying to Have the Best of Both Worlds: Semi-Proportional and Mixed Systems." In *Choosing an Electoral System: Issues and Alternatives*, eds. Arend Lijphart and Bernard Grofman. New York: Praeger. Pp. 207–213.

Lijphart, Arend. 1994. *Electoral Systems and Party Systems: A Study of Twenty-Seven Democracies, 1945–1990.* New York: Oxford University Press.

Lijphart, Arend. 1996. "The Puzzle of Indian Democracy: A Consociational Interpretation." *American Political Science Review* 90 (2): 258–268.

Lijphart, Arend. 1999. *Patterns of Democracy: Government Forms and Performance in Thirty-Six Countries.* New Haven, CT: Yale University Press.

Lin, Jih-wen. 2002. "Electoral Systems, Voter Preference, and Effective Number of Parties: the East Asian Cases." 《選舉研究》 9 (1): 137–171。

Lin, Jih-wen. 2006. "The Politics of Reform in Japan and Taiwan." *Journal of Democracy* 17 (2): 118–131.

Linz, Juan J. 1994. "Democracy, Presidential or Parliamentary: Does It Make a Difference?" In *The Failure of Presidential Democracy*, eds. Juan J. Linz and Arturo Valenzuela. Baltimore: Johns Hopkins University Press. Pp. 3–87.

Lipset, Seymour M. 1981. *Political Man.* Baltimore: Johns Hopkins University Press.

Lipset, Seymour Martin, Martin Trow, and James Coleman. 1962. *Union Democracy: The Inside Politics of the International Typographical Union.* Glencoe, IL: Free Press.

Lipset, Seymour Martin. 1966. "Introduction." In *Political Parties*, by Robert Michels. New York: Free Press. Pp. 15–39.

MacKuen, Michael B., Robert S. Erikson, and James A. Stimson. 1989. "Macropartisanship." *American Political Science Review* 83 (4): 1125–1142.

MacKuen, Michael B., Robert S. Erikson, and James A. Stimson. 1992. "Question Wording and Macropartisanship." *American Political Science Review* 86 (2): 475–486.

Maggiotto, Michael A., and James A. Piereson. 1977. "Partisan Identification and Electoral Choice: The Hostility Hypothesis." *American Journal of Political Science* 21 (4): 745–766.

Marshall, Thomas R. 1995. "The Invisible Primary and the 1996 Presidential Nomination." *American Review of Politics* 16 (Fall): 385–401.

Mattei, Franco, and John S. Howes. 2000. "Competing Explanations of Split-Ticket Voting in American National Election." *American Politics Quarterly* 28 (3): 379–407.

Mayhew, David R. 1974. *Congress: The Electoral Connection*. New Haven, CT: Yale University Press.

Mayhew, David R. 1991a. "Divided Party Control: Does It Make a Difference?" *PS: Political Science and Politics* 24 (4): 637–640.

Mayhew, David R. 1991b. *Divided We Govern: Party Control, Lawmaking, and Investigations, 1946–1990*. New Haven, CT: Yale University Press.

Mayhew, David R. 2005. *Divided We Govern: Party Control, Lawmaking, and Investigations, 1946–2002*, 2nd ed. New Haven, CT: Yale University Press.

McCubbins, Mathew D. 1991. "Government on Lay-Away: Federal Spending and Deficits under Divided Party Control." In *The Politics of Divided Government*, eds. Gary W. Cox and Samuel Kernell. Boulder, CO: Westview Press. Pp. 113–153.

McDonald, Michael D., and Susan E. Howell. 1982. "Reconsidering the Reconceptualizations of Party Identification." *Political Methodology* 8 (4): 73–91.

McNelly, Theodore. 1982. "Limited Voting in Japanese Parliamentary Elections." Paper presented at the 1982 Annual Meeting of the American Political Science Association.

Meffert, Michael F., Helmut Norpoth, and Anirudh V. S. Ruhil. 2001. "Realignment and Macropartisanship." *American Political Science Review* 95 (4): 953–962.

Menefee-Libey, David. 1991. "Divided Government as Scapegoat." *PS: Political Science and Politics* 24 (4): 643–646.

Michels, Robert. 1966 [1911]. *Political Parties: A Sociological Study of the Oligarchical Tendencies of Modern Democracy*. New York: Free Press.

Milbrath, Lester, and M. L. Goel. 1977. *Political Participation*. Chicago: Rand McNally.

Milkis, Sidney M. 1999. "Political Parties and Divided Democracy." In *Presidential*

Policymaking: An End-of-Century Assessment, ed. Steven A. Shull. Armonk, NY: M. E. Sharpe. Pp. 79–97.

Miller, Arthur H., and Martin P. Wattenberg. 1983. "Measuring Party Identification: Independent or No Partisan Preference." *American Journal of Political Science* 27 (1): 106–121.

Miller, Warren E. 1976. "The Cross-National Use of Party Identification as a Stimulus to Political Inquiry." In *Party Identification and Beyond*, eds. Ian Budge, Ivor Crewe, and Dannis Farlie. New York: John Wiley & Sons. Pp. 21–32.

Miller, Warren E., and Merrill J. Shanks. 1996. *The New American Voters*. Cambridge, MA: Harvard University Press.

Muller, Edward N. 1977. "Behavioral Correlates of Political Support." *American Political Science Review* 71 (June): 454–467.

Muller, Edward N., and Thomas O. Jukam. 1977. "On the Meaning of Political Support." *American Political Science Review* 71 (4): 1561–1595.

Nardulli, Peter F. 1995. "The Concept of a Critical Realignment, Electoral Behavior, and Political Change." *American Political Science Review* 89 (1): 10–22.

Nathan, Andrew J. 1973. "A Factionalism Model for CCP Politics." *China Quarterly* 53 (1): 34–66.

Nathan, Andrew J. 1976. *Peking Politics, 1918–1923: Factionalism and the Failure of Constitutionalism*. Berkeley and Los Angeles: University of California Press.

Nathan, Andrew J. 1978. "An Analysis of Factionalism of Chinese Communist Party Politics." In *Faction Politics: Political Parties and Factionalism in Comparative Perspective*, eds. Frank P. Belloni and Dennis C. Beller. Santa Barbara: ABC-Clio.

Neustadt, Richard E. 1990. *Presidential Power and the Modern Presidents*, 4th ed. New York: Free Press.

Nicholson, Norman K. 1972. "The Factional Model and the Study of Politics." *Comparative Political Studies* 5 (2): 291–314.

Nicholson, Stephen P., Gary M. Segura, and Nathan D. Woods. 2002. "Presidential Approval and the Mixed Blessing of Divided Government." *Journal of Politics* 64 (3): 701–720.

Niemi, G. Richard, and Herbert F. Weisberg, eds. 1993. *Classics in Voting Behavior*. Washington, DC: Congressional Quarterly Press.

Niemi, Richard G., and Herbert F. Weisberg. 1984. *Controversies in Voting*

Behavior. Washington, DC: Congressional Quarterly Press.

Niemi, Richard G., Stephen Wright, and Lynda W. Powell. 1987. "Multiple Party Identifiers and the Measurement of Party Identification." *Journal of Politics* 49 (4): 1093–1113.

Norpoth, Helmut. 2001. "Divided Government and Economic Voting." *Journal of Politics* 63 (2): 414–435.

Norris, Pippa. 2004. *Electoral Engineering: Voting Rules and Political Behavior*. Cambridge: Cambridge University Press.

Ogul, Morris S. 1976. *Congress Oversees the Bureaucracy: Studies in Legislative Supervision*. Pittsburgh: University of Pittsburgh Press.

Ornstein, Norman J., Thomas E. Mann, and Michael J. Malbin. 2000. *Vital Statistics on Congress, 1999–2000*. Washington, DC: American Enterprise Institute.

Osofsky, Gilbert. 1963. *Harlem: The Making of a Ghetto*. New York: Harper & Row.

Palumbo, Dennis J., and Steven W. Maynard-Moody. 1991. *Contemporary Public Administration*. New York: Longman.

Panebiance, Angelo. 1982. *Political Parties: Organization and Power*. Translated by Marc Silver. Cambridge: Cambridge University Press.

Pattie, Charles, and Ron Johnston. 1998. "Voter Turnout at the British General Election of 1992: Rational Choice, Social Standing or Political Efficacy?" *European Journal of Political Research* 33 (2): 263–283.

Peters, B. Guy. 1993. *American Public Policy: Promise and Performance*, 3rd ed. Chatham, NJ: Chatham House.

Peterson, Mark A. 1990. *Legislating Together: The White House and Capitol Hill from Eisenhower and Reagan*. Cambridge, MA: Harvard University Press.

Peterson, Paul E. 1981. *City Limits*. Chicago: University of Chicago Press.

Petracca, Mark P. 1991. "Divided Government and the Risks of Constitutional Reform." *PS: Political Science and Politics* 24 (4): 634–637.

Petracca, Mark P., Lonce Bailey, and Pamela Smith. 1990. "Proposals for Constitutional Reform: An Evaluation of the Committee on Constitutional System." *Presidential Studies Quarterly* 20 (3): 503–532.

Petrocik, John R. 1974. "An Analysis of Intransitivities in the Index of Party Identification." *Political Methodology* 1 (3): 31–47.

Petrocik, John R. 1991. "Divided Government: Is It All in the Campaigns?" In *The Politics of Divided Government*, eds. Gary W. Cox and Samuel Kernell. Boulder, CO: Westview Press. Pp. 13–38.

Pfiffner, James P. 1991. "Divided Government and the Problem of Governance." In *Divided Democracy: Cooperation and Conflict between the President and Congress*, ed. James A. Thurber. Washington, DC: Congressional Quarterly Press. Pp. 39–60.

Pomper, Gerald M. 1967. "Classification of Presidential Elections." *Journal of Politics* 29 (3): 535–566.

Powell, John Duncan. 1970. "Peasant Society and Clientelist Politics." *American Political Science Review* 64 (2): 411–425.

Prewitt, Kenneth, and Alan Stone. 1973. *The Ruling Elites: Elite Theory, Power, and American Democracy*. New York: Harper & Row.

Price, Hugh Douglas. 1970. "Rise and Decline of One-Party Systems in Anglo-American Experience." In *Authoritarian Politics in Modern Society: The Dynamics of Established One-Party Systems*, eds. Samuel P. Huntington and Clement H. Moore. New York: Basic Books. Pp. 75–98.

Quirk, Paul J., and Bruce Nesmith. 1994. "Explaining Deadlock: Domestic Policymaking in the Bush Presidency." In *New Perspective on American Politics*, eds. Lawrence C. Dodd and Calvin Jillson. Washington, DC: Congressional Quarterly Press. Pp. 191–211.

Rabinowitz, George, and Stuart MacDonald. 1989. "A Directional Theory of Issue Voting." *American Political Science Review* 83 (1): 93–121.

Rae, Douglas. 1971. *The Political Consequences of Electoral Laws*. New Haven, CT: Yale University Press.

Rakove, Milton L. 1975. *Don't Make No Waves, Don't Back No Losers: An Insider's Analysis of the Daley Machine*. Bloomington, IN: Indiana University Press.

Ranney, Austin. 1972. "Turnout and Representation in Presidential Primary Elections." *American Political Science Review* 66 (1): 21–37.

Ranney, Austin. 1975. *Curing the Mischiefs of Faction: Party Reform in America*. Berkeley and Los Angeles: University of California Press.

Ranney, Austin. 1981. "Candidate Selection." In *Democracy at the Polls: A Comparative Study of Comparative National Elections*, eds. David Butler, Howard R. Penniman, and Austin Ranney. Washington, DC: American Enterprise Institute. Pp. 75–106.

Ranney, Austin. 1990. *Governing: An Introduction to Political Science*, 5th ed. Englewood Cliffs, NJ: Prentice Hall.

Richardson, Bradley M. 1991. "European Party Loyalties Revisited." *American*

Political Science Review 85 (3): 751–775.

Riker, William H. 1982. "The Two-Party System and Duverger's Law: An Essay on the History of Political Science." *American Political Science Review* 76 (4): 753–766.

Riker, William H. 1986. "Duverger's Law Revisited." In *Electoral Laws and Their Political Consequences*, eds. Bernard Grofman and Arend Lijphart. New York: Agathon Press. Pp. 19–42.

Riker, William H., and Peter C. Ordeshook. 1973. *An Introduction to Positive Political Theory*. Englewood Cliffs, NJ: Prentice Hall.

Ripley, Randall B. 1969. *Majority Party Leadership in Congress*. Boston: Little, Brown.

Ripley, Randall B. 1983. *Congress: Process and Policy*. New York: W. W. Norton.

Ripley, Randall B., and Grace A. Franklin. 1991. *Congress, the Bureaucracy, and Public Policy*, 5th ed. Pacific Grove, CA: Brooks/Cole.

Robinson, Donald L. 1989. *Government for the Third American Century*. Boulder, CO: Westview Press.

Robinson, James A., and Julian Baum. 1994. "Party Primary in Taiwan: Footnote or Text in Democratization?" In *Taiwan's 1991 and 1992 Non-Supplemental Elections: Reaching a Higher State of Democracy*, ed. John F. Cooper. Lanham, MD: University Press of America. Pp. 79–91.

Rosenstone, Steven J., and John Mark Hansen. 1993. *Mobilization, Participation, and Democracy in America*. New York: Macmillan.

Rusk, Jerrold G. 1970. "The Effect of the Australian Ballot Reform on Split Ticket Voting: 1876–1908." *American Political Science Review* 64 (4): 1220–1238.

Sartori, Giovanni. 1976. *Parties and Party Systems: A Framework for Analysis*. Cambridge: Cambridge University Press.

Sartori, Giovanni. 1997. *Comparative Constitutional Engineering: An Inquiry into Structures, Incentives and Outcomes*, 2nd ed. New York: New York University Press.

Scarrow, Susan. 1996. *Parties and Their Members: Organizing for Victory in Britain and Germany*. New York: Oxford University Press.

Scarrow, Susan. 1997. "Party Competition and Institutional Change: The Expansion of Direct Democracy in Germany." *Party Politics* 3 (4): 451–472.

Schattschneider, E. E. 1942. *Party Government*. New York: Holt, Rinehart and Winston.

Schickler, Eric, and Donald P. Green. 1997. "The Stability of Party Identification in Western Democracies: Results from Eight Panel Surveys." *Comparative Political Studies* 30 (4): 450–483.

Schlesinger, Arthur M. 1986. *The Cycles of American History*. Boston: Houghton Mifflin.

Schwartz, David C. 1973. *Political Alienation and Political Behavior*. Chicago: Aldine.

Scott, James C. 1969. "Corruption, Machine Politics, and Political Change." *American Political Science Review* 63 (4): 1142–1158.

Scott, James C. 1972. "Patron-Client Politics and Political Change in Southeast Asia." *American Political Science Review* 66 (1): 91–113.

Scott, Ruth K., and Ronald J. Hrebenar. 1984. *Parties in Crisis: Party Politics in America*. New York: John Wiley & Sons.

Sears, David O., and Nicholas A. Valentino. 1997. "Politics Matters: Political Events as Catalysts for Preadult Socialization." *American Political Science Review* 91 (1): 45–65.

Shefter, Martin. 1976. "The Emergence of the Political Machine: An Alternative View." In *Theoretical Perspectives on Urban Politics*, eds. Willis D. Hawley and Michael Lipsky. Englewood Cliffs, NJ: Prentice Hall. Pp. 14–44.

Shiratori, Rei. 1988. "Japan: Localism, Factionalism, and Personalism." In *Candidate Selection in Comparative Perspective: The Secret Garden of Politics*, eds. Michael Gallagher and Michael Marsh. London: Sage. Pp. 169–189.

Shively, W. Phillips. 1980. "The Nature of Party Identification: A Review of Recent Developments." In *The Electorate Reconsidered*, eds. John C. Pierce and John C. Sullivan. Beverly Hills, CA: Sage. Pp. 219–236.

Shugart, Matthew Soberg, and Martin P. Wattenberg, eds. 2001. *Mixed-Member Electoral Systems: The Best of Both Worlds?* Oxford: Oxford University Press.

Shugart, Matthew Soberg. 1995. "The Electoral Cycle and Institutional Sources of Divided Presidential Government." *American Political Science Review* 89 (2): 327–343.

Shull, Steven A., and Thomas C. Shaw. 1999. *Explaining Congressional-Presidential Relations: A Multiple Perspective Approach*. Albany, NY: State University of New York Press.

Sigelman, Lee, Paul J. Wahlbeck, and Emmett H. Buell, Jr. 1997. "Vote Choice and the Preference for Divided Government: Lessons of 1992." *American Journal*

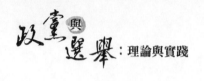

of *Political Science* 41 (3): 879–894.

Sindler, Allen P. 1955. "Bifactional Rivalry as an Alternative to Two-Party Competition in Louisiana." *American Political Science Review* 49 (3): 641–662.

Smith, Michael P. 1988. *City, State, and Market*. New York: Basil Blackwell.

Sorauf, Frank J. 1992. *Inside Campaign Finance: Myths and Realities*. New Haven, CT: Yale University Press.

Soss, Joe, and David T. Canon. 1995. "Partisan Division and Voting Decisions: U.S. Senator, Governors, and the Rise of a Divided Federal Government." *Political Research Quarterly* 48 (2): 253–274.

Stewart, Charles H., III. 1991. "Lessons from the Post-Civil War Era." In *The Politics of Divided Government*, eds. Gary W. Cox and Samuel Kernell. Boulder, CO: Westview Press. Pp. 203–238.

Stone, Clarence N. 1987. "The Study of the Politics of Urban Development." In *The Politics of Urban Development*, eds. Clarence N. Stone and Heywood T. Sanders. Lawrence, KS: University Press of Kansas. Pp. 3–22.

Stone, Clarence N. 1989. *Regime Politics: Governing Atlanta, 1946–1988*. Lawrence, KS: University Press of Kansas.

Stone, Clarence N., and Heywood T. Sanders, eds. 1987. *The Politics of Urban Development*. Lawrence, KS: University Press of Kansas.

Stone, William F., and Paul E. Schaffner. 1988. *The Psychology of Politics*, 2nd ed. New York: Springer-Verlag.

Sundquist, James L. 1980. "The Crisis of Competence in Our National Government." *Political Science Quarterly* 95 (2): 183–208.

Sundquist, James L. 1988. "Needed: A Political Theory for the New Era of Coalition Government in the United States." *Political Science Quarterly* 103 (4): 613–635.

Sundquist, James L. 1990. "Response to the Petracca-Bailey-Smith Evaluation of the Committee on the Constitutional System." *Presidential Studies Quarterly* 20 (3): 533–543.

Sundquist, James L. 1992. *Constitutional Reform and Effective Government*, revised ed. Washington, DC: Brookings Institution Press.

Taagepera, Rein, and Matthew Soberg Shugart. 1989. *Seats and Votes: The Effects and Determinants of Electoral Systems*. New Haven, CT: Yale University Press.

Terrance, V. Lance, Jr., and Walter De Vries, with Donna L. Mosher. 1998. *Checked & Balanced: How Ticket-Splitters Are Shaping the New Balance of Power in*

American Politics. Grand Rapids, MI: William B. Eerdmans.

Thomassen, Jacques. 1976. "Party Identification as a Cross-National Concept: Its Meaning in the Netherlands." In *Party Identification and Beyond: Representations of Voting and Party Competition*, eds. Ian Budge, Ivor Crewe, and Dennis Farlie. New York: Wiley. Pp. 63–79.

Thurber, James A. 1991a. "Representation, Accountability, and Efficiency in Divided Party Control of Government." *PS: Political Science and Politics* 24 (4): 653–657.

Thurber, James A., ed. 1991b. *Divided Democracy: Cooperation and Conflict between the President and Congress*. Washington, DC: Congressional Quarterly Press.

Thurber, James A., ed. 1996. *Rivals for Power: Presidential-Congressional Relations*. Washington, DC: Congressional Quarterly Press.

Tien, Hung-mao. 1989. *The Great Transition: Political and Social Change in the Republic of China*. Stanford, CA: Hoover Institution Press.

Tufte, Edward R. 1978. *Political Control of the Economy*. Princeton, NJ: Princeton University Press.

Valentine, David C., and John R. Van Wingen. 1980. "Partisanship, Independence and the Partisan Identification Question." *American Politics Quarterly* 8 (2): 165–186.

Van Assendelft, Laura A. 1997. *Governors, Agenda Setting, and Divided Government.* New York: University Press of America.

Ware, Alan. 1988. *Citizens, Parties and the State*. Princeton, NJ: Princeton University Press.

Ware, Alan. 1996. *Political Parties and Party Systems*. Oxford: Oxford University Press.

Ware, Alan. 2001. "Divided Government in the United States." In *Divided Government in Comparative Perspective*, ed. Robert Elgie. New York: Oxford University Press. Pp. 21–39.

Wasserman, Gary. 1997. *The Basics of American Politics*, 8th ed. New York: Longman.

Waterman, Richard W. 1989. *Presidential Influence and the Administrative State*. Knoxville, TN: University of Tennessee Press.

Wattenberg, Martin P. 1990. *The Decline of American Political Parties*. Cambridge, MA: Harvard University Press.

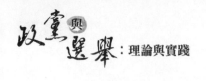

Wattenberg, Martin P. 1991a. "The Republican Presidential Advantage in the Age of Party Disunity." In *The Politics of Divided Government*, eds. Gary W. Cox and Samuel Kernell. Boulder, CO: Westview Press. Pp. 39–55.

Wattenberg, Martin P. 1991b. *The Rise of Candidate-Centered Politics: Presidential Elections of the 1980s*. Cambridge, MA: Harvard University Press.

Weatherford, M. Stephen. 1994. "Responsiveness and Deliberation in Divided Government: Presidential Leadership in Tax Policy Making." *British Journal of Political Science* 24 (1): 1–31.

Weisberg, Herbert F. 1980. "A Multidimensional Conceptualization of Party Identification." *Political Behavior* 2 (1): 33–59.

Weisberg, Herbert F., and Charles E. Smith, Jr. 1991. "The Influence of the Economy on Party Identification in the Reagan Years." *Journal of Politics* 53 (4): 1077–1092.

Wekkin, Gary D. 1988. "The Conceptualization and Measurement of Crossover Voting." *Western Political Quarterly* 41 (1): 105–114.

Wilson, James Q. 1960. *Negro Politics: The Search for Leadership*. New York: Free Press.

Wilson, James Q. 1989. *Bureaucracy: What Government Agencies Do and Why They Do It*. New York: Basic Books.

Wilson, James Q. 1995. *Political Organizations*. Princeton, NJ: Princeton University Press.

Wright, William E., ed. 1971. *A Comparative Study of Party Organization*. Columbus, OH: Charles E. Merrill.

Wu, Chung-li, and Chi Huang. 2007. "Divided Government in Taiwan's Local Politics: Public Evaluations of City/County Government Performance." *Party Politics* 13 (6): 741–760.

Wu, Chung-li, and Dafydd Fell. 2001. "Taiwan's Party Primaries in Comparative Perspective." *Japanese Journal of Political Science* 2 (1): 23–45.

Wu, Chung-li. 1997. *Taiwan Political Parties: Social Change and Political Response*. Ph.D. Dissertation, Department of Political Science, University of New Orleans.

Wu, Chung-li. 2001a. "Taiwan's Local Factions and American Political Machines in Comparative Perspective." *China Report* 37 (1): 51–71.

Wu, Chung-li. 2001b. "The Transformation of the Kuomintang's Candidate Selection System." *Party Politics* 7 (1): 103–118.

Wu, Chung-li. 2003. "Psycho-Political Correlates of Political Efficacy: The Case of the 1994 New Orleans Mayoral Election." *Journal of Black Studies* 33 (6): 729–760.

Wu, Jaushieh Joseph. 1995. *Taiwan's Democratization: Forces Behind the New Momentum*. Hong Kong: Oxford University Press.

Wu, Nai-teh. 1987. *The Politics of a Regime Patronage System: Mobilization and Control within an Authoritarian Regime*. Ph.D. Dissertation, Department of Political Science, University of Chicago.

Wu, Yu-shan. 1989. "Marketization of Politics: The Taiwan Experience." *Asian Survey* 29 (4): 382–400.

Wu, Yu-shan. 2000. "The ROC's Semi-presidentialism at Work: Unstable Compromise, Not Cohabitation." *Issues & Studies* 36 (5): 1–40.

新聞資料

吳芳銘，2001，〈民調的美麗與哀愁〉，《中國時報》12 月 5 日：版 15。

李慶雄，2001，〈民調衝第一，候選人怕怕〉，《中國時報》11 月 22 日：版 15。

辛雯，2001，〈民調衝擊選情，優秀人才落馬〉，《中國時報》12 月 3 日：版 15。

林昱奇，2001，〈該改變的是選舉制度〉，《中國時報》12 月 5 日：版 15。

林照真，2001a，〈民調定進退，本質太民粹：科學調查淪為協議背書工具，明顯與提名制度的政黨責任政治精神相悖〉，《中國時報》10 月 15 日：版 4。

林照真，2001b，〈民調覆舟，選情全盤變調〉，《中國時報》12 月 3 日：版 6。

洪耀福，2001a，〈民調不應誤導投票行為〉，《新新聞》第 768 期（11 月 22 日至 11 月 27 日）：67。

洪耀福，2001b，〈民調成了新權威〉，《新新聞》第 754 期（8 月 16 日至 8 月 22 日）：70。

洪耀福，2001c，〈與其吵民調，不如精準配票〉，《新新聞》第 767 期（11 月 15 日至 11 月 21 日）：67。

洪耀福，2001d，〈讓民調失準的一群人〉，《新新聞》第 776 期（11 月 8 日至 11 月 14 日）：63。

張婉琳，2001，〈陳昭南：就算民調輸給陳蒼江，我也要脫黨選到底!〉，《新新聞》第 751 期（7 月 26 日至 8 月 1 日）：74。

陶令瑜，2001，〈內鬥內行的黨內初選〉，《新新聞》第 740 期（5 月 10 日至 5 月 16 日）：12–14。

黃提源，1999，〈台灣的民意調查可信嗎?〉，《自由時報》12 月 19 日：版 15。

劉義周，2001，〈戳破初選民調的民主神話〉，《新新聞》第 740 期（5 月 10 日至 5 月 16 日）：80–81。

鄭光甫，1999，〈民調市調，到底彈啥調?〉，《中國時報》12 月 22 日：版 15。

鍾起惠，1999，〈透視民意調查的驅魔儀式功能〉，《中國時報》12 月 24 日：版 15。

社會學概論　　蔡文輝、李紹嶸／編著

　　誰說社會學是一門高深、難懂的枯燥學科？本書由社會學大師蔡文輝與李紹嶸兩位教授聯合編著，作者透過簡明、生動的文字，搭配豐富、有趣的例子，帶領讀者一步步進入社會學的知識殿堂，清楚認識「社會學基本概念」，了解「社會團體與社會不平等」、「社會制度」與「社會變遷」等重要社會學議題。本書每章結尾並附有選擇題和問答題供讀者複習與反思之用，是一本值得您一讀再讀的社會學入門書。

都市社會學　　王佳煌／著

　　現代都市不斷地興起和蔓延。尤其在人口極度密集的臺灣，幾乎所有人都曾經在都市中生活過，都市生活的問題、議題與各種驚人的統計數字，在在引發都市社會學的想像。作者生長在臺灣，也棲身於都市之中，因此除了理論的介紹外，還著重解讀臺灣的各種都市社會現象，並以不同的「城市」觀點（如資本城市、權力城市、數位城市等等）剖析都市社會學的種種面貌。

社會運動概論　　何明修／著

　　從一九七九年的美麗島事件，到二○○五年的醫療改革大遊行，當我們將這些大大小小的集會遊行視為稀鬆平常時，你是否真的理解所謂的社會運動？社會運動本身是一種複雜的現象，因此作者從各種經驗現象出發，導入諸多理論觀點，容納更豐富的議題討論，一同描繪出社會運動的萬千風貌。本書以本土經驗與外國理論對話，援引臺灣社會運動的研究成果，讓抽象的概念與理論，也能融入本土的參照點！

進出「結構─行動」的困境──與當代西方社會學理論論述對話　　葉啟政／著

　　在這本書裡，作者對現代西方社會學理論作知識社會學式的剖析，以指陳其論述背後之一些基本哲學人類學上的預設、基本思考模式和塑造的歷史條件等等，並針對晚近「結構／施為（或行動）」的論爭進行闡述。最後，作者嘗試以「孤獨」與「修養」二概念為主軸，提出一個另類的思考線索來經營有關「社會」圖像的理解。

社會學概論──蘇菲與佛諾那斯的生活世界

王崇名／著

　　本書作者從事通識教育社會學課程多年，並曾於臺中監獄的菸毒戒治所擔任講師，對於非社會學本科系入門者的啟蒙工作擁有豐富的經驗，能帶領您以最輕鬆有趣的姿態來認識社會學，藉此為國內大眾揭開「社會學」這門新興學問的神秘面紗。

社會學理論　蔡文輝／著

　　本書以簡潔易讀的文字，有系統地介紹和討論當代西方社會學主要理論學派之概念和理論架構。對於功能論、衝突論、符號互動論及交換論等四大學派及其代表人物等，皆有詳盡的介紹說明。其他次要理論如標籤論、演化論、俗民方法論、現象論、女性主義理論、後現代理論等亦有介紹。本書緊扣理論的精華，並以客觀的立場評其得失，不僅是社會系學生學習之指引，也是其他社會科系學生不可或缺之參考書。

韋伯論中國傳統法律──韋伯比較社會學的批判

林　端／著

　　本書以中國傳統法律為例，嘗試對韋伯提出批判：指出其比較法律社會學裡二元對立式的理念型比較的侷限；在實質社會學分析上，立基於全球近來對清代法律與司法審判的豐碩研究成果，說明韋伯對中國傳統法律與司法審判看法上的誤解與限制。

西洋社會思想史　龍冠海、張承漢／著

　　社會思想是人類對其社會生活或問題的觀念，遠在古代即已存在，因為人的生活即為社會生活。本書旨在探討西洋思想家對於此種觀念的思想內涵，包括社會的起源與發展、社會組織、社會變遷、社會問題等。在時間上大致分為五個階段：希伯來、古希臘、古羅馬、中世紀及近代。本書條理分明，內容充實而不蕪雜，扼要而不繁冗。打開一看，二千餘年的西洋社會思想，歷歷如在目前，使讀者容易獲得相當清晰的概念。

政治學　薩孟武／著

　　本書是以統治權為中心觀念，採國法學的寫作方式，共分為五章：一是行使統治權的團體——國家論；二是行使統治權的形式——政體權；三是行使統治權的機構——機關論；四是國民如何參加統治權的行使——參政權論；五是統治權活動的動力——政黨論。書中論及政治制度及各種學說，均舉以敷暢厥旨，並旁徵博引各家之言，進而批判其優劣，是研究政治學之重要經典著作。

中俄關係史（上冊）　明　驥／編著

　　中國近代史是一部中華民族遭受外國侵略的災難史。中俄兩國接壤處長逾四千三百公里。由於兩國歷經數百年歷史的糾纏，因此中俄關係更趨複雜和重要。本書對中俄兩國關係的變遷，兩國的國家政策與外交方略，重大的外交事件，考證雙方的記載，以最客觀、公正和理性的兩面觀察，來探索與維護史實的真相，為讀者提供一部值得信賴的讀物。

日本政治制度　許介鱗、楊鈞池／著

　　從一九四五年到二〇〇五年的六十年當中，日本在政治、經濟、社會、文化等各方面產生很大的變化。二戰後在美國的指導與面臨「自由化」、「國際化」的口號下，進行了「法制化」的結構改革，政治制度也隨之變形。本書作者經年觀察日本政治，論述精闢，不僅探討靜態的制度層面，並兼及外部環境變遷所造成的不同行為模式，幫助讀者完整掌握日本政治制度。

比較政府與政治　李國雄／著

　　本書針對西方工業民主國家及國際社會的重要成員國，在有關民主化過程、制度、設計、成長與變遷的特徵上，做詳盡的討論。全書採用共同的分析架構，探索各國的歷史背景、地理因素、社會結構、文化因素，以及政經關係等客觀環境，藉以說明各國正式及非正式政治制度形成的背景，及實際運作的真相，以作為各國相互比較的基礎。

西洋古代政治思想家——蘇格拉底、柏拉圖、亞里斯多德　謝延庚／著

　　希臘，西方文明的源頭之一。每逢談及當代政體典型「民主政治」時，總是會緬懷雅典的民主，及那些睿智的政治哲學家——蘇格拉底、柏拉圖、亞里斯多德，堪稱西洋古代政治思想上的代表人物。本書即以三人為主題，剖析其學術旨趣與彼此間的思想傳承。作者默察繽紛與寥落，頗能執簡馭繁，以敏銳的筆觸提出精闢的論述和詮釋，絕對值得您一讀。

社會科學研究方法新論：模型、實踐與故事

李英明／著

　　即使我們宣稱進行的研究是客觀中立的，都無可避免的會受到研究者自己在時空環境下所形成的症候之影響；而在發表或論述研究的過程以及研究成果時，都必須通過各式各樣的語言符號，來讓研究者能夠具體地描述自己的研究內容，這是作為一個研究主體的人無可迴避的問題。也因此，所謂的客觀真實，其實是我們通過語言符號所建構起來的一套論述。基於此，本書在思考當前的社會科學領域各種議題研究如何可能的問題。

中國外交史——本質與事件、衝擊與回應　藍玉春／著

　　中國外交史其實是一部面對外來衝擊的回應史，也可說是痛苦認知歐日美強權主導的國際體系的排斥史及適應史。本書首先分析中國世界觀的底蘊及轉變、臺灣國際觀的基本角度，並探討中國四個階段的對外關係：天朝體系崩解的大清朝、新中國舊問題的中華民國在大陸、先是從中國看世界，然後從世界看中國的中華人民共和國、挫折能量總爆發及再積蓄的中華民國在臺灣。期間並穿插【回到過去】、【大哉問】等單元，提供讀者跨越時空的深度思索及立體認知。